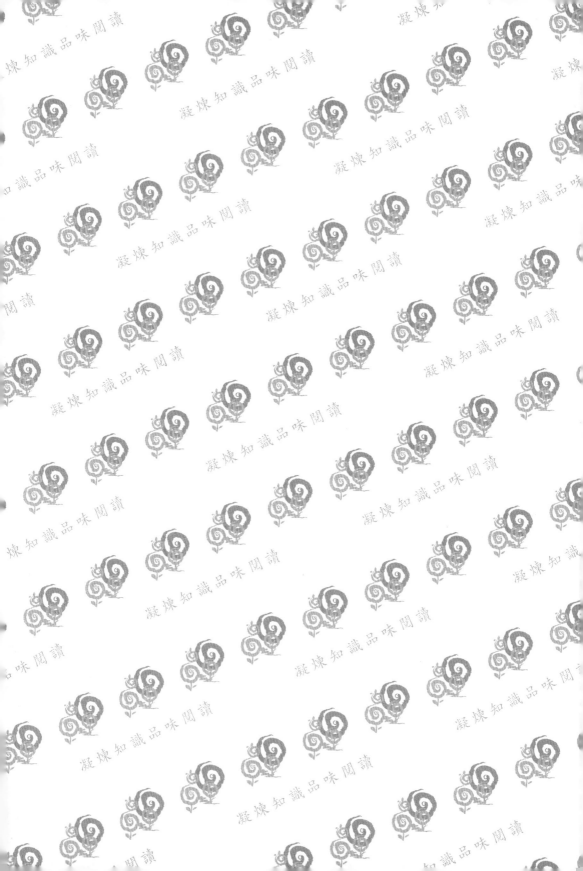

警察系列

警察攔檢法制及案例研析

蔡庭榕 著

五南圖書出版公司 印行

序文

　　警察職權行使法之立法，是警察任務遂行之主要憑藉，其中第6條至第8條有關攔停、查證身分及實施酒測之規定，不僅是替代警察勤務條例臨檢規定之新立法，更是警察實務執行職務，危害發現、制止及排除，最經常引以行使干預權之授權基礎，自是應予特別關注、學習及研究。

　　作者自參與研擬警察職權行使法研究草案，迄今二十餘載，其間持續關注警察攔檢及其他相關職權法制對警察實務執法之影響、法院裁判見解、學術研究發展以及個案衍生之爭議、指摘及批評，深感警察攔檢與相關職權立法之必要性，固然毋庸置疑，但其規範之型態、類型化與其密度及強度，關係公共安全、公共秩序之維護及人民自由權利之保障，其間如何取得衡平，著實不易，本書論述，希驥有所助益。

　　本書共有八章，內容研析警察攔檢之職權為主要，惟亦兼論及其他相關職權。首先概述警察攔檢之類型及其實體與程序要件，接著闡述執行攔檢應遵守之正當法律程序，再針對攔檢要件逐一解釋並論述其適用疑義，深入剖析實施攔檢衍生之限制或剝奪人身自由問題，並從立法論檢視攔檢法制之妥適性及待立法解決之問題。其次，法院之裁判見解與相關職權議題亦是警察執法之重要參考依據，爰選擇攔檢查證身分或其他相關職權議題與案例，探究案例事實與爭點並予評析。再者，本書亦引介著重判例與程序之英美二國警察攔檢與相關職權法制，以取他山石之效果。又警察職權行使法立法後，深受各界重視，嗣後，入出國及移民署更參考其中之攔檢法制，修正入出國及移民法將之納入規範，經此一新立法洗禮，警察攔檢法制之正當性再獲確認，爰特別針對移民執法查證身分職權納入論述，作為對照參考。

　　本書得以出版，最要感謝警察法學前人篳路藍縷聚沙成塔的努力，讓本書寫作得有閱讀參考之素材。寫作期間，師友同事親人之關愛、提攜及鼓勵之情，作者感存於心。書中論述思路或分析不免疏漏，尚祈先進及學界同儕提供意見斧正。

蔡庭榕 謹誌

2022年6月22日

目錄

第一章

警察攔檢職權概述

第一節 前言

　　警察職權行使法（以下簡稱「警職法」）是警察干預性勤務的重要依據，使警察實施影響人民之自由與權利之臨檢勤務時，符合依法行政原則，亦期達成警職法第1條立法目的之「為規範警察依法行使職權，以保障人民權益，維持公共秩序，保護社會安全」。按警職法第6條至第7條有關治安攔檢以查證身分之要件與措施規定及第8條實施交通攔檢酒測之規定，係警察為達成任務而執行勤務最常引以行使干預民眾自由或權利之法律依據。然作者自1977年高中畢業即選擇從警，並於中央警察大學（當時為「中央警官學校」）畢業即投入警察實務之執勤工作[1]，而有實際從事警察執法攔檢之經驗，深感什麼樣的人與車才算可疑而得以攔檢，此亦是經常受到民眾質疑的。作者長年持續專研警察職權行使規範與關注實務問題之研究，以期促進警察改進其干預性執法措施，使更符合正當法律程序之依法行政原則。再者，作者曾於1999年參與研擬警職法研究草案[2]，草案並於2003年6月25日立法完成，而於同年12月1日正式施行[3]。警職法施行迄今已近二十年，僅在2011年因配合檢肅流氓條例之廢止而修正警職法第15條條文內容，刪除「流氓」及少許修正治安顧慮人口查訪對象之範圍

---

[1]　作者於1981年中央警官學校學士班四年制畢業後投入台北市政府警察局之分局從事外勤工作，又於1986年取得警政研究所法學碩士即奉派至內政部警政署服務，更利用在1994年至1997年至美國德州聖休士頓州立大學刑事司法學院攻讀刑事司法博士期間，申請獲准參加當地Huntsville警察局之「市民警政學院」（Citizen Police Academy），多次有實地體驗學習警察執法攔檢之實施，並研究相關警察職權規範，於返國後持續於此領域專研有關警察職權法制與實務問題，以期對於警察任務遂行執法作為與人民基本權利保障之衡平，提供參考意見，以盡警察法制研究者之棉薄之力。

[2]　李震山等，警察職務執行法草案之研究，內政部警政署委託研究，1999年6月。本人於此研究案中擔任研究員，負責美、英兩國警察職權規範與實務適用內容之撰寫，並積極參與警職法草案條文之研擬。

[3]　李震山，回顧台灣警察法學（制）的發展，警察法學與政策，創刊號，2021年5月，頁6。氏指出：「制定警察職權行使法，重視正當法律程序原則等，逐漸適應『國家為人民而存在』、『治安與人權並重』的時代精神。」尤其是警察行政法學向憲政主義下公法學靠攏，受憲法及行政法原理原則的指引與拘束，致憲法、行政法、警察法環環相扣，從民主學步躍起，尾隨民主先進國家之後急起直追。

外[4]，其他均無任何修正紀錄。然警察或司法實務上，對於警察攔檢之法制規範適用上仍有許多問題，故希冀藉由持續研究成果，以提供警察職權實務運作與學術發展之參考，此乃作者積極撰寫本書之主要動機與目的。

本書共八章，第一章概述警察攔檢之類型與其法理，以及攔檢職權之實體與程序要件；第二章闡述執行攔檢應遵守之正當法律程序及應遵守之執法原則；第三章則析論警察攔檢查證身分之法定措施、要件及其法理基礎；第四章針對警察攔檢查證身分而有將受檢人帶往勤務處所暫時拘束人身自由措施之法律性質、類型與法理，加以分別研析；第五章則從立法論檢視攔檢法制之妥適性及待立法解決之問題；第六章進一步探討警察職權相關議題，並舉列案例加以研析，除先在第一、二節分別探討「警察遴選第三人蒐集資料之職權」與「違警罰鍰案件調查職權與規範解析」外，更進一步於第三、四節再列述警察實施治安攔檢與影響交通安全之酒駕攔檢等重要案例加以析論，期能達到法理與實務相互印證，以提供警察執法實務與研究參考。繼而在本書第七章亦引介著重判例與程序之英美二國之警察攔檢與其相關職權法制，以取他山之石效果。另一方面，有鑑於警職法立法後，使警察干預性執法職權措施、要件、程序與救濟有了明確法律依據，符合依法行政之法律保留原則之要求，受到多方肯定，最後則是入出國及移民署於修法時，乃在「入出國及移民法」第17條及第28條分別明定準用警職法第二章之規範[5]。因此，本書最後即以移民執法人員攔檢而實施暫時留置與查證身分職權為題，加以分析探討，以供移民執法實務及相關研究參考。

警察任務將決定其業務範圍與勤務作為，因而影響法定之制裁處罰要件內容，亦牽動警察職權與程序[6]。按警察維護治安任務常有賴縝密的業

---

[4] 2011年4月27日總統令修正公布第15條條文。

[5] 入出國及移民法第17條第2項及第28條第2項皆規定：「入出國及移民署或其他依法令賦予權責之公務員，得於執行公務時，要求出示前項證件。其相關要件與程序，準用警察職權行使法第二章之規定。」係分別作為對無戶籍國民及外國人執法職權行使之依據。

[6] 中華警政研究學會，警政與警察法相關圓桌論壇（八）「警察職權與任務」座談會紀錄摘要（本人引言之內容），2018年8月16日，http://www.acpr.org.tw/PDF/Panel_20180816_PolicePower.pdf，最後瀏覽日：2021年12月22日。

務規劃與有效勤務設計與執行，而勤務作爲則常伴隨著職權行使[7]，特別是物理力措施，過去統稱之爲「臨檢」，警職法立法前係由警察勤務條例規範之。由於警察涉及公權力措施之勤務作爲，常始於攔停措施，進而實施檢查。然在司法院釋字第535號解釋要求，對於「臨檢」措施之要件、程序及救濟，應以法律爲明確規定[8]，警職法乃於2003年12月1日正式施行[9]。警職法於第6條與第7條分別規定查證身分之要件與措施，以及同法第8條規定攔檢交通工具之要件與措施，雖仍不脫過去臨檢之範圍，然已不再使用「臨檢」二字，其要件與程序均予明確新定。而「臨檢」仍得回歸爲警察勤務條例所定「勤務方式」之一的本質[10]。

由警職法第2條第1項將「警察職權」予以定義其範圍可知，警察執法其實同時或先後運用了許多種職權措施，然其中在實務上運用最多者無非「攔停」與「檢查」二者，雖在警職法中已經有個別條文規定該兩職權措施之要件、程序與救濟，然實務工作者卻常對該兩職權措施之抽象法律要件規定，如何將之落實於操作面，最感到困惑。再者，警職法在涵攝

---

7 蔡庭榕，總則章說明，收錄於：警察法修正草案建議書（第三章），中華警政研究學會編印，2021年6月初版1刷，頁57。

8 警察臨檢之干預職權措施，應避免「三不」之情形。司法院釋字第535號解釋意旨強調警察臨檢，不擇時間、不擇地點、不擇對象，進行全面臨檢之「三不」做法，爲民主法治國家所不許；如今，警職法依據該號解釋意旨對警察臨檢之措施（第7條）發動前，要求應有各項職權行使要件（第6條）之符合，始得爲之，並應遵守各項程序規範。

9 警職法之制定，明確警察執行職務行使職權之法律依據。可謂從「有菜單無食譜」到「按譜操作」。司法院釋字第535號解釋文指出：「實施臨檢之要件、程序及對違法臨檢行爲之救濟，均應有法律之明確規範，方符憲法保障人民自由權利之意旨。」當時，有學者即指出，警察勤務條例之「臨檢」規定，是「有名詞無定義」、「有菜單無食譜」，亦即欠缺職權措施之要件、程序與救濟。於2003年立法後，警職法即是對於菜單上「臨檢」這一道菜之食譜，內容含括各項措施、要件、程序及救濟等。並可依其適用對象及性質，將之區分爲：（一）對人：查證身分（§§6-8）、鑑識身分、蒐集資料（§§9-13）、通知（§14）、管束（§§19-20）、驅離（§27）、直接強制；（二）對物：扣留（§21）、保管（§22）、變賣、拍賣、銷毀（§§23-24）、使用、處置、限制使用（§25）；（三）對處所：進入（§26）；（四）對其他：定期查訪（§15）、資料傳遞（§16）、資料利用（§17）、概括規定（§28）。

10 警察勤務條例第三章章名爲「勤務方式」；又其第11條第1項第3款規定：「警察勤務方式如左……三、臨檢：於公共場所或指定處所、路段，由服勤人員擔任臨場檢查或路檢，執行取締、盤查及有關法令賦予之勤務。」因此，「臨檢」係警察勤務條例規定之六種勤務方式之一，並非個別警察職權措施。

於執法時，是否尚有不足或缺漏，均有持續研究改進之必要。「攔停」係指依法運用公權力措施，使行進中之人、車停止或使可疑人、車不繼續前進；「檢查」於警職法第6條及第19條係對人身或其所攜帶物品之察看或拍搜，以及警職法第8條對於交通工具之檢查，然均未達「搜索」之程度。實務上常問有關攔停與檢查之公權力介入人民活動之起始點為何？在實務運作上，如何進行對該兩職權措施之判斷運用？其規範內容之法理基礎何在？執法之攔停與檢查職權作為是否有行政與刑事區分？或有其連結關係？警職法第6條、第8條及第19條有關「檢查」之性質及規範要件有無差異？實有探究釐清之必要。再者，本章除學理探討外，亦以實務執行問題為基礎，將警職法之「攔停」與「檢查」規定之法理內涵、要件判斷，與實務警察攔停與檢查作為之適用融合論述，並以警職法適用於行人與車輛為對象進行相關實例檢討說明。

第二節　警察「攔停」職權之法理與要件

一、警察攔停之法理

（一）攔停行人或車輛應有明確法律授權

　　警察勤務條例規定「臨檢」方式之實施，依法得為「檢查、路檢、取締、盤查」[11]，以預防危害或偵查犯罪，進行上述作為，首應攔停受檢對象，以確認其身分或檢查其交通工具，其亦隱含有資料蒐集或比對功能。更有進者，警職法第7條規定，始自攔停，繼而進行廣義的檢查措施，包括詢問相對人之身分基本資料，並得令其出示身分證件，必要時，甚至得檢查其身體及所攜帶之物件，若合於法定要件時，亦得將之帶往勤務處所查證身分。另一方面，警職法第8條之攔檢交通工具得以進行之各項措

11　警察勤務條例第11條第1項第3款之規定：「臨檢：於公共場所或指定處所、路段，由服勤人員擔任臨場檢查或路檢，執行取締、盤查及有關法令賦予之勤務。」然其並不將之區分行政危害防止或刑事犯罪偵查之臨檢勤務作為，而係以「有關法令賦予之勤務」含括之，可知司法警察執行警察勤務作為，並非僅為行政危害防止任務，亦不排除刑事犯罪偵查作為。

施，亦屬干預、限制或剝奪相對人自由、權利之作為，故基於民主法治國依法行政原則，乃有以法律明確規範之必要，符合憲法第23條之法律保留原則，亦為司法院釋字第535號解釋所強調。

警察「攔停」（stop）係指警察人員將行進中之人、車、船及其他交通工具，基於事實情況或其他正當性（reasonableness）經由判斷與裁量依法加以攔停，使其停止行進，或使非行進中之人，停止其動作而言[12]，此攔停措施為執法查證身分首先採取之必要步驟[13]。依據警職法第7條第1項第1款規定，警察為查證身分而攔停之對象為人、車、船及其他交通工具。攔停並非逮捕，需有合理懷疑受攔停人有警職法第6條第1項各款情形之一者，得對之進行攔停。因非逮捕，其對於人權之侵擾較為輕微，故無須達於「相當理由」[14]之程度，亦無須申請令狀及法官介入，惟須依法為之，即得依據警職法第7條規定，對之施行攔停作為，人民有配合及忍受之義務。至於攔停查證身分之時間究應多久始為合理？有論者認為應以20分鐘為度[15]；美國聯邦之統一逮捕法（Uniform Arrest Act）則規定以2小時為限；亦有以德國警察職權法制析論，認為從攔停、詢問到證件查驗，原則上以不超過10分鐘為宜。然一般認為，行政處分有其公定力，在未循一定途徑認定其非法時，應推定其合法，處分相對人有忍受義務，但忍受有其界限，該界線則有時空性，在一定範圍內必然是游移不定的[16]。以之相

---

[12] 參見立法院，警察職權行使法案，立法院內政委員會編（122），法律案專輯第335輯，立法院公報處印行，2004年7月初版，頁384。

[13] Rolando V. del Carmen, Criminal Procedure Law and Practice, 7th. ed., Wadsworth Publishing Company, U.S., 2007, at 138-139.

[14] 「相當理由」（probable cause）之違法犯罪之心證程度高於「合理懷疑」（reasonable suspicion），例如，刑事訴訟法第122條第2項規定：「對於第三人之身體、物件、電磁紀錄及住宅或其他處所，以有相當理由可信為被告或犯罪嫌疑人或應扣押之物或電磁紀錄存在時為限，得搜索之。」另同法第131條第2項規定：「檢察官於偵查中確有相當理由認為情況急迫，非迅速搜索，二十四小時內證據有偽造、變造、湮滅或隱匿之虞者，得逕行搜索，或指揮檢察事務官、司法警察官或司法警察執行搜索，並層報檢察長。」均以具有「相當理由」程度，始得依法進行搜索；而警職法第6條規定，則以「合理懷疑」程度，作為進行「檢查」職權措施之要件。由此可知，其對違法犯罪判斷認知之心證程度不同，法律授予得進行之職權措施強制程度亦有差異。

[15] 王兆鵬，警察盤查之權限，收錄於：路檢、盤查與人權，翰蘆圖書出版有限公司，2001年6月，頁140-141。

[16] 李震山等，警察職務執行法草案之研究，內政部警政署委託研究，1999年6月，頁55。

同見解者亦認應隨著個案之不同而有差異，需以當時執法之整體事實狀況考量，但不得爲非必要遲延（unnecessary delay）[17]。

警察攔停係依據法律授權，下令相對人停止行進，以配合警察進一步之執法措施。警察攔停係由警察依法所進行公權力措施之一，是屬於依據警職法所爲之警察處分[18]，常爲警察遂行危害防止或犯行追緝任務，於初始階段，使受查證者得以配合相關身分查證之手段。其主要目的，在於消極的避免執法客體錯誤，積極的亦含有蒐集與比對資料，以確證受檢者之身分與查證要件之關連性，作爲進一步職權措施行使之依據。警職法第6條對於該條所定各款之人查證其身分，係爲防止其本人或他人生命、身體之具體危害及預防潛在危害，有查證其身分之必要者。並爲預防危害或犯罪，得對於滯留於有事實足認有陰謀、預備、著手實施重大犯罪或有人犯藏匿之處所者進行查證身分措施。更有進者，爲了防止犯罪，或處理重大公共安全或社會秩序事件而有必要者，可對於行經警察機關主管長官指定之公共場所、路段或管制站者，依法攔停，若有必要，尚可進行警職法第7條所規定查證身分之各項職權措施。特別是在攔停之後，可依據一目瞭然法則（Plain View Doctrine）[19]，進行觀察相關人之行爲、物之狀況及周遭環境之事實現象，加以判斷有無發生犯罪與具體危害之疑慮情形，以作爲發動進一步職權措施之基礎。

警察攔停以進行身分查證，除避免造成執法客體錯誤，亦具有對於警職法第6條各款情形釋疑之資料蒐集功能。各國均對於警察攔停有明確授權。日本警察官職務執行法第2條第1項規定：「警察官因異常舉動及其他周圍情事而合理判斷，認爲有相當理由足認其人有犯某罪之嫌疑或之

---

[17] Rodriguez v. United States, 135 S. Ct. 1609 (2015). 美國最高法院以本判例認警察執法應聚焦於攔停目的之執行所需時間，不可額外以不相關的目的或措施而耽擱攔停時間。亦可參考蔡庭榕，論警察職權行使規範，收錄於：各國警察臨檢制度比較，五南，2002年8月初版1刷，頁25。

[18] 陳正根，警察與秩序法研究（一），五南，2010年1月初版1刷，頁213-217。

[19] Rolando V. del Carmen, Criminal Procedure Law and Practice, 7th. ed., Wadsworth Publishing Company, U.S., 2007, at 335-336. 所謂「一目瞭然」法則，係指違法或違規之物品或現象明顯而直接爲執法者目光所及且立即可發現者。

虞者，或認定其對已經發生之犯罪或即將發生之犯罪知情者，得將其人攔停盤問。」美國統一逮捕法（1942）規定：「警察若有合理的理由懷疑在戶外之嫌疑犯已經、正在或即將犯罪時，可加以攔停，並可詢問他的姓名、地址、在外逗留的原因和去哪裡。」美國聯邦最高法院Terry判例，更是明確授權警察基於合理懷疑已發生危害或即將發生危害，得依職權進行攔停，並依法實施進一步之職權措施。另一方面，德國某些邦之警察法規定以確認身分作為資料蒐集，然在資料蒐集權之內，同樣存在一些競合關係，查證身分職權措施之目的含括有蒐集資料以對警職法第6條預防犯罪或危害防止釋疑之目的，而藉由攔停始克進行詢問或進一步之身分確認[20]。

　　因此，警察執行職務行使職權，以查證身分為基礎，進行攔停，同時詢問個人身分資料，及危害防止之資料蒐集與查證。警察行使職權措施，係從人之行為、物之狀況、現場周圍之事實現象等來判斷，加以考量時間、地點或其他相關特性，藉由人、事、時、地、物之綜合判斷，經整體性合理判斷認有異常或可疑現象，始得進行攔停。繼而，可更清楚地進行判斷，進而決定是否及如何採取進一步措施之裁量。例如，詢問、令出示證件等，若因而有事實足認其有攜帶自殺、自傷或傷害他人生命、身體之物者，得進一步檢查身體或所攜帶之物件。本條進行查證身分之目的，除確認身分之外，基於對第6條得以進行查證身分之要件，應有加以攔停觀察或詢問等方式，詢問該職權行使之客體對於第6條各款情形釋疑之相關問題，應屬合適。

（二）以不同法定要件作為啓動攔停措施之依據

　　不論是警職法第6條及第7條所定以防止危害及預防犯罪之治安目的，或是警職法第8條規定之以維護交通秩序及預防交通危害為目的；兩者均以攔停措施為開始，亦均以公共安全與秩序受到損害之威脅，而進行危害之防制為職權啓動基礎。固然警職法各種職權行使之要件，對於所要

---

[20] H. Scholler/B. Scholler合著，李震山譯，德國警察與秩序法原理，登文書局，1995年11月中譯2版，頁114。

保護之法益、危害之程度及損害發生可能性之等級，各有不同之要求。但必須有危害之存在，警察方有依警職法行使職權之可能。然而，以警職法第6條規定為例，各款規定授權之法理基礎，即有不同。例如，損害未發生前，採取措施，旨在預防「潛在性或抽象性危害」（如§6-I-4-5-6）或「具體危害」（如§6-I-1-2-3）。若損害已形成，但未全然完成或結束，則屬正發生實害中，則有滋擾之制止與排除之問題，得依據個別法規範要件與程序處置之。

警察在日常勤務運作中，執行臨檢、盤查人民身分之情形相當頻繁，因涉及人民自由權利，其權力發動要件及時機，允宜法律明確授權，爰於警職法第6條第1項明定，共分六款規定得以查證身分之要件（事由），以作為實施第7條查證身分措施之判斷基礎，亦即得作為警察攔停之授權。第6條第1項第1款至第3款係為防止具體危害或預防犯罪；第4款、第5款係為防止抽象（潛在）危害或犯罪，而針對易生危害之處所為身分查證作為；第6款則授權由「警察機關主管長官」依據實際情況，為防止犯罪，或處理重大公共安全或社會秩序事件而有必要者，得指定公共場所、路段及管制站，對行經者實施臨檢。然亦有論者認為該第6款之概括規定，未能以「合理懷疑」為其前提要件，顯然不當[21]。惟值得注意的是第6款之合理正當性基礎與本條前述各款規定有所不同，第6款係得以進行全面性攔檢之依據，並非如前述規定，必然須經由現場員警個別判斷是否有危害或犯罪之虞，而是授權由警察機關主管以本條第2項之要件判斷，於事前即下令為之，故對於受檢者而言，或許並無受警察合理懷疑或有任何事實足以引起警察懷疑，僅係基於時間性及空間性的合致，依法必須接受攔檢。此時警察攔檢之合理正當性基礎係以抽象或潛在危害為考量，但警察機關主管長官必須合於第6條第2項之要件規定，始得指定公

---

21 林明鏘，警察職權行使法基本問題之研究，警察職權行使法評析研討會，台灣本土法學雜誌，第56期，2004年3月，頁109。林教授指出：「本款概括條款，除顯然不當未能以『合理懷疑』為其前提要件，有嚴重傷害人民權益之虞外，並且破壞前揭四款之體系結構，始得『合理懷疑』受臨檢人有犯罪嫌疑之精神，完全破壞無遺，應予迅速修正或加以刪除為宜。」

共場所、路段或管制站，而非第一線個別員警依據現場之情況所為之判斷而採行攔停之職權措施。另一方面，警職法第8條之交通攔停要件，係以「警察對於已發生危害或依客觀合理判斷易生危害之交通工具，得予以攔停」，亦可因抽象危害、具體危害或實害之情形而進行攔停。然而，警職法係將維護治安與交通目的之攔停，分別規定之，第6條及第7條係規定治安攔停要件與措施，而第8條係規定交通攔停之要件與措施，故本文乃將之分別以「治安攔停」及「交通攔停」為探討基礎。

二、警察攔停之分類與其要件判斷

（一）警察攔停之分類

警察主要任務在於治安與交通安全秩序維護，而治安任務一般尚區分為行政危害防止及刑事犯罪偵查。然為達成警察任務之勤務執行，必須賦予警察職權，始能克盡其功。無論是犯罪偵查、危害防止或交通秩序維護之警察職權行使，均不免先予「攔停」。依據警職法第7條及第8條有關攔停之不同規定，本文將之區分為第7條「治安攔停」與第8條之「交通攔停」，而治安攔停又可區分為「刑事攔停」與「行政攔停」。

林明鏘教授即指出，警職法第6條與第8條分別就公共場所或交通工具之臨檢，作不同之實體要件規範，造成範圍重疊、寬鬆不一等問題，並進一步指出，對於使用交通工具者之臨檢，應同時累積適用第8條（優先）及第6條（補充）之要件規定，並且建議在立法上，將第6條與第8條合併規定[22]。其意見非常值得參探，但仍有待修法明定。由於第8條並非研究草案之原始草擬條文，亦非立法委員版本之條文，而係於行政院版草案第7條[23]，主要基於社會大眾均強烈要求酒醉者不可駕車，以維護交通安全的原則下，將此條文列入，造成與第6條及第7條規定之扞格。因此，從立法目的論，本條主要在於維護交通秩序，而授權攔停交通工具之職權

---

22 林明鏘，警察職權行使法基本問題之研究，警察職權行使法評析研討會，台灣本土法學雜誌，第56期，2004年3月，頁110。

23 參見立法院，警察職權行使法案，立法院內政委員會編（122），法律案專輯第335輯（立法理由說明），立法院公報處印行，2004年7月初版，頁303-307。

措施及明定其要件，本文稱之為「交通攔停」；警職法第6條及第7條之攔停車輛係以犯罪預防目的為基礎，本文稱之為「治安攔停」，與本條之交通違法（規）之特定目的，顯有不同。

（二）警察攔停之要件判斷

依據警職法規定，警察攔停可區分為警職法第6條與第7條之治安攔停及第8條之交通攔停二種，茲分述如下：

1.治安攔停

雖然治安攔停依其性質及不同法規之適用，尚可分為「刑事攔停」與「行政攔停」。然而，在警察雙重任務之特性下，除有具體明確之行政或刑事實害發生而予個別區分適用外，執法員警在一般僅有合理懷疑有違法或犯罪之情形下，僅能依個別案件性質妥適轉換不同法律適用。亦即，若有「相當理由」認犯罪已經發生或即將發生時，可從警職法規定之程序，轉而適用刑事訴訟法規定。因而，若能釐清行政檢查與犯罪偵查之不同適用原則，瞭解其界分與連結，並妥善轉換其適用，使其能成為警察維持公共秩序，確保社會治安之全面網的功能，對衡平公權力效力與基本人權保障，具有實益。

依警職法第6條規定之要件，得以進行警職法第7條規定之警察攔停及其他法定查證身分措施，以之作為執法判斷之基礎。雖有些要件內容屬於不確定法律概念之抽象性規定，更應注意以整體事實狀況依法判斷之，茲將警職法第6條規定之要件分述如下[24]：

(1)合理懷疑其有犯罪之嫌疑或有犯罪之虞者

「合理懷疑」其有犯罪之嫌疑或有犯罪之虞者。由於「合理懷疑」係一種作為得否進行本條規定查證身分之判斷基準之一，係不確定之法律概念，必須依據個案之整體事實狀況判斷決定之[25]。因此，內政部警政署

---

[24] 蔡庭榕，警察職權行使法與案例研究，收錄於：許福生主編，劉嘉發等合著，警察法學與案例研究（第二章），五南，2020年2月初版1刷，頁66-69。

[25] 無合理懷疑攔停而致爭議之案例如：後述第六章有關時任客委會主委李永得於台北京站轉運站遭台北市警局保大員警欠缺合理懷疑之攔檢爭議案，參考自由時報，穿拖鞋遭攔查 李永得：北市變警察國家？，2017年3月20日焦點新聞，https://news.ltn.com.tw/news/focus/

於警職法制定之初，為強化基層員警執法之判斷能力，特頒行「警察職權行使法逐條釋義」釋明「合理懷疑」係指「必須有客觀之事實作為判斷基礎，根據當時的事實，依據專業（警察執法）經驗，所作成的合理推論或推理，而非單純的臆測」。並進一步例示說明「合理懷疑之事實基礎有：①情報判斷之合理懷疑；②由現場觀察之合理懷疑；③由環境與其他狀況綜合研判之合理懷疑；④由可疑行為判斷之合理懷疑」[26]提供員警參酌，值得肯定。惟以上僅是例示而非列舉，仍有不勝枚舉之情形，為合理懷疑之判斷基礎，必須依據員警之經驗、現場之狀況，其他相關異常或可疑現象作為綜合判斷基礎。例如，美國United States v. Arvizu一案[27]，聯邦最高法院認為警察之合理懷疑之基礎係源於其經驗認知「整體狀況」（The Totality of the Circumstances）法則，而非個別單一因素之考量[28]。Black's Law Dictionary對「合理懷疑」原則之解釋為：「正當化警察因美國憲法第四增補案之目的所為之於公共場所攔停被告，是其懷疑之認知總量足以使一位普通的謹慎小心之人在該情形下相信犯罪行為即將發生。」[29]

至於「犯罪之嫌疑」應是已有犯罪發生，某人被警察合理懷疑係其所為，而成為犯罪嫌疑人，為偵查犯罪，而得以查證其身分。另對於「有犯罪之虞者」，指犯罪雖發生，然基於警察合理懷疑即將有犯罪之可能時，得以防止犯罪之理由，對之進行查證身分。例如，見警即逃，是否構成合理懷疑程度，而可以進行攔停措施？美國聯邦最高法院表示，是否有合理懷疑，應依人類之行為習慣，進行合乎一般常理之推論判斷之。因此，行

---

paper/1087329，最後瀏覽日：2021年11月29日。又早期因合理懷疑而攔檢而破案之例如：在豐原分局破獲宋仁照之偽造金融卡盜領案，即係因嫌犯於半夜戴太陽眼鏡及棒球帽到提款機領款，遭到巡邏員警合理懷疑半夜三更為何戴太陽眼鏡，而加以攔檢破獲，中央日報，2003年10月15日。

26 吳宗順主編，警察職權行使法逐條釋義，內政部警政署常訓教材，2003年8月，頁23。

27 United States v. Arvizu 534 U.S. 266 (2002). 美國聯邦最高法院以本判例確立警察攔檢需以「整體考量法則」而非必須針對攔檢事由逐一個別判斷來取得執法攔停之合理懷疑或其他心證程度，始得為之。

28 蔡庭榕，論警察臨檢之發動門檻—「合理懷疑」與「相當理由」，收錄於：內政部警政署警政法學研討會—警察臨檢盤查與偵查犯罪權限系列論文集，內政部警政署編印，2002年6月11日，頁34。

29 Black's Law Dictionary, West Publishing Co., 1991, at 875.

為人之緊張與逃避行為，得作為判斷是否具有合理懷疑之相關因素之一，因為合理懷疑是由執法當場各項因素之整體判斷考量來形成之心證[30]。故聯邦最高法院於Illinois v. Wardlow案[31]即做出與州最高法院不同之判決，而於該案支持見警即逃已經足以構成「合理懷疑」其有危害或犯罪之虞，得進行攔停等相關查證身分之措施。有關基於犯罪預防與危害防止目的之警職法與以犯罪偵查為目的之刑事訴訟法作為之要件、強制力措施及救濟方式，均不相同，例如，警職法對於查證身分措施之要件僅要求「合理懷疑」或「有事實足認」之認知程度，不若刑事訴訟之對第三人搜索作為，應有「相當理由」之心證程度[32]。

(2)有事實足認其對已發生之犯罪或即將發生之犯罪知情者

警職法第6條第1項第2款所稱「有事實足認……」與同項第1款之「合理懷疑」同屬於抽象規範，必須藉由行使職權之執法人員依據事實狀況做出判斷，認知其合理性之程度，以決定是否採取何種公權力措施。按德國警察法中對於「有事實足認……」之要件，可分為須視事情是否發生而定及無須視事情是否發生而定。其中，「有事實者」尚未達於所指之處所將有犯罪發生之「有事實根據」程度，僅需有一具體之嫌疑，或者在該概念範圍內存在有嫌疑狀況。然而，「有實際根據者」不待事件發生，即可採取措施[33]。由於「合理懷疑」及「有事實足認」均於同一條文相同項次中規範，其心證程度應屬相近不遠[34]，然均無須高於刑事訴訟法中得以

---

30 蔡庭榕，論警察臨檢之發動門檻—「合理懷疑」與「相當理由」，警察法學，創刊號，2003年1月，頁54。

31 Illinois v. Wardlow 528 U.S. 119 (2000). 本判例爭點係在高犯罪地區見警即逃是否足以正當合理化警察的攔停？（Is a person's sudden and unprovoked flight from identifiable police officers, patrolling a high crime area, sufficiently suspicious to justify the officers' stop of that person?）聯邦最高法院認為經由警察的綜合因素判斷是可以的。

32 刑事訴訟法第122條第2項：「對於第三人之身體、物件、電磁紀錄及住宅或其他處所，以有相當理由可信為被告或犯罪嫌疑人或應扣押之物或電磁紀錄存在時為限，得搜索之。」又刑事訴訟法第131條第2項：「檢察官於偵查中確有相當理由認為情況急迫，非迅速搜索，二十四小時內證據有偽造、變造、湮滅或隱匿之虞者，得逕行搜索，或指揮檢察事務官、司法警察官或司法警察執行搜索，並層報檢察長。」

33 H. Scholler/B. Scholler合著，李震山譯，德國警察與秩序法原理，登文書局，1995年11月中譯2版，頁117。

34 實務上雖主張「有事實足認」與「罪證確鑿」（beyond the reasonable doubt）相當，可為有

對第三人進行搜索「相當理由」門檻。例如，得以依據警職法進行查證身分措施之本款規定之相關事實，如其他單位提供之消息（或勤務指揮中心之無線電通知）、查緝專刊、民眾舉報、執法者親自觀察等。本款之規定，從積極性而言，旨在以法律明定課以人民對於治安工作有協力或負擔之提供治安情報義務者之身分確證，並進一步研判其與案件之關連性。從消極性考量，係避免對提供情報者身分不明，而致情報錯誤卻無從查證。

(3) 有事實足認爲防止其本人或他人生命、身體之具體危害，有查證其身分之必要者

此爲警職法第6條第1項第3款規定之要件，係參考「德國聯邦與各邦統一警察法標準草案」第9條第1項第1款：「爲防止危害，警察得查證身分」而來，其係指對於肇致危害之人得行使盤查權，該危害則僅限於「具體危害」，不得任意擴張。「具體危害」係指「在具體案件中之行爲或狀況，依一般生活經驗客觀判斷，預料短期間內極可能形成傷害的一種狀況」[35]。因此，案件必須具體，危害發生須有不可遲延性、可能性及傷害性，具體危害要件方能構成，警察盤查權之發動才有依據。此外，基於合理的理由，盤查對象、時間、地點之選擇，並非漫無限制[36]。爲防止警察權濫用或過度擴張，立法者乃將警察應防止之危害界限於「具體危害」，此種原則性之規定，大都適用於警察消極排除危害，或防止危害之工作領域；但某些特殊工作領域上，警察尚須致力於「預防危害工作」，此時若受制於警察僅得防止具體危害，則無法將觸角延伸至危害可能產生之前期階段[37]。爲調和兩者關係，立法者乃以例外規定來彌補原則規定之不足，

罪判決，其證據強度必須超過80%以上。然由於「合理懷疑」及「有事實足認」均於同一條文相同項次中規範，其心證程度應屬相近，若以警政署之標準，要求查證身分措施之證據強度須高過於得以實施刑事「搜索」、「扣押」或「逮捕」之「相當理由」程度，在學理與實務上，恐均有窒礙難行之處。

[35] 李震山，警察行政法論—自由與秩序之折衝，五南，2020年9月修訂5版1刷，頁224。

[36] 李震山，從釋字第535號解釋談警察臨檢的法制與實務，台灣本土法學雜誌，第33期，2002年4月，頁74。

[37] 李震山，警察任務在行政權中危害防止任務之定位，收錄於：警察行政法論—自由與秩序之折衝，五南，2020年9月修訂5版1刷，頁38。氏指出：「警察主要任務應可化約爲警察依法防止與公共秩序及社會安全有關的『公共性危害』任務，應可將之分爲行政危害防止、刑事犯行追緝、危害預防三大部分。」又稱：「近年來，爲了抗制組織犯罪及恐怖主義活動，德

並強調「例外正是用以確認原則」。然而，從人權保障角度，避免警察權擴大與濫用，希望授權界線僅置於已發生危害，或即將發生具體危害之制止，若基於公共安全與秩序之理由，例外授權至防止危害之更先前領域，亦即「危害預防」，危害尚未發生，既未達刑事犯罪，亦尚無違反行政義務，僅基於一般性預防所需，例如，立法授權預防性的查核電信資料或個資干預，即應特別謹慎[38]。因此，若以警職法第6條之要件區分，例如第1款規定「合理懷疑有犯罪嫌疑或有犯罪之虞者」應屬於「具體危害」性質；而滯留於需有停居留許可而無停居留許可者，或滯留於有人犯藏匿之處所者，尚屬於「潛在危害」之情形。

(4) 滯留於有事實足認有陰謀、預備、著手實施重大犯罪或有人犯藏匿之處所者

本款規定之目的，在於防止潛在危害。對滯留於有事實足認有陰謀、預備、著手實施重大犯罪或有人犯藏匿之處所者，係屬滯留於「易生危害地點」之人，雖其未必然爲肇致「具體危害」之人，但基於該地點產生危害可能性極高，警察權若不能適時介入，恐貽誤事機，事後再處理，事倍功半。故爲預防危害發生，乃授權得進行查證身分措施。「易致危害地點」依「德國聯邦與各邦統一警察法標準草案」[39]第9條第1項第2款規定爲：「(a)依據實際線索與經驗認爲該地：(aa)約定、預備，實施犯罪行爲之人；(bb)聚有無停（居）留許可證明之人；或(cc)有人犯藏匿。(b)該地有人賣淫。」德國警察正是以此款規定爲依據，作爲集體盤查之依據。「集體盤查」，乃是由警察暫時封鎖某地，集體對滯留該地之人行使盤查之依據。上述規定，雖然限制「易生危害地點」之範圍，但彈性仍極大，對警察打擊犯罪，防止危害實務工作而言，有其正面意義，相對的就需自我節制，避免濫權。集體盤查之對象不僅及於肇致危害之有責任人，尚且及於無責任人，若欲要求無責任人作爲或不作爲時，應充分顧及警察法上

國立法者已將『犯罪預防抗制』以及危害防止之預備領域納爲警察任務。」

38 李震山，警察行政法論—自由與秩序之折衝，五南，2020年9月修訂5版1刷，頁403-404。

39 李震山，德國聯邦與各邦統一警察法標準草案，附錄於：警察行政法論—自由與秩序之折衝，五南，2020年9月修訂5版1刷，頁459-479。

之比例性、適當性及必要性等原則。所以除非在無法提出證明或拒絕陳述之例外情形下，才得將無責任人帶往警所，在這之前，必要性原則更應充分受到考量。

(5) 滯留於應有停（居）留許可之處所，而無停（居）留許可者

本條款規定亦係為防止潛在危害[40]，而針對易生危害之處所，對於未經主管機關許可而進入停留或居留者，得進行身分查證。然而，並非僅指對於外國人或大陸地區人民等之無停、居留許可之情形，而是指廣義的應經許可，始得停、居留之處所，而滯留於該處所未取得許可者，均屬於本款之適用範圍。可參考「德國聯邦與各邦統一警察法標準草案」第9條第1項第3款明白授權，警察得於「易遭危害地點」行使盤查權，所謂易遭危害之地點特別是指，有交通設施、重要民生必需品生產儲存設施、大眾交通工具、政府辦公大樓等標的物所在之地點[41]。當有人滯留該標的物之內或附近，有事實足以認為，將可能實施犯罪，且將危及該地點之物或人時，警察方得行使其盤查權。警察於「易遭危害地點」行使盤查權，不以「具體危害」構成為要件，只要該標的物將有可能遭致犯罪行為之破壞則可，譬如，有事實足認為某油庫將受爆炸威脅，但該威脅必須與該「標的物」之功能，任務運作有直接關係。因此，本款對於滯留於應有停留或居留許可之特定處所之人員，因其身分與停留地點不相符稱時，即得對其行使查證身分之職權措施，避免其遭致危害。例如，機場之管制區、國營事業之油庫、電廠、海岸或山地管制區等，若任意滯留於該處所，警職法授權得對之進行查證身分措施。

(6) 行經指定公共場所、路段及管制站者

本款規定可作為必要時全面攔檢之依據，然而其攔停查證身分之合理性基礎，非如前述要件，由值勤員警依據個案判斷之心證程度為原則，而是將之提前至攔檢勤務出發或進行前，其地點（如公共場所、路段及管

---

40 李震山，警察行政法論—自由與秩序之折衝，五南，2020年9月修訂5版1刷，頁224。
41 李震山等，警察職務執行法草案之研究，內政部警政署委託研究，1999年6月，頁54。

制站）[42]由「警察機關主管長官」指定之[43]。故依第6條第1項第6款之指定要件規定，警察機關主管長官指定公共場所、路段及管制站者，除必須有「防止犯罪，或處理重大公共安全或社會秩序事件」之要件合致外，尚須考慮比例原則之適用。因此，警察機關依據警職法固可實施全面攔停進行治安檢查，但必須其決定地點之程序與要件均需受到本款之拘束，否則，不問時間、地點、對象之設置管制站作全面攔檢，或不加判斷其合理性要件之任意或隨機攔檢，均非合法，亦為司法院釋字第535號解釋所無法肯認。

因此，在指定設置管制站進行攔檢時，「合理懷疑」之檢視時點，應往前拉至「設置時」，如果設置時有其合法性，例如，有情報來源指出有大範圍之具體危害（如飆車、集體械鬥等）可能發生時，則得依據本款指定地點對所有人車進行攔停檢查，惟仍應注意必要性與比例原則之遵守[44]。例如，United States v. Martinez-Fuerte一案中[45]，美國最高法院判定警察為了抓偷渡客，在離邊境不遠之主要道路設置永久性的檢查哨，對所有過往車輛攔車盤問是合憲的，其合理性基礎係因國境檢查較為寬鬆[46]，且有合理懷疑偷渡客經常使用該道路。因此，其指定不得僅憑第六感或個人好惡而為之，必須有所憑據，如過去之治安紀錄，民眾之舉報、或其他

---

[42] 內政部警政署於2003年8月頒行之「警察職權行使法逐條釋義」（頁25）釋明：「所謂管制站，係指臨時設置者而言。此措施係一種封鎖，可在此攔停人、車，並於特定目的及範圍內，依法檢視該人及其所攜帶之物品或其使用之交通工具。」

[43] 警職法第2條第3項規定：「本法所稱警察機關主管長官，係指地區警察分局長或其相當職務以上長官。」本項係立法機制上考量「長官保留」原則，因全面或集體攔檢對人權影響較之個別攔檢為大，故避免員警濫權行使，故在立法上有此機制設計。

[44] 陳瑞仁檢察官，個別盤查與集體盤查，台灣法律網，http://www.lawtw.com/article.php?template=article_content&area=free_browse&parent_path=,1,6,&job_id=46230&article_category_id=20&article_id=20570，最後瀏覽日：2020年11月25日。亦參考蔡庭榕，警察職權行使法與案例研究，收錄於：許福生主編，劉嘉發等合著，警察法學與案例研究（第二章），五南，2020年2月初版1刷，頁63。

[45] United States v. Martinez-Fuerte 428 U. S. 543 (1976). 美國最高法院以此判例，允許美國邊境巡邏隊在通向或遠離墨西哥邊境的公共高速公路上設立永久或固定的檢查站，並不違反憲法第四修正案。

[46] 蔡庭榕，論國境檢查，收錄於：各國警察臨檢制度比較，五南，2002年8月初版1刷，頁193-230。

相關合理性因素，作為指定之基礎，始得為之[47]。

2. 交通攔停

依警職法第8條規定，對於符合「已發生危害或依客觀合理判斷易生危害」之「交通工具」得予以攔停，並進行相關職權措施。道路交通稽查執法，其目的應在維護交通安全與秩序。道路交通管理處罰條例第7條第1項固然賦予交通勤務警察稽查執法之任務，並無授權以實力介入稽查取締之規定。雖同條例第60條對於不服稽查、不聽制止及拒絕稽查而逃逸者，規定應受罰鍰之處罰，然並無強制性稽查取締之授權基礎。警察道路交通執法，主要應係取締交通違規行為及排除交通障礙。交通工具機件、設備之檢驗，雖亦屬稽查取締之範圍，但並非交通勤務警察之主要任務。而且，交通安全與秩序之維護，主要仍繫諸駕駛人之駕駛行為。是以，對於交通安全與秩序之危害行為，仍應以駕駛人本身或其駕駛交通工具所外顯之危害狀態，作為得否攔停採取措施之依據[48]。

有關交通攔停之要件之一，所稱「已發生危害」，對照條文中所謂「依客觀合理判斷易生危害」之用詞，似可將其解為包括具體危害（係指現存狀況中，一實際發生之事件，極有產生危害之虞），及損害已然形成而未全然完成或結束二種情形。至於「易生危害」，則似指抽象危害，其判斷標準，則以警察人員就其所知之事實及狀況，依經驗所作的具體合理推論，得認為一事件可能於具體危害中發生者之謂。通常抽象危害，係作為警察於具體危害先前領域，採取措施預防抗制犯罪之依據。現行條文將之作為攔停交通工具採取措施之依據，對於道路交通之攔檢執法，有其正面的意義。但相對地，亦賦予警察無限的任務範圍，對相對人人權之保障，亦是一大斲傷，實務運用上，允宜節制。

---

47 內政部警政署於2003年8月頒行之「警察職權行使法逐條釋義」（頁24）指出：「有關公共場所、路段及管制站之指定，係由警察分局長或其相當職務以上長官依據轄區全般治安狀況、過去犯罪紀錄、經常發生刑案之地點及治安斑點圖等綜合研判分析所得。例如某地區發生刑案或重大治安事故，其相關人犯逃逸必經之路線、關口等。」

48 交通攔停之要件依警職法第8條第1項本文規定之文義解釋，交通勤務警察攔停交通工具，稽查取締交通危害行為，係以「已發生危害或依客觀合理判斷易生危害」之「交通工具」，亦即單純以「物之狀況」，作為判斷準據，並不合宜。

相對於第6條第1項第6款及第2項之全面「治安攔停」規定，特別值得注意的是全面性「交通攔檢」並未有法律授權。警職法第8條第1項本文，既已明文規定攔檢之要件，係以「已發生危害或依客觀合理判斷易生危害」之「交通工具」，作為判斷準據。則昔日全面交通攔檢之做法，顯已不符規範之要求，自應予以避免，以免觸法。固然行駛中之車輛，有無攔檢之危害要件，判斷不易，但為了確認危害要件是否存在，而採行全面攔檢，顯將手段與目的錯置，亦不符比例原則。警職法未賦予警察實施全面交通攔檢，值得注意。若欲進行全面交通攔檢或酒測檢定，則可參考美國做法，另行修法明定授權規範。美國聯邦最高法院在Michigan Department of State Police v. Sitz一案[49]，認為在道路上設置檢查點，進行全面攔檢駕駛人是否酒醉駕車，即使對個別駕駛人沒有「合理懷疑」，仍不違憲，然警察若要進一步對駕駛人作酒精測試，則需有「合理懷疑」作為基礎要件。又另在Delaware v. Prouse一案中[50]，判定警察不得在無合理懷疑下任意或隨機路檢攔車查驗駕照，然如有合理懷疑無照駕駛、無車籍登記、或其觸犯交通法規時，得以攔檢，亦不排斥各州政府自行規範定點阻路攔車（road block-type）之方式路檢（spot check）。對於以輕微侵擾（less intrusion），非恣意性之選擇或任意、隨機或全面攔檢，是可受允許的[51]。

另一方面，交通警察亦得因行政危害防止之治安任務而執行路檢攔查措施：警職法第6條第1項第6款及第2項合併第7條第1項第1款規定，作為

---

[49] Michigan Department of State Police v. Sitz. 496 U.S. 444 (1990). Davy E. Zoneraich, Deterrence Drives the Sobriety Checkpoint: Michigan Department of State Police v. Sitz, 44 Rutgers L. Rev. 1021 (1992).

[50] Delaware v. Prouse, 440 U.S. 648 (1979). 本判例係美國聯邦最高法院裁定，警方不得在沒有合理懷疑的情況下，藉由阻止駕車者涉嫌犯罪或非法活動，以檢查其駕駛執照和汽車登記證。本案係因在無合理懷疑情形下，藉由查車籍資料攔檢而發現毒品而起訴被告，以致最後被最高法院以8比1裁定無合理懷疑之搜索與扣押構成違法，法院主張針對個案行攔檢交通工具時，乘客隱私權勝於公益，且隨機攔檢法益僅是道路安全與依法註冊車籍，必須有相當理由始得搜索，否則將容易受無約制的政府權力所干預。參考美國聯邦最高法院網站，https://www.oyez.org/cases/1978/77-1571，最後瀏覽日：2021年12月29日。

[51] 蔡庭榕，論警察攔檢之法規範—以美國警察對行人及汽車攔檢為例，中央警察大學法學論集，第6期，2001年8月，頁161。

路檢，實施攔停採取措施之可能性，然仍應以治安目的為考量，亦即本文所稱之「治安攔檢」。例如發生重大肇事逃逸案件，應可認為符合警職法第6條第2項規定之「處理重大公共安全或社會秩序事件」。此時，應可依警職法第6條第1項第6款及第2項合併第7條第1項第1款規定，於經主管長官指定特定之路段，對於符合肇事逃逸特徵之車輛或交通工具，即得實施全部攔停查證，不受警職法第8條第1項本文攔停要件之限制。但實務執法上，應特別注意：(1)路段之指定，應依合義務性之裁量，審慎決定；(2)若非符合肇事逃逸特徵之車輛或交通工具，應不在得予攔停之範圍，如無其他依法得予攔停之原因，任意攔停，即屬恣意執法，應予避免。

第三節 警察「檢查」職權之法理與要件

警察基於職務執行，常需實施「檢查」之職權措施，警察勤務條例規定臨檢，即明定包括檢查、路檢、取締、盤查，其實四種作為均具有檢查之性質與功能，檢查為臨檢之核心。司法院釋字第535號解釋文更直接指明：「臨檢實施之手段：檢查、路檢、取締或盤查等不問其名稱為何，均屬對人或物之查驗、干預，影響人民行動自由、財產權及隱私權等甚鉅，應恪遵法治國家警察執勤之原則。實施臨檢之要件、程序及對違法臨檢行為之救濟，均應有法律之明確規範，方符憲法保障人民自由權利之意旨。」因此，警職法第6條及第7條之治安目的攔檢與第8條之交通攔檢規定，其不論第7條規定從攔停、詢問、令出示證件、檢查身體或攜帶之物件，抑或第8條之攔停、查證身分、查證車分、酒測檢定、檢查交通工具等，均具有「檢查」之性質，然其關涉許多種職權措施，可合併稱之為「廣義檢查」；而警職法各條文中直接以「檢查」一詞為法規範條文者，如第7條第1項第4款之「檢查」身體或攜帶之物件；第8條第1項第2款之檢查車身、引擎號碼或車輛足資辨識之特徵；第8條第2項後段之有事實足認其有犯罪之虞者，並得檢查交通工具；第19條對於檢查受管束人身體或

攜帶之物件等，稱之為「狹義檢查」措施。基於聚焦於警察攔停之後所能施行之檢查，茲並不探討全部查證身分或其他職權措施，故僅就「狹義檢查」措施作為探討範圍。分別就其法理基礎、檢查要件及應注意事項析論如下：

一、警察檢查之法理

（一）警察執行檢查作為應受「法律保留原則」之拘束

　　警職法有關「檢查」一詞之規定，主要有三條，分別規範對受檢人身體與其攜帶物件之檢查或交通工具之檢查。不論其主要規範目的係維護人身安全之檢查，對於警職法第7條以保護警察執法與第三人或當事人之安全為前提，得於攔停後對之進行身體外部或其所攜帶物件之拍觸檢查，或是對於依法受管束人之安全考量所為之人身或其所攜帶物件的檢查，抑或為交通工具之稽查或蒐證檢查，均屬干預性公權力措施，依據憲法及司法院釋字第535號解釋意旨，均應有法律授權規定，以明確警察之檢查要件、程序與救濟內容，以保障人民權益。

（二）明確「檢查」授權界限

　　第7條第1項第4款規定：「若有明顯事實足認其有攜帶足以自殺、自傷或傷害他人生命或身體之物者，得檢查其身體及所攜帶之物。」係為避免緊急突發之危難，而影響到受檢者、檢查者或第三人之生命或身體安全，乃明定得據以檢查其身體及其所攜帶之物件，應符合憲法第23條保障人權之意旨，惟應注意比例原則之適用，特別是本條之檢查尚非「搜索」之授權，應予注意其差異。再者，在程序上亦應注意合理保護受檢者之名譽與隱私，避免受到不當之影響。

二、警察檢查之分類及要件判斷

（一）警察檢查之分類

　　警職法所規定之檢查，依其性質，可區分為二：1.維護人身安全之檢查。其依警職法規定內容觀之，仍可區分為：攔停後之身體與所攜帶物件檢查（第7條第1項第4款）及管束之附帶檢查（第19條第3項）；2.交通工

具檢查：亦可區分爲車籍稽查（第8條第1項第2款）及蒐證檢查（第8條第2項）。

(二) 警察檢查之要件判斷

1.維護人身安全之檢查

(1)攔停後拍搜身體或物件之檢查

依據警職法第7條第1項第4款規定，警察爲查證身分而攔停之人，若有明顯事實足認其有攜帶足以自殺、自傷或傷害他人生命或身體之物者，得檢查其身體及所攜帶之物。此處所稱之「檢查」係指從受檢者衣服外部或對其所攜帶而迴身可及之物件之拍觸檢查，美國稱爲警察之「拍搜」。因執法者恐因受檢查者攜有刀、槍或其他危險物，足以自殺、自傷或傷害他人生命、身體之物者爲合理依據，其檢查行爲係以雙手作衣服外部由上而下之拍搜，惟不得對其爲一般之搜索，例如不得翻動檢查口袋內之物品[52]。再者，對於受攔檢人所攜帶之物件之檢查，亦僅及於被拍搜者立即可觸及範圍內之物爲限，並不及於其他所有物。另外須注意的是拍搜有別於一般爲取得犯罪證據或基於證據保全目的之傳統搜索，亦非逮捕後之附帶搜索[53]，其檢查之深度，亦不得如刑事訴訟法所授權「搜索」的徹底搜查之程度。至於「檢查」與「搜索」之區隔及其進行時所需之合理性程度差異，應依據所建立之身分查證措施之合理性基礎爲之。

再者，攔停後未必即允許拍搜檢查，除非有合理的理由相信受盤查人攜帶武器，且能夠使一個理性謹慎之人相信執法者已處於危險狀態，方得爲之。由於檢查時所面臨之客觀環境互爲差異，唯有由執法者遵守上述之原則，根據事實作判斷，以決定是否行使拍搜之職權，而不可假程序之便，恣意濫權，侵犯人民之權益，損及整體利益之均衡性。而美國相關判例之授權，乃法律詮釋之容許標準，執法者唯能確切掌握其精神，才能

---

52 王兆鵬，美國刑事訴訟法，元照，2004年9月初版1刷，頁271。
53 依刑事訴訟法第130條規定：「司法警察或司法警察官逮捕被告或執行拘提、羈押時，雖無搜索票，得逕行搜索其身體。」一般稱之爲「附帶搜索」，以避免上述之人抗拒逮捕或毀滅、隱匿證據。參見王兆鵬，論附帶搜索，收錄於：搜索扣押與刑事被告的憲法權利，國立台灣大學法學叢書編輯委員會，2000年9月，頁167-168。

適當的行使其職權，提高效率並維護憲法所保護之權利[54]。例如，美國在Terry v. Ohio案[55]，最高法院判決以刑警係基於合理懷疑Terry等有犯罪之虞時，將之攔停，並基於安全需求與考量，所爲之拍搜檢查所獲之違法槍械，得作爲證據，具證據能力，並將Terry繩之以法。

然而，另在Minnesota v. Dickerson一案[56]，即以警察基於合理懷疑將身著大衣走在路上之Dickerson攔停，並爲驅除安全威脅，對其拍搜檢查，於其大衣內部之上衣口袋碰觸到一方形硬盒，警察直覺反應是該人攜有毒品，經伸手取出後，果然爲毒品，並將之起訴判刑。被告不服，遂以違反憲法第四增補條款之非法搜索及扣押，經上訴到聯邦最高法院，最高法院以毒品對警察無立即危險，且大衣內之硬盒所裝爲毒品之懷疑心證程度甚低，無法構成得以進行搜索之「相當理由」之程度，其職權措施實施之合理性顯然不足，而認定警察之取證作爲已屬於「搜索」之程度，爲憲法所不許。由美國以上兩個案例比較可知，警察職權措施發動之合理性要件非常重要，如何取得證據之程序，將是未來我國法院交互詰問時，被告律師最可能詰問之重點。

(2)管束之附帶檢查

警職法第19條第3項規定：「警察依第一項規定爲管束時，得檢查受管束人之身體及所攜帶之物。」管束係基於特定之目的，在一定條件情形，違反當事人意願或未經其同意，暫時拘束其人身自由之即時措施。管束措施之執行，爲一時拘束當事人之人身自由。管束因已對人身自由造成干預，非基於特別重大理由以及非基於形式之法律授權，不得爲之。「管束」含有保護、制止、限制行動自由之意，爲預防危害之必要，對行爲人

---

54 蔡庭榕，論警察職權行使規範，收錄於：中央警察大學教授合著，各國警察臨檢制度比較，五南，2002年8月初版1刷，頁23。

55 Terry v. Ohio 392 U.S. 1 (1968). Michael Mello, 44 No. 4 Crim. Law Bulletin ART 5 (Summer 2008).

56 Minnesota v. Dickerson 508 U.S. 366 (1993), Stacey Paige Rappaport, Search and Seizure-Stop and Frisk-Police May Seize Nonthreatening Contraband Detected Through the Sense of Touch During A Protective Pat Down Search So Long As the Search Stays Within the Bounds Marked by Terry v. Ohio-M, 24 Seton Hall L. Rev. 2257 (1994).

之人身自由予以暫時限制。在此，須防止以保護之名，而行使爲其他目的之限制人身自由，因此，在法定要件上之規定，須符合明確性。

2. 交通工具之稽查或蒐證檢查

(1) 車籍稽查

警職法第8條第1項第2款規定：「檢查引擎、車身號碼或其他足資識別之特徵。」道路交通管理處罰條例對於一般性的稽查執法，缺乏明確干預性執法之授權基礎。交通攔檢之目的係在維護交通安全與秩序，本條屬於交通攔檢規定，本款所規範之車籍稽查，其主要立法目的有二：①確定車籍資料，作爲取締已經發生危害或依客觀合理判斷易生危害之交通工具之執法基礎，另一方面，亦可查察該車輛是否失竊或其他涉及違法之情事。因此，本款規定亦寓有蒐集違法證據之目的；②執行車籍稽查執法。道路交通管理處罰條例第7條第1項固然賦予交通勤務警察稽查執法之任務，然並無強制性稽查執法措施之授權。若欲執行強制性之稽查，依法治國家法律保留及授權明確之原則以觀，除符合同條例相關特別職權行使要件之規定者外，欲援引第7條第1項之任務規範，以爲職權行使之依據，並不合宜。基於警職法具有之補充性及承接性之功能，以及警職法第8條之立法意旨，該第8條之規定，自得作爲當前警察道路交通稽查執法之一般性職權之補充依據。

(2) 交通工具之蒐證檢查

警職法第8條規定，警察對於已發生危害或依客觀合理判斷易生危害予以攔停之交通工具，因有事實足認其有犯罪之虞者，並得檢查交通工具。然而，其特別要件爲「有事實足認其有犯罪之虞者」。從其性質觀之，此處「檢查」雖與刑事訴訟法規定之「搜索」不同，亦與警職法第7條對於攔停之人身或其所攜帶之物進行之「檢查」及第19條第3項規定對於受管束人之身體及其所攜帶之物件所爲之檢查，均有差異。然其立法目的，則爲蒐集犯罪證據而設。刑事訴訟法之搜索，除緊急搜索外，應依據該法第122條之要件規定，並應依法聲請搜索令狀。至於警職法第7條所規定之檢查係指爲避免危及安全所爲衣服外部或所攜帶物件之拍觸，不得進

行深入性搜索。至於對管束人之身體及其所攜帶物件之檢查，係為避免管束人之自殺或自傷之危險而為之。然而，本條之「檢查」交通工具之要件為「有事實足認其有犯罪之虞者」，必須以合義務性裁量為之。因此，依此規定從事檢查交通工具之置物箱或後車箱，必須以「有事實足認其有犯罪之虞者」為前提，始得為之。例如，依法攔停時，以一目瞭然法則發現車內有注射針筒，經詢問而無正當理由時，因而有事實足認其用來施打毒品，而得以進一步檢查交通工具，要求其開啟置物箱（含後車箱）接受檢查，但不得達搜索之程度（或可稱之為「準搜索」性質）。又如發現車內有血跡，經詢問駕駛人卻無正當理由足以說明其來源時，得進一步檢查其交通工具是。

就駕駛人及乘客之身分查證而言，警職法第6條及第8條，均有得為查證身分之授權規定。惟第6條之身分查證職權，係為一般治安危害防止任務而設，非在維護交通安全與秩序。是以，該項職權之行使，自應受其立法目的之拘束，自不得作為警察道路交通稽查執法之授權依據。然而，警職法第8條規定得作為一般性道路交通執法之授權基礎。

第四節　警察攔檢之判斷與裁量

一、警察執法之判斷與裁量概念

前大法官吳庚教授曾指出：「一般執法人員將抽象之法規適用於該當之具體的事實關係，其過程稱之為『涵攝』。然而，法規之用語常屬抽象且涵義不確定或有多種可能之解釋，而形成所謂『不確定法律概念』，執法者將此不確定法律概念涵攝適用於具體事實之關係時，行政機關乃得有自由判斷之情形，為之『判斷餘地』。」[57]警察勤務之進行，執法活動常需物理力作為配合執行，在裁量是否採行具體措施之初，特別是警察干預性活動，涉及人民自由或權利之干預或剝奪，應先有正當性、合理性之

---

[57] 吳庚，行政法之理論與實用，自印，2015年2月增訂13版，頁118-119。

基礎，最常見者為法律規定之內涵要件。因此，警察執法係以事件發生或現場事實狀況為判斷，例如，人之行為、物之狀況，或現場之其他事實現象等，均可以作為形成是否造成危害或犯罪之心證基準，將抽象或不確定之法律概念，甚且，概括之法律規定，透過解釋將之涵攝之。因此，警察執法首應判斷其是否具有法律規範要件義務之違反，其係為警察執法一種判斷過程。若在判斷過程中，對於事件之事實或其事實關係之心證確信程度已經符合法律規定，都可裁量決定採取進一步之職權作為。例如警職法第6條規定之要件，則可進而決定是否採行警職法第7條之查證身分之職權措施。此決定是否採行，或依法有多種職權作為可供採行，而選擇如何作為，則屬於裁量程序。司法院釋字第535號解釋意旨，特別強調禁止警察全面或任意進行臨檢活動，主要係因為全面或任意之臨檢，並未經由判斷之程序，僅以碰機會之釣魚方式、臆測、或不加判斷選擇而全面進行的執法作為，將造成人民正常活動之極大干擾，甚至自由權利之限制或剝奪，其與治安維護之法益獲取，常不成比例。再者，不需判斷之全面攔檢執法方式，係將全體人民均視為嫌疑者而被執行攔檢，亦與保障人權之法理未合。

因此，進行精緻的執法判斷，才是警察專業化的最佳展現。司法院釋字第535號解釋含有警察對人及對處所、交通工具或公共場所之臨檢，應分別有「相當理由」或「合理懷疑」已經發生危害或犯罪，或即將發生危害或犯罪，作為是否採行臨檢措施之判斷基準。而警職法更在第6條規定多種要件作為查證身分措施之判斷基準，亦在第8條對於交通工具，規定有其採行警察措施之判斷基準。若警察採取干預性之執法作為，即應經過判斷過程，若有要件該當，始得為之。至於如何判斷事實是否該當於法定要件，則警察執法心態上，應存有以法律所規範之違法要件與職權要件內涵進行涵攝正當合理連結，始得依法採行相關合比例性之職權措施，避免全面或任意隨機攔檢，並以法定要件作為執法判斷之基礎。

二、警察攔檢之判斷基礎

過去在戒嚴與動員戡亂的威權時代，一切執法著重於治安任務，在法

律上缺乏明確警察職權規範，因而在實務上即無須經過精緻判斷，甚至常不經過判斷，即進行限制或剝奪人民自由權利之強制執法，人民即便有不服，多不敢反抗，亦常無法定救濟途徑。然而，在民主法治國之今日，如何使得治安維護之公益目的作為與保障人權之私利維護得到衡平，乃受到民眾深度關切。惟警察執法實務上，仍常不習慣於依法進行精緻化判斷與合義務性裁量。警察執法可從治安事件之相關事實或情狀，依法實施專業判斷並合理行使職權。依據警職法第6條之要件，可區分為現場第一線員警之判斷後決定與警察機關主管長官之指定二部分而言：

（一）**第一線員警現場判斷**：一般而言，「事出有因」宜由第一線執行職務行使職權之員警進行判斷，以抽象之法律規範要件涵攝於勤務現場有關人之行為、物之狀況、事實現象，若有符合第6條第1項第1款至第5款規定之查證身分要件，而得以進行第7條之職權措施，並遵守程序規範。其合理性、正當性之職權行使事由係由員警判斷決定。

（二）**警察機關主管長官之指定**：「師出有名」則以警察機關主管長官依據警職法第6條第1項第6款「指定」公共場所、路段、管制站之法定要件，而其指定並需以警職法第6條第2項所定要件為前提，亦即，應以防止犯罪，或處理重大公共安全或社會秩序事件而有必要者為限。凡行經上述指定地點之人、車、船及其他交通工具，即可加以攔停，並依法進行查證身分之職權措施，亦即得據此進行全面性攔檢。因而，此時其合理性、正當性之職權行使事由，係提前由地區警察分局長及其相當職務以上長官依據特殊緊急事由或地區治安狀況紀錄（如治安斑點圖、民眾舉報、治安需求等）以合乎上述指定要件下，提前指定得以進行查證身分等相關職權行使之地點，必要時，亦得以全面臨檢盤查。至於警察執法所行使之干預性公權力職權措施，係以執法對象涉嫌違法或犯罪之程度成正比例性[58]。

---

[58] 警職法第3條：「警察行使職權，不得逾越所欲達成執行目的之必要限度，且應以對人民權益侵害最少之適當方法為之（第1項）。警察行使職權已達成其目的，或依當時情形，認為目的無法達成時，應依職權或因義務人、利害關係人之申請終止執行（第2項）。」以上二項含括比例原則之「必要性」與「適當性」原則，雖未明定「狹義比例原則」於本文內容，然因其屬「帝王條款」，警察執法更應加以適用之。

三、心證確定程度與職權干預強度成正比

司法院釋字第535號解釋文指出：「警察人員執行場所之臨檢勤務，應限於已發生危害或依客觀、合理判斷易生危害之處所、交通工具或公共場所為之，……；對人實施之臨檢則須以有相當理由足認其行為已構成或即將發生危害者為限，且均應遵守比例原則，不得逾越必要程度。」雖然該號解釋將對人及對場所之臨檢要件區分不同心證程度，亦即對人應有「相當理由」，而對物、處所或交通工具則應有已經發生危害或依客觀合理判斷易生危害，始可啟動臨檢攔查[59]。然而，從「合理懷疑」到「相當理由」係形成不等之心證程度[60]，此區分要件判斷程度，在美國警察執法與司法界已形成相當共識。「合理懷疑」與「相當理由」在隱私權侵犯程度、搜索（或檢查）方式與強制力之行使、犯罪（或危害）嚴重性、事實證據之確定性、急迫性等有不同程度的考量[61]。警察對於事實情況產生「合理懷疑」，常基於自己之觀察、民眾舉報、其他單位之提供訊息、或行為人自首等情形，而得以為初步之偵查或調查，常因合理懷疑有危害情事，而加以攔停、詢問、拍搜（參考Terry v. Ohio一案），而發現有更具體之違法犯罪之情事，乃轉而具有「相當理由」得以逮捕、搜索、扣押之。「合理懷疑」與「相當理由」只是程度之差異，在本質上並無不同。

---

[59] 司法院釋字第535號解釋文第2段略以：「除法律另有規定外，警察人員執行場所之臨檢勤務，應限於已發生危害或依客觀、合理判斷易生危害之處所、交通工具或公共場所為之，其中處所為私人居住之空間者，並應受住宅相同之保障；對人實施之臨檢則須以有相當理由足認其行為已構成或即將發生危害者為限，且均應遵守比例原則，不得逾越必要程度。」

[60] Rolando v. del Carmen, Criminal Procedure Law and Practice, 7th. ed. Wadsworth Publishing Company, U.S., 2007, at 90-91. "A Level of Proof is the Degree of Certainty Required by the Law for an Act to be Legal. As a Level of Proof, Reasonable Suspicion Ranks below Probable Cause but above Suspicion in Its Degree of Certainty." 另參考李震山等，警察職務執行法草案之研究，內政部警政署委託研究，1999年6月，頁191以下。蔡庭榕，論警察攔檢之法規範，警大法學論集，第6期，2001年8月，頁8以下。蔡庭榕，論警察臨檢之發動門檻—「合理懷疑」與「相當理由」，警察法學，內政部警察法學研究中心暨內政部警政署印行，2003年1月，頁33-48。

[61] Kit Kinports, "Probable Cause and Reasonable Suspicion: Totality Tests or Rigid Rules?" 163 U. PA. L. Rev. Online 75 (2014). George E. Dixa0, John M. Schmoleskya1, "§13:10.Federal constitutional considerations—Requirement of probable cause or reasonable suspicion," 40 Tex. Prac., Criminal Practice And Procedure §13:10 (3rd ed.) December (2020).

　　司法院釋字第535號之解釋意旨，僅係在法律未爲完備設計前，提供警察執法之準據，應無拘束未來立法形成空間之意。立法者已制定警職法且經公布施行，警職法有關警察職權行使之要件、程序及相關救濟規定，即或與司法院釋字第535號臨檢解釋意旨不同，應爲立法自由形成之空間，並不生牴觸解釋意旨之問題。特別是司法院釋字第535號解釋意旨，警職法規定並未採「相當理由」之要件作爲執法判斷之心證程度，而僅採「合理懷疑」作爲警職法警察職權行使之標準[62]。若進一步參考刑事訴訟法第122條第2項及第131條第2項均有「相當理由」而得實施相關「搜索」之規定，則對於警職法所規定之職權措施，顯較搜索對人民權益之干預爲輕之攔檢措施，在其判斷之確證程度上亦採較低規定，應屬合理。

　　美國聯邦最高法院在Terry v. Ohio一案，將攔停與拍搜之程序要求標準與搜索及扣押做不同規範，然亦要求應遵守憲法第四增補條款之禁止不合理搜索與扣押之原則[63]。該案並不排除上訴人走在街上，其受有憲法第四增補條款之保護的權利，然在此情況下，警察在處理急速展開且常屬危險的街頭情況，依其所知之情況多寡，常需要逐漸升高的一連串有彈性之反應。因而必須強調「攔停」與「逮捕」，及「拍搜」與「搜索」之間應加以區分。因此，Terry原則認爲「警察可攔停某人並加以短暫留置，以詢問該人之涉嫌。基於該人可能攜帶凶器而危及執法人，警察應有權拍搜該人衣服外部，以查察危險武器。如因攔停與拍搜而致有相當理由可信爲該嫌疑人犯罪，警察即可加以逮捕之。逮捕之後，可有全面搜索該人之權。」此權利之正當化基礎在於：攔停與拍搜不過是「略微不便與輕微侮辱」，爲了有效的執法，可基於警官的合理懷疑，妥當的加諸人民此種不便與侮辱。憲法第四增補條款之中心在於嚴格要求凡屬侵害憲法所保護之

62　例如，依警職法第6條第1項第1款規定：「警察於公共場所或合法進入之場所，得對於下列各款之人查證其身分：一、合理懷疑其有犯罪之嫌疑或有犯罪之虞者。」此即採「合理懷疑」而非「相當理由」之心證標準。

63　Aliza Hochman Bloom, "When Too Many People can be Stopped: The Erosion of Reasonable Suspicion Required for a Terry Stop," 9 Ala. C.R. & C.L. L. Rev. 257 (2018). Renée McDonald Hutchins, "Stop Terry Reasonable Suspicion, Race, and a Proposal to Limit Terry Stops," 16 N.Y.U. J. Legis. & Pub. Pol'y 883 (2013).

人身安全者，必須有特定的相當理由，以及一個高度發展的由司法控制之制度，以對聯邦官員強制執行該憲法要求。自始以來，不得採用違反憲法第四增補條款所取得之證據的規定，向來被認為係阻止不法的警察行為之主要方法。

　　警職法所規定之攔停、檢查等查證身分或其他職權措施，僅要求「合理懷疑」或與其相當之確證有危害或犯罪已經發生或即將發生即可，至於搜索、扣押、逮捕則必須有「相當理由」，始得為之。然而，較重要的是如何區分「合理懷疑」與「相當理由」？「相當理由」是指具有事實資訊使一個和現場執法之警察有相同訓練及經歷之合理謹慎的人相信將被逮捕之人有罪，始得逮捕之。然而，警察並無須去證實「罪證確鑿」，亦不限於僅可被使用之證據，而是可以「整體情況」考量之，必須有客觀事實指出確有犯罪或危害存在。因此，警察不僅以事實考量，亦參酌其知識、訓練、專業、經驗及觀察等，甚至他人（如線民、一般人民、其他警察等）所提供之訊息亦可，只要在將嫌犯加以拘禁、逮捕時具有相當理由即可。然而，當對受調查而暫時留置之身體加以抑制、加上手銬或拔出槍枝等作為，常被視為已達逮捕之程度。至於所謂「合理懷疑」必須有客觀之事實作判斷基礎，而非警察主觀上的「單純的臆測」或第六感，必須依據現場之事實情況，即使一位謹慎小心之平常人，亦將形成合理懷疑有不法情事發生，並可能與之有關連。例如，在Terry案，警察發現Terry在某商店前反覆徘徊，對內張望，並與第三者交談算計商店，警察依其經驗判斷，懷疑他們正打算搶劫該商店，乃予以攔停、詢問，二人未能清楚回答，警察感到渠等可能攜帶危險武器，而危及其安全，乃觸摸Terry之衣服外部，覺得有槍，乃予取出並逮捕之。聯邦最高法院認為該基於合理懷疑之攔停與拍搜作為，並未違背憲法第四增補條款之規定。

四、以「整體考量」法則形成心證基礎

　　美國警察採行職權措施心證基礎之形成，曾由過去之「雙叉法

則」（Two Pronged Test）[64]轉變爲現行之「整體考量（The Totality of Circumstances）法則」。雙叉法則係對於線民檢舉提供之證據，可否作爲執法者採行職權措施之依據，由美國最高法院判例所形成之法則。所謂雙叉係指警察依據線民所提供之線索採行職權措施，必須有二個要件：一是有可信的線民（informant）；另一爲該可信的線民所提供之線報（information）亦屬可信，始得作爲啓動警察職權措施之基礎。然而，隨著社會的複雜及如何解釋極爲抽象與不確定概念之法律要件用語之困難，即使美國法律及警察實務界仍有許多爭議，迄今仍因個案而有不同，無法形諸明確且完備無爭議之共識用詞與適用，即便已經有許多法律適用原則之形成，然最高法院仍然受理相關爭議案件，企圖建立更明確之基準。因此，美國最高法院認爲建立「合理懷疑」之心證程度，並非限於以個別之單一具體因素爲基礎，而認爲應以「整體考量測試檢證」[65]之法則爲決定有無合理懷疑之基礎。

五、行政攔檢？刑事攔檢？

　　警察任務可類分爲危害防止之行政任務與犯罪偵查之刑事司法任務[66]，而警職法主要係屬於危害防止之行政任務之警察職權行使規範，應屬於「行政作用法」[67]，此由對於警職法職權行使之救濟程序，應循由訴願、行政訴訟方式可知，係屬於依據警職法之警察職權行使之行政權作用。然由於刑法與行政法的分殊化，致使警察維護治安之任務區分爲防止行政危害之「危害防止」與實施刑事偵查之「犯行追緝」。故若將之細分，應可區分爲行政危害防止任務之「攔停」與「檢查」及刑事犯罪偵查之「攔停」與「檢查」，而此刑事司法性質之「檢查」，已是刑事訴訟法規定「搜索」之性質。警察執行職務時，如發現犯罪事實或犯罪嫌疑，則

---

[64] Aguilar v. Texas 378 U.S. 108 (1964). Spinelli v. U.S. 393 U.S. 410 (1969).

[65] Illinois v. Gates 462 U.S. 213 (1983). United States v. Arvizu 534 U.S. 266 (2002).

[66] 梁添盛，行政警察活動與司法警察活動，收錄於：警察法專題研究（二），自印，2004年9月初版1刷，頁25-71。

[67] 蔡庭榕，警察職權行使法與案例研究，收錄於：許福生主編，劉嘉發等合著，警察法學與案例研究（第二章），五南，2020年2月初版1刷，頁60。

進入「犯行追緝」階段，應依刑事訴訟法相關規定辦理。警職法所規範者，為預防犯罪之「危害防止」階段，為警察執行警察法所定警察危害防止任務範圍內之執行職務行使職權時，涉及人民自由權利一些典型化干預性措施之要件、程序及救濟等；其規範屬性，係屬行政法中具有干預型職權措施之作用規範性質。除其他警察之個別職權法律規定可資適用外，警職法具有補充法之功能。

然而，基於警察負有危害防止及犯行追緝之雙重任務特性，再加上犯罪形態的改變，為了有效抗制犯罪，警職法亦於具體危害之先前領域，賦予警察若干資料蒐集職權。由於這些措施係用以作為預防性之犯行抗制，非在偵查犯罪，故其措施之採行，必須是以犯行先前領域之案情為目的，方受允許。若一個犯罪行為已經存在，或行為人從事犯罪行為之企圖已經存在，警察即不得依警職法行使職權，而是依刑事訴訟法（刑事犯罪實害之嫌疑）所賦予之任務行事（至於行政違規實害之處置，則依據個別行政法規處置為主）。

為達成警察任務而施行之警察勤務之進行，多兼有行政危害防止（含犯罪預防功能）及刑事犯罪偵查之兩種功能同時並存，又因常有使用干預人身自由職權措施之可能，然所依據之法律不同，受規範之程度亦有差異，卻有可能假借行政調查手段行使刑事司法偵查作為，而致不合理地侵犯基本人權。警察職權措施之行使究為何種性質？刑事之被告與非刑事被告之規範要求容有差異，然而警察勤務實施查察之干預作為，究屬行政危害防止作為或刑事犯罪偵查作為？常不易在作為之初始階段立即釐清，卻是實務所常見，亦極可能影響人身自由權利，值得執法者明瞭其規範與適用差異。

刑事犯罪偵查，主要依據刑事訴訟法之偵查程序與職權規定為之。依據刑事訴訟法第122條及第131條之規定，警察具有相當理由得進行搜索、扣押、或逮捕。對於依據刑事訴訟法第122條規定之對被告或犯罪嫌疑人，於「必要時」得實施搜索及對第三人於「相當理由」可信其有犯罪之證物存在時，得對之進行搜索，檢察機關實施搜索扣押應行注意事項第4點及第5點更分別定義「必要時」及「相當理由」之意涵，然其並非適用

於犯罪預防或危害防止作爲。否則，各種法律之規定，均不得悖離該實質正當的法定程序原則。另一方面，行政攔檢措施，係以行政危害防止或預防犯罪之目的，除警職法規定之授權外，尚可依據行政程序法（以下簡稱「行程法」）或個別行政法律所規定之程序與職權內容爲之。

在警察偵（調）查過程中，可能有「危害防止」之行政上作爲與「犯行追緝」之刑事司法上作爲兩者之同時競合或前後之轉換關係，如從行政之預防轉爲具體之刑事犯罪偵查，則其程序法亦應轉換適用刑事訴訟法之規定。更何況我國目前之法律規範中，具有附屬刑法（或稱「行政刑法」）之行政法規範並不在少數，警察公權力作爲常有適用介乎行政之預防或制止危害與追訴犯罪與逮捕人犯之刑事司法功能的可能。而屬於大陸法系之我國在行政法中亦授權行政機關有極強之行政制裁權限，其行政處罰規範落實，亦有賴行政調查之實施，然在行政調查時，特別是警察行政法之職權授予上，並不排除使用強制力之可能。故本文認爲警察之犯罪偵查與行政危害防止之職權作爲與程序規範有差異，執法員警必須注意及之[68]。雖然從案件初始即要求第一線員警明白區辨其案件性質屬於行政法或刑事法而適用截然不同之程序規定，實有困難，特別是在警察勤務實施中尚無具體違犯法律之事實，或許尚有從「抽象（潛在）危害」到「具體危害」，再到「實害」之過程中，除了實害可能明確判斷其違犯法律性質係屬於行政法或刑事法性質，而異其法律程序適用外，在實害之前的尚無具體個案偵查必要之抽象或具體危害預防，應仍屬於行政危害或犯罪預防措施，而適用警職法之規定。

第五節　結論

警察職權行使應基於法定之正當合理事由，並以整體時空環境因素

---

[68] 蔡庭榕，論警察暫時拘束人身自由—以「警職法規定將人民帶往勤務處所查證身分」爲中心，收錄於：公法學與政治理論—吳庚大法官榮退論文集，元照，2004年10月，頁675-679。

考量來進行判斷，以形諸裁量是否採取攔停與檢查措施之基礎，故實施警察攔檢措施前，執法者應判斷責任人是否依法已有「違法要件」該當或合理懷疑有違法之可能性，亦即依據「職權要件」考量涵攝法定授權，裁量決定是否及如何採取執法職權措施。警職法所定警察攔停可區分為第6條及第7條所規範之治安攔停與第8條所規範之交通攔停，且治安攔停尚可進一步分為刑事攔停與行政攔停。攔停之後，可運用一目瞭然法則與開放空間法則，進行執法判斷，並確切瞭解法定攔停與檢查要件之抽象危害、具體危害或實害為授權基礎，將抽象且具有不確定之法律概念予以正確地適用於實務執法上。至於警察「檢查」則可依其性質區分為維護人身安全之檢查，亦可進一步區分為：攔停後之身體與所攜帶物件檢查（第7條第1項第4款）及管束之附帶檢查（第19條第3項）。另一種為交通工具檢查，其亦可區分為車籍稽查（第8條第1項第2款）及蒐證檢查（第8條第2項）。關於警察檢查，雖警職法在行政危害或犯罪預防之運用時，在案件性質上究屬行政或刑事攔檢常無法明確區分，故僅須依據其比例性考量執法強度並釐清行政與刑事作為應有之判斷基準與法律不同規範，若已達「相當理由」符合刑事訴訟法得以進行犯罪偵查時，即應轉而適用該法程序；若警察有需至法院作證時，應有警職法與刑事訴訟法之區分與連結之清楚理念與合理邏輯，引具法律正當授權之執行基礎，條理分明地說明判斷與裁量要件與過程，將可形成精緻且專業化之警察形象。

法隨時轉則治，而民主法治國要求「依法行政」。因此，司法院釋字第535號解釋未禁止警察「臨檢」，而是禁止「任意、隨機臨檢」或無合理性基礎之全面臨檢，使警職法對於警察職權行使之要件、程序與救濟等明確規定，更行迫切需要。警職法之制定施行後，將使警察執行職務，行使職權，從不明確到明確安全，減少任意全面、隨機臨檢，提高自主判斷，並強化情報能力與巡邏動態攔檢、盤查。最後，徒法不足以自行，尚有賴全體警察同仁瞭解規範，並藉由教育訓練，以民主法治理念，明確執法規範、達成共知共識，因勢專業利導，精緻執法判斷、貫徹實施法治，形成全民遵守警察執法措施之共知共識，一體遵行，依法行政，以充分保障人權與維護良好社會治安之雙贏局面。

第二章

警察攔檢之正當法律程序

第一節 正當法律程序之基本概念

　　我國憲法第23條規定：「以上各條列舉之自由權利，除為防止妨礙他人自由權利、避免緊急危難、維持社會秩序，或增進公共利益所必要者外，不得以法律限制之。」爰為踐行憲法保障人民自由與權利之意旨，並達到有效維護治安之目的而制定警職法。再者，司法院釋字第708號解釋理由書首段指出：「人民身體自由享有充分保障，乃行使其憲法上所保障其他自由權利之前提，為重要之基本人權。故憲法第八條第一項即明示：『人民身體之自由應予保障。除現行犯之逮捕由法律另定外，非經司法或警察機關依法定程序，不得逮捕拘禁。非由法院依法定程序，不得審問處罰。非依法定程序之逮捕、拘禁、審問、處罰，得拒絕之。』是國家剝奪或限制人民身體自由之處置，不問其是否屬於刑事被告之身分，除須有法律之依據外，尚應踐行必要之司法程序或其他正當法律程序，始符合上開憲法之意旨（本院釋字第五八八號、第六三六號解釋參照）。」學者引論而指出：「對於人身自由的剝奪，刑事被告與非刑事被告應否有不同的制度安排，大法官釋字第708號解釋作了很好的詮釋，期之本上符合包括歐洲人權公約第5條與聯合國公民與政治權利公約第9條的規範精神。」[1]因此，從前述公政公約第9條[2]規定可知人身自由的剝奪，應合理且具有法定理由及程序，並應告知逮捕原因及被控事由，若因刑事罪名被逮捕或拘禁，應遵守法官保留原則。本條第4項則以「任何人」被逮捕或拘禁，得申請提審，如屬非法，尚有權要求賠償。因此，從第1項後段指出：「非依法定理由及程序，不得剝奪任何人之自由。」在證之以我國司法院近年

---

[1] 陳淳文，從正當法律程序看我國人身自由保障之司法實踐，收錄於：如沐法之春風—陳春生教授榮退論文集，元照，2020年12月初版1刷，頁30。

[2] 公民與政治權利公約第9條：「1.人人有權享有身體自由及人身安全。任何人不得無理予以逮捕或拘禁。非依法定理由及程序，不得剝奪任何人之自由。2.執行逮捕時，應當場向被捕人宣告逮捕原因，並應隨即告知被控案由。3.因刑事罪名而被逮捕或拘禁之人，應迅即解送法官或依法執行司法權力之其他官員，並應於合理期間內審訊或釋放。候訊人通常不得加以羈押，但釋放得令具報，於審訊時，於司法程序之任何其他階段、並於一旦執行判決時，候傳到場。4.任何人因逮捕或拘禁而被奪自由時，有權聲請法院提審，以迅速決定其拘禁是否合法，如屬非法，應即令釋放。5.任何人受非法逮捕或拘禁者，有權要求執行損害賠償。」

來陸續有三次的解釋涉及人身自由的剝奪，亦即釋字第690號、第708號及第710號解釋，可知均不採嚴格的事前法官保留原則。論者指出：「可從先前三號與人身自由保障有關之解釋看。先是在釋字第690號解釋中，以為傳染病防治法中強制隔離措施雖不採法官保留，但因有本案行政爭訟之司法救濟程序，故屬合憲；之後，在有關遣送移民收容兩號之解釋中，也就是釋字第708號以及第710號解釋，則以至少必須賦予被收容移民『即時』司法救濟之機會，相關程序保障方屬合憲[3]。」由以上相關引證論述，可知人身自由保障在我國固然有憲法保留原則，但在經過近來前述多次釋憲意旨可知，尤其在非刑事被告之人身自由的剝奪或限制時，則以正當法律程序及司法救濟可能介入為可被容許的例外情形。因此，對於警察攔檢的暫時留置或帶往勤務處所查證身分等，更非刑事被告之逮捕，且係在數分鐘或至多帶往勤務處所3小時之限制下攔檢與查證身分，若對之有所不服時，尚得依警職法提起訴願或訴訟。故相關依據警職法攔檢而致人身自由之前述限制，如遵守正當法律程序及司法救濟方式，則無法官予以事前保留之容許性將獲得提高。因此，警察攔檢查證身分作為除應依據司法院釋字第535號解釋及警職法總則之程序規定外，若有不服，亦可以第29條提起司法救濟，此應符合法律保留原則加上法律明確性原則之「實質的正當法律程序」（Substantive Due Process of Law）及「程序的正當法律程序」（Procedural Due Process of Law）。

　　按正當法律程序可區分如上述之實質的與程序的正當法律程序，前者係「法律保留」加上「明確性」原則，而後者係行政程序法或刑事訴訟法規定之行政或司法案件執行過程中應踐行之程序[4]。尤其於涉及人民自由權利之職權行使，更需有合憲之法律的明確授權依據[5]，以使之在保障

3　林超駿，無法官保留？論美國法遣送移民人身自由之保障，收錄於：如沐法之春風—陳春生教授榮退論文集，元照，2020年12月初版1刷，頁39。
4　Randy E. Barnetta1 Evan D. Bernick, "No Arbitrary Power: An Originalist Theory of the Due Process of Law," 60 Wm. & Mary L. Rev. 1599 (April 2019).
5　民主法治國家之警察執行職務行使職權所採取之措施，涉及人民自由權利時，應遵守「法律保留」與「法律明確性」原則，為立法院併案審查之委員提案之「警察職權行使法」草案與政府提案之「警察職務執行條例」草案總說明之主要立法基礎。參見立法院，警察職權行使

人民權益與維持公共秩序及保護社會安全，有其民主法治之正當性基礎。過去實務上，常被引用爲警察職權行使依據之「警察法」第9條[6]與「警察勤務條例」第11條[7]，因不合乎警察職權行使之「法律明確性原則」，頗受訾議[8]。是以，制定警職法，明確規定警察職權行使之要件與程序，以及相關救濟規定。警職法以防止危害及預防犯罪爲目的。按「危害」係指公共安全與秩序直接受到損害之威脅。論者指出：「警察依法防止公共性危害任務，……應可分爲行政危害防止、刑事犯行追緝、危害預防三大部分。」[9]固然警職法各種職權行使之要件，對於所要保護之法益、危害之程度及損害發生可能性之等級，各有不同之要求。但必須有危害之存在，警察方有依警職法行使職權之可能。損害未發生前，採取措施，旨在預防。若損害已形成，但未全然完成或結束，則有滋擾之制止與排除之問題。若已全然完成或結束，警察依警職法再採取措施，則應爲法所不許。再者，基於警察雙重任務之特性，警察亦有偵查犯罪之任務。再加上犯罪形態的改變，爲了有效抗制犯罪，警職法亦於具體危害之先前領域，賦予警察若干資料蒐集職權。由於這些措施係用以作爲預防性之犯行抗制，非在偵查犯罪，故其措施之採行，必須是以犯行先前領域之案情爲目的，方

法案，立法院內政委員會編（122），法律案專輯第335輯，立法院公報處印行，2004年7月初版，頁3、77。

6 警察法第9條之「警察職權」規定，僅作名詞性規定，並未分別爲要件、程序之規定，已經大法官釋字第570號解釋理由書明白指出：「警察法第二條規定，警察任務爲依法維持公共秩序，保護社會安全，防止一切危害，促進人民福利；同法第九條第一款規定，警察有依法發布警察命令之職權，僅具組織法之劃定職權與管轄事務之性質，欠缺行爲法之功能，不足以作爲發布限制人民自由及權利之警察命令之授權依據。」故警察法應非作用法之依據，不得作爲警察職權行使之依據。警察法定位爲「警察基準法」之性質，雖該法有「警察職權」之規定，然僅係其職權類型與範圍基準之規定，並未符合司法院釋字第535號解釋意旨之要求，因缺乏具體職權之要件、程序與救濟之明確授權規定，故尚不得據以作爲干預性措施之依據。參考蔡震榮、許福生，警察職權，收錄於：警察法修正草案建議書（第三章），中華警政研究學會編印，2021年6月初版1刷，頁99-103。

7 警察勤務條例第11條係規定警察勤務方式，共區分爲六種，即：勤區查察、巡邏、臨檢、守望、值班及備勤等，其中該條第3項所定「臨檢」，係指「於公共場所或指定處所、路段，由服勤人員擔任臨場檢查或路檢，執行取締、盤查及有關法令賦予之勤務」。並未明白規定授權臨檢之件、程序及救濟規定。

8 司法院釋字第535號解釋文指出：「實施臨檢之要件、程序及對違法臨檢行爲之救濟，均應有法律之明確規範，方符憲法保障人民自由權利之意旨。」

9 李震山，警察行政法論—自由與秩序之折衝，五南，2020年9月修訂5版1刷，頁38。

受允許。然論者亦指出：「我國警察職權行使法亦賦予警察蒐集資料職權（第9條至第18條），在傳統警察二大任務之外，另闢危害發生前之預防任務領域，雖符合時代潮流，但對其界限也常引起爭論。」[10]再者，比較警職法制定前，僅有以警察勤務條例之概括性授權警察「臨檢」作爲，故被司法院釋字第535號解釋指明欠缺要件、程序與救濟，顯已有大幅改善。

第二節　遵守比例與誠信原則

警職法第3條第1項、第2項明定警察行使攔檢職權，不得逾越所欲達成執行目的之必要限度，且應以對人民權益侵害最少之適當方法爲之。若警察行使攔檢職權已達成其目的，或依當時情形，認爲目的無法達成時，應依職權或因義務人、利害關係人之申請終止執行。再者，同條第3項亦有「誠信原則」之規定內涵爲：「警察行使攔檢職權，不得以引誘、教唆人民犯罪或其他違法之手段爲之。」

一、規範目的及法理基礎

（一）規範目的

比例原則具有憲法之位階，可以拘束行政、立法及司法。我國憲法第23條亦定有明文，基於公益原則之正當性，並考量比例原則之必要，得以法律授權行政實施公權力措施，爲使此一憲法原則落實於警察職權之行使，爰於第3條予以明定。於本條第1項明定行使職權之「必要性原則」，規範警察行使職權，不得逾越所欲達成執行目的之必要限度，且應以對人民權益侵害最少之適當方法爲之。第2項則規定，警察行使職權所欲達成之目的已經完成，或依當時情形，認爲目的無法達成時，應依職權或因義務人、利害關係人之申請終止執行。若仍繼續據以行使職權，則不合於目

10　同上註，頁39。

的性，即不符合適當性原則。至於屬於利益衡量之「狹義比例原則」，亦即不得「以砲擊雀」，在本條則漏未規定，然基於比例原則之通則性適用，有稱爲「帝王條款」者，行程法第7條亦已明文規定，仍應有其適用。

　　另一方面，本條第3項規定：「警察行使職權，不得以引誘、教唆人民犯罪或其他違法之手段爲之。」係立法院審查警職法草案進行協商時，加入之條款[11]，旨在要求警察辦案過程中，注意實質的正當原則，並於立法說明三列述：「警察實務上所使用類似『釣魚』偵查方式，常引發爭議，爰參酌美國、日本及我國司法實務上之判例、判決見解，於第3項明定警察行使職權，不得以引誘、教唆等違法（即對原無犯意之人民實施『誘捕』行爲）之手段爲之。」如此亦係在規範警察行使職權應遵守誠信原則，亦即行程法第8條之規定，應以誠實信用之方法爲之。惟須注意的是本條立法理由，乃規定警察行使職權不得對原無犯意之人民，以欺詐或陷害教唆等不當手段使人民犯罪，再行逮捕之。反面而言，對於原有犯意之人民，是否不受本項限制，值得斟酌。

（二）法理基礎

　　本條主要規定警察職權行使，應遵守「比例原則」與「誠信原則」。行程法第4條規定：「行政行爲應受法律及一般法律原則之拘束。」因此，警察執行職務，行使職權，除了以法律構成該當性、有責性及合法性之法律要件，作爲執法基準外，亦應遵守一般法律原則。而比例原則與誠信原則更是一般法律原則之重要原則。

1.比例原則

　　我國憲法第23條規定有「比例原則」之「必要」考量，作爲是否政府公權力措施得以介入人民自由權利領域之基礎，是屬於憲法原則。比例原則源自法治國家原則，並具有憲法位階，其得用以制約立法、行政及司法，以避免各該權利行使之恣意與逾越，是爲調和公益與私利，達

11　參見立法院，警察職權行使法案，立法院內政委員會編（122），法律案專輯第335輯，立法院公報處印行，2004年7月初版，頁381-406。

到實質正義的一種理性思考的法則[12]。行程法第7條規定，比例原則尚包含適當性原則（亦稱「合目的性原則」）、必要性原則（亦稱「最小侵害原則」）及狹義比例原則（亦稱「利益衡量原則」）。李震山教授指出：「比例原則之要素，包括合適性必要性（侵害最小）、合比例性（狹義），已受到大多數人之贊同，三要素間環環相扣，譬如：以公權力為基礎之干預性行為，雖符合所謂合適性、必要性原則，未必合乎狹義比例原則，易言之，縱然已『就無數可行處分中，選擇傷害最小者為之』，該經選擇之行為之效果，尚有可能『肇致與其結果顯然不成比例之不利』。反之，若同一行為，已符合狹義比例原則，自應已吸收合適性及必要性原則。」[13]

因此，本條係規定於總則，若警察依據警職法行使職權，無論第二章之查證身分或蒐集資料措施、第三章之即時強制作為，均應考量比例原則之適用，避免恣意而致不當限制或剝奪人民權益。因此，警察職權如警職法第2條之定義，各項職權措施之行使，均涉及限制或剝奪人民基本權利之干預，依據憲法第23條之規定，應有比例原則之適用。再者基於政府公權力之公正公開，為維護公益公序目的服務，本條第1項、第2項特就「比例原則」強調明定之。

比例原則之遵守，除憲法第23條立法規範要求，亦為執法重要原則之一，已有許多法律條文將之具體化[14]。因此，執法「比例原則」之適用，如同「依法行政」原則之遵守，為一般性執法原則，警職法第3條予以重申警察職權行使，應遵守比例原則。警職法第3條第1項規定：「警察行使職權，不得逾越所欲達成執行目的之必要限度，且應以對人民權益侵害最少之適當方法為之。」比例原則具有憲法之位階，亦有稱之為「帝王條款」可以拘束行政、立法及司法。我國憲法23條亦定有明文，為使此一憲法原則落實於警察職權之行使，爰於第1項及第2項分別予以明定。一般

---

[12] 李震山，行政法導論，三民，2019年2月修訂11版1刷，頁275。
[13] 同上註，頁277。
[14] 例如：行政程序法第7條、行政執行法第3條、警械使用條例第5條、集會遊行法第26條、社會秩序維護法第19條及第22條等明文規定。

論者指出比例原則包含前述三項次要原則，行程法第7條更明文規定該三項次原則內涵：「行政行為，應依下列原則為之：一、採取之方法應有助於目的之達成。二、有多種同樣能達成目的之方法時，應選擇對人民權益損害最少者。三、採取之方法所造成之損害不得與欲達成目的之利益顯失均衡。」雖警職法第3條第1項及第2項並未如「行程法」第7條明定比例原則之三項次要原則，但執法時仍須考量之。

　　警察行使職權，遵守比例原則之考量。參考行程法第7條[15]、集會遊行法第26條[16]、行政執行法（以下簡稱「行執法」）第3條[17]、第8條第1項第1款、第3款、「日本警察官職務執行法」第1條第2項[18]及「德國聯邦與各邦統一警察法標準草案」第2條[19]規定。首先，應為目的性考量，亦即遵守「適當性原則」，以作為職權行使之界限。因此，警職法第3條第2項規定：「警察行使職權已達成其目的，或依當時情形，認為目的無法達成時，應依職權或因義務人、利害關係人之申請終止執行。」因此，若已達成執行目的或認為目的無法達成時，應即停止其職權之行使，以避免不當之繼續行使，造成不成比例之傷害。再者，本條第1項對於合目的性之警察職權適當行使時，並應考量對於執法客體最小侵害之手段之「必要性」作為。因此，本條第1項規定：「警察行使職權，不得逾越所欲達成執行目的之必要限度，且應以對人民權益侵害最少之適當方法為之。」相同於

---

[15] 行程法第7條：「行政行為，應依下列原則為之：一、採取之方法應有助於目的之達成。二、有多種同樣能達成目的之方法時，應選擇對人民權益損害最少者。三、採取之方法所造成之損害不得與欲達成目的之利益顯失均衡。」

[16] 集會遊行法第26條：「集會遊行之不予許可、限制或命令解散，應公平合理考量人民集會、遊行權利與其他法益間之均衡維護，以適當之方法為之，不得逾越所欲達成目的之必要限度。」

[17] 行執法第3條：「行政執行，應依公平合理之原則，兼顧公共利益與人民權益之維護，以適當之方法為之，不得逾達成執行目的之必要限度。」

[18] 日本警察官職務執行法第1條第2項：「本法所規定之手段，以執行前項目的之必要最小限度為限，不得濫用。」

[19] 德國聯邦與各邦統一警察法標準草案第2條之比例原則規定：「警察應就無數可行及適當處分中，選擇對個人或公眾傷害最小者為之（第1項）。處分不得肇致與結果顯然不成比例之不利（第2項）。目的達成後，或發覺目的無法達成時，處分應即停止（第3項）。」參考李震山、蔡庭榕、簡建章、李錫棟、許義寶合著，警察職權行使法逐條釋論，五南，2020年9月3版1刷，頁660。

本條第1項及第2項規定，行執法第3條亦規定：「行政執行，應依公平合理之原則，兼顧公共利益與人民權益之維護，以適當之方法為之，不得逾達成執行目的之必要限度。」然而，本條雖未對於利益衡量之「狹義比例原則」予以明文規定，然其為比例原則之主要內涵之一，且在行程法亦有明定，仍為警察執行職務行使職權應考量之法理原則。

再者，司法院釋字第535號解釋文指出：「……有關臨檢之規定，並無授權警察人員得不顧時間、地點及對象任意臨檢、取締或隨機檢查、盤查之立法本意。……且均應遵守比例原則，不得逾越必要程度。」因此，警察行使查證身分之各項職權措施，應嚴格遵守比例原則之適用，例如，不得進行未加判斷或無合理性基礎之全面或任意攔停，必須有警職法第6條各款要件符合始得為之。攔停後，對於受檢人身體或所攜帶之檢查，必須有執法人員有明顯事實足認受檢者攜有危險物，而致相關在場人員（包括檢查者及受檢者本人在內）安全上受威脅，始得進行檢查，而該檢查應為衣服外部之拍搜（frisk），以及受檢者迴身範圍內為其所攜帶且立即可觸及之物，始得依警職法檢查，而非「刑事訴訟法」之搜索（search）而得徹底搜查之措施，故應有其比例原則之適用。警職法將比例原則規定於總則，故警職法所列各條之相關警察職權措施，均有其適用，如資料蒐集與處理及即時強制措施等，均須注意考量比例原則，避免執法恣意。

2.誠信原則

行程法第8條：「行政行為，應以誠實信用之方法為之……。」即，行政機關不得出爾反爾、不得強人所難及不得欺詐、隱匿、引誘或教唆方式實施行政行為。本條第3項則是規定警察行使職權，應遵守誠信原則，不得以引誘、教唆人民犯罪或其他違法之手段為之。本項主要立法意旨，依立法理由說明及條文字義，意在禁止警察使用引誘或教唆手段，以偵查犯罪，逮捕人犯。又違背法定程序而取得之證據，其有無證據能力，仍應審酌人權保障及公共利益之均衡維護，始足以資認定。美國法制設有「毒樹果實理論」之規定，警方偵辦犯罪所得之證據，若認其違反人權保障之情形嚴重，且排除該項違背法定程序取得之證據，於公共利益之均衡維護

無影響者，自得認該項證據欠缺證據能力，而予以排除。因此，本條第3項規定旨在保障人權，避免警察恣意以陷害教唆方式辦案，故意入人於罪。然為了維護治安之公益考量，某些犯罪案件之特性，屬常業犯罪類型，原即有犯罪之故意，若由警察提供機會，於其犯罪時，伺機逮捕之，應仍合乎法理，亦尚符合該立法說明理由，避免對原無犯意之人民為引誘或教唆犯罪之執法作為。亦即「提供機會型」之「誘捕偵查」向為最高法院判決多所肯認；相反地，若是警察執法對原無犯意之人以「創造犯意型」之「陷害教唆」而使之違法，將不被司法實務所允許。

　　警察禁止引誘或陷害教唆犯罪手段行使職權。警職法第3條第3項規定：「不得以引誘、教唆人民犯罪或其他違法之手段為之。」而該條之立法條文說明為：「警察實務上所使用類似『釣魚』之偵查方法，常引發爭議，爰參酌美國、日本及我國司法實務上之判例、判決見解，於第3項明定警察行使職權，不得以引誘、教唆等違法（即對原無犯意之人民實施『誘捕』行為）之手段為之。」[20]有關其適用，一般論者將之區分為「誘捕偵查」與「陷害教唆」兩類型，實務上肯認不得「陷害教唆」，但得對原有犯罪者實施「誘捕偵查」；學術論者，則有不同見解，認兩者均有違誠信原則。

二、具體適用

　　本項之適用，實務上即參考美、日之實務運作方式，以人民原有無犯意區分為「誘捕偵查」或「陷害教唆」二種，前者為「提供機會型」，亦即行為人原就有犯罪之意思，執法人員僅提供機會讓其犯罪；後者為「創造犯意型」，係指行為人原無犯罪之意思，因受執法者之引誘或教唆，始萌生犯意，而著手實施犯罪者而言[21]。申言之，因「陷害教唆」係司法警察以引誘或教唆犯罪之不正當手段，使原無犯罪故意之人因而萌生犯意而

---

20 參見立法院，警察職權行使法案，立法院內政委員會編（122），法律專輯第335輯，立法院公報處印行，2004年7月初版，頁381。

21 李震山、蔡庭榕、簡建章、李錫棟、許義寶合著，警察職權行使法逐條釋論，五南，2020年9月3版1刷，頁107-108。

實施犯罪，再進而蒐集其犯罪之證據或予以逮捕偵辦；縱其目的係在於查緝犯罪，但其手段顯然違反「憲法」對於基本人權之保障，且已逾越偵查犯罪之必要程度，對於公共利益之維護並無意義，其因此等違反法定程序所取得之證據資料，應不具有證據能力。又「陷害教唆」與警方對於原已具有犯罪故意並已實施犯罪行為之人，以所謂「釣魚」之偵查技巧蒐集其犯罪證據之情形有別，自不得混為一談。另有最高法院相關判決亦支持執法人員基於辦案之必要性，得進行對原有犯意者之提供機會型的「誘捕偵查」，而非創造犯意型之「陷害教唆」[22]。然而，誘捕偵查仍須不違背法定程序，始為法之所許，否則仍將受到刑事訴訟法第158條之4證據排除法則之適用，而致不具證據能力[23]。

　　警職法第3條第3項規定：「警察行使職權，不得以引誘、教唆人民犯罪或其他違法之手段為之。」陳瑞仁教授指出：「觀其立法意旨，可能想引進美國法中有關『陷害教唆』之法理，但此條文規定易讓人解讀為所有之『引誘』均為非法手段，如此將有矯枉過正之嫌。未來法官裁判時，實應參考立法理由中的特別規定，即將該項限制僅適用於『原無犯意之人民』，並能形成判例，方能在保障人權的同時，有效兼顧打擊犯罪之需。陷害教唆在美國是州法發展出的一種『積極抗辯』，指警方對原無犯意之人，鼓動或引誘其犯罪，再加以逮捕之謂，屬陪審團得判被告無罪之法定原因之一，其與誘捕不同，後者是警方對於原已有犯意之人，提供再次犯案之機會，然後再加以逮捕。」[24]例如，在毒品買賣、網路援交與機車搶劫等，均屬於原有犯意之人，執法之警察人員得以相關辦案手段誘捕之[25]。

---

[22] 最高法院108年度台上字第2916號刑事判決。

[23] 林俊益，陷害教唆與釣魚偵查，月旦法學教室，第22期，2004年8月，頁26-27。

[24] 陳瑞仁，誘捕違法辦案，得等到有人受害？，聯合報，2003年6月6日。

[25] 最高法院109年度台上字第5726號刑事判決指出：「刑法學理上所謂『陷害教唆』，係指行為人原不具犯罪之故意，惟因有偵查犯罪權限之人員設計教唆，始萌生犯意，進而著手實行犯罪構成要件行為，此項犯意誘發型之誘捕偵查，因係偵查犯罪之人員以引誘、教唆犯罪之不正當手段，使原無犯罪意思或傾向之人萌生犯意，待其形式上符合著手於犯罪行為之實行時，再予逮捕，因嚴重違反刑罰預防目的及正當法律程序原則，此種以不正當手段入人於罪，縱其目的在於查緝犯罪，但其手段顯然違反憲法對於基本人權之保障，且已逾越偵查犯

　　綜上，學者論述多主張本條第3項規定，警察不得以「陷害教唆」[26]，甚至「誘捕偵查」方式進行執法作為，亦有質疑[27]。另一方面，實務上則認為屬於「陷害教唆」之對原無犯意者，受上述第3項規定之拘束，不得進行引誘、教唆方式辦案，但若是原已有犯意之「誘捕偵查」之「釣魚」方式辦案，則非不得為之，最高法院108年度台上字第2916號對違反毒品危害防制條例之判決，亦持相同見解。按所謂「陷害教唆」，係指行為人原不具犯罪之故意，純因司法警察之設計教唆，始萌生犯意，進而實施犯罪構成要件之行為者而言。申言之，因「陷害教唆」係司法警察以引誘或教唆犯罪之不正當手段，使原無犯罪故意之人因而萌生犯意而實施犯罪，再進而蒐集其犯罪之證據或予以逮捕偵辦；縱其目的係在於查緝犯罪，但其手段顯然違反憲法對於基本人權之保障，且已逾越偵查犯罪之必要程度，對於公共利益之維護並無意義，其因此等違反法定程序所取得之證據資料，應不具有證據能力。又「陷害教唆」與警方對於原已具有犯罪故意並已實施犯罪行為之人，以所謂「釣魚」之偵查技巧蒐集其犯罪證據之情形有別，自不得混為一談。然如此在學理論述與實務認知之差異，有待未來有權解釋機關予以解釋，以形成適用之規範基準。

　　罪之必要程度，對於公共利益之維護並無意義，自當予以禁止。至於刑事偵查技術上所謂『釣魚』，係指對於原已犯罪或具有犯罪故意之人，以設計引誘之方式，俟與之為對合行為，使其暴露犯罪事證，再加以逮捕或偵辦者而言，此項機會提供型之誘捕行為，純屬偵查犯罪技巧之範疇，因無故意入人於罪之教唆犯意，亦不具使人發生犯罪決意之行為，並未違反憲法對於基本人權之保障，且於公共利益之維護有其必要性。故前開『釣魚』之偵查作為，既未逸脫正當手段之範疇，自不能指為違法。」

26　林鈺雄，國家挑唆犯罪之認定與證明—評三則最高法院92年度之陷害教唆判決，月旦法學雜誌，第111期，2004年8月，頁207-234。林氏提出四項偵辦毒品犯罪證明基準之作為判定國家是否違法挑唆犯罪檢驗，其基準為：「1.對於被告是否存有販毒之犯罪嫌疑？2.被告有無販毒之犯罪傾向；3.被告最終之犯罪範圍是否超過挑唆行為之範圍；4.誘餌的方式及強度，是否對被告造成過當壓力而促使其販毒？」

27　同上註，頁207-234。林氏提出兩點主要質疑：「一是以行為人原先有無主觀犯罪意向來作為合法性界限，基本上已經窄化了犯罪挑唆問題的面向，因為關鍵在於國家行為本身的界限，縱使是原先有犯罪意向之人，國家也不得對其為所欲為，試圖強化或鞏固其犯罪意向。二是縱使以犯罪意向為基準，也無法迴避關鍵的證明問題，亦即，憑什麼證據來證明行為人原先即有犯罪之意向？」而認為最高法院92年度台上字第4458號、第7006號、第7364號等三則判決中，有關警方辦案取證手法已逾越合法性之界限，構成違法。

第三節　出示身分與告知事由

　　警職法第4條規定：「警察行使職權時，應著制服或出示證件表明身分，並應告知事由（第1項）。警察未依前項規定行使職權者，人民得拒絕之（第2項）。」

一、規範目的及法理基礎

（一）規範目的

　　警察職權行使措施，常有限制或剝奪相對人權利之可能，基於民主法治國正當程序之遵守，司法院釋字第535號解釋文指出：「臨檢進行前應對在場者告以實施之事由，並出示證件表明其為執行人員之身分。」由於警職法之職權措施，尚未達到刑事犯罪之「逮捕」或「訊問」之程度，尚無須踐行司法正當程序，因而不必有如美國之「米蘭達警告」（Miranda Warning）[28]程序。然而，警職法之警察職權行使措施，已屬於干預性質，多屬於違反當事人意願之警察公權力作為，乃有必要於警察行使各相關職權時，身著制服或出示證件表明警察身分，以取信於相對人，並依據所欲施行之警職法所授權之職權措施告知其合於要件之事由，並有明確之程序，特規定本條。

（二）法理基礎

　　行程法第5條規定：「行政行為之內容應明確。」因此，本條規定：「警察行使職權時，應著制服或出示證件表明身分，並應告知事由。」由於明確性可產生安定與安全感，對於人民之自由權利將受到干預時，即使是政府公權力之介入，亦應先取得身分確證，以及公權力介入之事由，故

---

[28] Rolando v. del Carmen, Criminal Procedure Law and Practice, 7th. ed. Wadsworth Publishing Company, U.S., 2007, at 406-418. 美國憲法第五增補條款，聘請律師辯護為其正當程序權利之一，而聯邦最高法院在Miranda v. Arizona, 384 U.S. 436 (1996)一案中，認執法者應於訊問被告時，提示其應有之權制：1.有權保持緘默；2.所說一切將成為呈堂證供；3.有權利請律師到場；4.若請不起律師，政府將提供一位律師協助之；5.得隨時終止其訊問。因此，被稱之為「米蘭達警告」。

原則上應有告知之必要，以避免事後錯誤而致影響。即使警察人員身著制服，對仍要求出示證件者，爲去除其疑慮，仍以出示證件爲宜。由於警察職權作爲，影響人民自由權利極大，基於憲法第8條之正當法定程序要求及第23條之公益原則與必要性基礎，自有將警察職權行使措施之要件與程序，遵守絕對法律保留原則，以警職法明定之。再者，基於避免歹徒冒充警察犯案，保障人民權益，確認執法者身分，乃極爲必要。故本條第2項規定：「警察未依前項規定行使職權者，人民得拒絕之。」亦即對於未表明身分者，得不予配合處理。

表明身分，係執法者主動表明身分，以確證警察身分之眞實性，避免有冒充警察行使職權者，乃於本條立法明示執法之警察應身著制服或出示身分證件。警察制服均繡有臂章，列明隸屬單位及編號，辨識清晰。雖然冒穿警察制服得依刑法第159條規定：「公然冒用公務員服飾、徽章或官銜者，處一萬五千元以下罰金。」然亦不無發現假冒者。爲使民眾確信，若對制服有疑義，仍得要求執法警察出示證件。至於刑事警察人員執勤時因著便服，必須主動出示「刑警證」，表明其身分。依警察服制條例第2條規定，警察制服分爲禮服、常服及便服三種。同條例第5條並制定「警察制服制式說明書」將禮服、常服及便服之式樣及配件詳爲規定。

二、具體運用

（一）警察行使職權應明示身分

司法院釋字第535號解釋文指出：「臨檢進行前應對在場者告以實施之事由，並出示證件表明其爲執行人員之身分。」警職法第4條規定：「警察行使職權時，應著制服或出示證件表明身分，並應告知事由。警察未依前項規定行使職權者，人民得拒絕之。」警察行使職權，爲執行公權力之行爲，爲使人民確信警察執法行爲之適法性，警察於行使職權時，須使人民能確知其身分，並有告知事由之義務，爰於第1項予以明定。警察行使職權，既未著制服，亦未能出示服務證件，顯難澄清人民之疑慮。爲保障人民免受假冒警察者之欺騙，爰於第2項明定人民有拒絕之權利。惟警察執行職務行使職權時，雖身著制服，而人民仍要求出示身分證明文

件，為免除「假警察」之疑慮，亦須出示警察身分證明文件。本條參考「德國聯邦與各邦統一警察法選擇草案」第36條[29]規定制定之。德國該法不但對於著制服與未著制服行使警察職權時，有分別明確規定應遵守之程序。兩者亦有例外規定：「但依狀況，其將使任務之達成不可能或相當困難時，不在此限。一俟情況許可，經要求警察應即補示證件。」然而，警職法明定許多相關預防性之犯行抗制措施，本質上多屬隱匿性而不為當事人所察覺。本條第1項未作除外規定，立法顯有瑕疵。但解釋上，若是事務本質所致，而警察於執行職務行使職權時，暫時不適用上開出示身分之規定者，應可接受。惟為貫徹前揭規定意旨，職權措施結束後，警察應有告知之義務。

（二）警察行使職權應告知事由

基於「行程法」要求之執法程序，係以作成處分或進行公權力措施前，受執行者有受明確告知事由，以及確知執法者身分與權限之正當權利，以避免受非法或不當之侵害，特別是該法第5條規定「行政行為之內容應明確」，是符合實體上正當法律程序之要求，由明確性產生安定與安全感，乃依法行政之基礎精神，亦是憲法第8條與第23條之意旨。司法院釋字第535號解釋文亦明指「告知事由」係警察行使職權應遵守程序之一。除了本條第1項之「告知」義務列為總則，為警職法各個相關職權行使應予注意遵守外，警職法又特別對於限制或剝奪人身自由之部分[30]，予以明文強調，除告知當事人外，尚應通知其親友，如第19條之留置或管束；甚至應通知其所指定之律師，如第7條第2項之帶往勤務處所（同行）。進而在本條第2項規定：「警察未依前項規定行使職權者，人民得拒絕之。」因而，警察若未能明確提示身分，告知事由，受執法之民眾將

---

29 德國聯邦與各邦統一警察法選擇草案第36條規定：「著制服執行公務之警察人員，應於其制服上配帶得以辨識身分之標誌。經關係人要求警察人員應出示證件；但依狀況，出示證件將使任務不可能或相當困難完成者，不在此限（第1項）。警察人員於勤務之外，未著制服而對個人執行職務行為，應未經請求主動出示服務證及服務標記；但依狀況，其將使任務之達成不可能或相當困難時，不在此限。一俟情況許可，經要求警察應即補示證件（第2項）。」

30 李震山，人性尊嚴與人權保障，元照，2020年3月5版1刷，頁222。

無配合之義務。

再者，所為告知之「事由」，必須與所行使之警察職權，有正當合理之連結，所謂「不當連結之禁止」，即警察執行職務，所行使之職權措施，均有要件規範，則所施行之措施作為，須緊扣警察職權措施之要件，始為正當合理之連結。

（三）對警察未依法定程序行使職權之拒絕

警職法第4條第2項：「警察未依前項規定行使職權者，人民得拒絕之。」其立法體例與憲法第8條第1項[31]之人身自由保障條文規範相類似。吳庚大法官指出：「憲法第8條第1項最後一段文字：『非依法定程序之逮捕、拘禁、審問、處罰，得拒絕之。』通常都等閒視之，未賦予規範效力，殊非解釋憲法之道。」因而氏強調其規定除表現基本權是防衛（禦）權的遺跡之外，亦認為更大意義在於對顯然非依法定程序而侵害人身自由之違法公務員，被害者有權抗拒，甚至以實力對抗或避免拘禁而逃避之，均不構成「刑法」上妨害公務或脫逃的刑責[32]。參酌前述憲法第8條之相似意旨，本條第2項係以應履行第1項要件而未履行者，人民得拒絕警察行使依警職法所授權之各項職權措施。例如，未出示證件表明身分，即不予開門或其他配合執法措施。由於警察此基本程序之未完備，人民因而不予配合執法作為，不得作為妨害公務或其他歸責之基礎。

因此，警察行使職權時，首先應以著制服或出示證件方式表明身分，若對身著警察制服之執勤人員仍不信任，民眾亦得要求警察出示證件，以釋其對警察身分之疑慮。隨著表明身分之後[33]，警察並應告知行使職權之事由，而該事由必須與該職權之行使有正當合理之連結。否則，人民得拒絕配合之。

---

[31] 人民身體之自由應予保障。除現行犯之逮捕由法律另定外，非經司法或警察機關依法定程序，不得逮捕拘禁。非由法院依法定程序，不得審問處罰。非依法定程序之逮捕、拘禁、審問、處罰，得拒絕之。

[32] 吳庚，憲法的解釋與適用，自印，2003年9月修訂版，頁197。

[33] 雖然司法院釋字第535號解釋文明指：「臨檢進行前應對在場者告以實施之事由，並出示證件表明其為執行人員之身分。」於行使職權時，以「告知事由」為先，隨後並應出示證件來表明身分。但警職法第4條規定係先表明身分，並隨之應告知事由。

第四節　致人受傷之救助義務

　　警職法第5條規定：「警察行使職權致人受傷者，應予必要之救助或送醫救護。」

一、規範目的及法理基礎

（一）規範目的

　　警察執行職務、行使職權，因而致人受傷者，應即將傷者給予必要之救助或送醫救護，爰予以本條明定：「警察行使職權致人受傷者，應予必要之救助或送醫救護。」本條之規定，乃是義務之教示，並非如警職法第二章及第三章之職權規定，旨在強調警察因行使職權導致人民之傷害，警察基於危害防止之任務特性，更有必要積極主動對傷者救助或送醫救護。

（二）法理基礎

　　警察法第2條：「警察任務為依法維持公共秩序，保護社會安全，防止一切危害，促進人民福利。」基於「防止一切危害」是警察之主要任務之一，更何況其傷害係警察行使職權所肇致，更應有予以救助或送醫救護之義務。爰參考「德國統一警察法標準草案」第38條規定：「當事實需要且情況許可時，因直接強制處分而受傷者，應予救助並延醫救護。」[34]明定警察行使職權致人受傷，應有救助或送醫救護之義務。警職法旨在規範警察依法行使職權，本條雖非公權力之行使，卻是在規範警察因其行使職權導致人民受有傷害之救助或送醫救護之「義務」，以非屬於「權力」之性質，若有不履行此義務之情形，因而導致人民之損害，亦有法律上之責任。

---

[34] 李震山、蔡庭榕、簡建章、李錫棟、許義寶合著，警察職權行使法逐條釋論，五南，2020年9月3版1刷，頁671。

二、具體運用

（一）須為警察行使職權之情形

依據我國警察法第2條規定，保護社會安全及防止一切危害本即為警察任務之內涵之一。矧依本條意旨，受傷係由警察行使職權所造成的，更有不可推諉之立即救助或送醫救護之義務，始符合警察保障人權與防止危害之任務本質。警察除了使用警械，必須依據警械使用條例第11條規定負擔相關賠償或補償責任外，基於警察任務本即有危害防止之必要，若有傷亡事件，應負有救助或協助救護之義務，更何況其傷害乃警察行使職權而致他人受傷之情形。又如警職法第19條及第20條之管束之目的，本質上即在於預防其傷害或救護其生命，若有必要，尚可予以管束之。又因其管束或第27條之驅離等強制措施，均有可能致人受傷，故本條規定警察行使職權致人受傷，應必要之救助或送醫救護，以為教示。而且，警職法第26條尚規定：「警察因人民之生命、身體、財產有迫切之危害，非進入不能救護時，得進入住宅、建築物或其他處所。」故基於警察任務即負有「防止危害」之必要，對於因其行使職權致人受傷者，更應予以必要之救助或送醫救護。

（二）警察行使職權與該人民受傷有因果關係

依本條規定之要件，首先，為警察行使警職法規定之職權措施；再者，因而有致人受傷，與警察行使職權有因果關係時，若無因果關係之救助或送醫救護，則非本條之法定義務，係如路倒病人之救助或救護。

（三）應予必要之救助或送醫救護

本條規定救助或送醫救護，警察於現場處理時，應依據事實狀況所需，在合比例性考量下，以「合義務性裁量」原則[35]，將因警察職權行使而受傷者予以救助或送醫救護，例如僅是輕微之皮肉小傷則予以救助即可，若一般社會通念，已經屬於有送醫救護之必要性者，應予以送醫救

---

[35] 林明鏘，警察職權行使法基本問題之研究，收錄於：警察法學研究，2019年1月2版1刷，頁188。

護。惟若當事人亦表示無需救助或送醫救護，應予同意，但需有證明，以免事後產生爭議。至於當事人若有因警察行使職權之賠償或補償問題，則得另依法請求之。

（四）救助或救護程序之妥適運用

1. 表明身分，告知事由：本條係因警察行使職權致人受傷，故於行使職權時，即應表明身分，若傷者仍要求致其受傷之警察有關更詳細之身分資料，仍應告知，甚或受傷人民因而要求書面文件，亦應有掣給之必要。另亦應告知給予救助或送醫救護之原因，及相關救護內容及程序。

2. 確證受傷者身分，並通知其親友：救助或救護進行前，亦應確證傷者身分，對於因受傷嚴重而無清楚意識之受傷者，則須為緊急處理，並應查知其身分，儘速通知其親友。

3. 遵守合理適當之救護程序：救助或送醫救護應依一般合理適當之救護程序，不得恣意不當作為，則非警職法規範之「必要」之救助或送醫救護方式。

第五節　攔檢之程序與救濟

一、警察攔檢之一般程序

（一）出示證件表明身分，並告知事由

司法院釋字第535號解釋文指出：「臨檢進行前應對在場者告以實施之事由，並出示證件表明其為執行人員之身分。」警職法第4條規定：「警察行使職權時，應著制服或出示證件表明身分，並應告知事由。警察未依前項規定行使職權者，人民得拒絕之。」

（二）陳述意見或提出異議

人民對於警察依法進行臨檢查證身分之相關職權措施有服從或忍受之義務，其作為已屬於行政處分之性質，而且屬於干預性處分，甫以警職法予以明確規範，使符合法律保留原則。因而，有依法給予受查證身分人陳

述意見之機會，證之行程法第102條有陳述意見之必要及警職法第29條有給予當場提出異議之機會。

二、對警察查證身分不服之救濟

（一）訴願、行政訴訟

警職法第29條第2項規定：「前項異議，警察認爲有理由者，應立即停止或更正執行行爲；認爲無理由者，得繼續執行，經義務人或利害關係人請求時，應將異議之理由製作紀錄交付之。」第3項亦規定：「義務人或利害關係人因警察行使職權有違法或不當情事，致損害其權益者，得依法提起訴願及行政訴訟。」警察臨檢之查證身分措施屬於行程法第92條及訴願法第3條所稱之「行政處分」。警職法第29條亦規定對之不服者，得依法提起訴願及行政訴訟，然臨檢屬於一次性措施，既無法撤銷，亦無法課予義務，故對受檢人之權利並無保障。因此，依據本條第3項之提起救濟，應係指提起行政訴訟法第6條之確認之訴。

（二）國家賠償與損失補償

國家公權力不論違法或合法行爲造成人民生命、身體、自由、財產之損失或特別犧牲者，均應分別予以賠償或補償。其公權力作爲違法者，依據國家賠償法第2條第2項規定：「公務員於執行職務行使公權力時，因故意或過失不法侵害人民自由或權利者，國家應負損害賠償責任。公務員怠於執行職務，致人民自由或權利遭受損害者亦同。」另一方面，其公權力合法作爲，但造成人民之特別損失時，應有損失補償之責任。警職法第30條規定，對於因警察違法行使職權，有國家賠償法所定國家負賠償責任之情事者，人民得依法請求損害賠償。而警職法第31條亦明定：「警察依法行使職權，因人民特別犧牲，致其生命、身體或財產遭受損失時，人民得請求補償。但人民有可歸責之事由時，法院得減免其金額（第1項）。前項損失補償，應以金錢爲之，並以補償實際所受之特別損失爲限（第2項）。對於警察機關所爲損失補償之決定不服者，得依法提起訴願及行政訴訟（第3項）。損失補償，應於知有損失後，二年內向警察機關請求之。但自損失發生後，經過五年者，不得爲之（第4項）。」

第六節 結論

　　司法院釋字第535號解釋意旨指出：「臨檢之規定，既無授權警察人員得不顧時間、地點及對象任意臨檢、取締或隨機檢查、盤查之立法本意。除法律另有規定（諸如刑事訴訟法、行政執行法、社會秩序維護法等）外，警察人員執行場所之臨檢勤務，應限於已發生危害或依客觀、合理判斷易生危害之處所、交通工具或公共場所為之，其中處所為私人居住之空間者，並應受住宅相同之保障；對人實施之臨檢則須以有相當理由足認其行為已構成或即將發生危害者為限。」因此，警察攔檢應踐行正當程序，如：一、依據個案事實，若經由五官六覺對整體可能影響之因素進行考量判斷，以確認是否具有法定得攔檢措施之要件合致或有合理懷疑構成違法，即具有合理懷疑相對人已經發生犯罪或危害之情形或有發生之可能性時，始得依警職法進行攔檢執法；二、再者，執行攔檢時應遵守正當法律程序，均應遵守比例原則，不得逾越必要程度，儘量避免造成財物損失、干擾正當營業及生活作息。至於因預防將來可能之危害，則應採其他適當方式，諸如：設置警告標誌、隔離活動空間、建立戒備措施及加強可能遭受侵害客體之保護等，尚不能逕予檢查、盤查；三、臨檢進行前應對受臨檢人、公共場所、交通工具或處所之所有人、使用人等在場者告以實施之事由，並出示證件表明其為執行人員之身分；四、臨檢應於現場實施，非經受臨檢人同意或無從確定其身分或現場為之對該受臨檢人將有不利影響或妨礙交通、安寧者，不得要求其同行至警察局、所進行盤查；五、其因發現違法事實，應依法定程序處理者外，身分一經查明，即應任其離去，不得稽延。警察攔檢於符合上開解釋意旨範圍內，予以適用，始無悖於維護人權之憲法意旨；六、又對違法、逾越權限或濫用權力之臨檢行為，應於現行法律救濟機制內，提供訴訟救濟（包括賠償損害）之途徑。更且，應許受臨檢人、利害關係人對執行臨檢之命令、方法、應遵守之程序或其他侵害利益情事，於臨檢程序終結前，向執行人員提出異議，認異議有理由者，在場執行人員中職位最高者應即為停止臨檢之決定，認

其無理由者，得續行臨檢，經受臨檢人請求時，並應給予載明臨檢過程之書面。上開書面具有行政處分之性質，異議人得依法提起行政爭訟。

第三章
警察查證身分之職權行使

第一節　前言

　　司法院釋字第535號解釋，緣起於員警執行路檢勤務，行使身分查證之職權措施，攔停受檢人並要求其出示證件受檢，受檢人答稱走路不用帶證件，員警進行觸摸其口袋外部時，遭其用手推開，並罵執行員警三字經二次。以涉犯刑法第140條第1項之妨害公務罪嫌送辦判罪，因而於窮盡救濟程序之後，申請司法院大法官釋憲而來。因此，有關警察臨檢查證身分之法律定位與明確性之問題。例如，一、警察臨檢與搜索之界分？二、警察於尚未構成可行搜索之前，可進行何種臨檢措施？三、警察於何種要件下得進行臨檢之相關措施？案經獲司法院大法官於2001年12月14日以釋字第535號解釋在案，雖未直接指明本案警察臨檢攔查規範與措施違憲，仍於解釋文指明：「實施臨檢之要件、程序及對違法臨檢行為之救濟，均應有法律之明確規範，方符憲法保障人民自由權利之意旨。」更進一步指明：「法律無授權警察人員得不顧時間、地點及對象任意臨檢、取締或隨機檢查、盤查。除法律另有規定外，警察人員執行場所之臨檢勤務，應限於已發生危害或依客觀、合理判斷易生危害之處所、交通工具或公共場所為之，……；對人實施之臨檢則須以有相當理由足認其行為已構成或即將發生危害者為限，且均應遵守比例原則，不得逾越必要程度。臨檢進行前應對在場者告以實施之事由，並出示證件表明其為執行人員之身分。」

　　因此，警察治安主管機關乃積極研議制定警職法將「警察職權」歸類為「對人」之查證身分、鑑識身分、蒐集資料、通知、管束、驅離、直接強制；「對物」之扣留、保管、變賣、拍賣、銷毀、使用、處置、限制使用；「對處所」之進入、或「對其他」之必要公權力具體措施（如治安顧慮人口之定期查訪、資料傳遞、資料利用、概括授權規定等）四大類，而每一職權措施再於警職法中，有專門法條對其要件、措施及相關程序作進一步清楚規定，有別於過去僅以警察「臨檢」之概括性集合名詞為依據之模糊規範。特別是對於查證身分之要件與措施更分別有明確規定。警職法對警察臨檢之查證身分所得施行之各項措施（第7條），如攔停、詢問、

令出示證件、檢查人之身體及其攜帶之物件、甚至必要時得依法將受檢人帶往警察勤務處所進一步查證身分。而前述職權措施發動前，必須有各項相關職權行使要件（第6條）之符合，始得爲之，並應遵守各項程序規範。

再者，對於警職法實施後，警察同仁執行臨檢勤務，應本於違法事實來發動各項職權措施，更應加強要件判斷能力，避免不計代價、不擇手段、不問是非、不加判斷，及沒有合理懷疑之「四不一沒有」的執法心態，進行任意、隨機或全面臨檢之警察職權作爲，而是應精緻判斷，依法執法，發揮警察專業，以保障人民權益，維護社會治安。警職法對於警察職權涉及對人、對物、對處所，及對其他相關涉及人民之公權力措施，分別各有專條明確規範其措施、要件與實施程序。其中，尤以警職法第6條之查證措施之要件及第7條有關查證身分措施之規定，是爲該法規範之重心，亦爲警察職權行使之基礎，亦是司法院釋字第535號解釋緣起問題爭議之核心。由於查證身分職權措施與要件係警察執行職務行使職權之核心，亦爲警職法規範之重心，然而賦予警察之查證身分之法理基礎、得進行何種措施、相關措施之要件、程序及其救濟等，均有分別予以研析探討之必要。

第二節　查證身分職權之法理基礎

一、干預性處分應有法律保留原則之適用

警職法第7條規定之查證身分措施，係警察對於人民有第6條要件符合之情形時，得加以違背當事人之意願，依法予以查證其身分之職權措施，係屬於侵益之行政處分[1]。又如警察進行攔停酒測，得依法課予相對人一定作爲、不作爲或容忍之行政法上義務之下令處分[2]。而依據警職法

---

[1] 林明鏘，警察臨檢與國家責任，台灣本土法學雜誌，第48期，2003年7月，頁110-111。
[2] 林明鏘，行政法講義，新學林，2019年9月修訂5版，頁208。

第1條之立法目的，可知警職法係爲規範警察依法行使職權，以保障人民權益，以順利達成維護公益及公序之治安任務。更依據同法第2條第2項明定「查證身分」爲警察職權之內涵之一。而且，進一步於警職法第7條規定各項查證身分之職權措施，係基於第6條各項要件之一施行，第8條更加強規定第7條第1款之「攔停」車、船及交通工具時，得以進行之各項措施及相關要件等。然而，由於基於查證身分而進行之警職法第7條及第8條之對人及交通工具之措施，均未必符合當事人之配合意願，屬於干預性之公權力措施，對於人民自由及其他權利必有可能造成侵擾[3]。因此，基於憲法保障人權機制設計，警察行使查證身分職權措施須依法行政，對於違背當事人意思之攔停，並使之接受詢問，已屬對人身自由之「限制」，而現場暫時留置檢查或攜往警所，顯屬「剝奪」人身自由，故均應有法律保留原則之適用，以明確及實質正當之法律規範，來執行公權力職權措施[4]。由於在符合法定要件下，依法得進行身分查證措施，於保障人權基礎上，以達到預防犯罪及對於警職法第6條各項情形之釋疑功能。因此，警職法之目的即如第1條所定旨意，以民主基礎之明確法制來規範公權力行使及保障人權，使達成警察任務。

二、警察職權行使規範應明確且實質正當

司法院釋字第535號解釋文指出：「檢查、路檢、取締或盤查等不問其名稱爲何，均屬對人或物之查驗、干預，影響人民行動自由、財產權及隱私權等甚鉅，應恪遵法治國家警察執勤之原則。實施臨檢之要件、程序及對違法臨檢行爲之救濟，均應有法律之明確規範，方符憲法保障人民自由權利之意旨。」另指出：「警察勤務條例有關臨檢之規定，並無授權警察人員得不顧時間、地點及對象任意臨檢、取締或隨機檢查、盤查之立法本意。除法律另有規定外，警察人員執行場所之臨檢勤務，應限於已發生危害或依客觀、合理判斷易生危害之處所、交通工具或公共場所爲之，其

---

[3] 鄭善印，警察臨檢法制問題之研究，警察法學，創刊號，2003年1月，頁54。

[4] 李震山，非刑事案件關係人之人身自由保障，收錄於：人性尊嚴與人權，元照，2020年3月5版1刷，頁232-234。

中處所爲私人居住之空間者，並應受住宅相同之保障；對人實施之臨檢則須以有相當理由足認其行爲已構成或即將發生危害者爲限，且均應遵守比例原則，不得逾越必要程度。」因此，司法院大法官會議解釋憲法時常要求對於人民自由之干預，除應有依法行政之「法律保留」原則適用外，而且法律內容的明確性及實質正當，非常重要[5]。

三、干預性措施應有合理性基礎

　　警職法第2條第2項所規定之「警察職權」措施，均需分別有其要件爲基礎，並輔以相關程序規定，以作爲警察職權行使之授權基礎。而其中大多數之職權措施之授權，均分別有其要件規定，其要件規定即是人民權利干預性、限制性、或剝奪性之判斷基準，亦即以各項措施之合理性、正當性作爲考量基礎，亦如司法院釋字第535號解釋意旨所指，不得不顧時間、地點、對象全面或任意、隨機進行臨檢，而需有其合理性之要件爲啓動警察職權行使措施之基礎。雖然該號解釋要求：「警察人員執行場所之臨檢勤務，應限於已發生危害或依客觀、合理判斷易生危害之處所、交通工具或公共場所爲之，其中處所爲私人居住之空間者，並應受住宅相同之保障；對人實施之臨檢則須以有相當理由足認其行爲已構成或即將發生危害者爲限，且均應遵守比例原則，不得逾越必要程度。」然而，「合理懷疑」或「相當理由」均含有不確定之法律概念，其判斷危害發生與否之心證認知程度上或有差異，並需依其差異程度而賦予不同強制力之職權措施，然形成其差異之機制，則以「合理性」（reasonableness）爲基礎，來建立警察職權法制規範。

　　司法院釋字第535號解釋文最後一段指出：「前述（警察勤務）條例第十一條第三款之規定（「臨檢」），於符合上開解釋意旨範圍內，予以適用，始無悖於維護人權之憲法意旨。現行警察執行職務法規有欠完備，有關機關應於本解釋公布之日起二年內依解釋意旨，且參酌社會實際狀

---

[5] 司法院釋字第384號解釋強調：「凡限制人民身體自由之處置，不問其是否屬於刑事被告之身分，國家機關所依據之程序，須以法律規定，其內容更須實質正當，並符合憲法第二十三條所定相關之條件。」另釋字第523號及第567號均有相同之解釋意旨。

況，賦予警察人員執行勤務時應付突發事故之權限，俾對人民自由與警察自身安全之維護兼籌並顧，通盤檢討訂定，併此指明。」因此，警職法第1條規定：「為規範警察依法行使職權，以保障人民權益，維持公共秩序，保護社會安全，特制定本法。」明定該法係以落實憲政機制，明確規範警察職權措施、要件、程序及救濟等，以保障人民權益，達成警察治安任務為警職法之主要目的。遵行依法行政之民主、法治國原則，以國會保留之明確立法，並以實質正當之規範內涵，來衡平公權力貫徹與私權利保障之憲法意旨。因此，合憲政秩序的法律保留，貫徹立法羈束行政之機制，制定了明確、實質正當之警職法，並輔以完備之救濟管道，使警察執法能更專業化，除達到維護人權，並據予建立警察應有之職業尊嚴。

第三節　查證身分措施之原則與目的

一、查證身分措施應遵守之原則

（一）考量比例原則

警職法第3條第1項規定：「警察行使職權，不得逾越所欲達成執行目的之必要限度，且應以對人民權益侵害最少之適當方法為之。」第2項規定：「警察行使職權已達成其目的，或依當時情形，認為目的無法達成時，應依職權或因義務人、利害關係人之申請終止執行。」司法院釋字第535號解釋文指出：「……有關臨檢之規定，並無授權警察人員得不顧時間、地點及對象任意臨檢、取締或隨機檢查、盤查之立法本意。……且均應遵守比例原則，不得逾越必要程度。」因此，警察行使查證身分之各項職權措施，應嚴格遵守比例原則之適用，例如，不得進行未加判斷或無合理性基礎之全面、或任意攔停，必須有警職法第6條各款要件符合始得為之。攔停後，對於受檢人身體或所攜帶之檢查，必須有執法人員有明顯事實足認受檢者攜有危險物而致相關在場人員（包括檢查者及受檢者本人在內）安全上受威脅，始得進行檢查，而該檢查應為衣服外部之拍搜

（frisk），以及受檢者週身範圍內爲其所攜帶且立即可觸及之物，始得依警職法檢查，而非刑事訴訟法之搜索（search）而得徹底搜查之措施，故應有其比例原則之適用。

（二）禁止陷害教唆

警職法第3條第3項規定「禁止引誘或教唆人民犯罪或其他違法方法」來行使警察職權。而該條之立法條文說明爲：「警察實務上所使用類似『釣魚』之偵查方法，常引發爭議，爰參酌美國、日本及我國司法實務上之判例、判決見解，於第3項明定警察行使職權，不得以引誘、教唆等違法（即對原無犯意之人民實施『誘捕』行爲）之手段爲之。」法律實務界亦多認爲：「按所謂『陷害教唆』，係指行爲人原不具犯罪之故意，純因司法警察之設計教唆，始萌生犯意，進而實施犯罪構成要件之行爲者而言。申言之，因『陷害教唆』係司法警察以引誘或教唆犯罪之不正當手段，使原無犯罪故意之人因而萌生犯意而實施犯罪，再進而蒐集其犯罪之證據或予以逮捕偵辦；縱其目的係在於查緝犯罪，但其手段顯然違反憲法對於基本人權之保障，且已逾越偵查犯罪之必要程度，對於公共利益之維護並無意義，其因此等違反法定程序所取得之證據資料，應不具有證據能力。又『陷害教唆』與警方對於原已具有犯罪故意並已實施犯罪行爲之人，以所謂『釣魚』之偵查技巧蒐集其犯罪證據之情形有別，自不得混爲一談。乃原判決理由竟續謂：況於此類犯罪中（指『陷害教唆』犯罪之情形），犯罪嫌疑人均本即具有販賣毒品之犯意，初非警調人員所造意[6]。」

二、實施查證身分措施之目的

（一）預防犯罪與防止危害

盤查係國家公權力措施之一種，爲警察遂行危害防止或犯行追緝任務，用以確認身分之手段。警職法第6條對於該條所定各款之人查證其身分，係爲防止其本人或他人生命、身體之具體危害，有查證其身分之必要

---

[6] 最高法院92年度台上字第4558號刑事判決對於違反毒品危害防制條例。

者。並為預防危害或犯罪，得對於滯留於有事實足認有陰謀、預備、著手實施重大犯罪或有人犯藏匿之處所者，更為了防止犯罪，或處理重大公共安全或社會秩序事件而有必要者為限。進一步亦可對於公共場所、路段及管制站者，依法進行第7條所規定查證身分之各項職權措施。由於危害係對於公共安全與秩序之直接威脅情形，故為達成警察任務之目的，必須有進行臨檢盤查措施，而警職法第6條則規定以查證身分作為基礎，並在符合要件下，得進行警職法第7條之各相關職權措施，以期達到預防犯罪與防止危害之治安目的。因此，以「查證身分」方式，其得據以進行查證身分之相關措施之法定要件（警職法第6條）推論出其明顯目的，在於預防犯罪與防止危害。而且，伴隨著詢問及令出示證件表明身分之查證身分基本措施，必然以攔停為始。在攔停之後，亦可依據一目瞭然（Plain View）法則，進行肉眼觀察受檢者之行為、物之狀況及周遭環境之事實現象，加以判斷有無發生犯罪與具體危害之嫌疑或之虞情形，以作為發動進一步職權措施之基礎。

（二）身分鑑別以確定受檢者之法律關係

由於警察在實務上執行職務行使職權，常為干預性措施，故有必要以身分查證之確定身分為基礎，繼而依法進行其他相關職權措施，避免造成目標打擊錯誤。故警職法規定得據以詢問、令出示證件，表明身分，甚至於必要時得將之帶往警察勤務機構進一步查證其身分，避免造成職權行使之客體錯誤。

（三）對於警職法第6條各款情形之釋疑資料蒐集

日本警察官職務執行法第2條第1項規定：「警察官因異常舉動及其他周圍情事而合理判斷，認為有相當理由足認其人有犯某罪之嫌疑或之虞者，或認定其對已經發生之犯罪或即將發生之犯罪知情者，得將其人攔停盤問。」日本學者指出，職務質問是重要之犯罪搜查與預防手段之一，並以之作為發現舉報違法犯罪方法之一。另一方面，美國統一逮捕法（The Uniform Arrest Act, 1942）規定，警察若有合理的理由懷疑在戶外之嫌疑犯已經、正在或即將犯罪時，可加以攔阻，並可詢問他的姓名、地址、在

外逗留的原因和去哪裡。又任何可疑人無法證明自己的身分，或解釋自己行為令警察滿意時，警察可加以拘留，並進一步偵訊。其留置期限不得逾2小時，留置不是逮捕；也不可留下任何官方紀錄。留置後，嫌犯不是釋放，就是被逮捕及起訴。

再者，德國某些邦之警察法規定以確認身分作為資料蒐集，然在資料蒐集權之內，同樣的存在如下一些競合關係，茲引據李震山氏所譯德國警察法資料如下，以說明查證身分之職權措施之目的含括有蒐集資料以對警職法第6條預防犯罪或危害防止釋疑之目的。

「首先為詢問權與身分確認之間，此兩規範皆允許確認身分資料。被詢問人與欲尋找之人之身分是否一致之確認，只得在身分確認之範圍內執行之。此外，若詢及事實資訊，則僅有以詢問權為依據。……Bayern，Berlin，……諸邦之法律，基於措施目的之不同，尚有區別之規定，及依詢問權詢問姓名等資料，目的係為以後有可能再與關係人聯絡或再詢問，因此，不能以其他強制之措施對待當事人。反之身分確認之目的，係藉身分之確認以採取必要之措施，而其對象係已有密切關連之已知關係人，而措施之採取前，應先驗明其身分。有此區別就可清楚看出可採取措施之對象，在詢問個人資料方面，對象不必以具危害者性質，但在確認身分方面，則應具有危害者之性質，或者與可能產生之危害有關，且因而有危害者之性質[7]。」

因此，由以上各國之法制規定，可知警察執行職務行使職權，以查證身分為基礎，進行攔停，同時詢問個人身分資料，及危害防止之資料蒐集。因此，查證身分措施並從人之行為、物之狀況、現場周圍之事實現象等來判斷，加以考量時間、地點或其他相關特性，經合理判斷認有異常或可疑現象，得進行警職法第7條之相關職權措施，如攔停、詢問、令出示證件等，若因而有事實足認其有攜帶自殺、自傷或傷害他人生命、身體之物者，得進一步檢查身體或所攜帶之物件，若經現場詢問或查閱證件，仍

---

[7]　H. Scholler/B. Scholler合著，李震山譯，德國警察與秩序法原理，登文書局，1995年11月中譯2版，頁114。

無法確認其身分時，並得將之攜往警所繼續查證，為受到自攔停起3小時之限制。本條進行查證身分之目的，除確認身分之外，基於對於第6條得以進行查證身分之要件，應有加以攔停觀察或詢問等方式，詢問該職權行使之客體對於第6條各款情形釋疑之相關問題，應屬合適。惟為使法律明確規範，警職法第7條規定查證身分措施之詢問內容，除基本身分資料外，未來可修法加入尚可詢及事實資訊之規定，以協助對於預防犯罪與危害防止之釋疑。

第四節 查證身分之作為

　　司法院釋字第535號解釋文指出：「實施臨檢之要件、程序及對違法臨檢行為之救濟，均應有法律之明確規範，方符憲法保障人民自由權利之意旨。」然而，臨檢之內涵為何？及臨檢措施為何？從警察勤務條例或相關警察法規中並無法明確瞭解臨檢含有哪些干預性職權措施，將足以影響人民權益，而大法官並未加以說明，致有學者即指出，警察勤務條例之「臨檢」規定，是「有名詞無定義」、「有菜單無食譜」[8]。而後經立法完成，警職法對於菜單上「臨檢」這一道菜之「查證身分」部分之內容所含括各項要件與措施，分別於警職法第6條及第7條中規定。對於查證身分之措施又可分為「攔停、詢問、令交付證件、檢查、同行」（第7條）。然而，欲進行第7條之職權措施，從個別攔檢（個案判斷）到集體盤查（警察機關主管長官指定處所），必須先有第6條各款要件之一，而執行各項措施時，尚須遵守相關程序規定。例如，內政部警政署為使實務員警能有標準作業程序可資遵循，特別編印「警察機關分駐（派出）所常用勤務執行程序彙編」[9]，其中於「行政類」編號8是「執行巡邏勤務中盤查盤

8　林鈺雄（發言內容），警察臨檢行為法制化（釋字第535號解釋座談會記錄），月旦法學雜誌，第81期，2002年2月，頁39。

9　參考內政部警政署，警察機關分駐（派出）所常用勤務執行程序彙編，中央警察大學印行，2020年12月版。

檢人車作業程序」、編號10為「執行路檢身分查證作業程序」、編號11是
「執行臨檢場所身分查證作業程序」等是。茲先就警職法所定警察查證身
分之職權措施析論如下：

一、攔停

依據警職法第7條第1項第1款規定，警察為查證身分而攔停之對象為
人、車、船及其他交通工具。攔停（stop）並非逮捕（arrest），需有合理
懷疑（reasonable suspicion）受攔停人有警職法第6條第1項各款情形之一
者，得對之進行攔停。因非逮捕，其對於人權之侵擾極為輕微，故無須
達於「相當理由」（probable cause）[10]之程度，亦無須申請令狀，即得依
據警職法第7條規定，對之施行攔停作為，人民有配合及忍受之義務。再
者，本條「攔停」職權行使之客體含括對人、車、船及其他交通工具。對
於車、船及其他交通工具之攔停及相關職權措施之要件，除依據第6條各
款情形之一外，第8條所列之「已經發生危害或依據客觀合理判斷，易生
危害之交通工具」，亦是警職法授權「攔停」交通工具之基礎。而且，得
依據該條之規定，進行第8條之職權措施，如查證駕駛及乘客之身分、查
驗引擎及車身號碼、酒測檢定、強制離車及檢查交通工具等。若交通工具
之駕駛人不聽制止停車受檢，可依法處罰[11]。

參考美國聯邦最高法院在Terry案確立了警察實施攔停原則，建立了
只要有合理懷疑犯罪或危害之心證程度，即可由警察實施攔停查證，是為

---

10 「相當理由」之違法犯罪之心證程度高於「合理懷疑」，例如，刑事訴訟法第122條第2項規
定：「對於第三人之身體、物件、電磁紀錄及住宅或其他處所，以有相當理由可信為被告或
犯罪嫌疑人或應扣押之物或電磁紀錄存在時為限，得搜索之。」另同法第131條第2項規定：
「檢察官於偵查中確有相當理由認為情況急迫，非迅速搜索，二十四小時內證據有偽造、變
造、湮滅或隱匿之虞者，得逕行搜索，或指揮檢察事務官、司法警察官或司法警察執行搜
索，並層報檢察長。」均以具有「相當理由」程度，始得依法進行搜索；而警職法第6條規
定，則以「合理懷疑」程度，作為進行「檢查」職權措施之要件。由此可知，其對違法犯罪
判斷認知之心證程度不同，法律授予得進行之職權措施強制程度亦有差異。
11 道路交通管理處罰條例第60條第1項規定：「汽車駕駛人，駕駛汽車有違反本條例之行為，
經交通勤務警察或依法令執行交通稽查任務人員制止時，不聽制止或拒絕停車接受稽查而逃
逸者，除按各該條規定處罰外，處新臺幣一萬元以上三萬元以下罰鍰。並吊扣其駕駛執照六
個月；汽車駕駛人於五年內違反本項規定二次以上者，處新臺幣三萬元罰鍰，並吊扣其駕駛
執照一年。」

「泰瑞攔停」（Terry Stop）法則[12]。警察有「合理懷疑」某人已經或正在施行違法行為，即可予以攔停查察，原則上無須令狀及「相當理由」，然警察依法不得為毫無理由或無正當性之攔停[13]。美國最高法院指出對在公共道路或場所之行人或車輛攔檢，必須具有「合理懷疑」其涉嫌違法，始得為之[14]。聯邦上訴巡迴法院亦曾指出：警察不具有無限制的權力去攔停行人或車輛，僅基於警察之「善意」原則及模糊之徵兆是不足以正當化攔停措施，必須對攔檢對象有正在進行、已經完成、或即將從事錯誤行為之合理懷疑，始足當之。

日本警察官職務執行法第2條第1項規定：「警察官因異常舉動及其他周圍情事而合理判斷，認為有相當理由足認定其人有犯某罪或將犯某罪之嫌，或認定其人對已發生之犯罪或即將發生之犯罪知情，得將其人攔停盤問。」本項包括「攔停權」與「盤問權」兩種。雖依據同法第3條規定：「前二項所規定之人，非依刑事訴訟法相關法律之規定，不得拘束其身體自由，或違反其意思強求至警察分局、派出所或分駐所，或強其答辯。」學者均認為理論上警察對於上述二種權力，不得以強制力為之，僅屬於任意性措施[15]。至於實務見解，大致皆承認輕度實力行使之適法性，亦即得以腕力輕微使其停止，亦有認為基於警察為職務質問之必要性與緊急性，及該案之具體狀況而承認一定限度之有形力行使者[16]。

二、詢問

依據警職法第7條第1項第2款規定，警察為查證身分而攔停之人，得加以詢問其姓名、出生年月日、出生地、國籍、住居所及身分證統一編號

---

[12] Terry v. Ohio 392 U.S. 1 (1968). Royce de R. Barondes, "Automatic Authorization of Frisks in Terry Stops for Suspicion of Firearms Possession," 43 S. Ill. U. L.J. 1-41 (Fall 2018).

[13] 蔡庭榕，論警察攔檢之法規範，警大法學論集，第6期，2001年8月，頁8。

[14] United States v. Cortez, 449 U.S. 411 (1981), "Constitutional Law - Fourth Amendment - Nith Circuit Holds That Destructive Search of Spare tire at Border is Constitutional. - United States v. Cortez, 394 F.3D 1115 (9TH CIR. 2005)", 118 Harv. L. Rev. 2921 (June 2005).

[15] 梁添盛，日本警察權限法制，收錄於：警察權限法（第四章），1999年8月初版1刷，頁26-28。

[16] 蔡秀卿，日本警察臨檢法制與實務—兼論大法官釋字第535號解釋，台灣本土法學雜誌，第33期，2002年4月，頁86-88。

等。人民經依法攔停之後，基於人別之瞭解，有查證身分之必要，故得進一步詢問被攔停人之基本身分識別資料，若不為答覆或為不實答覆，將可依據社會秩序維護法（以下簡稱「社維法」）第67條第1項第2款規定處罰之。亦即，於行政調查時，受調查人不得保持緘默而拒絕陳述其姓名及住居所，或為不實陳述，否則將有該條款之適用[17]。按詢問（questioning）尚非訊問（interrogation）[18]，在美國法上詢問無須先行給予「米蘭達警告」（Miranda Warning），訊問則可問及案情，除應給予「米蘭達警告」之外，受訊問者並得有保持緘默權。

然而，此項之詢問，雖警職法規定僅得限於詢問姓名、出生年月日、出生地、國籍、住居所及身分證統一編號等。然而，為對於警職法第6條各款要件之釋疑，基於危害防止或預防犯罪之情形下，有容許授權給執法人員詢問相關有助於第6條各款釋疑之相關問題，係視警察所需防止危害之性質及實況，決定詢問之內容，而其內容應與查證身分有正當合理之連結，而非予盤查目的不合之詢問[19]。然而尚非達訊問之程度與範圍，亦即尚不觸及單一個案之具體內容。然而，警職法僅規定詢問範圍及於身分基本資料，實有進一步觸及相關詢問範圍有助於使執法人員對警職法第6條之各項要件之釋疑，亦即當時其人之行為、物之狀況及事實現象，若執法人員有因其關連而懷疑該受攔停進行詢問之對象可能涉及，則該執法人員得以進行一般詢問，然尚不得以個案之具體事項或範圍，對之進行強制性訊問。亦即，執法人員僅得以任意性詢問，受詢問者並無回答之義務，亦不得受到強制力拘束。然而，若因此簡單一般性詢問，而受詢問者即據實以告其違法犯罪之事實，得據以偵（調）查，因而所獲得之具體違法犯罪證據，應尚非不得作為證據，其係有合理性為基礎。

參考美國統一逮捕法第2條之規定：（一）警察若有合理的理由懷疑在戶外之嫌犯已經、正在或即將犯罪時，可加以攔阻，並可詢問他的姓

---

[17] 林明鏘，警察臨檢與國家責任，台灣本土法學雜誌，第48期，2003年7月，頁116。

[18] 訊問可問及案情及其涉案之可能性或其程度，而詢問則僅為身分確認。

[19] 李震山、蔡庭榕、簡建章、李錫棟、許義寶合著，警察職權行使法逐條釋論，五南，2020年9月3版1刷，頁195-196。

名、地址、在外逗留的原因,和去哪裡;(二)任何可疑人無法證明自己的身分,或解釋自己行為令警察滿意時,警察可加以留置,並進一步詢問。詢問,通常在受詢者不感到威脅或壓力之下,進行相關案情之瞭解,此僅為任意性之詢問措施,故並須有明確之法律依據。然而,若逾越程度而有強暴或威脅之情形,因而所獲得之證據將被排除適用。又若是在拘禁狀態所為之訊問,則必須在訊問之先,給予米蘭達警告,否則所獲之證據亦將不被承認。詢問之主要目的不外是確認身分及有關可疑行為之必要詢問。警察人員執行法律時,詢問措施經常伴隨攔停而來,甚且常配合拍搜措施而行,幾不可分。

再者,紐約刑事訴訟法第180條a(N. Y. Code Criminal Procedure §180a)亦規定,在公共場所,警察若合理的懷疑有人正在、已經或即將犯重罪或犯本章第550條之罪,則可加以攔阻、詢問他的姓名、住址並對自己的行為提出解釋。而且,美國有些州法規定,受盤查人不表明真實身分時,構成犯罪;有些則否。至於聯邦最高法院並未直接對這個問題形成判例原則。然而,依據Terry原則,攔停並非逮捕、詢問並非偵訊、拍搜並非搜索,故不可對之使用強制力[20],因拍搜僅係為執法安全需要,而非為確定身分為之。因此,警察不得因為受攔停之人拒絕回答,即予以逮捕,亦不得加以處罰,乃在避免警察造成濫權,致使無辜之人因拒答問話而受罰。

至於刑事訴訟法上之訊問,主要是對於嫌疑犯或不合作之證人等。因此,在進行審問時,除了有律師在場之外,尚必須遵守法律規定之程序,由Dickerson v. United States一案重申聯邦最高法院所創設之米蘭達[21]及其所衍生原則規範聯邦及各州法院拘禁訊問內容之有效性,否則可能造成程序上之不足。縱然美國最高法院後來將此一判決限縮適用,有些例外情

---

[20] 警職法第20條第2項亦規定:「警察對人民實施查證身分或其他詢問,不得依管束之規定,令其供述。」

[21] Miranda v. Arizona 384 U.S. 436 (1966).米蘭達警告之內容為:1.可以保持緘默,無義務說明或回答任何問題;2.如果放棄緘默,則所說之內容將成為呈堂證供;3.有權於審問時,請律師在場;4.若請不起律師而仍想要有律師在場,則政府應免費提供協助。

況，無須對被告提出米蘭達警告[22]，然而該項權利的告知，原則上仍爲警察實務上之重要程序，因此，警察經常隨身攜帶Miranda權利之制式表，必要時，可交由被訊問者簽名。惟一般攔停後之詢問，因尚非有單一具體犯罪個案之涉嫌，且多僅是查證身分及現場釋疑之一般詢問，尚無像米蘭達警告之刑事訴訟訊問之必要程序。

三、令出示身分證明文件

　　依據警職法第7條第1項第3款規定，警察爲查證身分而攔停之人，經詢問其基本資料之後，仍得基於確定身分，避免造成因實施職權措施時，客體之錯誤，爰規定得令其出示身分證明文件。我國現行法令僅對於外國人有攜帶護照之義務[23]，而汽、機車駕駛人原均有攜帶駕、行照之規定，但後來均已經修法取消其處罰[24]；對行人亦未強制要求其應攜帶身分證明文件[25]。故雖本條規定得令其出示身分證明文件，若未帶而無法出示，僅得以口頭詢問，並以其他方法查證之，例如，透過M-Police查對相關資料，或以電話向其親友查證，若於現場窮盡各種可能查證身分之方法仍不可得時，若有必要，則得依法將之帶往警察勤務處所，做進一步查證。至於帶往勤務處所之相關問題，將於後述「五、帶往勤務處所」時探討之。

22　王兆鵬，美國刑事訴訟制度簡介，收錄於：刑事被告的憲法權利，台大法學叢書（116），1999年3月，頁374。該文指出：美國警察爲了公共安全得不需要對被告違警與告知（NY v. Quarles, 467 U.S. 649 (1984)）。又警察得喬裝爲受刑人，在囚禁被告監獄中向被告套話，亦不需要爲以上權利之告知（IL. v. Perkins, 496 U.S. 292 (1990)）。

23　我國入出國及移民法第26條規定：「年滿十四歲以上之外國人，入國停留、居留或永久居留，應隨身攜帶護照、外僑居留證或外僑永久居留證（第1項）。主管機關或其他依法令賦予權責之公務員，得於執行公務時，要求出示前項證件（第2項）。」

24　我國道路交通管理處罰條例第14條（未隨身攜帶行車執照者）、第25條（未隨身攜帶駕駛執照者），均有處罰規定。道路交通管理處罰條例第14條原規定：「汽車行駛有下列情形之一者，處汽車所有人新臺幣三百元以上六百元以下罰鍰，並責令改正、補換牌照或禁止其行駛：……二、行車執照、拖車使用證或預備引擎使用證，未隨車攜帶。」2013年5月8日修正爲「汽車行駛應隨車攜帶行車執照、拖車使用證或預備引擎使用證。」已不再有罰則，而僅爲宣示規定。另同條例第25條原規定：「……三、駕駛汽車未隨身攜帶駕駛執照者，處新臺幣三百元以上六百元以下罰鍰。」亦修正取消罰則，而新增第1項規定「駕駛汽車應隨身攜帶駕駛執照」之宣示條文。

25　我國戶籍法第56條第1項雖規定：「國民身分證應隨身攜帶，非依法律不得扣留。」但並無以罰則強制之。

美國加州刑法（California Penal Code Ann. 1 West 1970）第647(e)條規定，警察於必要時得對街頭遊蕩而無確切目的之人，基於公共安全之理由要求對方提出身分證明，若拒絕證實其身分及解釋所在之理由，得以判處輕罪。聯邦最高法院於Kolender v. Lawson案[26]認為，警察依據規定所為要求提出可靠及可信之身分證明，無法指出明確之標準，其將造成警察自由裁量，並鼓勵任意執法。故此不明確之法律規定，已違反憲法第十四增補案之規定。然而，若行為人已有違法之事實，經警察要求提出相關證明文件，卻拒絕或無法提供，將形成警察裁量是否逮捕因素之一。例如，Atwater et al. v. City of Lago Vista etal.一案[27]，被告未繫安全帶駕車，致違反交通規則，經警要求駕照及保險資料，Atwater無法提供，而被警察逮捕。

四、拍搜檢查

依據警職法第7條第1項第4款規定，警察為查證身分而攔停之人，若有明顯事實足認其有攜帶足以自殺、自傷或傷害他人生命或身體之物者，得檢查其身體及所攜帶之物。此處所稱之「檢查」應是僅止於美國法規範警察之「拍搜」，因執法者恐因受檢查者攜有刀、槍或其他危險物，足以自殺、自傷或傷害他人生命、身體之物者為合理依據，其檢查行為係以雙手作衣服外部由上而下之拍搜；對於所攜帶之物件之檢查，僅及於給拍搜者立即可觸及範圍內之物為限，並不及於其所有物。而且檢查之深度，亦不得如刑事訴訟法所授權「搜索」的徹底搜查之程度。

美國授權警察之拍搜檢查，是基於維護執法者之安全，在Terry案中所允許的範圍僅限於衣服外表輕拍，除非合理的感覺到衣服內部藏有武器，始得以伸入衣服內部將其取出，但若盤查時事先已知道武器藏匿之詳細位置則可直接取出，未必需要先作衣服外部搜身。另外須注意的是搜身

---

[26] Kolender v. Lawson 461 U.S. 352 (1983). 此判例主張授權任意攔檢要求提示證件以查證身分之法律違憲，主因在於該法令無指明足以判斷的攔檢查證身分之事由，其授權法令之規定內容因太概括而不合憲。

[27] Atwater v. City of Lago Vista - 532 U.S. 318, 121 S. Ct. 1536 (2001), https://www.lexisnexis.com/community/casebrief/p/casebrief-atwater-v-city-of-lago-vista, last visited: 2021/09/29.

有別於一般為取得犯罪證據或基於證據保全目的之傳統搜索，亦非逮捕後之附帶搜索[28]，因此不得擴大其所允許之目的範圍，而為證物之搜尋。而如何的客觀事實始足以讓一個理性謹慎之人相信執法者之推論是合理的，則須有許多判例以形成一些原則，提供美國警察人員於執法判斷之基準，美國法院係以判例形成基準，將抽象要件以判例微分，以形成具體之法律原則。例如：盤查時未必允許搜身，除非有合理的理由相信受盤查人攜帶武器，且能夠使一個理性謹慎之人相信執法者已處於危險狀態，方得為之。由於檢查時所面臨之客觀環境互為差異，唯有由執法者遵守上述之原則，根據事實作判斷，以決定是否行使搜身之職權，而不可假程序之便，恣意濫權，侵犯人民之權益，損及整體利益之均衡性。而判例之態度，乃法律詮釋之容許標準，執法者唯能確切掌握其精神，才能適當的行使其職權，提高效率並維護憲法所保護之權利。

以上在Terry v. Ohio一案中，刑警基於合理懷疑Terry等有犯罪之虞時，將之攔停，並基於安全需求與考量，所為之拍搜檢查所獲之違法槍械，得作為證據，具證據能力，並將Terry繩之以法。然而，在Minnesota v. Dickerson一案[29]中，警察基於合理懷疑直接對身著大衣走在路上之Dickerson攔停，並進行安全保護性之拍搜檢查，於其上衣口袋碰觸到方形硬盒，警察直覺該人攜有毒品而查察，經起訴判刑。被告以非法搜索及扣押，上訴到聯邦最高法院，最高法院以毒品對警察無立即危險，且查緝時之心證程度甚低，無法構成得以進行搜索之「相當理由」之程度，認為憲法所不許。由以上兩個案例比較可知，警察職權措施發動之合理性要件非常重要，如何取得證據之程序及其形成心證之程度，應是警察執法攔檢與無令狀搜索區分之重要考量。

---

[28] 依刑事訴訟法第130條規定：「司法警察或司法警察官逮捕被告或執行拘提、羈押時，雖無搜索票，得逕行搜索其身體。」一般稱之為「附帶搜索」，以避免上述之人抗拒逮捕或毀滅、隱匿證據。參見王兆鵬，論附帶搜索，收錄於：搜索扣押與刑事被告的憲法權利，國立台灣大學法學叢書編輯委員會，2000年9月，頁167-168。

[29] Minnesota v. Dickerson, 508 US 366 (1993).

五、帶往勤務處所

警職法第7條第2項規定，在經過警察以詢問或令其出示證件，表明身分方式，仍然無法確定其身分時，可將之帶往警察勤務機構，以進一步進行查證，亦即一般所稱之「同行」。為應注意自攔停時起，不得逾3小時，除非遇有抗拒，否則不得使用強制力，並應報告勤務指揮中心，並通知其指定之親友或律師。警職法原草案第10條定有同行至警所後，得進行鑑識措施，以進一步查證確定其身分。然而，並未獲得通過，帶往警所若仍無法查證其身分者，則應注意，避免逾越其時效。司法院釋字第535號解釋文強調：「臨檢應於現場實施，非經受臨檢人同意或無從確定其身分或現場為之對該受臨檢人將有不利影響或妨礙交通、安寧者，不得要求其同行至警察局、所進行盤查。其因發現違法事實，應依法定程序處理者外，身分一經查明，即應任其離去，不得稽延。」特別是使用強制力，應注意到比例原則之適用。有關「帶往勤務處所」之法理性質與職權規範，以及外國之相關規定，詳見第四章之析論內容。

再者，司法院釋字第535號解釋及警職法對於因查證身分而得要求同行至警察勤務處所之規定，引起許多論者對於可能侵害人權之疑慮[30]。特別是涉及我國憲法第8條之人身自由的審問處罰部分，應符合「法官保留」原則。警職法第7條第2項規定，警察於依法可將之帶往警察勤務機構，以進一步進行查證，除非遇有抗拒，否則不得使用強制力。反面之意，若欲將之帶往勤務機構查證身分而遇有抗拒時，則得使用強制力。此規定與日本之任意同行顯有差異，是否過度侵犯人權，則有探討餘地。尤其是依據警職法第6條查證身分之要件考量，有些僅是抽象危害[31]，而有些屬於具體危害之防止[32]，均尚未構成違法或犯罪之實害時，若即得以強制力將之攜往警所，而參考美國法精神，此作為已屬逮捕性質，必須有令

---

30 王兆鵬、李震山（分別之發言內容紀錄），「從釋字第535號解釋談警察臨檢的法制與實務」研討會，台灣本土法學雜誌，第33期，2002年4月，頁108-111。
31 H. Scholler/B. Scholler合著，李震山譯，德國警察與秩序法原理，登文書局，1995年11月中譯2版，頁71-73；氏論對於「抽象危害」與「具體危害」清楚析述。
32 蔡震榮，警察職務執行條例草案之探討，台灣本土法學雜誌，第44期，2003年3月，頁101。氏論對於德國警察法上之具體危害與犯行預先抗制之區隔，析之甚詳。

狀或相當理由足信其可被逮捕，始得爲之。因此，對於警職法之同行，應審慎爲之。與我國同屬於大陸法系的德國做法，應值得參考。

另一方面，「留置」亦屬干預人身自由之職權，然留置並未規定於警職法中。除了警職法第7條所列五種職權措施之外，實務上尚有其他查證身分有關之職權措施之使用，然而警職法並未規定者，例如未規定查證身分之暫予留置（以下簡稱暫留），有學者稱每次應以20分鐘爲原則，若逾此限，而有爭議，則執法人員負舉證責任，若未逾此限，而受暫留者認有侵害其人身自由權利，則其有舉證責任[33]。而美國最高法院判例則未規定暫留時間之長短，而歸納出禁止爲不必要遲延（unnecessary delay）之原則[34]。除此之外，或尚有爲查證身分之其他干預性職權措施於警察實務運用，而未於警職法規定者，原可適用警職法第28條之概括條款規定，然而該條卻因受限於第2項之限縮，僅得於警察行使警職法職權或其他必要採取措施時，以其他機關就該危害無法或不能即時制止或排除者爲限，只適用於警察補充性原則，或協助其他機關之公權力作爲時，始有其適用。對於警察本身主管業務之新興危害或警職法未予類型化而須以概括性之職權措施規定者，似有不足，允宜於未來修法時，一併考量之。

同行、留置與逮捕不同。警察逮捕嫌犯，必須「相當理由」之相信違法或犯罪行爲產生，且爲被逮捕之人所爲。依據統一逮捕法第2條之規定，經攔阻與拍搜之後，留置不是逮捕，然留置後，嫌犯不是釋放，就是被逮捕及起訴。逮捕一般分爲：令狀與無令狀逮捕。無令狀逮捕一般須爲「情況急迫」而有相當理由認被逮捕人涉及重罪者，而在公共場所或公眾得出入之場所逮捕之。令狀逮捕之時點較爲明確，而無令狀逮捕則較難確定，一般以審酌所有客觀情狀，以一般人在相同情況下，亦會認爲已無

---

[33] 王兆鵬，路檢、盤查、與人權，翰蘆圖書出版有限公司，2001年6月，頁139-140。
[34] 在美國法院並無一定時限之規定，法院僅以不得長於攔停該個人之目的所需完成之時間，否則無謂的留置，將構成逮捕之程度，至於暫留時間之長短，只得以個案判定之。United States v. Place一案，法官認爲在Terry原則下，警察留置行李由警犬嗅聞，並無違憲，然而對其行李作90分鐘之留置，並不合理。United States v. Sharpe一案之議決，在無不必要之遲延下，攔停20分鐘，在第四增補條款下是合理的。在美國聯邦之「統一逮捕法」則規定以2小時爲限，然而大多數的州及聯邦最高法院亦均不採此原則。

離去之自由時，即已構成逮捕[35]。如構成逮捕，則有「米蘭達警告」之適用，因法院已將原適用於法庭審訊程序中之米蘭達警告，提前適用於拘禁狀態中之偵訊，使被訊問人充分享有憲法第五增補案之「不自證其罪」之權利保障。因此，被逮捕者可有保持緘默及律師協助之權利。警察逮捕嫌犯後之繼續作為有：「登簿」與留置，其相關手續包含人別訊問、按捺指紋、照相、搜身及隨身衣物或所駕駛車輛之「盤點搜索」等措施[36]。登簿完成後，應於不必要之遲延內，解送治安法官決定羈押、保釋或釋放。一般為48小時內應解送法庭。對於是否遲延，若有爭議時，警察在48小時內解送者，舉證責任在被告，48小時以上者，則舉證責任在警察。然而，在Terry案中，法官認為每個案件情況不同，應依據個案而定，常不可一概而論。例如，Florida v. Royer一案[37]，法官認為警察踰越了攔停限制，當被告合於毒品攜帶者之特徵時，即被警察要求同時至警察辦公室，而警察留住其票證，不使其自由離去，而當時警察並無相當理由得以將其逮捕。

Terry原則已成為美國警察在執法時，盤查權行使之合憲性之基礎，其原則被適用在各不同之具體個案，亦使得盤查權之行使和概念的形成更加趨於明確。Davis v. Mississippi一案[38]，法院認為憲法第四增補案並未授權執法者，於盤查時將人攜回警所作留置調查，除非是為取得指紋，並在合於各項條件之規範下，其執法方為允許，若無相當理由，而強制按捺指紋，與憲法規定不符。另外，美國憲法第四增補條款，乃在保護無辜之一般公民，使其隱私權不受無理之干擾。其保護之客體包括身體、住所、文件及財產不受無理侵擾。因此，關於警察所行使之鑑識措施，經常如照

---

[35] Berkemer v. McCarty, 468 U.S. 420 (1984). 本案係美國最高法院宣告「米蘭達警告」亦適用於輕罪被逮捕者，而非僅是重罪者。Custodial Engineering: Cleaning Up the Scope of Miranda Custody During Coercive Terry Stops, 108 Harv. L. Rev. 665 (1995).

[36] 陳瑞仁，偵查程序中警察作為之權源與界限，行政院所屬各機關因供出國人員出國報告書，行政院研考會（A4/C8301918），1993年10月，頁22。

[37] Florida v. Royer, 460 U.S. 491 (1983). Aidan Taft Grano, Aidan Taft Grano, Casual or Coercive? Retention of Identification in Police-Citizen Encounters, 113 Colum. L. Rev. 1283 (2013).

[38] Davis v. Mississippi 394 U.S. 721 (1969). Christopher DeLillo, Open Face: Striking the Balance Between Privacy and Security with the F.B.I.'s Next Generation Identification Systsm, Notre Dame Journal of Legislation, 41 J. Legis. 264 (2015). 亦可參考林利芝，Davis v. Mississppi，法學講座，第29期，頁124-142。

相、按捺指紋、抽取血液、DNA證物等其他強制處分，如使用不當，對人民之身體及其衍生之相關權利均將造成侵害，故必須有明確之法律規範，以為執法依據。

<h2>第五節　查證身分之要件</h2>

警職法第6條規定，警察於公共場所或合法進入之場所，得基於法定之六種合理性事由，進行查證身分。亦即，只要警察於依法執行職務，基於警職法第6條所定之六種查證身分要件之一，即得依法進行相關查證身分之職權措施。茲依據警職法第6條所定之要件，歸納為人、事、時、地、物等五類查證身分應遵守之要件，析論如下：

<h3>一、查證身分之主體與客體（人）</h3>

<h4>（一）查證身分之主體</h4>

查證身分之主體為執行警察職務之警察人員，於符合法定要件下，始得進行查證身分措施，並應穿著制服，或出示證件表明身分，告知查證事由。警職法第2條第1項明定：「本法所稱警察，係指警察機關與警察人員之總稱。」

<h4>（二）查證身分之客體</h4>

只要法定要件符合，警察人員得以依法涵攝事實，而進行執法之判斷與裁量。任何人均有配合警察執法之查證身分措施，即使享有外交豁免權之特殊身分者，亦得出示其特殊身分證明文件，所不同者乃在於身分辨識之後有關進一步查證身分措施之差異而已。由於查證身分措施之執行客體為特定個體或集體進行，而可區分為「個別盤查」與「集體盤查」中之場所臨檢」[39]。「個別盤查」是指警方針對某特定之人或車進行盤查，此時

---

[39] 蔡庭榕，警察職權行使法與案例研究，收錄於：許福生主編，劉嘉發等合著，警察法學與案例研究（第二章），五南，2020年2月初版1刷，頁65。陳瑞仁檢察官，個別盤查與集體

警方有無跨過警察盤查之法定門檻即「合理懷疑」，較易判斷（例如該車有無蛇行、大燈不亮、車窗破裂等異狀）。而「集體盤查」是指警方對某處所之所有在場人進行盤查，或設置管制站對所有過往之人車進行盤查。

二、查證身分之正當合理性事由（事）

警職法第7條第1項明定：「警察依前條規定，為查證人民身分，得採取下列之必要措施：……」，是以警察欲實施警職法第7條授權之「攔停交通工具」、「詢問人別資料」、「令出示身分證明文件」及檢查受攔檢者之身體及所攜帶之物」等職權措施時，均應有警職法第6條之查證身分要件：1.合理懷疑其有犯罪之嫌疑或有犯罪之虞者；2.有事實足認其對已發生之犯罪或即將發生之犯罪知情者；3.有事實足認為防止其本人或他人生命、身體之具體危害，有查證其身分之必要者；4.滯留於有事實足認有陰謀、預備、著手實施重大犯罪或有人犯藏匿之處所者；5.滯留於應有停（居）留許可之處所，而無停（居）留許可者；6.行經指定公共場所、路段及管制站者。除上述警職法第6條各項之一般要件經由執法人員於現場之觀察考量合致時，得採取警職法第7條之執法措施，惟其中對於得檢查其身體及所攜帶之物，則必須在符合該款所明定之特別要件為「若有明顯事實足認其有攜帶足以自殺、自傷或傷害他人生命或身體之物者」。另上述警職法第6條第6款之指定，則應「以防止犯罪，或處理重大公共安全或社會秩序事件而有必要者為限。其指定應由警察機關主管長官為之」。因此，在設置管制站進行攔檢時，「合理懷疑」之檢視時點，應往前拉至「設置時」，如果設置時有其合法性，例如有情報來源指出有大範圍之具體危害（如飆車、集體械鬥等）可能發生時，則得依據本款指定地點對所有人車進行攔阻檢查，惟仍應注意執法時對一般法律原則之遵守。例如，美國聯邦最高法院在Michigan Department of State Police v. Sitz一案[40]，認

盤查，台灣法律網，http://www.lawtw.com/article.php?template=article_content&area=free_browse&parent_path=,1,6,&job_id=46230&article_category_id=20&article_id=20570，最後瀏覽日：2020年11月25日。

[40] Michigan Department of State Police v. Sitz. 496 US 444 (1990). David A. Thatcher, Michigan Department of State Police v. Sitz: A Sobering New Development for Fourth Amendment Rights, 20

為在道路上設置檢查點，進行全面攔檢駕駛人是否酒醉駕車，即使對個別駕駛人沒有「合理懷疑」，仍不違憲[41]，然警察若要進一步對駕駛人作酒精測試，則需有「合理懷疑」作為基礎要件。另在Delaware v. Prouse一案中[42]，判定警察不得在無合理懷疑下任意或隨機路檢攔車查驗駕照，然如有合理懷疑無照駕駛、無車籍登記或其觸犯交通法規時，得以攔檢，亦不排斥各州政府自行規範定點阻路攔車（road block-type）之方式路檢（spot check）。對於以輕微侵擾（less intrusion），非恣意性之選擇或任意、隨機攔檢，是可受允許的[43]。

警職法第6條第6款規定：「行經指定公共場所、路段及管制站者。」得對之實施第7條之查證身分措施。因此，有別於個別盤查時，基層員警得自行決定其合理性基礎作為是否發動查證身分措施之要件；至於是否得行使集體盤查權，其合理性基礎則提前由「警察機關主管長官」指定，且其指定並須「以防止犯罪，或處理重大公共安全或社會秩序事件而有必要者為限」。除踐履告知與通知義務，並向特定上級機構報告，藉此所謂「長官保留」初步約制人身自由之干預措施，此係一般所稱之「長官保留」，因全面或集體方式之攔檢，其對人民自由與權利之影響較大，故立法上乃有此授權警察機關主管長官之設計[44]。因此，其指定不得僅憑第六感或個人好惡而為之，必須有所憑據，如過去之治安紀錄，民眾之舉報、或其他相關合理性因素，作為指定之基礎，始得為之。所謂之管制站，係指臨時設置者而言。此措施係一種封鎖，可在此對人攔阻，並在一特定目的及特定範圍內，檢視該人及其所攜帶之物品或其所使用之運輸

Cap. U. L. Rev. 279 (1991).

[41] Michael F. Lotito, Unsteady on Its Feet: Sobriety Checkpoing Reasonableness, 67 Wash. & Lee L. Rev. 735 (Spring 2010).

[42] Delaware v. Prouse, 440 U.S. 648 (1979). Theophilus O. Agbi, "Hands off My License Plate: The Case for Why the Fourth Amendment Protects License Plates from Random Police Searches," 45 Vt. L. Rev. 125 (Fall 2020).

[43] 蔡庭榕，論警察攔檢之法規範—以美國警察對行人及汽車攔檢為例，收錄於：中央警察大學法學論集，第6期，2001年8月，頁161。

[44] 李震山，警察行政法論—自由與秩序之折衝，五南，2020年9月修訂5版1刷，頁268。

工具[45]。設置該臨時性之管制站,依「德國聯邦與各邦統一警察法標準草案」第9條第1項第4款規定,必須是為了防止德國刑事訴訟法第100條a及集會法第27條所指之犯罪行為,方有設置臨時管制站之可能。德國刑事訴訟法第100條a主要是規定,對某種犯罪得實施「通訊監聽之條件」,厥為重大犯罪行為。集會法第27條則為不得攜武器或得以損害人、物器械參加遊行之禁止規定,在遊行人群尚未聚集前,設管制站以為盤查之用[46]。

三、查證身分之時間(時)

依法執行職務之警察人員,於任何時間,只要符合查證身分之法定合理事由,即得進行相關查證身分措施,並無日、夜間之區別。由於警察勤務係24小時全天候實施,於勤務進行中遇有合於警職法第6條之查證身分要件時,基於時間與空間特性,應許可立即實施警職法第7條之查證身分之相關措施,如攔停、詢問、令出示證件以表明身分、檢查身體及攜帶之物件,以及必要時得將之帶往勤務處所,因各項措施均具有時間急迫性及空間限制性,故不能將查證身分之時段予以限制。

另一方面,每一個案得以進行查證身分之時間,是否有所限制之必要,因攔停受檢對象後之現場暫時留置時間,若無合理性之拖延,則將侵害人權,若將得以查證身分之暫留時間限制得太短,則將無法達成查證目的。警職法並未對於攔停後之現場暫留時間給予規定,僅有第7條第2項依法將受檢人帶往勤務處所查證,其時間自攔停起,不得逾3小時之規定。

四、查證身分之地點(地)

得進行查證身分措施之場所,為警職法第6條第1項規定之「警察於公共場所或合法進入之場所」。然而,並未將「公共得出入之場所」明定於本條,例如相關營業場所,是否得以依法進入進行查證身分措施,有待斟酌。鑑於明示其一,排除其他之原則,警職法僅規定「公共場所」及

---

[45] H. Scholler/B. Schloer合著,李震山譯,德國警察與秩序法原理,登文書局,1995年11月中譯2版,頁119。

[46] 李震山,從釋字第535號解釋談警察臨檢的法制與實務,台灣本土法學雜誌,第33期,2002年4月,頁75。

「合法進入之場所」，並無法推知得依據警職法授權，進入營業場所內對其人員進行查證身分措施。再者，「進入」係另一種干預性職權措施，並須有明確授權。又本條第3項規定：「警察進入公眾得出入之場所，應於營業時間爲之，並不得任意妨礙其營業。」係規定進入之時間限制及注意事項，並非爲進入之授權。至於警職法第26條之「進入」住宅、建築物、公共場所及公眾得出入之場所，則僅限於即時強制之制止或驅除目前急迫危害，並非以預防犯罪或取締違法危害爲主，故亦不得作爲依據。

司法院釋字第535號解釋言明：「處所爲私人居住之空間者，並應受住宅相同之保障。」故私人住宅或其相類性質之居住空間，均非需受到較嚴密的隱私權保障措施，如令狀要求等，始得爲之。再者，警職法制定前之草案第25條第2項規定：「警察爲防止危害，得於公開時間內，進入娛樂場所、旅館、酒店或其他公眾得出入之場所。但不得妨害其營業。」然該草案未獲立法通過，僅明定「合法進入之場所」，係指依據相關個別法規之授權始得以進入之公眾得出入場所；似乎是立法者有意排除警察以警職法授權得進入屬公眾得出入場所性質之營業場所臨檢之意。雖然釋字第535號解釋指出：「警察人員執行場所之臨檢勤務，應限於已發生危害或依客觀、合理判斷易生危害之處所、交通工具或公共場所爲之……。」在解釋後二年之立法緩衝期內，似乎容許警察依據該解釋意旨進行場所臨檢，然警職法制定發布施行起，其限時性之臨檢要件應不再適用[47]，而應以警職法之規範要件爲基礎。然警職法除對於公共場所得進行查證身分措施外，亦僅授權得「合法進入之場所」而合於法定要件下，始得爲查證身分措施，故警職法並未明確授權進入營業場所臨檢查察，而是需依據其他個別法令之授權爲之。

然而，是否有制定授權進入公眾得出入之場所進行臨檢查察之必

---

[47] 司法院釋字第535號之解釋意旨，僅係在法律未爲完備設計前，提供警察執法之準據，應無拘束未來立法形成空間之意。立法者已制定警職法且經公布施行，警職法有關警察職權行使之要件、程序及相關救濟規定，即使與釋字第535號臨檢解釋意旨不同，應爲立法自由形成之空間，並不生牴觸解釋意旨之問題。警職法自2003年12月1日起施行生效後，釋字第535號有關臨檢之解釋，應不再適用。換言之，警察勤務條例第11條第3款有關臨檢之規定，嗣後宜解爲僅係單純之勤務方式的規範，應不得作爲警察干預人民自由權利之依據。

要？衡諸憲法保障人權機制，對於進入臨檢營業場所，若對其營業、財產權或其他法益有不良影響，即需符合憲法第23條之公益、比例及法律保留原則之要求。警察進入公開之營業場所進行類似行政調查之臨檢查察，並遵守第6條第3項規定：「警察進入公眾得出入之場所，應於營業時間爲之，並不得任意妨礙其營業。」隨其進入對於隱私權或自由權之干擾極爲輕微，然由於警察進入營業場所將可能影響其營業情形及財產收入，故宜有法律明文授權得以進入[48]，較爲妥適合宜。

　　參考「日本警察官職務執行法」第6條第2項規定：「娛樂場所、旅館、酒店、車站或其他多數客人聚集場所之管理人或類似之人，在公開時間內，對於警察官因預防犯罪或預防對於人之生命、身體或財產之危害，而要求侵入時，若無正當理由不得拒絕。」第3項規定：「警察官依前二項規定侵入時，不得任意妨害關係人之正當業務。警察官依第一項或第二項規定侵入時，經該場所管理人或類似之人要求，應告以理由並出示身分證件。」日本之立法方式明確授權警察得進入營業場所之規定，其明確、可預見性之規範，對於警察職權行使極有幫助。

　　「德國各邦統一警察法標準草案」得進行查證身分及檢驗文件。有下列各款情形之一者，警察得查證其身分：「(1)爲防止危害；(2)當其滯留於某地；(a)據實際線索，依經驗認爲該地：(aa)有約定、預備、實施犯罪行爲之人；(bb)聚有無停（居）留許可證明之人；或(cc)有人犯藏匿；或(b)該地有人賣淫；(3)當其滯留於交通設施、民生必需品生產儲存設施、大眾交通工具、政府辦公大樓、或其他特別易受傷害之標的物，或滯留於其直接不遠之處，且有事實足以認爲，於該類標的物內或周圍將可能實施犯罪行爲，且該犯罪行爲會危害該標的物內或周圍之人或危害標的物本身；或(4)於警察爲防止刑事訴訟法第100條a或集會法第27條所指之犯罪行爲所設之管制站。」至於有關進入處所是否需要令狀，憲法並未明定應由法官介入。因此，基於行政檢查，亦可如美國方式，可有令狀之設計，

---

[48] 洪文玲，論警察對於營業場所之檢查權，警大法學論集，第6期，2001年8月，頁107-140。氏論深入探討「營業場所之臨檢」，認爲現行法令未賦予對於警察臨檢場所之「進入」職權，未來應於個別法規中明定之。

若某些情況無需令狀，亦必須從絕對法律保留之觀點，由立法者將要件事先明定，甚至引進德國制度，在某些案件上，必須由某一層級長官來決定，謂之「長官保留」，係相對於「法官保留」之概念，讓人權與公益之間取得協調[49]。

至於美國各州或有不同，然一般均以行政檢查令狀，其性質上為例行一般性檢查，但亦有因特殊需求（special needs）或例外無須令狀可進入檢查者，有稱之為行政檢查。行政檢查以合理性為基礎，無庸達到刑事搜索之相當理由程度。而行政檢查在發現行政違法及預先進行防範，對被檢查人或公眾有利，且檢查者僅為一般行政人員，人民較不緊張；然刑事搜索係因受搜索人之犯罪涉嫌，搜索人常為檢察官及荷槍實彈之警察，氣氛較緊張害怕。其合理性標準係植基於行政法規範之目的，依當時的事實與情狀，權衡政府與人民間之利益為判斷，作為實施檢查之事由[50]。美國聯邦最高法院在Donovan v. Dewey一案後[51]，建立了許可無令狀進入營業處所檢查之三要件：1.受檢行業係屬嚴密規範之行業；2.合乎檢查對政府有顯著利益、無令狀檢查係有效貫徹法令之必要方式、有明確規定限制檢查人員的裁量權；3.雖然拒絕檢查得受刑事處罰，但不得使用強制力進入。所謂「嚴密規範性行業」係如我國之特定營業或特種工商業，例如酒吧、中古貨商、槍械店、汽車零件裝配業等地點，警察可進入作公安或贓物查察，無須令狀即得以進行檢查，因其在申請取得特種工商業登記時，即同意遵從管理監督單位進入檢查之義務，為檢查仍應遵守比例原則，不得逾越必要之程度。美國對於進入場所實施行政檢查之方式及其合理性基礎，值得我國參考，然我國屬大陸法系，強調依法行政之法律保留原則適用，是在思考他山之石時，應予注意之處。

公共安全與社會秩序之公益與隱私權保障之衡平（balancing test）後，對於屬於公眾得出入之場所的個人隱私權期待，已經顯然不如私人住

---

49 李震山，警察行政法論—自由與秩序之折衝，五南，2020年9月修訂5版1刷，頁268。
50 王兆鵬，臨檢與行政搜索，月旦法學雜誌，第85期，2002年6月，頁159。
51 Donovan v. Dewey 452 U.S. 594 (1981). Patric Hooper, Challenges to Warrantless Searches in the Healthcare Industry, Health Law., October 2000, at 8.

宅空間之要求程度，又基於公共利益（public interest）之治安維護考量，各國對於一般營業場所之進入雖有不同，但比起對住宅之要求，顯然寬鬆許多。日本於其警察官職務執行法第6條明白規定，警察於營業時間得以進入，業者非有正當理由，不得加以拒絕。德國則可有法官保留或長官保留，但一定要有絕對法律保留，已如前述。因此，對於日本及德國之立法例，以符合法律保留原則之明確性地授權警察得以進行場所臨檢，參考美國或德國之法官保留方式，或再以德國之「長官保留」方式來作限縮，均屬值得參考之方式。

五、查證身分所涉及之物品（物）

查證身分之物品可區分為用以查證身分之工具及進行查證身分之相關措施時，得被查察物件之範圍，茲分別論述如下：

（一）查證身分之工具

利用侵入性鑑識措施之科技工具之進行查證身分，是否適法？由於警職法並無直接授權進行鑑識措施，包括侵入性及非侵入性鑑識措施均不在警職法授權之列。然而，依據一般法理，行使侵入性鑑識措施，對於人權干預極大，必須符合法官保留之搜索票，並由專業人員進行，始得為之，而且多係對犯罪嫌疑者或被告為之。故警職法職權措施之行使，並無查證身分之工具使用，是否須有明確授權之問題。

（二）查證措施可及之物件

如證件、所攜帶之物品。查證身分措施可包括攔停、詢問、令交付證件，即亦可進一步檢查其人身體及其所攜帶之物件，以避免有造成執法人員之任何危險，故此處之檢查，係猶如美國警察執法中之「拍搜」，相近於警職法第7條之「檢查」規定。依據警職法第7條第1項第4款之「檢查」物件之範圍，因係以有明顯事實足任其攜有自殺、自傷，或傷害他人生命、身體之物者而加以查察防制，故可推論得以檢查之物，應僅止於受檢人隨身攜帶或其迴身可觸及之物者為限。其物件之檢查手段，須以可驅除造成危險之虞為已足，若以目視可達目的，即不能搓揉捏擠；若以手翻看已足，則不得要求全部倒出，更不可達於搜索之程度，因檢查尚非尋找犯

罪或違法證據，而是避免有危險物造成安全問題。

　　警職法第6條雖定有六種得以進行查證身分措施之要件，然其是否可達到其周延與互斥的效果，仍值得研究。雖然其中每一款均涵蓋面極廣，然而警察工作極爲紛繁，以此六種要件條款規定得否完全達到警察查證身分職權行使之需求，不無疑義。況且，在六款類型化要件列舉之外，並無概括條款之規定，在實務適用上是否周延可行，仍待檢驗。明文化之制定法乃是大陸法系之特徵，故本條得以進行查證身分措施之要件乃於警職法明定，以供實務適用。然而，有疑義的是若此要件未盡周延，是否即表示警察不得據以進行查證身分之措施？頗值斟酌。在屬於英美法系的美國則僅以憲法第四增補條款之禁止不合理之搜索、扣押爲據，由判例法中形成「合理性」之法律原則[52]，如臆測（mere suspicion）、合理懷疑、相當理由、超越合理懷疑（beyond reasonable doubt）之極爲確定等不同心證程度，作爲是否採取或採取何種查證身分措施之要件基礎，其並未對於要件種類一一明定，是其與大陸法系之立法方式不同之處，值得參考。

第六節　實務執行之因應與對策

一、合理性判斷應有層級化思考

　　「合理懷疑」與「相當理由」在隱私權侵犯程度、搜索（或檢查）方式與強制力之行使、犯罪（或危害）嚴重性、事實證據之確定性、急迫性等有不同程度的考量。警察對於事實情況產生「合理懷疑」，常基於自己

---

52 美國憲法第四增補條款規定：「人民身體、住所、文件和財產有不受政府不合理搜索、拘禁與扣押之權利；非有相當理由，政府不得簽發行使上述行爲之令狀……。」各級法院，尤其是聯邦最高法院乃以判決先例將「禁止不合理搜索與扣押」、「相當理由」、及「令狀原則」等適用於警察執法實務上，形成許多具體明確之職權措施規範，例如，警察盤查之Terry原則，雖攔停並非逮捕，拍搜亦非搜索，且美國憲法亦未對攔停、拍搜等盤查措施加以規定，然聯邦最高法院則於Terry案中，決議對於攔停、拍搜仍應受憲法第四增補案規範，卻以「合理懷疑」代替「相當理由」，授予執法者對於事實現況具有「合理懷疑」其違法，即可對之攔停、拍搜；對之搜索、扣押、或逮捕，則仍需有「相當理由」認其違法，始得爲之。

之觀察、民眾舉報、其他單位之提供訊息、或行為人自首等情形，而得以為初步之偵查或調查，常因合理懷疑有危害情事，而加以攔停、詢問、拍搜（參考Terry v. Ohio一案），而發現有更具體之違法犯罪之情事，乃轉而具有「相當理由」得以逮捕、搜索、扣押之。「合理懷疑」與「相當理由」只是程度之差異，在本質上並無不同。

司法院釋字第535號之解釋意旨，僅係在法律未為完備設計前，提供警察執法之準據，應無拘束未來立法形成空間之意。立法者已制定警職法且經公布施行，警職法有關警察職權行使之要件、程序及相關救濟規定，即或與釋字第535號臨檢解釋意旨不同，應為立法自由形成之空間，並不生牴觸解釋意旨之問題。特別是釋字第535號解釋意旨，有二項未經採為警職法規定：一為對人實施之臨檢則須以有相當理由足認其行為已構成或即將發生危害者為限；另一為警察人員執行場所之臨檢勤務，應限於已發生危害或依客觀、合理判斷易生危害之處所。由於警職法並未採取「相當理由」心證程度之要求，而僅採「合理懷疑」作為警職法警察職權行使之標準，再進一步參考刑事訴訟法第122條及第131條均有「相當理由」而得實施相關「搜索」之規定。又警職法對於場所之臨檢，亦僅以「合法進入之場所」為規定，並未明確授權得依據警職法進行臨檢公眾得出入之場所等營業處所。警職法自2003年12月1日起施行生效後，釋字第535號有關臨檢之解釋，應不再適用。換言之，警察勤務條例第11條第3款有關臨檢之規定，嗣後宜解為僅係單純之勤務方式的規範，應不得作為警察干預人民自由權利之依據。

美國聯邦最高法院在Terry v. Ohio一案，將攔停與拍搜之程序要求標準與搜索與扣押做不同規範，然亦要求應遵守憲法第四增補條款之禁止不合理搜索與扣押之原則。該案並不排除上訴人走在街上，其受有憲法第四增補條款保護的權利，然在此情況下，警察在處理急速展開且常屬危險的街頭情況，依其所得之情資多寡，常需要逐漸升高的一連串有彈性之反應。因而必須強調「攔阻」與「逮捕」，及「拍搜」與「搜索」之間應加以區分。因此，Terry原則認為：「警察可攔阻某人並加以短暫留置，以詢問該人之涉嫌。基於該人可能攜帶凶器而危及執法人，警察應有權拍搜

該人衣服外部，以查察危險武器。如因攔阻與拍搜而致有相當理由可信爲該嫌疑人犯罪，警察即可加以逮捕之。逮捕之後，可有全面搜索該人之權。」此權利之正當化基礎在於：攔阻與拍搜不過是「略微不便與輕微侮辱」，爲了有效的執法，可基於警官的合理懷疑，妥當的加諸人民此種不便與侮辱。憲法第四增補條款之中心在於嚴格要求凡屬侵害憲法所保護之人身安全者，必須有特定的相當理由，以及一個高度發展的由司法控制之制度，以對聯邦官員強制執行該憲法要求。自始以來，不得採用違反憲法第四增補條款所取得之證據的規定，向來被認爲係阻止不法的警察行爲之主要方法[53]。

聯邦最高法院並不同意因憲法第四增補條款內並無「攔阻」與「拍搜」之字眼，而認其並非達到「搜索」及「扣押」之程度，即不須受憲法原則之檢視。最高法院並進一步說明，憲法第四增補條款規範對人的「扣押」，此未必皆發生押赴警察局並爲犯罪訴追之結果，亦即傳統所謂之「逮捕」。因此，不論何時警察招呼某人，並限制該人逕自走開之自由，其即已「扣押」該人。再者，如說仔細檢視拍搜外部衣物，以找尋危險武器之行爲，不屬於「搜索」，無異極度扭曲英語，不可思議。因此，在Terry案中，警官抓住嫌犯並由上往下拍其衣服之外表時，其係「扣押」上訴人並予「搜索」，然而，本案應探討的另一重點是該警官在行爲之初，是否有合理理由認其所爲正當，以及其所爲在範圍上是否與原先認可該侵害之情況，具有合理的關連。

攔停與拍搜雖非必然，但常常是連結在一起的，因爲警察人員在有「合理懷疑」[54]將歹徒攔停之際，常因懷疑其攜帶有危險武器致可能危害執法者的安全而予拍搜衣服外部。美國最高法院在Terry v. Ohio案中建立了攔停與拍搜的執法原則，提供了警察人員辦案時明確的判斷及行動準

---

53 蔡庭榕，論警察臨檢之發動門檻—「合理懷疑」與「相當理由」，警察法學，創刊號，2003年1月，頁33-48。

54 Black's Law Dictionary對「合理懷疑」原則之解釋爲：正當化警察因美國憲法第四增補案之目的所爲之於公共場所攔停被告，是其懷疑之認知總量足以使一位普通的謹慎小心之人在該情形下相信犯罪行爲即將發生。參見Black's Law Dictionary, West Publishing Co., 1991, at 875.

則。其中，亦有人們強調「攔阻」與「逮捕」（或對人之扣押），及「拍搜」與「搜索」之間應加區分。於是主張警察應可攔阻某人並予短暫之留置，以就該人可能涉嫌之犯罪行為詢問之。基於懷疑該人可能攜帶凶器，警察應有權「拍搜」該人，以搜查凶器。如該攔阻與拍搜之結果，引發相當理由可存該嫌疑人犯罪，則警察應有正式逮捕及附帶全面搜索該人之權。因攔阻與拍搜不過係「略微不便與輕微侮辱」，為了有效之執法，可基於警官之懷疑，妥當的加諸人民此種不便與侮辱。

搜索、扣押、逮捕必須有「相當理由」始得為之。然而，較重要的是如何區分「合理懷疑」與「相當理由」？「相當理由」是指具有事實資訊使一個和現場執法之警察有相同訓練及經歷之合理謹慎的人相信將被逮捕之人有罪，始得逮捕之。然而，警察並無須去證實「罪證確鑿」，亦不限於僅可被使用之證據，而是可以「整體情況」考量之，必須有客觀事實指出確有犯罪存在。因此，警察不僅以事實考量，亦參酌其知識、訓練、專業、經驗及觀察等，甚至他人（如線民、一般人民、其他警察等）所提供之訊息亦可，只要在將嫌犯加以拘禁、逮捕時具有相當理由即可。然而，當對受調查而暫時留置之身體加以抑制、加上手銬、或拔出槍枝等作為常被視為已達逮捕之程度。至於所謂「合理懷疑」必須有客觀之事實作判斷基礎，而非警察主觀上的「單純的臆測」或第六感，必須依據現場之事實情況，即使一位謹慎小心之平常人，亦將形成合理懷疑有不法情事發生，並可能與之有關連。例如，在Terry案，警察發現Terry在某商店前反覆徘徊，對內張望，並與第三者交談算計，警察依其經驗判斷，懷疑他們正打算搶劫該商店，乃予以攔停、詢問，二人未能清楚回答，警察感到渠等可能攜帶危險武器，而危及其安全，乃觸摸Terry之衣服外部，覺得有槍，乃予取出並逮捕之。聯邦最高法院認為該基於合理懷疑之攔停與拍搜作為，並未違背憲法第四增補條款之規定。因此，「合理懷疑」與「相當理由」只是程度之差異，在本質上並無不同[55]。

---

55 「合理懷疑」與「相當理由」在隱私權侵犯程度、搜索方式與強制力之行使、犯罪嚴重性、事實證據之確定性、急迫性等有不同程度的考量。警察對於事實情況產生「合理懷疑」，常基於自己之觀察、民眾舉報、其他單位之提供訊息、或行為人自首等情形，而得以為初步之

二、合理行使職權——「事出有因」與「師出有名」

「事出有因」宜由第一線執行職務行使職權之員警進行判斷，以抽象之法律規範要件涵攝於勤務現場有關人之行為、物之狀況、事實現象，若有符合第6條之要件，而得以進行第7條之職權措施，並遵守程序規範。其合理性、正當性之職權行使事由係由員警判斷決定。另一方面，「師出有名」則以警察機關主管長官之「指定」公共場所、路段、管制站之法定要件，應以防止犯罪，或處理重大公共安全或社會秩序事件而有必要者為限。只要行經上述指定地點，即可加以進行查證身分之職權措施。因此，其合理性、正當性之職權行使事由係提前由地區警察分局長及其相當職務以上長官依據地區治安狀況紀錄（如治安斑點圖、民眾舉報、特殊治安需求等），以合乎上述指定要件之下，提前指定地點，進行查證身分等相關職權行使，必要時，亦得以全面臨檢盤查。以上不論是事出有「因」或師出有「名」，均是以「合理性」作為形成基礎。因此，如何建立「合理懷疑」之心證程度，並非限於以個別之單一具體因素為基礎，而在許多案件均以整體情況考量來判斷治安事件之事實情狀，若有合理懷疑以上之心證程度，則得依法採取相關職權執行職務，行使職權以因應之，執法人員應以整體因素為決定有無合理懷疑之基礎。再者，為易於瞭解，美國警察訓練之百分比區分其程度之差異，以使明確易解。甚至，美國國土安全部亦以「反恐五燈獎」（紅、橙、黃、藍、綠等不同顏色）來區分其不同之安全威脅程度，以使全國民眾易於辨識區分。由於有些警察職權規範要件具有不確定法律概念，如何進行實務之適用與操作化，必須具有判斷之能力與誠意，始能達到專業執法，實現職權行使之法制規範效果。

三、訂定標準作業程序以資因應

加強整理案例，訂定職權行使標準程序，編寫操作手冊，強化訓練作為。例如，參考美國在Terry案，清楚確立攔停、拍搜必須具有合理懷

偵查或調查，常因合理懷疑有違法情事，而加以攔停、詢問、拍搜，而發現有更具體之違法犯罪之情事，乃轉而具有「相當理由」得以逮捕、搜索、扣押之。

疑之情形，學者LaFave依據判例結果整理出五大類，可供參考[56]。其類分為：1.警察本人之觀察，巡邏警察所見之可疑事物；2.剛發生之犯罪現場附近；3.線民提供之情報；4.警方之通報；5.計畫性掃蕩犯罪，經過上級之監督之計畫性盤查。因此，從上述之合理性驗證標準中，法院將盤查之範圍予以界定，其決議得歸納出下列四項原則：

（一）警察之攔停盤查是合法，則必須在盤查當時，有特殊且明顯之事實足以使理性慎重之人經合理的推論認爲被盤查之人犯了罪，或正在犯罪，或即將犯罪方可，但是其懷疑之程度不必達到足以構成逮捕原因之相當理由。

（二）拍搜行爲是合法，則必須在盤查時合理地感覺到受盤查之人身上帶有武器，會使警察本身或其他人感受危害之虞方可。

（三）拍搜之目的在於保護執法者及周遭之人的安全，因此僅限於搜索有無兇器，而非違禁品，故其方法是從衣服外部輕拍摸索，不得捏擠、操弄，除非有合理的理由感覺到衣服內部藏匿武器，方得伸入取出，但不得作全面之搜索。

（四）除非是逮捕，否則對於受盤查人之拘束，不能導致將人帶回警所（同行），並作有罪之控訴。

攔停與拍搜係對嫌疑人予以攔阻、詢問和身體外部輕拍以發現是否攜帶危險武器之執法活動。於Terry案中，Ohio州法院認爲攔阻係不同於逮捕，僅係一種應調查上之需要而爲之攔停，並不形成憲法第四增補條款上所稱之扣押之問題；而拍搜則是由衣服外部輕拍觸摸找尋當事人是否攜有危險武器，其目的在避免危害執法者之安全，其與爲獲取犯罪證據之完全搜索並不相同。因此，拍搜有別於搜索，只要有合理懷疑即可，不受憲法第四增補條款之規範。但聯邦最高法院對Terry案則認爲警察盤查之攔停與拍搜亦已構成對人之搜索和扣押，但是其對人身自由侵犯之程度有別於傳統之逮捕，因此不以相當理由作爲判斷之標準，而是必須考量社會秩序和執法者安全，以及侵害之合理性作爲權衡，並以憲法之一般禁止；即人

---

[56] Wayne R. LaFave, Search and Seizure, V.III, 1987, at 422-497.

民不受不合理之搜索、扣押中所蘊含之合理性理念作為基礎驗證。否則，雖「攔阻」不等於「逮捕」、「詰問」不等於「偵訊」、「拍搜」不等於「搜索」，然由於此些警察作為係在無令狀下所作成的，運用不當便可能成為釣魚式、變相的非法逮捕、偵訊或搜索[57]。因此，警察在行使盤查權時，若違反上述原則，將視為侵犯憲法第四增補條款所保障之人民權益，是屬於憲法程序保障之違反，所獲得證據無容許性。

　　警察在執行職務，行使職權時，必須考量實際情況，以判斷其執法是否合理。必須隨時衡量人民之基本權利保障與國家之治安維護之利益，以決定是否實施盤查及盤查所允許的範圍，而這些都必須參酌客觀環境所存在之要素來作評估。因此，聯邦最高法院承認警察得基於政府之利益——有效的預防及偵查犯罪，於必要時得攔阻可疑之人，以便對可能存在之犯罪活動作調查。然而所謂「必要時」係指具體的事實和狀況，顯示犯罪活動存在之可能性，足以使警察具有「合理懷疑」犯罪正在或即將發生即可，不必達到足以構成逮捕之「相當理由」之程度。所謂合理懷疑是客觀事實足以使一個謹慎小心之人相信警察所採取的行動是適當的，如Illinois v. William aka Sam Wardlow一案[58]認為，見警即逃提供警察攔檢之合理懷疑程度要件；又如United states v. Hensley案[59]決議，若依據要犯專刊之描述，合於特殊而清楚之事實，則可為Terry原則之攔停與檢查之。因此，警察所為之推論不能單以個人主觀的誠信作依據，否則憲法對人民的保護，必將因警察無法獲得明確證實之個人臆測所形成之任意裁量而失其意義，如Florida v. J.L. [60]一案決議，匿名者提供線索情報不足以正當化Terry原則之攔停與拍搜，因傳聞證據缺乏信賴能力，且事後無法追查，原則上

57　陳瑞仁，偵查程序中警察作為之權源與界限，行政院所屬各機關因供出國人員出國報告書，行政院研考會（A4/C8301918），1993年10月，頁15。

58　Illinois, v. William aka Sam Wardlow 68 U.S.L.W. 4031 (2000).

59　United states v. Hensley 469 U.S. 221 (1985). Rachel S. Weiss, "Definning the Contours of United States v. Hensley: Limiting the Use of Terry Stops for Completed Misdemeanors, 94 Cornell L. Rev. 1321 (July 2009).

60　Florida v. J.L. 68 U.S.L.W. 4236 (2000). Robyn Silvermintz, "In the Wake of Florida v. J. L. – When Anonymous Tips Give Police Reasonable Suspicion," 19 Touro L. Rev. 741 (2003).

無證據力。

　　警察常以徵兆、幸運猜測、第六感等自認為非任意的感覺作為，卻只是拙於清楚理出為何相當理由當時是存在的。然而，警察卻仍然必須將特別之事實狀況明確的記載於報告及法庭上之陳述。再者，「合理懷疑」是對於暫留受查者之基礎。法院查驗是否具有合理懷疑，常以警察對下列兩點之認知為準：1.犯罪活動是否正發生中；2.被暫留之人是否可能與之有所關連。警察不可僅憑簡單懷疑、直覺、謠傳、或徵兆等即加以暫留，而必須有合理懷疑，如一個人在半夜搬電器，一見警察即逃跑。

　　在Terry原則建立了十五年之後，在1983年美國聯邦最高法院決定了「攔停」與「拍搜」可適用於車輛攔檢。在Pennsylvania v. Mimms一案[61]，最高法院主張，因交通違規之攔停，警察得要求違規者下車，如有合理相信該人可能攜帶有危險武器，並得拍搜其衣物外部，以保護執法者之安全。在Michigan v. Long一案中，有清楚而客觀的合理相信受檢者有武器，因此，得以搜查乘客區，因而所獲得之證據，可以作為法院之依據。而其搜查範圍僅可及於受檢者立即可觸及之範圍為限。在Florida v. J.L.一案中，聯邦最高法院法官一致通過，在美國憲法第四增補條款之保障下，縱然警察接獲匿名檢舉指出某人隨身藏有武器，仍不足以作為攔檢及搜索之「相當理由」。

　　美國警察執法必須遵循制定法及判例法，基於合理懷疑攔停車輛或行人，警察機關乃依據法律規定與執行經驗訂定一般性的標準執法程序，以供員警值勤時參考運用。例如，對汽車盤查，一般可以依據實際情況之需要決定下列步驟[62]：

　　（一）得命令駕駛離車。

　　（二）得命令乘客離車。

　　（三）得要求駕駛出示駕照或依據州法所規定之必要文件。

---

[61] Pennsylvania v. Mimms 98 S.Ct. 330 1977. Charles W. Elliott, "An Anomaly in the Reasonable Suspicion Doctrine: Pennsylvania v. MImms," 51 U. Colo. L. Rev. 289 (Winter 1980).

[62] 蔡庭榕，論警察攔檢之法規範──以美國警察對行人及汽車攔檢為例，收錄於：中央警察大學法學論集，第6期，2001年8月，頁176。

（四）得詢問駕駛或乘客問題。

（五）得要求涉嫌酒醉之駕駛測試酒精濃度。

（六）得檢查汽車識別號碼（VIN）。

（七）若有發現「相當理由」涉及違法，得進一步搜索該車。

（八）若得駕駛人之同意，亦得為無相當理由之搜索。

（九）為查察武器得搜索乘客區。

（十）可在目視所及之範圍內，將所發現之查禁物扣押之。

（十一）若發展為具有「相當理由」時，得將之逮捕。

（十二）若將嫌犯逮捕後，通常可對其所駕駛之汽車為徹底搜索。

Terry案之攔停情況，是基於警察之經驗發現有不尋常活動導致其合理懷疑：1.犯罪活動正在進行或已經完成；且2.該對象可能有武器或具有危險性。則此時警察必須出示身分，並為合理之偵查，若為保護其自身及在場之他人的安全，警察得對受攔檢者之衣服外部為有限度的拍搜，以期發現該武器。一般警察機關將Terry原則落實到警察手冊中作為處理攔停與拍搜之步驟如下[63]：

（一）觀察。

（二）接近及識別身分。

（三）詢問相關問題。

（四）若不能驅除警察對安全之顧慮，則實施拍搜衣服外部。

（五）若因而感到有碰觸到武器，必要時得伸手查抄之，並予以逮捕。

（六）逮捕之後，得對之實施全身搜索。

---

[63] Rolando v. del Carmen, Criminal Procedure Law and Practice, 7th. ed. Wadsworth Publishing Company, U.S., 2007, at 113.

第七節 結論

警察法制應該建立起來。尤其是警察職權法制過去在非常時期與非常環境下，我國的警察職權行使依據只要有形式之法律保留即可，警察進行犯行追緝之刑事訴訟程序之警察職權措施鮮少條文規範，而進行犯罪預防與危害防止之行政權行使，亦僅有狀似行政規則之具有組織法性質與內部規範功能之警察勤務條例為依據，並將大多數之公權力職權措施，以一集合性名詞「臨檢」統稱之，殊不奇怪大法官會找不到臨檢之要件、程序、與救濟規定。因此，司法院釋字第535號解釋及警職法的誕生，最大的貢獻將是凸顯了警察法制應有其獨立之體系與機制，亦因而在法制上區隔出犯行追緝之刑事訴訟程序或屬危害防止或犯罪預防之行政作為。然而，警察任務特性係含括了犯罪偵查與預防兩面，不似檢察官、法官或一般行政機關之性質，均係刑事或行政一邊之偏，僅依其性質著重於刑事或行政法範疇。因此，架構整體警察法制，特別是警察職權法制乃顯露其必要性與重要性。由於明確性產生安全感，明確可行的警察法制將使警察實務更具信心，明確的立法、貫徹的決心、精緻的判斷、全民的共知共識，必可保障人權與維護治安。

第四章
帶往勤務處所查證身分之探討

第一節 前言

　　我國憲法規定人民身體自由享有充分保障。人身自由是重要基本人權之一，憲法第8條對人民身體自由設定制度性保障機制，是為憲法保留，且論者指出：「從憲法第23條的限制條款而言，揭示基本權利的可限制性，但須符合法律保留與比例原則，但憲法第8條的限制是憲法第23條概括限制的特別規定，應優先適用，憲法保留後仍需法律保留，並受比例原則限制，具雙重門檻的意義。」[1]再者，論者指出：「依憲法第23條規定之概括性限制人民權利的授權方式，於憲法第二章中唯一例外就是憲法第8條的規範，其有制憲者親自列舉限制人身自由的實體與程序要件，藉以制約根據憲法第23條所制定限制人身自由的實定法。」[2]特別是憲法第8條第1項明定：「人民身體之自由應予保障。除現行犯之逮捕由法律另定外，非經司法或警察機關依法定程序，不得逮捕拘禁。非由法院依法定程序，不得審問處罰。非依法定程序之逮捕、拘禁、審問、處罰，得拒絕之。」則警察機關必須依據法定程序，始得對人民實施逮捕拘禁。警察任務主要為保障人權與維護治安，而維護治安任務包括行政危害防止與刑事犯罪偵查兩部分，欲有效達成警察任務有賴良好警察業務規劃與有效勤務作為，警察勤務作為常有行使干預性職權措施之可能，特別是人身自由之拘束，使之嚴格遵循憲政原則之「實質正當」的「法定程序」，極為重要。

　　基於警察維護治安任務之秩序規制特性，常有實施干預人身自由之職權措施可能，論者指出為彰顯人身自由易受公權力侵害的風險及其預防與管控機制，特設有憲法保留機制[3]。前因人民對警察臨檢作為不服之爭議，致有司法院釋字第535號解釋，認警察之臨檢要件與程序及其救濟應

1　李震山，非刑事案件關係人之人身自由保障，收錄於：人性尊嚴與人權保障，元照，2020年3月5版1刷，頁209。
2　李震山，警察行政法論—自由與秩序之折衝，五南，2020年9月修訂5版1刷，頁262。
3　李震山，非刑事案件關係人之人身自由保障，收錄於：人性尊嚴與人權保障，元照，2020年3月5版1刷，頁209。

明確法定外，並於解釋文指出：「臨檢應於現場實施，非經受臨檢人同意或無從確定其身分或現場為之對該受臨檢人將有不利影響或妨礙交通、安寧者，不得要求其同行至警察局、所進行盤查。其因發現違法事實，應依法定程序處理者外，身分一經查明，即應任其離去，不得稽延。」並限定有關機關自解釋公布日起二年內依解釋意旨通盤檢討訂定。此解釋使立法院加速制定警職法，以呼應前揭釋字第535號解釋，警職法第7條第2項規定：「依前項[4]第二款（詢問）、第三款（令出示身分證明文件）之方法顯然無法查證身分時，警察得將該人民帶往勤務處所查證；帶往時非遇抗拒不得使用強制力，且其時間自攔停起，不得逾三小時，並應即向該管警察勤務指揮中心報告及通知其指定之親友或律師。」其中「警察得將該人民帶往勤務處所查證」（以下簡稱「同行」[5]）之規定，非遇有抗拒不得使用強制力，且最多可能拘束其自由達3小時，曾引起論者憂慮其可能有違憲之虞，而認為仍應引進法官介入之做法[6]。然而，論者亦指出：「人身自由侵害之程度有輕重，若以時間長短為例，有可能不逾1小時，亦有可能常24小時，若一律等法官裁定之結果，除影響行政效能，甚至人民也往往因輕微案件，因而受到更長時間之『留難』，反噬人身自由。」[7]因此，警職法有關「同行」規定是否符合民主法治國之憲法人權保障要求，乃有探討之必要。本章首先探討人身自由之憲法保障，並對司法院大法官

4　警職法第7條第1項：「警察依前條規定，為查證人民身分，得採取下列之必要措施：一、攔停人、車、船及其他交通工具。二、詢問姓名、出生年月日、出生地、國籍、住居所及身分證統一編號等。三、令出示身分證明文件。四、若有明顯事實足認其有攜帶足以自殺、自傷或傷害他人生命或身體之物者，得檢查其身體及所攜帶之物。」

5　將警職法第7條第2項之「警察得將該人民帶往勤務處所查證」用語，簡稱「同行」，係著眼於大法官釋字第535號解釋文所用之語，其意涵應可一致，且具精簡明確特性。再者，參考「日本警察官職務執行法」第2條即使用「同行」二字代表警察「將人民帶往警察處所查證」之措施，應值參考。

6　李震山，非刑事案件關係人之人身自由保障，收錄於：人性尊嚴與人權保障，元照，2020年3月5版1刷，頁236。亦參考李震山，檢肅流氓條例與留置處分—「不具刑事被告身分者」之人身自由保障，台灣本土法學雜誌，第52期，2003年11月，頁187。林明鏘，「警察職權行使法」評析，台灣本土法學雜誌，第56期，2004年3月，頁113。王兆鵬、李震山（分別之發言內容紀錄），「從釋字第535號解釋談警察臨檢的法制與實務」研討會，台灣本土法學雜誌，第33期，2002年4月，頁108-111。

7　李震山，非刑事案件關係人之人身自由保障，收錄於：人性尊嚴與人權保障，元照，2020年3月5版1刷，頁235。

關於人身自由保障之解釋做一簡析，繼而論述警察拘束人身自由之法律規範之性質與類型，再進一步聚焦於警職法有關同行與人身自由保障之關係，最後提出結論。

第二節　人身自由之憲法保障

一、人身自由保障之意義

人身自由是各種自由中之基本自由[8]，若無人身自由，則其他一切自由權利將成空談[9]。人身自由受到憲法或法律之嚴密保障，更為世界各民主法治國家對於人權保障進展中所最為重視之核心。人身自由保障之機制肇始於英國於1215年之大憲章（Magna Carta）第39條規定，人民除經由合法判決外，不得加以逮捕、監禁或沒收其財產。其規定已隱含有正當之法律程序的要求在內，然英國雖無正當之法律程序一詞，在具體個案中，則是使用「自然正義」（Natural Justice）[10]一詞，表示正當之法律程序的相同理念[11]。英國更於1640年頒布人身保護法（The Habeas Corpus Act），以人身保護令制度來施行提審制度，以保障人身自由權利。另一方面，美國於1776年之獨立宣言，明確宣示保障人之基本自由，並更進一步，於1791年增訂憲法第一至第十增補條款，以「人權法案」（Bill of Rights）名之。其中，第4條對人身自由保障更有周延規定；第5條則以「正當法律程序」為內涵；第6條賦予被告有公正陪審團、公開快速審判、對質權、及聘請律師協助之權利，充分展現對人權保障之胸懷。更有進者，法國在1789年大革命中宣布之「人權宣言」第7條、第8條、第9條規定，對於人身自由之剝奪或處罰，其程序應法定，且內容應實質正當。德國則在1949年之基本法第2條、第19條、第103條、第104條明確規定有關人身自由之

---

[8] 黃俊杰，人身自由與檢警權限之檢討，軍法專刊，第41卷第11期，1995年11月，頁30-43。

[9] 林明鏘，人身自由與羈押權，憲政時代，第21卷第2期，1995年1月，頁4。

[10] Lawrence B. Solum, "Natural Justice," 51 Am. J. Juris. 65 (2006).

[11] 林子儀，人身自由與檢察官之羈押權，憲政時代，第21卷第2期，1995年1月，頁21-26。

保障。又日本憲法第31條、第33條、第34條亦詳列人身自由權利保障。聯合國在1948年之世界人權宣言第3條、第9條、第10條及1966年之公民與政治權利盟約第9條、第10條均有對人身自由保障之詳細規定。以上有關人身自由保障規定之共同點，在於強調人人均享有人身自由與安全，不得被任意逮捕或拘禁，除非依據法律及其所規定之程序，否則任何人不得被剝奪其人身自由。以上人權保障之珍貴文獻，對我國憲法人身自由保障之推行，應有正面影響。我國憲法亦以第8條及第23條明確規定人身自由保障之意旨，然如何予以具體貫徹，允宜先探究其意涵，始克竟其功。

二、我國憲法上之人身自由保障

我國有關人身自由保障應遵守憲法第8條及第23條之規定。我國憲法於第二章人民權利義務專章，首先規定人身自由保障，且是以該章中最大篇幅之四項內容詳細規定，足見其重要性。憲法第8條第1項規定：「人民身體之自由應予保障。除現行犯之逮捕由法律另定外，非經司法或警察機關依法定程序，不得逮捕拘禁。非由法院依法定程序，不得審問處罰。非依法定程序之逮捕、拘禁、審問、處罰，得拒絕之。」同條第2項規定逮捕拘禁應告知理由，並於24小時內移送法院審問，並可聲請法院提審[12]；第3項則為對於合法之逮捕拘禁之提審之處理；第4項為人民遭受機關非法逮捕拘禁，得聲請法院追究之。又憲法第23條則明定人民之自由權利，必須符合該條所定之「公益原則」、「比例原則」及「法律保留原則」，始得限制之。

憲法第8條第1項所稱「法定程序」，前大法官吳庚早在釋字第271號解釋之「不同意見書」分別從實體法及程序法詮釋其意涵。指出：「何謂法定程序，不僅指憲法施行時已存在之保障刑事被告之各種制度，尤應體認憲法保障人身自由之精神，予以詮釋。準此以解，在實體法包括：罪刑

---

12 李震山，非刑事案件關係人之人身自由保障，收錄於：人性尊嚴與人權保障，元照，2020年3月5版1刷，頁221。氏著指出，憲法第8條第2項所規定之程序，包括告知義務、時限、提審等，該等程序要件，在刑事訴訟法中大部分被落實。但在行政法領域中人身自由保障仍常讓提審或法官介入缺席。

法定主義、對被告不利之刑罰法律不得溯及既往；在程序法上則為：審判與檢察分離、同一行為不受二次以上之審問處罰、審級救濟之結果原則上不得予被告不利益之變更、不得強迫被告自認其罪等。」現任大法官湯德宗更指出，此為我國大法官闡釋「法定程序」即為「正當程序」，且兼含「實質正當」與「程序正當」要件[13]。再者，公法學者林明鏘教授指出：「憲法上正當法律程序原則，有認為源自於憲法第8條對人身自由之程序保障，亦有認為係從基本權之程序保障功能衍生出的『程序基本權』。但無論源於何處，其均屬憲法上之要求，而屬人民之基本權利。」[14]司法院翁前院長亦曾撰文指出：「基本上，憲法第8條是英美法的產物，該條所稱『依法定程序』與英美法之『正當法律程序』原則相同，現在大陸法也接受這樣的理念，相關的國際人權公約也都有這樣的規範。」並指出上述第384號解釋所稱之「依法定程序」即所謂之「實質正當法律程序」（Substantive Due Process of Law）[15]。司法院釋字第384號解釋文開宗明義指出：「憲法第八條第一項規定……。其所稱『依法定程序』，係指凡限制人民身體自由之處置，不問其是否屬於刑事被告之身分，國家機關所依據之程序，須以法律規定，其內容更須實質正當，並符合憲法第23條所定相關之條件。」

另學者湯德宗氏亦分析上述大法官解釋：「所謂『實質正當』之意涵，發現其殆與美國憲法所謂『程序上正當程序』（Procedural Due Process）與『實質上正當程序』（Substantive Due Process）大致相當。」[16]而司法院釋字第384號解釋理由書更明指：「實質正當之法律程序，兼指實體法及程序法規定之內容，就實體法而言，如須遵守罪刑法定

---

13 湯德宗，論憲法上的正當程序保障，憲政時代，第25卷第4期，2000年4月，頁7。Also see: Board of Regents v. Roth, "Scope of Procedural Due Process Protection-Property Interests in Police Enforcement, 119 Harv. L. Rev. 208 (2005).

14 林明鏘，行政法講義，新學林，2019年9月修訂5版1刷，頁394。

15 翁岳生，大法官關於人身自由保障之解釋，警大法學論集，創刊號，1996年3月，頁8。

16 湯德宗，具體違憲審查與正當程序保障—大法官釋字第535號解釋的續構與改造，收錄於：司法院大法官2003年度學術研討會—正當法律程序法人權之保障論文集（第二篇），2003年12月6日，頁10。

主義；就程序法而言，如犯罪嫌疑人除現行犯外，其逮捕應踐行必要之司法程序、被告自白須出於自由意志、犯罪事實應依證據認定、同一行為不得重複處罰、當事人有與證人對質或詰問證人之權利、審判與檢察之分離、審判過程以公開為原則及對裁判不服提供審級救濟等為其要者。除依法宣告戒嚴或國家、人民處於緊急危難之狀態，容許其有必要之例外情形外，各種法律之規定，倘與上述各項原則悖離，即應認為有違憲法上實質正當之法律程序。」然在釋字第491號解釋之後，學者湯德宗氏認為大法官似已達成共識，不再使用「實質正當」一詞涵攝「實質上正當程序」概念，而改以「法律明確性原則」稱之，其並進一步指出：「今後將『正當程序保障』侷限於『程序上正當程序』，並以『法律明確性原則』及『憲法第23條』代替『實質上正當程序』，固有助於全民理解及宣導。惟『實質上正當程序』之意涵，是否能完全由『法律明確性原則』及『憲法第23條』概括，猶可研究[17]。」

另一方面，有關憲法上正當程序所保障的「程序上正當程序」內涵，學者湯德宗氏引介美國聯邦上訴法院法官H. Friendly所分析憲法上正當程序保障的內涵之十項要素：1.公正的法庭；2.告知擬採取的行動及理由；3.反駁擬議行動之機會；4.聲明證據之權，包括傳訊證人之權；5.獲悉不利證據之權；6.詰問對造證人之權；7.完全依據證據作成決定；8.選任辯護人之權；9.法庭應就提出之證據作成筆錄；10.法庭應以書面載明事實認定及裁決理由。並分別將「司法程序」及「行政程序」上之「程序正當程序」之內涵，列表析述之[18]，極為詳細，值得參考。

由上述可知，我國憲法對於人身自由保障，主要係由第8條及第23條搭配[19]，以衡平國家公權力之公益維護與人民之基本自由權利保障。因此，「逮捕拘禁」依憲法第8條第1項規定，警察機關亦得行使，但必須遵

---

17 湯德宗，論憲法上的正當程序保障，憲政時代，第25卷第4期，2000年4月，頁24-25。
18 同上註，頁21-23。
19 陳愛娥，正當法律程序與人權之保障——以我國法為中心，憲政時代，第29卷第3期，2004年1月，頁373。氏論：「限制人身自由的特殊程序要求我國已明定於憲法第8條外，其餘關於國家限制基本權時應遵守的一般要求則規定於憲法第23條。」

循「實質正當之法定程序」。「審問處罰」則專歸法院行使之。「實質正當」之「法律程序」為我國憲法第8條所揭櫫之憲法基本原則之一，從而剝奪人身自由之實體法與程序法皆應「正當合理」，始符「正當」法律程序之要求。我國憲法第8條為避免行政權之濫用，致侵害人身自由，所以建制有制衡結構，以保障人身自由。

三、人身自由保障之釋憲解釋相關意旨

　　1980年台灣時局仍處戒嚴之非常時期，司法院釋字第166號解釋違警罰法之拘留、罰役之人身自由剝奪非由法官依法定程序審問處罰，違反憲法第8條之規定，並更於1990年再次以釋字第251號重申之。然以上兩號解釋係宣示人身自由之處罰，應由法院依法定程序為之，使符合憲法第8條第1項有關人身自由之處罰之保障規範機制，屬於形式上之保障而已。至於釋字第233號（法院延長羈押）、第249號（法院強制告發人到場作證）、第271號（法院訴訟程序）及第300號（羈押展期次數未限制）解釋，雖與人身自由相關，然多屬法院程序，尚非本文探討主題所聚焦，就此略過。

　　再者，司法院釋字第384號解釋對人身自由保障即採取實質上之保障。該號解釋明示憲法第8條第1項所稱「依法定程序，係指凡限制人民身體自由之處置，不問其是否屬於刑事被告身分，國家機關所依據之程序，須以法律規定，其內容更須合於實質正當，並應符合憲法第23條所定相關之條件」。其並對何謂「實質正當之法定程序」做出定義判準如前述，茲不贅述。而上述釋字第384號解釋意旨，於釋字第471號解釋（槍砲彈藥刀械管制條例對違犯者一律強制工作三年，有違「比例原則」）及第523號解釋（重申釋字第384號之人身自由之限制應符合「實質正當之法定程序」，係對檢肅流氓條例之裁定留置要件未明定而違憲）均再予重申。繼而，司法院釋字第392號解釋理由書亦指出：「所謂『逮捕』，係指以強制力將人之身體自由予以拘束之意；而『拘禁』則指拘束人身之自由使其難於脫離一定空間之謂，均屬剝奪人身自由態樣之一種。……故就剝奪人身之自由言，拘提與逮捕無殊，羈押與拘禁無異；且拘提與羈押亦僅目

的、方法、時間之久暫有所不同而已，其他所謂『拘留』『收容』『留置』『管收』等亦無礙於其為『拘禁』之一種，當應就其實際剝奪人身（行動）自由之如何予以觀察，未可以辭害意。」

再者，另有警察臨檢之爭議，司法院釋字第535號認為警察勤務條例之臨檢要件、程序及救濟規定付之闕如，不符合憲法保障人民自由權利應有法律明確規範之意旨。該號解釋更詳列臨檢之要件、程序與救濟規定，要求二年內之緩衝期應予適用，並作為制定或修法之原則。該號解釋臨檢應於現場實施為原則，例外時，在：1.非經受臨檢人同意；2.無從確定其身分；3.現場為之對該受臨檢人將有不利影響；4.妨礙交通、安寧者，不得要求其「同行」至警察局、所進行盤查。其因發現違法事實，應依法定程序處理者外，身分一經查明，即應任其離去，不得稽延。對此暫時拘束人身自由之同行，後來亦於制定警職法中明定，其內涵是否符合憲法保障人身自由之要求，乃極有探討之必要。

我國憲法對於人身自由保障，主要依據是憲法第8條及第23條為規範基準。然而，由於政局不穩定，經過四十年戒嚴之非常時期，以致憲法人身自由保障機制未能貫徹。然而，隨著時局轉變，國家漸漸邁入民主法治時代，司法院大法官解釋亦加強其違憲審查機制，使得人身自由得以進一步回歸憲政保障，並受到大法官高度重視。由以上析論人身自由之普世價值與保障發展、我國憲法保障機制及歷來大法官相關解釋可證，人身自由乃所有其他自由之基石。我國特別是在1987年解除戒嚴後，更是人權保障開展之里程碑，從解嚴前四十年僅有第216號之司法院大法官解釋，而解嚴後短短數年，相關違憲解釋快速增加，可資證明。更且，有關違反憲法保障人身自由之法令審查，除了第166號解釋外，其餘均在解嚴之後可知，解除戒嚴對回歸憲法對人身自由保障之貫徹，具有最正面之意義[20]。

---

20 司法院大法官解釋之強度可歸類略分為三階段，而有其不同之效力，對於人身自由保障亦有漸進正面功能。如第一階段係解嚴前之司法院釋字第166號解釋，僅要求應儘速改善，未有限時失效規定，可能係因仍在戒嚴時期，司法權自我克制。第二階段則限時改善，否則失效；如釋字第251號解釋，在甫解嚴後之1990年解釋，故明定「違警罰法」之「拘留」、「罰役」及其第28條之自由剝奪規定應於一年內改正，然在其一年內如何適用，並未規定。第三階段則如2001年之釋字第535號解釋，對於臨檢之要件、程序及其救濟規定，付之闕

　　綜上分析及大法官相關解釋或許可推知，憲法第8條第1項規定，允宜包括下列意旨：

　　（一）不僅適用於刑事被告，亦規範其他公權力限制人民身體自由之處置：從釋字第384號及第392號解釋憲法第8條第1項人身自由保障之意旨，不問人身自由之限制或剝奪[21]，以及對於「逮捕」及「拘禁」之定義，並進一步明確指出該項之適用，不限於刑事被告之身分，凡公權力限制人身自由之處置，均應適用之。

　　（二）警察機關依「法定程序」，得對人民實施逮捕拘禁或相關拘束人身自由措施：對於憲法第8條第1項明定人身自由之保障，非由司法或警察機關依法定程序，不得逮捕拘禁。所謂法定程序，釋字第384號解釋，係指依據內容應實質正當，並符合憲法第23條規定之法律規定程序。因此，警察機關只要有法律明確授權，而該法律規定程序內容實質正當，即有得依法實施逮捕拘禁之強制作為。

　　（三）「法定程序」之制定，應遵守「程序法定」及「實質正當」原則：雖釋字第384號解釋理由書，特別從實體法及程序法舉例特別說明「實質正當之法定程序」之意涵，然其僅在解釋憲法第8條之犯罪嫌疑人或刑事被告之實質正當法定程序；至於同條第1項由警察機關之逮捕拘禁之非刑事被告或非犯罪嫌疑人之「法定程序」，並未曾有大法官解釋宣告在案，憲法第8條之人身自由保障條款對刑事被告與非刑事被告，特別是屬於「提審制度」之「法官保留」機制，是否有一致性適用，論者亦有不同見解，有認為不具刑事被告身分者之人身自由限制，仍應有法官介入為

如，應於二年內改善，至於在此二年內，應如何適應？則該號解釋明定應遵照其解釋意旨辦理之。

21　司法院釋字第384號解釋指出：「憲法第八條第一項規定……所稱『依法定程序』，係指凡『限制』人民身體自由之處置，……。」而釋字第392號解釋理由書亦指出：「所謂『逮捕』，係指以強制力將人之身體自由予以拘束之意；而『拘禁』則指拘束人身之自由使其難於脫離一定空間之謂，均屬『剝奪』人身自由態樣之一種。……故就『剝奪』人身之自由言，拘提與逮捕無殊……。」以上釋字第384號及第392號解釋分別使用「限制」及「剝奪」人身自由，並未予以明確區分二用語之適用。

宜[22]，亦有論者認為可與刑事被告身分者，有不同對待[23]。因此，對於非刑事被告之「實質正當法律程序」仍期待未來大法官會議能予以解釋，以建立明確之判斷與適用機制。

（四）人身自由之限制或剝奪，應有「正當法律程序」之適用：前述甫稱大法官解釋尚無對非刑事被告之人身自由保障之憲法機制做出宣告，然依據釋字第384號解釋對刑事被告之人身自由拘束，應遵守之「實質正當之法律程序」內涵，如實體法上之罪刑法定主義；程序之正當程序，即如憲法第8條第2項所定犯罪嫌疑人被逮捕拘禁時，應遵守之程序規範，如告知原因、24小時內移送法院審問、人民聲請提審權，以及刑事訴訟法之相關程序（如釋字第384號所宣示程序法上之各項程序作為）規定。由此，吾人或可推知對非刑事被告之「實質正當法律程序」亦應包括「程序上正當程序」與「實質上正當程序」。非屬於刑事犯罪嫌疑人雖非憲法第8條第2項規定範圍，然基於上述憲法第8條第1項與釋字第384條及第392號解釋可知，亦應有正當法律程序之遵守，但可允許與刑事被告不同之人身自由保障規範機制。例如，在實體法上採處罰法定主義，其規定內涵應符合憲法第23條之條件（「公益原則」、「比例原則」及「法律保留」原則），其內容並符合明確性原則；在程序法上，則應依據行政法或其他個別行政法所定之程序為之。

然而，從上述司法院大法官對於人身自由之相關各號解釋可知，許多均與警察治安任務之執行有關，且從各相關爭議之規範內涵分析，可區分為行政危害防止作為之性質者及刑事犯行追緝之規範者，而本文前述曾分析，我國憲法第8條對於人身自由保障機制，對刑事被告與非刑事被告或可有不同「實質正當之法定程序」。因此，本文以下將以研究在具有刑事與行政雙重性質之警察任務下運用之職權作為，究應如何適用憲法之人身

---

[22] 李震山，非刑事案件關係人之人身自由保障，收錄於：人性尊嚴與人權保障，元照，2020年3月5版1刷，頁236。

[23] 林超駿，概論限制非刑事被告人身自由的正當法律程序：以兒童及少年性交易防制條例與精神衛生法為例，收錄於：司法院大法官2003年度學術研討會—正當法律程序法人權之保障論文集（第四篇），2003年12月6日，頁5。

自由保障機制與法律規定，特別是以警職法第7條第2項規定「警察將人民帶往勤務處、所查證身分」之「同行」規定探討之。

第三節　暫時拘束人身自由之性質與類型

一、警察任務與干預性職權作為

（一）警察維護治安任務之雙重特性

警察維護治安任務常兼有行政危害防止及刑事犯罪偵查之雙重特性。警察任務在於達到保障人權與維護治安之雙重目的，而維護治安任務又可分為犯行追緝之刑事作為及危害防止之行政措施。特別是行政危害防止係以公共危害防止與預防犯罪為主。然而，警察任務之達成除須賴警察業務之縝密規劃，更重要的是有效的警察勤務作為，是圓滿達成警察任務之基礎，亦難以避免有使用干預性職權作為之可能。

（二）達成警察任務所須之勤務作為

警察任務之達成有賴警察良好的業務規劃與有效的勤務作為，而警察勤務作為主要是依據警察勤務條例之六種勤務類型[24]，而警察勤務作為中，除屬於單純事實行為之情報或治安資料蒐集，如巡邏、守望，接受報案、聯繫或其他服務性作為之「值班」，以及工作待命之「備勤」外，涉及可能干預人民自由權利之勤務方式，主要為「勤區查察」及「臨檢」。其中特別是該條例第11條第3款：「臨檢，於公共場所或指定處所、路段，由服勤人員擔任臨場檢查或路檢，執行取締、盤查及有關法令賦予之勤務。」[25]所謂臨檢，係指警察為達成維護轄區治安或執行法令賦予之任務，而對公共場所、指定處所或路段，所實施之臨場檢查或路檢，亦即實

---

[24] 警察勤務條例第11條規定之勤務方式有六種：1.勤區查察；2.巡邏；3.臨檢；4.守望；5.值班；6.備勤。

[25] 警察勤務條例第156條則規定臨檢之工作項目有：1.公序良俗維護：對違警、違規之勸導、制止及取締等；2.犯罪預防：對可疑人、地、事、物之查察及盤詰等；3.人犯查捕：對通緝犯、現行犯、準現行犯、逃犯之逮捕；4.其他有關政令執行及為民服務事項。

行臨檢、路檢、取締、盤查之措施。在這層意義下，臨檢自然就是針對特定之處所或路段，所做之檢查行為。其主要目的應在發現對治安有潛在危害之人與事物。因此，警察之臨檢勤務常可能使用干預性作為，故必須有其職權之法律授權始得為之。

（三）警察查證身分之干預性職權措施

由於警察勤務條例第11條第3款雖有臨檢勤務之實施規定，有關臨檢之要件、程序與救濟規定均付之闕如，以致大法官釋字第535號要求改進，經制定警職法第6條規定得實施臨檢之要件，同法第7條規定得執行之相關措施，而各該措施均受檢人民之配合，甚至具有強制力為後盾之勤務作為，以達成警察任務。其各項措施如攔停、令出示證件、詢問、檢查身體或所攜帶之物件、要求同行至警所查證身分等，均可能干預人民基本自由權利。警察基於法律之明確授權而得據以執法，並依據法律及一般法律原則實施相關職權作為，具有對外之法律效果。

警察依法維護治安，必要時，得拘束受查證身分者之人身自由，並得依法定程序要求其「同行」至警察勤務處所。警察依據警職法或其他相關法律之規定，針對具體案件，對於符合其執法要件者，遵守法定程序，所為對外可以發生公法上效果之單方行政行為，已具行政處分之性質[26]。例如，涉嫌違反社維法有關調查之逕行通知到場或強制到場，以及符合警職法第6條查證身分之要件規定，而得以進行第7條類型化之查證身分措施，如攔停、詢問、令出示身分證件、檢查身體或所攜帶之物件，甚至必要時，得要求同行等職權措施。進一步言，若依行政法學上通說之見解，除因動機不正而構成裁量濫用外，基於行政處分合法性推定原則，原則上仍視該行政處分可以有效拘束臨檢對象。臨檢對象若無正當理由或其他法定原因，應不得抗拒警察之臨檢。必要時，得依據警職法第7條第2項之規定，要求受檢人同行至警察勤務處所查證身分[27]，但必須符合法定程序。

26　林明鏘，警察臨檢與國家責任，台灣本土法學雜誌，第48期，2003年7月，頁110。

27　司法院釋字第535號解釋文，亦以「臨檢應於現場實施，非經受臨檢人同意或無從確定其身分或現場為之對該受臨檢人將有不利影響或妨礙交通、安寧者，不得要求其同行至警察局、所進行盤查」。

惟警察實施臨檢執行攔停，其實力之行使，解釋上，因不得逾越社會通念所可容許之界限，若有所逾越，即屬違法，相對人自無忍受之義務。對於無法提供身分查證者，負有法律上之責任，我國雖無法令規定強制人民有攜帶國民身分證之義務，卻有如下法定之未能協助確認身分或與身分查證作為有關之責任[28]：

（一）相對人拒絕陳述或虛偽陳述姓名住居所者構成違序行為：臨檢之目的主要在於查問身分，相對人對於警察之查問，若有社維法第67條第1項第2款規定，拒絕陳述或虛偽陳述姓名住居所之情事，自已構成違序行為，得依該法規定移送法院簡易庭裁定處罰。若其對警察之查問，已有所陳述，並經執行員警，依所攜帶無線電或手提電腦，查證屬實，即或有不出示身分證明文件情事，因不符社維法第67條第1項第2款之要件，除符合下述情事或有其他顯然違法情事，得轉換法律予以處理外，對該相對人即不得任意予以留置，否則即可能構成違法。

（二）冒用他人身分證明文件：冒用他人身分證明文件者，構成違序行為，得依社維法第66條第2款規定，移送法院簡易庭裁定處以拘留或罰鍰。

（三）在一定條件下得逕行通知或強制相對人到場查證身分：警察執行臨檢，就警察所為身分之查證或要求出示身分證明文件，相對人如有拒絕陳述或虛偽陳述或冒用他人身分證明文件情事，因已構成違序行為，執行員警得依社維法第42條規定，先以口頭通知其同赴警察機關接受查證，如抗拒口頭通知，依上開同條款之規定，則得強制其到場查證[29]。

二、拘束人身自由之性質──行政或刑事作為

如前所述警察任務具有行政危害防止及刑事犯行追緝之雙重任務特

---

[28] 李震山等，警察職務執行法草案之研究，內政部警政署委託研究案，1999年6月，頁22-23。

[29] 相對人雖有拒絕陳述或虛偽陳述或冒用身分文件情事，若執勤員警當場已查明其身分者，就臨檢而言，其程序已告結束。至於因其首揭違法情事，依社會秩序維護法規定予以處理，則係另一問題，應非臨檢程序之延伸。社會秩序維護法第42條有關逕行通知或強制到場之規定，依實務見解，除身分查證外，尚包括違法事實之訊問，此係就違序行為而言，如就臨檢而轉換法律適用社維法第42條之逕行通知或強制到場，宜限縮解釋，應僅限於查證身分。

性，因之對於警察職權措施中之拘束人身自由作為，亦有明確法律分別規範，刑事犯行有刑法及刑事訴訟法或其他刑事法規規範追訴；而行政義務之違犯，亦有個別行政法制裁及行程法或相關法規之程序規定可資適用。對於行政犯與刑事犯即有從「質」及「量」之角度考量其差異，早已有許多專論研究，吳庚氏更指出：「時至今日，強調行政犯與刑事犯乃『質』的差異已逐漸消失，而確認二者常屬『量』的不同殆已成為通說。」[30]而行政或刑事違犯法律之行為，我國則有二元的法院體系分別辦理之，刑事犯罪由普通法院受理，而行政違犯，大多先依法由行政機關處分制裁，不服則可依法提起訴願，對訴願之決定不服，則可向行政法院提起行政訴訟。然而，為達成警察任務而施行之警察勤務之進行，多兼有行政危害防止（含犯罪預防功能）及刑事犯罪偵查之兩種功能同時並存，又因常有使用干預人身自由職權措施之可能，然所依據之法律不同，受規範之程度亦有差異，卻有可能假借行政調查手段行使刑事司法偵查作為，而致不合理地侵犯基本人權。警察職權措施之行使究為何種性質？特別是警職法之「同行」措施對人身自由拘束3小時，已經是具有逮捕拘禁之本質，其所屬性質如何及如何適用，容有探討之必要。刑事之被告與非刑事被告之規範要求容有差異。而在此令人感到興趣的是一警察勤務而實施查察之干預作為，究屬行政調查或刑事偵查作為？常不易在作為之初始階段立即釐清，卻是實務所常見，亦極可能影響人身自由權利，值得探討之。

（一）刑事偵查作為

刑事犯罪偵查主要依據刑事訴訟法之偵查程序與職權規定為之。依據刑事訴訟法第122條及第131條之規定，警察具有相當理由得進行搜索、扣押、或逮捕。對於依據刑事訴訟法第122條規定之對被告或犯罪嫌疑人，於「必要時」得實施搜索及對第三人於「相當理由」可信其有有犯罪之證物存在時，得對之進行搜索，檢察機關實施搜索扣押應行注意事項第4點及第5點更分別定義「必要時」及「相當理由」之意涵，然其並非適用於犯罪預防或危害防止作為。在刑事犯罪偵查作為中，拘束人身自由之法定

---

[30] 吳庚，行政法之理論與實用，自印，2015年2月增訂13版，頁466-470。

措施干預性極強，例如逮捕、羈押、拘役等，其在公權力的強制之下，已經完全屬於自由之剝奪，且其剝奪之時間較長，例如逮捕後之偵查作為，檢警共用24小時。更有進者，依據大法官釋字第384號解釋理由書所指之「實質正當之法律程序」之舉例說明之實體法或程序法應有之規範，係以「刑事被告」對象，如實體上須遵守罪刑法定主義；程序上，如犯罪嫌疑人除現行犯外，其逮捕應踐行必要之司法程序、被告自白須出於自由意志、犯罪事實應依證據認定、同一行為不得重複處罰、當事人有與證人對質或詰問證人之權利、審判與檢察之分離、審判過程以公開為原則及對裁判不服提供審級救濟等為其要者。該解釋並指明除非緊急危難狀況下，始容許有必要之例外情形。否則，各種法律之規定，均不得悖離該實質正當的法定程序原則。美國之「正當法律程序」（Due Process of Law）係源自於司法訴訟正當程序之要求，美國憲法第四、五、六增補條款及後來之第十四增補條款規範之，具有拘束犯罪偵查、起訴、審判之效力，對於人身自由保障，最具意義。我國憲法第8條即寓有此「實質正當之法定程序」要求之本質，特別是對於刑事被告或犯罪嫌疑者之犯罪偵查與訴訟程序之適用。

（二）行政調查措施

　　警察對於行政危害防止或預防犯罪之目的，必須實施行政調查措施，以依據行程法或個別行政法律所規定之程序與職權內容為之，必要時，亦常有可能使用拘束人身自由之強制力，例如社維法之強制到場、留置或警職法之管束、同行等。憲法第8條有關人身自由保障規範僅適用於刑事犯？或兼及行政犯？司法院大法官釋字第392號解釋理由書明示：「……就剝奪人身之自由言，拘提與逮捕無殊，羈押與拘禁無異；且拘提與羈押亦僅目的、方法、時間之久暫有所不同而已，其他所謂『拘留』『收容』『留置』『管收』等亦無礙於其為『拘禁』之一種，當應就其實際剝奪人身（行動）自由之如何予以觀察，未可以辭害意。茲憲法第8條係對人民身體自由所為之基本保障性規定，不僅明白宣示對人身自由保障之重視，更明定保障人身自由所應實踐之程序，執兩用中，誠得制憲之

要；……。」釋字第384號解釋更明指凡限制人民身體自由，不問其是否屬於刑事被告身分，均須依實質正當之法律程序為之。由上述意旨可知，憲法第8條係以人身自由是否遭到限制或剝奪之本質為基礎，除刑事訴訟程序受規範外，若有涉及限制或剝奪人身自由之其他屬行政犯之公權力措施，理應同受規範。我國在行政危害防止或犯罪預防之作為上，亦有法律授權對人身自由之限制或剝奪之情形，例如拘提、管收、留置、帶往勤務處所之同行等，其時間長短須視各法規之立法目的而定。故行政調查措施之人身自由拘束亦應受憲法第8條及第23條之規範。

　　警察具有「危害防止」之行政上作為與「犯行追緝」之刑事司法上作為之雙重任務角色，釐清兩者之分界，將更屬不易。在警察偵（調）查過程中，可能有兩者之同時競合或前後之轉換關係，如從行政之預防轉為具體之刑事犯罪偵查，則其程序法亦應轉換適用刑事訴訟法之規定。更何況我國目前之法律規範中，具有附屬刑法（或稱「行政刑法」）之行政法規範並不在少數，警察公權力作為常有適用界乎行政之預防或制止危害與追訴犯罪與逮捕人犯之刑事司法功能的可能。而屬於大陸法系之我國在行政法中亦授權行政機關有極強之行政制裁權限，其行政處罰規範落實，亦有賴行政調查之實施，然在行政調查時，特別是警察行政法之職權授予上，並不排除使用強制力之可能。故本文認為警察之犯罪偵查與行政危害防止之職權作為與程序規範有差異，執法員警必須注意及之。雖然從案件初始即要求第一線員警明白區辨其案件性質屬於行政法或刑事法而適用截然不同之程序規定，實有困難，特別是在警察勤務實施中尚無具體違犯法律之事實，或許尚有從「抽象（潛在）危害」到「具體危害」，再到「實害」之過程中，除了實害可能明確判斷其違犯法律性質係屬於行政法或刑事法性質，而異其法律程序適用外，在實害之前的尚無具體個案偵查必要之抽象或具體危害預防，應仍屬於行政危害或犯罪預防措施，而適用行政調查程序。因此，警職法之性質屬於行政規範，其所規定之職權措施屬於行政調查職權，對之不服，尚可據以提起訴願、行政訴訟。警職法第7條第2項規定，警察得將人民帶往勤務處所查證身分之「同行」，係屬於行政調查職權之一種。

　　憲法第8條第2項特別提及「犯罪嫌疑人」之適用,基於「明示其一,排除其他」之法理,則第2項並不適用於可疑為行政違犯者,而適用於犯罪嫌疑人或刑事被告身分者。再者,憲法第8條第1項則未特定,一般認為司法或警察機關均可依法定程序,實施逮捕拘禁,則此並不限於刑事被告身分者,凡限制或剝奪人身自由均受規範。由於「警察」依法具有「危害防止」與「犯行追緝」雙重任務。因此,警察職權之行使即無法完全切分清楚。在危害防止之面向,警察職權行使具有行政法性質,必須依法行政,對於警察之攔停、詢問、要求交付證件、或同行以查證身分之措施,是屬於「行政權」作用。更且,論者指出:「所謂行政行為之公正、公開與民主,即屬正當法律程序之要求。將憲法上之正當法律程序原則擴張適用於行政程序,主要包含:受告知權、聽證權、公正作為之義務、說明理由義務及由適當機關作成決定等程序。」[31]在另一方面,當警察係實施犯罪偵查時,警察權作用則受到偵查法定原則、無罪推定原則及令狀主義原則等之規範。因此,執法員警尚應具有依案件性質妥適轉換不同法律適用之能力,亦即從行政調查程序,轉而適用刑事訴訟法。因而,若能釐清行政調查與犯罪偵查之不同適用原則,瞭解其界分,並妥善轉換其適用,使其能成為警察維持公共秩序,確保社會治安之全面網之功能,對衡平公權力效力與基本人權保障,具有實益。

　　除了以上分析,同行應屬於「行政危害防止或犯罪預防」性質之警察干預性職權措施外,警察職權行使常可能對於人身自由加以限制或剝奪,其差異在於依其強制力干預程度及時間久暫之影響自由人權大小,來考量其授權規範程度。因此,「同行」究屬人身自由之限制或剝奪,亦有探討之必要。

三、警察拘束人身自由之類型——限制或剝奪

　　警察勤務施行,常有干預性職權措施之行使,而對於人身自由拘束時間長短或干預程度強弱,除了一般之傳喚、約談等非以直接方式干預人

31　林明鏘,行政法講義,新學林,2019年9月修訂5版1刷,頁394。

身自由外，依據勤務進行方式可從攔停而不限制自由、短暫限制於現場調查、暫時帶往勤務處所查證身分而拘束人身自由之逕行傳喚、強制到場、同行、拘提或逮捕、有繼續調查或偵查必要之留置、管收或羈押等，其中部分已經屬於司法作為，而由法官保留之，例如羈押。亦有些除以法官保留為原則，例外急迫時亦依法授權由警察得暫時拘束人身自由，如「緊急逮捕」等；而較為普遍則是由對相對人所施行「強制力」高低及「拘束自由之時間」長短來區分其屬於自由之限制或剝奪[32]，惟其區分在實務上常有困難，然限制與剝奪所需要之法律實體與程序要件須有所差異，故仍有區別並明定之必要。學者李震山氏引論德國法學理論與實務中將人身自由之侵害，依程度分別說明人身自由之剝奪與限制，頗值參考，茲引述如下：「人身自由之剝奪（Freiheitsentziehung）與人身自由之限制（Freiheitsbeschrankung），兩者同以違反當事人意思之強制方法，干預當事人之行動自由，兩者之區別在於干預強度上（Intensitatsgrad），人身自由之剝奪係侵害人身自由之強烈型式（intensivierte form），其已以積極干預方式將自由完全排除，譬如逮捕。人身自由限制與人身自由之剝奪不同者，在其具消極要素，即消極阻礙個人進入某一一般人得出入之地點，並在那停留，係對人身自由為部分之限制。譬如，因臨檢需要所為之短暫之攔阻。然而人身自由之剝奪與限制兩者間，並非各自獨立，毋寧說，人身自由剝奪係人身自由限制的一種特別型態。兩者區分之實益至少有二：其一，人身自由之剝奪，除有法律依據外，尚須合乎憲法第8條之規定，法官應介入。其次，人身自由之限制，除仍應有法律依據外，但不必受憲法第8條第2項所定法官介入程度之拘束，行政官得依法或本於法律為之。」[33]至於人身自由剝奪與限制區別不易，其界限可能是動態的，須視個別情況而定，且有互易或轉換之可能性，皆屬實務上應克服之問題。

---

[32] 依德國司法及行政實務上一般之見解，若拘束人身自由超過2至3小時，則屬於剝奪人身自由，但德國聯邦最高普通法院則曾以1個半小時為界。巴伐利亞邦則認為只要將人攜往警所，則屬人身自由之剝奪。所謂「干預強度」與「時間長短」等要件之認定，實亦寬嚴不一。李震山，非刑事案件關係人之人身自由保障，收錄於：人性尊嚴與人權保障，元照，2020年3月5版1刷，頁232-234。

[33] 同上註，頁233。

因此，參酌上述李震山氏對兩者區分之析論，並參考德國基本法第104條[34]對人身自由之限制或剝奪規定，該法於第1項規定自由之限制依法定原則；而第2項至第4項規定人身自由之剝奪，除依據法定程序，並強調須遵守「法官保留」原則。再從人身自由之限制與剝奪兩類型在「干預強度」及「時間長短」區分之差異，或可推知人身自由之剝奪在警察作為上區分如：1.剝奪：違反個人意願或在其無意識狀態下將之安置或閉鎖於一狹窄有限制之空間領域或完全排除其行動自由而言。如拘提、逮捕、羈押、拘留、監禁等均屬之；2.限制：指機關依法以直接強制措施，短時間限制當事人行動自由而言，如參加交通講習、攔停、盤問、同行等。

警察維護治安任務兼具犯行追緝之刑事作為及危害防止之行政措施。而任務之達成有賴動態之勤務作為，然在勤務線上，有許多場合，不論是犯罪之預防與偵查，抑或行政之調查與取締，常須依法定程序對人民行使干預性措施，例如逮捕拘禁或其他相類似之職權作為，故必須有明確的法律授權，使得在民主法治基礎上，確實依法行政，以維護治安，確保人權。

第四節　帶往勤務處所查證身分規範分析

同行，係指經警察要求與之前往警察機構或其他適當處所，以實施警察查證身分措施。警職法第7條第2項規定為「警察將人民帶往勤務處所查證」身分，司法院釋字第535號稱之為「同行」。為求簡明，本文亦以

---

[34] 德國憲法第104條：「人身之自由僅得根據一正式之法律並僅得在遵守其內所規定之方式下加以限制。對被逮捕之人不得施以精神上或肉體上之虐待（第1項）。自由之剝奪之許可性及其繼續僅得由法官裁判之。任何非基於法官之命令之自由之剝奪應立即由法官裁判之。警察不得基於其自己之權力完整拘禁任何人超過逮捕之次日結束之時。細節由法律定之（第2項）。任何因可罰行為之嫌疑暫時被逮捕之人，至遲應於逮捕之次日移送法官；法官應向其告知逮捕之原因，審問之並給予其提出異議之機會。法官須立即發布依附理由之書面羈押令或者命令釋放（第3項）。法官任何命令剝奪自由或其繼續之裁判，應立即通知被羈押者之家屬或其信賴之人（第4項）。」參見許世楷編，世界各國憲法選集，前衛，1995年6月，頁171-172。

「同行」稱之。茲分別就同行之必要性、警職法對同行之規範、同行之合憲性,以及同行應注意事項探討之。另本文亦於下一章配合對警職法相關職權措施與要件之評析,針對警察依警職法第7條得將受檢人帶往勤務處所查證身分之規定,加以體系性評析,特此敘明。

一、賦予警察行使同行職權之必要性

警察行政之危害防止及其預備、預防犯罪任務或刑事偵查犯罪任務[35]之達成,常須實施動態性之警察勤務,始克竟其功。除了有具體犯罪事證而得以依法進行刑事偵查程序外,絕大多數之情形,警察係在執行尚無具體違法事證之行政危害防止或犯罪預防措施。然為達成上述任務,警察依法得實施干預性措施,如符合警職法第6條得實施查證身分之要件,同法第7條授權得進行攔停、詢問、令出示證件、檢查身體或其所攜帶之物件、要求同行至警察勤務處所等職權措施。然而,同行之目的在於查證身分,亦附帶有蒐集資料以釋疑之意涵,因身分資料與危害或犯罪發生之可能懷疑,或可有正當合理連結,以之作為警察判斷與最後決定作成之基礎。因此,查證身分是達成警察任務之勤務作為所必要,同行是查證身分的程序之一,為各國警察法制所明定[36]。故「同行」乃警察職權之必要措施,應依據法定要件與程序為之,並應審慎考量比例原則之適用。特別是行政「危害」依其程度,除了已經發生實害外,尚可分為二部分,一為抽象性危害(又稱「潛在性危害」);另一為具體危害[37]。因此,究應在何種危害程度下,以干預性職權措施進行查證身分,而在何種情形下,得要

---

[35] 李震山,警察行政法論—自由與秩序之折衝,五南,2020年9月修訂5版1刷,頁39。氏指出:「近年來,為了抗制組織犯罪及恐怖主義活動,德國立法者已將『犯罪預防抗制』以及『危害防止之預備』領域納為警察任務。」又稱:「我國警察職權行使法亦賦予警察蒐集資料職權(第9條至第18條),在傳統警察二大任務之外,另闢危害發生前之預防領域,雖隱合時代潮流,但對其界限也常引起爭論。」

[36] 各國多有類似同行之規定,如日本警察官職務執行法第2條、德國聯邦與各邦統一警察法標準草案第9條、美國統一逮捕法等。

[37] 「具體危害」指在具體案件中之行為或狀況,依一般生活經驗客觀判斷,預料短期間內極可能形成傷害的一種狀況,案件發生有不可延遲性、可能性、及傷害性。「抽象危害」係危害可能產生之前期階段,抽象危害中之事件,是依一般或特別生活經驗所歸類,而該事件係於具體危害中發生,有稱之為「一般存在之危害」。參見李震山等,警察職務執行法草案之研究,內政部警政署委託研究案,1999年6月,頁52-53。

求同行至警察勤務處所查證身分,均有釐清必要,因其影響人身自由程度有極大差異。除了案件已經違犯行政法上之實害,必須依據各相關法律規定,進行調查作為或實行強制手段之外,其餘二種程度較輕之潛在或具體之可能危害,為防止或排除危害之必要,亦可能有干預性職權措施介入調查之必要,其係以其干預性職權措施之實施,係以防止具體危害為原則,必要時亦可及於防止潛在危害而施行之。

司法院釋字第535號打破了過去「有組織法即有行為法」之迷思。由於過去經常有組織法規定機關業務職掌,並賦予任務,但卻沒有行為法(或稱作用法)來授予職權,而機關即以組織法、任務法或勤務法規作為干預性執法作為之基礎,通常其職權措施之要件、程序或救濟常付之闕如或不明確。所以,釋字第535號解釋,大法官才會首先釐清警察勤務條例之法律性質,將之解釋為組織法兼有行為法之性質,給予原屬於警察勤務方式之一的「臨檢」,作為干預性措施之正當化基礎,可謂用心良苦。如今,警職法制定施行,並未援用「臨檢」一詞,而是將之化整為零成為查證身分各種措施,然警察勤務條例之「臨檢」則回歸其原始身分或地位——「警察勤務方式」之一[38]。因此,警察任務之達成,有賴良好規劃之業務與機動迅速有效之勤務,而警察勤務之施行,除屬單純事實行為或服務性措施外,常須干預相對人之自由權利之職權作為,若沒有合於憲政秩序之明確可行的職權法規範,欲使警察有效維護治安與保障人權,將有困難。故司法院釋字第535號解釋後,制定警職法改進了過去有關「臨檢」沒有要件、程序與救濟規定之缺失,而將警察干預性措施具體化、類型化,並且各有其得以實施之要件與程序規定,若有不服,尚可依法提出現場或事後救濟,值得肯定。其中,警職法第7條第2項係在各種干預性措施之後,在法定程序規範下,賦予警察有要求「同行」之權力,寓有「最後手段性」之意涵,警察更應嚴謹適用,以衡平公權力行使與人權保障之意旨。

---

38 警察勤務條例第11條規定,警察勤務方式為:勤區查察、巡邏、臨檢、守望、值班、備勤等六種。臨檢係一集合性名詞,含有許多干預性職權措施,故警職法第7條及第8條之各種干預性措施均屬之。

二、同行之授權基礎

　　警察任務之犯罪偵查有強制處分之逮捕拘禁嫌疑人24小時之規定，以作為偵辦案件之需要；另一方面，在行政調查作為上，亦有逕行通知、強制到場、留置、同行等法律授權之職權作為。在行政調查上，或可依據其違犯行政義務之程度，而區分為三部分。第一，從具有實害之行政犯，如已經有具體事證之行政法義務違犯，如違反交通法規或社維法之規定者，則可依據各該法律之規定，進行其取締程序，必要時，亦可依法強制之，例如社維法第41條之通知到場或第42條之逕行通知或強制到場，以進行其法定調查程序。除以上第一種犯罪偵查或調查行政實害之查證身分以致拘束其人身自由外，其餘二部分則如警職法第6條第1項之查證身分要件，而可區分為：以防止具體危害或潛在危害為基礎二類，來行使警察職權措施，如攔停、詢問、令其出示證件、檢查其身體或所攜帶之物件等，之後，若有必要，得據以進行同法第7條第2項規定：「依前項第二款（詢問）、第三款（令出示身分證明文件）之方法顯然無法查證身分時，警察得將該人民帶往勤務處所查證；帶往時非遇抗拒不得使用強制力，且其時間自攔停起，不得逾三小時，並應即向該管警察勤務指揮中心報告及通知其指定之親友或律師。」第二，警察為防止具體危害之情形，而施行查證身分之職權措施，如警職法第6條第1項第1款至第3款之要件[39]為防止具體危害之情形。第三，警察為防止潛在危害之情形，而進行查證身分措施，如警職法第6條第1項第4款至第6款之要件[40]為防止潛在危害之情形。其必須符合上述警職法第6條所定之要件，始得進行第7條之查證身分措施，而

---

[39] 警職法第6條第1項第1款至第3款：「一、合理懷疑其有犯罪之嫌疑或有犯罪之虞者。二、有事實足認其對已發生之犯罪或即將發生之犯罪知情者。三、有事實足認為防止其本人或他人生命、身體之具體危害，有查證其身分之必要者。」此些要件屬於個別員警依據個案事實情狀進行涵攝執法之判斷與裁量的職權要件，若違法要件該當，依法應予取締，自應依法執法。參考蔡庭榕，警察職權行使法與案例研究，收錄於：許福生主編，劉嘉發等合著，警察法學與案例研究（第二章），五南，2020年2月初版1刷，頁65。

[40] 警職法第6條第1項第4款至第6款：「四、滯留於有事實足認有陰謀、預備、著手實施重大犯罪或有人犯藏匿之處所者。五、滯留於應有停（居）留許可之處所，而無停（居）留許可者。六、行經指定公共場所、路段及管制站者。」此些要件係無需由執法員警判斷，僅依法或機關主管長官之指定，即得對之攔檢盤查。特別是上述第6款更是全面進行集體攔檢之授權依據。參考同上註。

查證身分必須符合第7條第2項之同行規定，則得將之帶往警察勤務處所查證身分。同行之法律性質與要件、程序及救濟於後敘述。

（一）「同行」之法律性質

1.任意同行或強制同行

我國警職法第7條第2項：「依前項第二款、第三款之方法顯然無法查證身分時，警察得將該人民帶往勤務處所查證；帶往時非遇抗拒不得使用強制力，……。」所稱「帶往時非遇抗拒不得使用強制力」一語，反面解釋，若帶往時遇抗拒則得使用強制力。因此，該規定應是「強制同行」之性質，爲必須注意遵守「比例原則」。此與日本警察官職務執行法第2條所規定之「任意同行」有別，然日本雖爲任意同行，然在判例或學說上，認爲警察要求任意同行時，不能解爲不可行使任何有形的實力，因以身體動作要求同行，乃屬當然，但仍有一定之界限[41]。

2.「事實行爲」或「行政處分」

「同行」其法律性質爲何？論者有認爲「警察機關運用物理的強制力，以實現行政處分之行爲，或逕行執行法令之行爲」係「強制措施」之「事實行爲」[42]。警察將人民帶往警察勤務處所查證身分之「同行」，係逕行執行警職法第7條第2項之行爲，應與強制措施之「事實行爲」符合。另一方面，亦有論者從行程法第92條及訴願法第3條規定衍生所構成行政處分之四大要件[43]，而認爲警察臨檢行爲屬於「行政處分」性質，「同行」屬於警察臨檢職權措施之一，亦符合上述「行政處分」之四大要件，亦應屬於「行政處分」之性質。然不論「同行」屬於「行政處分」或「強制措施」之「事實行爲」，兩者畢竟均爲「公權力措施」之暫時拘束人身自由，最多達3小時之受限。然在我國行程法第92條及訴願法第3條加入「其他公權力措施」之後，對於因此「同行」之公權力措施所造成之不

---

[41] 鄭善印，日本警察偵查犯罪職權法制之探討，刑事法雜誌，第45卷第6期，2001年12月，頁35。

[42] 吳庚，行政法之理論與實用，自印，2015年2月增訂13版，頁450-451。

[43] 林明鏘，警察臨檢與國家責任，台灣本土法學雜誌，第48期，2003年7月，頁110。

服，亦得據以提出行政爭訟，警職法第29條更予以明文規定其救濟方式。

（二）「同行」之要件、程序與救濟

1.「同行」之要件

警職法第7條第2項規定，以「依前項第2款（詢問）、第3款（令出示身分證明文件）之方法顯然無法查證身分時，警察得將該人民帶往勤務處所查證」。其適用必須遵守以下之要件：

(1)最後手段性：應窮盡各種現場可能查證之方法，如該法規定必須先經詢問及令出示身分證明文件之方法，此處所舉之二種方法應僅爲例示，仍應窮盡在現場所有其他可能適用之方法，如以無線電話或得作爲查證工具之其他科技儀器時，而且仍有顯然無法查證身分時，始得要求同行；否則，即不得將之帶往勤務處所。

(2)遵守比例原則：是否強制同行，除同行要件符合外，應先考量比例原則，亦即應優先考量將人民帶往勤務處所是否可能達到查證其身分目的之「適當性」原則；再者，「同行」之方法，以徵得其同意爲原則，若真遇有抗拒，而確有同行查證之必要，亦需要考量其最小侵害原則（或稱「必要性」原則），例如是否使用強制力及使用何種強制力方式爲必要，另外亦必須顧及當事人之聲名維護等。

(3)踐行法定程序：必須在警察基於警職法第6條之查證身分要件，而有必要時，始得實施警職法第7條第1項之查證身分措施，在行使第1項措施之後，若有第2項之要件符合，而有必要時，始得要其同行，並遵守法定程序，以使警察要求同行之實施符合憲法第8條第1項之規定。

就警察所爲身分之查證或要求出示身分證明文件，相對人如有拒絕陳述或虛偽陳述或冒用他人身分證明文件情事，因已構成違序行爲，執行員警得依社維法第42條規定，先以口頭通知其同赴警察機關接受查證，如抗拒口頭通知，則相對人雖有拒絕陳述或虛偽陳述或冒用身分文件情事，若執勤員警當場已查明其身分者，則其查證程序已告結束。至於其有因拒絕或虛偽或冒用身分文件之違法情事，則另依社維法規定予以處理，已非查證措施或要求同行作爲，而係屬於實害調查之傳喚性質，應非臨檢程序之

延伸，則依社維法第42條之規定，則得強制其到場查證[44]。

2.「同行」之程序

依據警職法第7條第2項規定內容，警察要求受查證人同行至警所，程序應注意：(1)首先必須有該法第6條所定要件之一，並施行第7條第1項之措施，如經攔停、詢問、令其出示證件，在符合法定要件下，尚有對受檢人身體外部或其所攜帶物件進行拍搜（frisk）之可能。若因而顯然無法查證身分，得要求其同行至警所；(2)注意同行時間之限制：警察將人民帶往勤務處所查證身分，其時間自攔停起，不得逾3小時；若有其他違法行為，得依其違犯法規處理之，否則應即釋放；(3)比例原則考量：警察將受查證身分人帶往勤務處所時，非遇抗拒不得使用強制力；(4)履行通報及通知義務：警察使受檢人同行至警所，已經屬於憲法第8條第1項所定自由之拘束，性質類似於逮捕拘禁，為保障人權，警職法規定應即向該管警察勤務指揮中心報告及通知其指定之親友或律師。雖然憲法第8條第2項：「人民因犯罪嫌疑被逮捕拘禁時，其逮捕拘禁機關應將逮捕拘禁原因，以書面告知本人及其本人指定之親友，並至遲於二十四小時內移送該管法院審問。本人或他人亦得聲請該管法院，於二十四小時內向逮捕之機關提審。」依警職法所規定而「同行」之人，雖尚非上述因犯罪嫌疑被逮捕拘禁者，亦非刑事被告，然為保障人權，或遵循行程法之程序保障規定，亦應有告知理由及通知本人或家屬之必要。因此，警職法乃有此立即通知其指定之親友或律師之機制設計。

憲法第8條規定，由警察機關依法定程序，始得「逮捕拘禁」，在此有關「同行」雖非憲法規定用語，然其對於人身自由之拘束，與「逮捕拘禁」性質相近，僅其時限為3小時，相對於憲法第8條所規定之24小時之限度，雖有不同，但限制人民自由則無殊異。情形或理由相類似於美國Terry v. Ohio一案，法院認定不同程度之實質理由，實施不同程度之搜索

---

[44] 社會秩序維護法第42條有關逕行通知或強制到場之規定，依實務見解，除身分查證外，尚包括違法事實之訊問，此係就逕序行為而言，如就臨檢而轉換法律適用社維法第42條之逕行通知或強制到場，宜限縮解釋，應僅限於查證身分。

扣押。不論徹底搜索（search）或僅身體外部拍搜，皆爲憲法上之搜索；不論是逮捕（arrest）或攔停（stop），皆爲憲法上對人之扣押，接受憲法第四增補條款之規範。所不同的是「拍搜與攔停」對人民之侵犯較「搜索與逮捕」爲低，故所須之發動門檻，亦相對較低，前者只須「合理懷疑」，而後者須達「相當理由」之心證確信已有犯罪發生或即將發生之情形，始得發動上述職權措施[45]。故警職法之「同行」亦爲我國憲法上之「逮捕拘禁」，爲拘束人身自由之公權力措施，應受憲法第8條之規範。因此，警職法第7條第2項規定之程序，如應即向該管警察勤務指揮中心報告及通知其指定之親友或律師，亦爲正當程序之一，爲人權保障措施，極有必要。

3. 「同行」之救濟

「同行」不論其是屬於「行政處分」或強制措施「事實行爲」之公權力作爲，依據我國現行法律規定，是可以提起法律救濟[46]。警職法第29條規定：「義務人或利害關係人對警察依警職法行使職權之方法、應遵守之程序或其他侵害利益之情事，得於警察行使職權時，當場陳述理由，表示異議（第1項）。前項異議，警察認爲有理由者，應立即停止或更正執行行爲；認爲無理由者，得繼續執行，經義務人或利害關係人請求時，應將異議之理由製作紀錄交付之（第2項）。義務人或利害關係人因警察行使職權有違法或不當情事，致損害其權益者，得依法提起訴願及行政訴訟（第3項）。」再者，若有國家賠償或損失補償之情事，亦可分別依據警職法第30條及第31條規定辦理。大法官釋字第535解釋及警職法之救濟方式，同行係查證措施之一，不服時可據以提出救濟。特別是在行程法第92條及訴願法第3條中均將「其他公權力措施」列爲「行政處分」之內涵，故人民對於公權力措施所造成之違法或不當侵害，自得據以提起行政爭

---

45 王兆鵬，警察盤查之權限，收錄於：路檢、盤查與人權，翰蘆圖書出版有限公司，2001年6月，頁107。

46 吳庚氏指出：「若法律對事實行爲之救濟途徑另有規定者，當然從其規定，譬如警職法第29條。」參見吳庚，行政法之理論與實用，自印，2015年2月增訂13版，頁460。

訟，是爲大法官釋字第535號所特別強調[47]。警職法第29條對於救濟途徑規定，除於該法第1項規定，允許義務人或利害關係人對警察依警職法行使同行職權之方法、應遵守之程序或其他侵害利益之情事，得於警察行使職權時，當場陳述理由，表示異議。若對異議之決定不服，尚可請求警察將異議之理由製作紀錄交付之。該法第2項進一步規定，義務人或利害關係人因警察行使職權有違法或不當情事，致損害其權益者，得依法提起訴願及行政訴訟。

三、「同行」規定之合憲性與其適用之相關問題

　　警職法第7條第2項規定與相關於人身自由之大法官解釋參照，特別是司法院釋字第535號解釋對於「同行」內涵之闡述，可進一步瞭解警職法所授權警察將人民帶往勤務處所查證身分之「同行」規定，是否符合憲法保障人身自由之機制，而達到實質正當的法律程序，頗值得探討。

（一）從憲法第8條及第23條之合憲性思考

　　警職法之「同行」屬於人身自由之「逮捕拘禁」性質，而其對人身自由之拘束，最多得爲3小時，並須遵循法定程序，亦即警職法所定之程序，例如告知理由及通知親友或律師等。依據前述之大法官第384號及第392號解釋之意旨，凡限制或剝奪人身自由之公權力措施，均須遵守憲法第8條之規定。從我國憲法第8條第1項規定意旨，並參酌德國基本法第104條之精神，則警察依法將人民帶往勤務處所查證身分之同行措施，似可認爲僅屬人身自由之「限制」，而尚非「剝奪」，故尚無法官介入或令狀要求之規定，是否有法官保留及令狀需求，允宜考量人權保障法理與實務作爲之可能範圍，以警職法之同行規定，在3小時之內，嚴格要求法官保留與令狀制度，實非容易，似可以嚴格規定同行要件與同行之其他法定程序

---

[47] 大法官釋字第535號解釋理由書最後一段指出：「對違法、逾越權限或濫用權力之臨檢行爲，應於現行法律救濟機制內，提供訴訟救濟（包括賠償損害）之途徑：在法律未爲完備之設計前，應許受臨檢人、利害關係人對執行臨檢之命令、方法、應遵守之程序或其他侵害利益情事，於臨檢程序終結前，向執行人員提出異議，認異議有理由者，在場執行人員中職位最高者應即爲停止臨檢之決定，認其無理由者，得續行臨檢，經受臨檢人請求時，並應給予載明臨檢過程之書面。上開書面具有行政處分之性質，異議人得依法提起行政爭訟。」

彌補之。又若「同行」係人身自由之限制，所以尚不需要有憲法第8條第2項至第4項之「提審」規定之適用。如前所分析，我國憲法第8條第1項明定，警察機關依據法定程序，得實施逮捕拘禁之限制或剝奪人身自由措施。因此，依據警職法第7條第2項之規定之同行要件、程序與救濟之規定，係遵循憲法第8條之規定意旨。

對於限制或剝奪人身自由之法律規範，依據釋字第384號解釋意旨，所稱「依法定程序」，係指凡限制人民身體自由之處置，不問其是否屬於刑事被告之身分，國家機關所依據之程序，須以法律規定，其內容更須實質正當，並符合憲法第23條所定相關之條件。憲法第23條揭櫫了自由權利保障，應遵循「公益原則」、「比例原則」及「法律保留」原則，而法律規定之內容必須實質正當，而且符合「明確性原則」，為大法官解釋所經常強調。對於警職法將人民帶往勤務處所查證身分之同行規定，以憲法第23條加以檢視，首先，該法規定應符合「公益原則」，亦即係基於「防止妨礙他人自由、避免緊急危難、維持社會秩序，或增進公共利益」之四大公益原則所規定，而賦予警察要求相對人同行之職權，應與憲法第23條規定尚無不符。茲有疑義者為「同行」規定是否合於「必要者」之「比例原則」適用，以及雖有警職法之授權實施「同行」措施，形式上符合「法律保留原則」，惟須進一步思考者是其法律規定程序內容，是否「實質正當」原則。以上兩疑義，有必要進一步探討如下。

1.「同行」規定是否符合「比例原則」

以憲法「比例原則」來檢視警職法第7條第2項之同行規定的立法授權是否合度適當，須注意其能否通過「適當性原則」、「必要性原則」及「狹義比例原則」，不無疑義。首先，警察於攔檢現場經詢問或令出示證件顯然無法查證身分，而將受查證人帶往勤務處所後，若無其他配套措施，例如原草案有得進行鑑識身分措施以為配套[48]，但未經立法通過，導

---

48 警職法原研究草案在第9條「同行」規定之後，定有第10條鑑識身分規定如下：「警察於有下列情形之一時，得對當事人採取鑑識措施：依前條第一項第一款至第五款，不能或顯難達成身分查證之目的時（第1項）。依事實狀況及其前科素行，足認其有觸犯刑事法律之虞者（第2項）。前項所稱鑑識措施如下：一、採取指紋或掌紋。二、照相或錄影。三、確認體

致在現場無法查證，同行至勤務處所仍無法查證，而致無其他作為，僅為「同行」而「同行」，而無法達成查證身分之目的時，則此立法不無違反「適當性原則」之疑義。況若人民僅因路過警職法第6條第1項第2款之某一經指定得進行全面攔檢之公共場所或路段，而經攔檢並被要求查證身分，屬於因抽象（或潛在）危害，經警詢問或令出示證件仍顯然無法查證時，即得要求強制同行，且同行之性質，與無令狀逮捕相近，若將之置於警用巡邏車載往警所，除使人民產生極大之心理強制力，依社會一般通念，或將認為該人為警察所逮捕，而使其產生壓力或恥辱感，其緣由僅為路經被指定為警察攔檢區域而顯然無法查證身分而已。果真如此，則警察所為不無「以砲擊雀」之疑慮，似與「狹義比例原則」不相符。故本文認為，若人民經詢問後，已經告知姓名及地址等身分基本資料，或已經出示證件，則此時對其身分查證之義務，即在於警察，縱然警察無法在現場確認其真偽，亦即不得以顯然無法查證身分而將之帶往警察勤務處所。再者，行使同行職權措施，應亦應遵守「必要性原則」，亦即非有抗拒不得行使強制力，若有必要行使強制力，亦應在能達成目的之方法中，選擇對當事人最小侵害者為之。雖警職法僅規定同行，自攔停起不得逾3小時。但應注意縱然在3小時內，亦應遵守釋字第535號解釋所要求之「身分一經查明，即應任其離去，不得稽延」之意旨。

2.是否符合「實質正當」原則

正當法律程序包括「程序上正當程序」與「實質上正當程序」已如前述。程序之正當程序即如憲法第8條第2項所定犯罪嫌疑人被逮捕拘禁時，應遵守之程序規範，如告知原因、24小時內移送法院審問、人民申請提審權，以及刑事訴訟法之相關程序規定。另一方面，非屬於刑事犯罪嫌疑人雖非憲法第8條第2項規定範圍，然基於上述憲法8條第1項與釋字第384號及第392號解釋可知，亦應有正當法律程序之遵守，如行程法或其他個別行政法所定之程序，其內容必須實質正當，且符合憲法第23條所定之條件

外特徵。四、量取身高、體重。五、其他得以辨識身分之法定鑑識措施（第3項）。」

始可。論者認爲警職法規定3小時之強制同行，實質上已經剝奪相對人之自由，而僅課予警察通報勤務指揮中心之程序義務而已，其憲法之「正當法律程序保障」及「法院保留主義」[49]將全盤落空，並認爲警職法第7條第2項之強制同行規定，明顯欠缺對當事人之程序保障條款，且無司法機關事前或事後之監控機制，有違憲之虞[50]。亦有論者認爲憲法第8條係指刑事處罰而言，但是否包括行政秩序罰，不無討論之餘地。惟其仍指出行政罰若涉及人身自由的拘束，仍應受到正當程序的保障與法律保留原則之限制，始符合憲法保障人身自由之旨[51]。按憲法第8條第1項規定係要求司法或警察機關，非依法律程序，不得逮捕拘禁。又經過釋字第384號及第392號解釋，凡限制或剝奪人身自由之公權力行爲，不限於刑事被告身分者，故警職法屬於行政危害防止或預防犯罪之強制同行，由警察依據法定程序爲之，釋字第535號解釋文對於同行，並未要求需要有「法官保留」或符合「令狀主義」。因此，警職法所規定之「同行」，並無要求法官保留或令狀需求之必然性，應認符合守憲法第8條第1項之規定。

（二）適用問題

雖然警職法之同行規定，在形式上或已符合憲法第8條保障人身自由之規定，然將其法定內容，是否實質正當，或將之與大法官釋字第535號解釋相比較，仍有下列值得考量之問題：

1.同行之要件

警職法第7條第2項僅規定「依前項第2款（詢問）、第3款（令出示證件）之方法顯然無法查證身分時，警察得將該人民帶往勤務處所查證」；而釋字第535號解釋則指出：「臨檢應於現場實施，非經受臨檢人同意或無從確定其身分或現場爲之對該受臨檢人將有不利影響或妨礙交通、安寧者，不得要求其同行至警察局、所進行盤查。」原則上，同行必

---

49 「內政部委託學者研究認爲警察職權行使法涉有侵犯人權顧慮條文」之研處意見，認警職法第7條第2項之強制同行，因無司法審查（法官介入）而有違憲之虞，建議刪除該項規定。

50 林明鏘，警察職權行使法評析，台灣本土法學雜誌，第56期，2004年3月，頁113。

51 李惠宗，憲法要義，敦煌書局，1999年4月2版，頁111-112。

須先有依法得進行查證身分之要件為前提，始得為之。惟兩者規定尚有不同的是上述警職法所規定之「同行」，係以能否達成之目的性原則（以「顯然無法查證身分」為考量），而未考慮是否對當事人將有不利影響或妨礙交通、安寧之情形等，或其他因素不適合在現場查證時，亦得要求「同行」。因其並非顯然不能查證，而是在場查證對當事人將有顯然不利之情形。例如，日本警察官職務執行法第2條之「同行」規定其要件，應為在現場盤問對本人不利、或有礙交通或其他不適宜在現場實施之情形，始得要求同行[52]。再者，依據警職法之同行規定，僅以「詢問」或「令出示證件」之方法而顯然無法查證身分，作為要求同行之要件，然參考日本警察官職務執行法第2條係以「對當事人不利或妨礙交通」為要件，或者大法官第535號解釋亦揭示四項要件，亦即「非經受臨檢人同意或無從確定其身分或現場為之對該受臨檢人將有不利影響或妨礙交通、安寧者，不得要求其同行至警察局、所進行盤查」以之作為是否要求同行之決定基礎，較符合實務需要，值得未來修法時參探。又因所有法令上並未有強制規定人民有攜帶國民身分證之義務[53]，而且依據戶籍法第8條第1項之規定：「人民年滿十四歲者，應請領國民身分證。」然並無罰則或強制規定，以致尚有人可能並未有身分證及其他證件或攜帶之，以致無法出示。若該等人經詢問後，告知姓名等基本資料，則此時應由在場警察依無線電查證或其他可能方式為之，其查證責任應在警察，若無法進一步查證，亦無其他實害違法，應讓其自由離開，實不得以所告知之姓名資料無法查證，而將之帶往警所。

2.同行所至之處所

原則上，同行至警察勤務處所以查證身分，是否可以帶至其他適當處所，警職法或釋字第535號解釋均未有明文。例外時，亦可經當事人同意而至方便進行查證身分之處所。例如，日本警察官職務執行法之同行規

---

[52] 鄭善印，日本警察偵查犯罪職權法制之探討，刑事法雜誌，第45卷第6期，2001年12月，頁34-35。
[53] 僅有戶籍法施行細則第20條第3項規定：「國民身分證應隨身攜帶，非依法律不得扣留。」但並無任何罰則。

定，其判例或學說認為有時可同行至附近空地、事務所或其他處所。

3.同行之時間

雖然同行之法定時限，自攔停時起，不得超過3小時，但同行而拘束人身自由之時間，仍必須遵守依法立即處理原則，查證後應依據釋字第535號解釋意旨，除因發現違法事實，應依法定程序處理者外，身分一經查明，即應任其離去，不得稽延。3小時同行時限係包括帶往勤務處所之在途期間，亦即自攔停時起，最多僅能拘束受查證身分人3小時，縱然尚未查明身分，若無其他違法事由，並須立即讓其自由離開。

4.同行之程序

依據警職法之同行規定，若將人民帶往勤務處所查證身分，應即向該管警察勤務指揮中心報告及通知其指定之親友或律師。原草案係以「向警察局長報告」，其係以「長官保留」作為拘束人身自由與人權保障衡平之考量。經立法過程中，以「向該管警察勤務指揮中心報告」替代之，想必係因勤務中心代表機關24小時運作，且首長隨時可掌握狀況，亦有同樣功能，且在實務上較為可行。至於通知其指定之親友或律師，則是憲法第8條所稱法定程序之一環，亦為「程序之正當法律程序」的一部分，迅速使其親友知情，或通知其律師，以保障其權益。亦有論者認為警察應主動告知其將被帶往之勤務處所及進行查證之時間限制，以使其作為斟酌是否配合警察詢問之考量，並建議警察更宜透過制定行政規則之機會，充實其必要之程序保障，課予警察更多之主動告知義務[54]。然而，通知其指定之親友或律師，若無法查證身分，則此通知義務，在實務上將造成困難，本文認為若當事人不願意通知，則應尊重其意願。

5.查證身分之目的與方法

同行，係將人民帶往勤務處所查證身分，然而查證身分之目的何在，警職法並未明定，其實同行目的應隱含有蒐集或連結相關身分背景因素，以協助執法者對於第6條危害防止或預防犯罪之可疑要件之釋疑功

---

54 林明鏘，警察職權行使法評析，台灣本土法學雜誌，第56期，2004年3月，頁113-114。

能，以作為合理懷疑或其他判斷要件之連結，以形成決定是否有進一步執法作為之決定基礎。至於帶往勤務處所後，如何進行查證身分，警職法欠缺如何進一步查證措施及其要件、程序之規定，原草案有帶往勤務處所後之鑑識身分的規定，以為配套措施，但可惜未通過立法。若無任何得進一步查證措施，而僅將人民帶往警所拘束其自由3小時，則顯然不合大法官釋字第535號解釋之一經查明，即應任其離去，不得稽延。因此，警職法有關同行規定，應考量其同行後之配套措施，例如修法授權得以進行鑑識措施，使之能進一步達成查證身分之目的。否則，即無同行之必要，該規定似可被考量刪除。

6. 強制力程度

警職法對於同行之規定，在帶往時非遇抗拒不得使用強制力，反面而言，若遇有抗拒，則得使用強制力，已屬於強制同行性質，此為釋字第535號所未解釋者。若僅是潛在性危害之疑慮，而以強制力帶往警所，是否逾越憲法比例原則，不無疑慮，已探討如前述。然強制力之行使則必須符合比例原則，吾人認為以徵求其同意為先，不宜貿然使用強制力，似不宜使用警銬。例如，日本有關同行規定，雖為任意性，但有許多判例仍許可警察行使有形的實力，認以身體動作要求同行，乃屬當然，但仍有一定之界限[55]。

7. 給予同行書，並告知救濟途徑

依據警職法第29條規定，對警察依警職法行使職權之方法、應遵守之程序或其他侵害利益之情事，得於警察行使職權時，當場陳述理由，表示異議。若異議不被採納，經義務人或利害關係人請求時，應將異議之理由製作紀錄交付之。舉輕以明重，現場攔停、檢查等警察職權作為可提起異議，並請求給予異議紀錄文書，同行對於人身自由權利干預較重，吾人認為既然帶至警所，應在警所留有書面紀錄，並主動給予受查證身分人一

---

[55] 鄭善印，日本警察偵查犯罪職權法制之探討，刑事法雜誌，第45卷第6期，2001年12月，頁37。

份文件，或可稱之為「警察同行書」[56]，記載同行之事由及相關資料，並載明若有不服，得進行之救濟途徑，作為教示，確保人權。

四、外國有關「同行」之規定與值得借鏡之處

各國基於其社會環境與法制背景之差異，對於「同行」之法律規定多有差異，各有特色，茲簡述如下：

（一）外國有關「同行」之法律規定

1.日本

日本警察官職務執行法第2條規定[57]，警察對嫌疑人實施盤查時，認為有繼續質問查證之必要，或認為當場質問，將不利於本人或妨害交通時，得要求嫌疑人同行前往警所，然日本之法律規定係為任意同行。然該條之盤問與同行，學者通說認為係屬於所謂的「任意調查」及「任意同行」，不得以強制力為之[58]。至於所謂不利情形，如人多之場合將導致其名譽受損或恥辱，或是考量道路上太熱或太冷之情況。對在交通流量大之處所進行汽車盤查將嚴重妨害交通。除了法定二種情況外，對於對方人數眾多、酩酊酒醉者、不易在路上繼續盤問者、攔停場所昏暗、從衣物或手提物品加以確認有所困難者，可以要求其從開始盤查之處所移至適當處所為之。為求盤查之攔停，故初始使用某種程度之強制手段，被認為是當然的。然由於同行必須是任意性，從開始要求同行，必須審慎地判斷是否有合於同行之要件，而且必須注意實力行使之界限。

要求任意同行所至之場所以最近警察分局、派出所為原則，附近之空地、建築物亦可，要以在現場繼續盤問不適合及同行之被盤問者之不利益為思考基礎，儘可能地近於現場，而且必須選擇非不利於本人或不妨害

---

56 少年事件處理法第22條、第23條、第59條及保安處分執行法第44條規定有使用「同行書」之名稱。

57 日本警察官職務執行法第2條第2項規定：「為前項盤問時，苟認在現場為之對其人不利，或將妨礙交通時，得要求其人同行至附近警察分局、派出所或駐在所，以便盤問。」第3項：「前二項所規定之人，非依刑事訴訟法相關法律之規定，不得拘束其身體自由，或違反其意思強求至警察分局、派出所或分駐所，或強其答辯。」

58 蔡震榮，警察職務執行條例草案之探討，台灣本土法學雜誌，第44期，2003年3月，頁101。

交通之處所[59]。此種同行並非逮捕，故須基於當事人之配合。雖然如此，但同行之目的無論如何無法去除其乃為發覺犯罪跡證之色彩。至於任意同行有形實力行使之界限，任意同行與攔停盤問不同，不得使用強制力。拒絕同行時，以手抓住其身體，此被判決為違法的。然有較嚴重之犯罪嫌疑者，而不適合繼續盤問之場合時，要求同行至警察分局，只是從對手拒絕同行來考量，直接地終止繼續盤問，警察工作明顯的完全不能推展，當然應該為強制施行。因此，首先警察必須表明身分，以言語相勸，依據對方之態度、言語及行動，若可消除疑慮，則無須繼續盤問，必須直接終止盤查，但懷疑程度因而增加的話，犯罪程度重大、嫌疑增加，依據要求同行以繼續盤問之必要性、緊急性增加，以作為後來決定是否採取進一步措施之基礎[60]。一般以為，警察要求任意同行時，不能解為不可行使任何有形的實力，因為以身體動作要求同行，乃屬當然，但仍有一定之界限，其界限可以用1986年11月17日東京地方法院之判決來作參考。該判決以為：「巡佐對拒絕同行並推開警察想要離去的被告，以右手抱其左腕，同時更將被告的兩袖抓住，行使若干的實力措施，其程度，參照被告有違反大麻取締法的濃厚嫌疑，以及強烈之盤問必要等客觀狀況，應認為係想要促使被告回心轉意的暫時性不得已之行為，再者，其行使實力之程度，尚未達以實力壓制被告行動的強度，應屬尚在所謂伴隨動作之說服行為的可容忍範圍內。」但若警察以警車載其同行，卻有不少判例認為已達逮捕的強制力程度。另外，警察的實力行使是否合法，亦有不少判例以為應視警察已否盡說服之能事為定[61]。

2.美國

美國憲法第四增補條款規定：「人民有保護其身體、住所、文件與財產之權，不受無理拘捕、搜索或扣押，並不得非法侵犯。除有正當理由，經宣誓或代誓宣言，並詳載搜索之地點，拘捕之人或收押之物外，

---

59 古田右紀，任意搜查の線界101問（第15問），立花書房，平成5年，頁43。
60 同上註，頁44。
61 李震山等，警察職務執行法草案之研究，內政部警政署委託研究案，1999年6月，頁140-143。

不得頒發搜索票、拘票或扣押狀。」依據該規定，美國法院有許多判例加以落實此自由保障規範，特別是人身自由之保障。雖美國聯邦統一逮捕法（Uniform Arrest Act）曾有規定，任何可疑人無法證明自己之身分，或解釋自己之行為以令警察滿意時，警察可加以拘束，並進一步偵訊[62]。然而，根據Terry原則，除非逮捕，否則對於受檢查人之拘束，不能導致將人帶回警所，並作有罪之控訴[63]。因此，如可攜往警所即以達逮捕之程度[64]。在美國執法與司法實務上，除非是逮捕，否則基於盤查而為之同行，必須得到相對人之同意，且所為之意思表示不得有任何瑕疵。對於同行後之詢問並非犯罪偵訊，相對人有選擇自由離去之權利，警察必須予以告知。否則，可能逾越法律所授權之界限，而被視為逮捕而違法或受違憲之宣告。

　　警察在缺乏正當理由（probable cause）下，將被告帶回警所留置偵訊（interrogation），法院認為警察發現被告時並未做任何詢問，即立刻將其帶回警局並置於偵訊室，亦未告知被告得隨時離去。因此，逾越Terry原則所允准之攔阻、暫留與簡短詢問之限度，是屬警察在無正當理由之狀況下拘禁（seizure）被告，且將其帶回警局做偵訊，已觸犯憲法第四及十四修正案之規定[65]。被告在受同行之要求時，已處於非任意狀態，執法者在檢視被告之機票與駕照後，並未即歸還，並將被告帶往偵訊室，在未取得其同意下，行李已從飛機上帶下準備檢查，期間被告並未受告知得自

---

62 美國統一逮捕法規定：「警察若有合理的理由懷疑在戶外之嫌疑犯已經、正在或即將犯罪時，可以攔阻，並可詢問他的姓名、地址、在外逗留的原因以及去哪裡。任何可疑人無法證明自己的身分，或解釋自己行為令警察滿意時，警察可加以拘留，並進一步偵訊。本節所述之拘留期限不得逾2小時，拘留不是逮捕；也不可留下任何官方紀錄。拘留後，嫌犯不是釋放，就是被逮捕及起訴。」

63 Terry v. Ohio, 392 U.S. 1 (1968). Sameer Bajaj, Policing the Fourth Amendment: The Constitutionality of Warrantless Investigatory Stops for Past Misdemeanors, 109 Colum. L. Rev. 309 (2009).

64 Dunaway v. New York, 442 U.S. 200 一案，警察對嫌疑犯僅具合理懷疑，而非達相當理由程度懷疑其犯罪，警察將其自家中載到警局詢問，而嫌犯未被告知其已被捕，聯邦最高法院認其已被逮捕，其合理性程度不足，故逮捕不合法。

65 Dunaway v. New York, 442 U.S. 200 (1979). Daniel C. Isaacs, Miranda's Application to the Expanding Terry Stop, 18 J.L. & Pol'y 383 (2009).

由離去。因此，同行之後所爲之調查，已屬逮捕後之偵訊，此情況已逾越Terry原則所允許之範圍[66]。在另一判例，警察爲取得被告之指紋而在無令狀下，要求被告同行至警所，否則將予逮捕，被告因而同意同行。法院認爲，警察不具有正當理由逮捕被告，且未得到其同意而要求前往警所。因此，警察之行爲已侵犯憲法第四增補條款所保護之權利[67]。

3. 德國

「德國聯邦與各邦統一警察法標準草案」第9條[68]（以下簡稱「標準草案」）警察經特別授權，對於警察所防止之危害之職權作爲，係以「具體危害」防止爲原則，例外時亦擴及「潛在危害」。因此，對滯留於「易生危害地點」或「易遭危害地點」之人，得行使盤查權[69]。同行係警察臨檢進行盤詰檢查（簡稱「盤查」）程序後，無法達到法定之查證目的或於臨檢現場進行盤查對受檢人或對交通有不利影響時，所得進行之職權措施。具體危害應指「在具體案件中之行爲或狀況，依一般生活經驗客觀判斷，預料短期間內極可能形成傷害的一種狀況」。因此，案件必須具體，危害發生須有不可遲延性、可能性及傷害性，具體危害要件方能構成。此外，基於合理的理由，盤查對象、時間、地點之選擇，並非漫無限制。爲防止警察權濫用或過度擴張，立法者乃原則性將警察應防止之危害界限於「具體危害」，其大都適用於警察消極排除危害，或防止危害之工作領域；但例外地法律特別授權，警察所防止之危害，得不限於「具體危害」，而擴及「抽象危害」（或稱「潛在危害」），但必須合乎一定嚴格要件，如對滯留於「易生危害地點」之人行使盤查權及對於滯留於「易遭危害地點」之人行使盤查權。然而，不論在具有潛在危害或具體危害之處所進行盤查，若有特殊因素而致不適合現場進行盤查之有關身分查證措施

---

[66] Florida v. Royer, 460 U.S. 491 (1983). Aidan Taft Grano, Casual or Coercive? Retention of Identification in Police-Citizen Encounters, 113 Colum. L. Rev. 1283 (2013).

[67] Hayes v. Florida, 470 U.S. 811 (1985). Lauren D. Adkins, Biometrics: Weighing Convenience and National Security Against Your Privacy, 13 Mich. Telecomm. & Tech. L. Rev. 541 (2007).

[68] 「標準草案」之性質與地位，請參考李震山譯，西德聯邦與各邦統一警察法標準草案，「西德警察現況簡介」，警學叢刊，第14卷第1期，1983年9月，頁142。

[69] 許文義，警察預防犯罪任務之分析與探討，警學叢刊，第29卷第5期，1999年3月，頁251。

時，得依法將之帶往警所進行身分查證。依據「標準草案」規定，關係人拒絕答覆詢問，或提供不完全資料，令人懷疑該資料不正確時，尚未構成留置之要件[70]。上述「標準草案」第9條第2項第3句之規定，須以其他方法仍無法查證身分或有重大困難時，要件才構成留置。所謂其他方法，如以無線電對講機、警車內之電腦、電話手機查詢等。所謂有重大困難者，譬如，因此將阻礙交通或引起太多好奇民眾圍觀，或因當時天氣正是大雷雨，或者將受第三人之干擾、阻止遲延等，始得將關係人攜往勤務處所進行查證身分工作[71]。

依德國警職法第104條第2項第1句規定，人身自由之「剝奪」之許可及其繼續，原則上應由法官裁定。情況急迫時，事後應即補送請法官裁定。然同條第1項則是規定人身自由之「限制」，必須根據法律規定為之，亦即須符合法律保留原則。由於警察實施查證身分時，若有必要限制或剝奪他人自由時，事實上不可能事先得到法官允許，因此，「標準草案」第14條第1項第2句規定：「若法官之裁定，於警察處分依據消滅後才會到達者，則無須請求法官裁定。」[72]雖人身自由之限制與剝奪界限劃分不易，而且警察作為常有暫時拘束人身自由之可能，德國法制乃在法官保留之原則外，留有例外之彈性空間。在程序上，亦規定須將同行或留置之理由告知當事人、其親屬或其所信任之人。因盤查而須剝奪人身自由之理由一消失，警察則有依職權立即釋放當事人之義務。所謂理由消失有多種主要情況，譬如，身分查證工作已完成、法官裁定不宜再續留置或留置不合法、或者是盤查之目的根本無法達成。留置的時限，「標準草案」第16條第3項規定，若事先未依法由法官裁定者，至遲在留置當日結束前應釋放之[73]。

（二）外國對「同行」規定值得借鏡之處

司法院大法官釋字第535號解釋及警職法對於因查證身分而得要求同

---

70 李震山等，警察職務執行法草案之研究，內政部警政署委託研究案，1999年6月，頁55-56。
71 同上註。
72 同上註。
73 同上註。

行至警察勤務處所之規定，引起許多論者對於可能侵害人權之疑慮[74]，特別是涉及我國憲法第8條之人身自由的審問處罰部分，應否符合「法官保留」原則之要求。警職法第7條第2項規定，警察於依法可將之帶往警察勤務機構，以進一步進行查證，除非遇有抗拒，否則，不得使用強制力。反面之意，若欲將之帶往勤務機構查證身分而遇有抗拒時，則得使用強制力。此規定與日本之任意同行顯有差異，是否過度侵犯人權，則有斟酌餘地。尤其是依據警職法第6條查證身分之要件考量，有些僅是抽象危害[75]，而有些屬於具體危害之防止[76]，均尚未構成違法或犯罪之實害時，若即得以強制力將之攜往警所，而參考美國法精神，此作為已屬逮捕性質，必須有令狀或相當理由足信其可被逮捕，始得為之。因此，對於警職法之同行，應審慎為之，與我國同屬於大陸法系的德國做法，應值得參考。

　　如前所述，德國基本法規定，人身自由之剝奪之許可及其繼續，原則上應由法官裁定，情況急迫時，事後補送法官裁定即可。警察行使職權，若有必要剝奪他人自由時，依「標準草案」第14條第1項第2句規定：「若法官之裁定，於警察處分依據消滅後才會到達者，則無須請求法官裁定。」再者，基本法第104條第1項則是規定人身自由之「限制」，必須根據法律規定為之，亦即須符合法律保留原則即可。因此，將受查證身分者攜往警所，若為自由之剝奪，原則上須有法官許可，如果條件或環境上不允許，可事後報告；若僅屬於人身自由之限制，則依法定程序即可。若法官信賴警察作為，亦可透過電話或傳真方式許可；然法官若不認可，即應

---

74 李震山，檢肅流氓條例與留置處分—「不具刑事被告身分者」之人身自由保障，台灣本土法學雜誌，第52期，2003年11月，頁187。林明鏘，「警察職權行使法」評析，台灣本土法學雜誌，第56期，2004年3月，頁113。王兆鵬、李震山（分別之發言內容紀錄），「從釋字第五三五號解釋談警察臨檢的法制與實務」研討會，台灣本土法學雜誌，第33期，2002年4月，頁108-111。

75 H. Scholler/B. Scholler合著，李震山譯，德國警察與秩序法原理，登文書局，1995年11月中譯2版，頁71-73；氏論對於「抽象危害」與「具體危害」清楚析述。

76 蔡震榮，警察職務執行條例草案之探討，台灣本土法學雜誌，第44期，2003年3月，頁101。氏論對於德國警察法上之具體危害與犯行預先抗制之區隔，析之甚詳。

將人釋放，藉以遵守憲法對人身自由保障機制[77]。綜上，我國憲法第8條第1項規定，警察機關之逮捕拘禁，須依據法定程序為之，並未直接規定法官介入，與德國基本法第104條第1項之人身自由之「限制」須符合法律保留原則，並無不同。因此，我國警職法對於查證身分要求同行最多3小時之人身自由限制之規定，參考德國規定與依據我國憲法第8條第1項規定意旨，並無法官介入之必然性。其他如正當法律程序之遵守，則須因人身自由之剝奪或限制，而分別依據法律明確規定其要件、程序及救濟，以保障人民基本權利。

第五節　結論

　　警察不論是依法從事防止危害之行政權作用或犯行追緝之司法權作用，均難以避免可能暫時拘束人身自由，特別是在警職法實施後，對於其第7條第2項授權警察在一定要件下，得將人民帶往勤務處所查證身分，其在公益上固有其必要。然在另一方面，亦因而可能對人民之身體自由造成限制或剝奪。雖在我國憲法無明文規定此暫時拘束人身自由之「同行」，本文認為「逮捕」、「拘禁」、「審問」、「處罰」已有憲法第8條明文規範，而過去已經由大法官在第384號、第392號、第523號等各次解釋，予以明白說明無論名稱為何，只要對於人身自由有限制或剝奪，均受憲法第8條之規範。因此，參照美國在Terry v. Ohio一案，最高法院雖說「攔停」不等於「逮捕」與「拍搜」不等於「搜索」，攔停與搜索之用語亦未在其憲法或其增修條文中規範，然其最高法院嚴正指出其仍應受到憲法第四增補條款之規範，惟依據強制力大小，相對地要求其施行條件之證據之心證確定程度亦有高低之比例原則考量。我國警職法之同行規定，不同於「日本警察官職務執行法」之任意性，而係屬強制同行，其與德國「標準

---

[77] 李震山（發言內容紀錄），「從釋字第535號解釋談警察臨檢的法制與實務」研討會，台灣本土法學雜誌，第33期，2002年4月，頁111。

草案」第9條之留置規定較為相近，兩者均未規定有法官介入之必然性，惟必須遵守法定程序，始得為之。因此，我國對於將人民帶往勤務處所查證身分之暫時性拘束其行動自由，自攔停時起，以3小時為限，係為公益之治安目的所須，而依法定程序行使之公權力，對於人身自由之暫時拘束，當應受到憲法第8條及第23條之規範，而符合「實質正當之法定程序」。

　　基於上述分析，警職法之同行規定，應有該法第6條要件之一，始得進行第7條第1項查證身分措施，如攔停、詢問、令出示證件或合於要件之檢查身體或其所攜帶之物件。又必須經上述詢問及令其出示身分證明文件之後，仍顯然無法查證身分，若有必要，始得將該受查證者帶往勤務處所繼續查證。除可當場表示異議，由現場員警決定是否接受，若仍繼續執行，則同行之後，若有不服，依據警職法第29條規定得提起爭訟。同行之程序，應立即通報該管警察勤務指揮中心，並通知受查證人之親友或律師。其有關規定，吾人認為尚符合憲法第8條第1項規定「非由司法或警察機關，依法定程序，不得逮捕拘禁」之人身保障規定。該規定雖未要求有法官介入，然憲法第8條第1項於上述分析，並無「法官保留」之規定；至於第2項至第4項之提審制度，係以犯罪嫌疑人或刑事被告身分為規範基礎，而警職法之同行對象，尚非該身分者，且最多3小時之同行時限，若要「法官介入」有事實上之困難，故該法設計之人權保障機制，於要求同行時，應立即該管警察局長，後雖於立法時，修改為該管通報勤務指揮中心，亦不失為「長官保留」之意旨，亦即長官若認為同行有所不妥，可命令其停止實施。至於憲法第23條之檢驗，通過「公益」及「法律保留」原則應無問題，至於是否合於「比例原則」之適用，則有斟酌餘地，因若僅為潛在性危害之性質，例如，滯留於高犯罪習性之區域，而遭到地區警察主管長官指定全面攔檢，僅以「詢問」及「令出示證件」而顯然無法查證，即可將之強制同行至警察勤務處所查證身分，必要時並得使用強制力，應與比例原則未合，必須嚴格遵守最後手段性，亦即窮盡一切其他方法，例如無線電通訊、巡邏車電腦系統或其他可行方法，仍無法達成查證目的時，而仍有必要查證時，始得要求同行。另在其他相關方面，警職法

規定尚有部分在適用上恐有困難，建議未來修法時，亦應予正視之部分，列述如下：

一、警職法固然有同行規定，但同行至警察勤務處所後，相關運用進一步查證身分配套措施之法律授權，亦即得以辨明身分之相關鑑識措施，如指紋按捺比對等，應屬必要。否則，沒有進一步得以進行之配套措施，警職法之同行規定，將無法期待其有進一步查證身分之效果。

二、得以要求同行之條件，似可不只以目的功能作為考慮基礎，而侷限於「詢問」與「令出示證件」而顯然無法查證身分，似可將釋字第535號及「日本警察官職務執行法」亦有規定之「現場查證不利於當事人或將有妨礙交通之情形時」加入考量。甚至日本之判例或學說，亦認為基於現場昏暗無法清楚辨識時、盤問對象在人群中之其他事實上不便之情況，亦得要求同行。

三、同行之處所，似可不侷限於警察勤務處所，而及於其他適當之處所，如附近空地、事務所、或電話亭等，依個案而定，但必須當事人之同意，否則應仍以警察勤務處所為限。

四、同行之時間，除警職法規定，自攔停時起，不得逾3小時。但若在3小時內，應可將釋字第535號之「身分一經查明，即應任其離去，不得稽延」之意旨，予以納入規範之。

第五章

警察查證身分規範體系之檢討

第一節 查證身分之基本權干預及規範基礎

一、查證身分之基本權干預性

警察查證人民身分，初始目的即在識別特定個人。因此，警察為查證人民身分，即須取得足資識別相對人之個人資料。大法官釋字第603號解釋即謂就個人自主控制個人資料之資訊隱私權而言，乃保障人民決定是否揭露其個人資料，及在何種範圍內、於何時、以何種方式、向何人揭露之決定權，而受憲法第22條所保障。因此，警察查證人民身分至少已干預人民自主控制個人資料之資訊隱私權。

依照現代法治國家的法律保留原則，國家機關干預人民受憲法保障的基本權，除當事人同意者外[1]，必須先取得明確的法律授權基礎，始得為之。根據這個形式上的要求，單單欠缺授權基礎一事，就足以判定國家行為構成違憲、違法之基本權侵害[2]。警察為達成法令所賦予的任務，除在組織法上揭示其權限外，多藉職權法授予具體職權，以取得干預之正當化事由，本文探討之查證身分職權，即係適例[3]。

二、查證身分職權之規範基礎

警察查證人民身分，除個別法律規定為確認當事人之身分同一性，例如社維法第41條合併「違反社會秩序維護法案件處理辦法」第26條規定之人別訊問、行政罰法第34條第1項第4款規定之身分確認措施之外，警察查證人民身分主要授權基礎有警察勤務條例臨檢規定之盤查及警職法第6條至第8條查證身分職權之規定。

---

[1] 在基本權干預體系中，受干預者的同意，會形成一個與法律授權平行的合法化事由。所以受干預者之同意，即創設了基本權的干預基礎，也因此使此一基本權之干預合法化。

[2] 基本權之干預，用意在表明其尚未受到合法（憲）性評價之前的中性概念，類似用法者，包括基本權之限制、影響等；上開概念，應與受違法（憲）性判斷後之基本權之（違法）侵害區別。相關概念之辨明，可參考李建良，基本權理論體系之構成及其思考層次，憲法理論與實踐（一），學林，1999年7月，頁83。

[3] 關於任務、權限與職權之用詞區分及其概念區別，參考李震山、蔡庭榕、簡建章、李錫棟、許義寶合著，警察職權行使法逐條釋論，五南，2020年9月3版1刷，頁8-12。

（一）臨檢盤查作為查證身分職權規範基礎之問題

1.司法院大法官釋字第535號解釋之拘束力

警察勤務條例第11條第3款臨檢規定之「盤查」規範，並無「盤查」之明文定義。一般皆將其指涉警察於危害防止或刑事追訴之際，經常用於查證人民身分之手段[4]。大法官釋字第535號解釋即謂，行政機關行使職權，固不應僅以組織法有無相關職掌規定爲準，更應以行爲法（作用法）之授權爲依據，始符合依法行政之原則。警察勤務條例第11條對執行勤務得採取之方式予以列舉，除有組織法之性質外，實兼具行爲法之功能，尚非不得作爲警察執行勤務之行爲規範[5]。基此，警察勤務條例第11條第3款臨檢規定之「盤查」規範，在新立法完成前，於解釋意旨範圍內，警察即得援引以爲行使查證身分職權之授權基礎，似無疑義。

2.解釋意旨之拘束力因替代之立法而失所附麗

司法院大法官釋字第535號解釋界定警察勤務條例有關臨檢盤查規定具有行爲法之功能，藉此肯認該規定可作爲干預處分之一般準則，考其用意無非解釋當時，盤查在各法律中找不到直接且適當依據，希望在法律修正前能暫以警察勤務條例爲其依據，以緩解干預授權之空窗期，可謂用心良苦。惟自警察勤務條例之內容觀之，其係規定勤務之機構、方式、時間、規劃及勤前教育，應屬於內部規範，雖非等同於組織法或得由組織法涵蓋，但亦非大法官所謂具外部法性質之行爲法，實難兼具行爲法之功能。其既爲內部規範，自難作爲干預人民基本權利之依據[6]。

4　李震山，論行政管束與人身自由之保障—兼論警察盤查權，收錄於：人性尊嚴與人權保障，元照，2001年11月，頁251。

5　司法院釋字第535號解釋理由書即謂，警察法第2條規定警察之任務爲依法維持公共秩序，保護社會安全，防止一切危害，促進人民福利。第3條關於警察之勤務制度定爲中央立法事項。警察勤務條例第3條至第10條乃就警察執行勤務之編組、責任劃分、指揮系統加以規範，第11條則對執行勤務得採取之方式予以列舉，除有組織法之性質外，實兼具行爲法之功能。查行政機關行使職權，固不應僅以組織法有無相關職掌規定爲準，更應以行爲法（作用法）之授權爲依據，始符合依法行政之原則，警察勤務條例既有行爲法之功能，尚非不得作爲警察執行勤務之行爲規範。

6　李震山，內政部警政署編，從釋字第535號解釋談警察臨檢的法制與實務，警察職權行使法逐條釋義，內政部警政署印行，2003年8月，頁110。

　　再者，大法官於釋字第535號解釋，親自擬定臨檢盤查之要件與程序，暫且不論其中司法與立法權限行使之界限及造法不周延造成之風險，依其解釋文「前述條例第11條第3款之規定，於符合上開解釋意旨範圍內，予以適用，始無悖於維護人權之憲法意旨」，及其解釋理由書所謂「現行警察執行職務法規有欠完備，有關機關應於本解釋公布之日起二年內依解釋意旨，且參酌社會實際狀況，賦予警察人員執行職務時應付突發事故之權限，俾對人民自由與警察自身安全之維護兼籌並顧，通盤檢討訂定，併此指明」。論者即謂此係大法官將法律定期失效結合警告性裁判，以化解由釋憲者親口宣告違憲的法律，卻仍得由行政機關適用一段期間的正義與法安定性衝突之現象[7]。若依此實質解釋大法官釋字第535號解釋之效力，非不可謂立法機關制定新法後，大法官釋字第535號解釋即失其拘束力。警職法既於法定期限完成立法並生效施行，且論者亦認為警職法第6條至第8條之規定即為以查證身分為首的複數行為之臨檢的總和規定[8]，大法官解釋填補干預授權空窗期之考量，即失所附麗，其解釋即不再具拘束力，自不得再援引解釋意旨，認為警察勤務條例第11條第3款臨檢規定之「盤查」規範，得作為行使查證身分職權之授權基礎[9]。

（二）「查證身分職權」之授權規範

1. 警職法「查證身分職權」之規定

　　警職法第6條規定：「警察於公共場所或合法進入之場所，得對於下列各款之人查證其身分：一、合理懷疑其有犯罪之嫌疑或有犯罪之虞者。二、有事實足認其對已發生之犯罪或即將發生之犯罪知情者。三、有事實足認為防止其本人或他人生命、身體之具體危害，有查證其身分之必要者。四、滯留於有事實足認有陰謀、預備、著手實施重大犯罪或有人犯藏匿之處所者。五、滯留於應有停（居）留許可之處所，而無停（居）留許

---

[7] 同上註，頁122-123。

[8] 林明昕，警察臨檢與行政救濟，台灣法學，第85期，2006年8月，頁79-80。

[9] 相同見解：李震山、蔡庭榕、簡建章、李錫棟、許義寶合著，警察職權行使法逐條釋論，五南，2020年9月3版1刷，頁165。

可者。六、行經指定公共場所、路段及管制站者（第1項）。前項第六款之指定，以防止犯罪，或處理重大公共安全或社會秩序事件而有必要者為限。其指定應由警察機關主管長官為之（第2項）。警察進入公眾得出入之場所，應於營業時間為之，並不得任意妨礙其營業（第3項）。」第7條規定：「警察依前條規定，為查證人民身分，得採取下列之必要措施：一、攔停人、車、船及其他交通工具。二、詢問姓名、出生年月日、出生地、國籍、住居所及身分證統一編號等。三、令出示身分證明文件。四、若有明顯事實足認其有攜帶足以自殺、自傷或傷害他人生命或身體之物者，得檢查其身體及所攜帶之物（第1項）。依前項第二款、第三款之方法顯然無法查證身分時，警察得將該人民帶往勤務處所查證；帶往時非遇抗拒不得使用強制力，且其時間自攔停起，不得逾三小時，並應即向該管警察勤務指揮中心報告及通知其指定之親友或律師（第2項）。」第8條規定：「警察對於已發生危害或依客觀合理判斷易生危害之交通工具，得予以攔停並採行下列措施：一、要求駕駛人或乘客出示相關證件或查證其身分。二、檢查引擎、車身號碼或其他足資識別之特徵。三、要求駕駛人接受酒精濃度測試之檢定（第1項）。警察因前項交通工具之駕駛人或乘客有異常舉動而合理懷疑其將有危害行為時，得強制其離車；有事實足認其有犯罪之虞者，並得檢查交通工具（第2項）。」

2.形式上已有法律授權基礎

警職法完成立法生效施行後，論者即認為警職法第6條至第8條之規定，即係代替警察勤務條例臨檢規定，並以查證身分為首的複數行為之臨檢的總和規定之新立法。其中雖有若干規定，例如檢查車輛特徵、酒精濃度測試檢定，與查證身分並不具直接相關性，而為獨立的基本權干預措施。但從形式上觀察，其第6條第1項及第8條第1項第1款規定，即已授權警察針對特定人，得查證其身分，形式上已有法律之授權基礎，並無疑義。至於上揭條文將得查證身分之對象，以「場所」及「交通工具」作為界分準據，分列於第6條第1項及第8條第1項第1款，予以規範，是否妥適，則是另一問題。其次，警職法「查證身分職權」之授權規範，其整體

規範是否符合「明確原則」及「比例原則」，則涉及其實質內涵之審查問題，於此暫不置論。

然而，值得一提的是未來修法時，應予考量法律用語一致性適用。按警職法第7條第1項第4款規定：「若有明顯事實足認其有攜帶足以自殺、自傷或傷害他人生命或身體之物者，得檢查其身體及所『攜帶』之物。」與警械使用條例第5條：「警察人員依法令執行取締、盤查等勤務時，如有必要得命其停止舉動或高舉雙手，並檢查是否『持有』兇器。如遭抗拒，而有受到突擊之虞時，得依本條例規定使用警械。」按此二條文之立法目的相同地旨在授權執法者之「安全保護性」（protective）目的之檢查為前提，均係於現場執法作為，係以檢查其對象是否「攜帶」危險物，而有安全疑慮考量。又「持有」之範圍顯大於「攜帶」，且寓含有「取證」（evidentiary）目的之檢查。因此上述警械使用條例之「持有」一詞允宜在未來修法時，將之修正為「攜帶」，以符合法定目的與授權性質。

第二節 查證身分之概念及其規範目的

一、形式觀點——確認身分同一性

警察查證人民身分，初始目的即在識別特定個人。若依此目的觀之，警職法之「查證身分」，即與「人別訊問」之概念一致，僅因依警職法查證身分之對象，並非犯罪或違序之人，故以不同名稱以資區別[10]。基此，查證身分僅在確認當事人之身分同一性，「身分一經查明，即應任其離去，不得稽延」[11]。警察查證身分職權，係立法者於警職法明文規定，賦予警察為達成法令所賦予的任務，經常採行之「典型警察措施」。若其目的僅在形式上確認當事人之身分同一性，立法者費心於警職法以三個條

---

[10] 蔡震榮，警察職權行使法概論，元照，2004年12月，頁130。

[11] 司法院釋字第535號解釋理由書即謂：「臨檢應於現場實施，非經受臨檢人同意或無從確定其身分或妨害交通、安寧者，不得要求其同行警察局、所進行盤查。其因發現違法事實，應依法定程序處理者外，身分一經查明，即任應任其離去，不得稽延。」

文規範其授權基礎，不僅小題大作，更無助警察任務之達成，不具實質規範功能，確實值得省思。

二、實質觀點——釐清危害嫌疑事實

　　警察之主要任務，依警察法第2條及其施行細則第2條之規定，應可化約爲警察依法防止「公共性危害」，所謂公共性，即與公共秩序及社會安全有關者，應可分爲行政危害防止、刑事犯行追緝、危害預防三大部分[12]。刑事犯行追緝屬刑事法規範領域，於開啓偵查程序前有無授權檢警採取偵查前之調查措施，以判斷有無開始嫌疑，屬立法政策之選擇問題[13]，非屬警察行政危害防止任務，於此無深論必要。危害預防則爲危害發生前之預防任務領域，其法制建構多賦予警察資料蒐集職權。其實允許警察機關在「前危害階段」，就採取基本權干預措施，目的無非爲了將來可能發生的危害預作準備，故在「前危害階段」實施的警察措施終究仍屬於「危害防止行政」[14]。

　　警察法上的「危害」係指，某一個行爲或某一事實狀況若持續發展下去，則在可預見時間內，很可能會對警察保護之法益（公共安全及公共秩序）造成損害。只要上述的情況出現，即可認定產生了警察法上的危害[15]。警察危害防止行政，不論是危害即將發生之防止、已經發生之制止與排除，或危害預防之資料蒐集，均須在採取「危害防止措施」前，確認相關事實，以對未來整個事件的發展過程做出預測，以確認某一個行爲或事實狀況是不是構成危害或未來可發生危害。因此，查證身分職權之行使，不應僅從形式觀點認定爲確認身分同一性，而有必要依其實質目的，賦予警察於確認身分同一性之際，藉由詢問以釐清危害嫌疑事實，以便進一步採取「危害防止措施」，始有助於警察任務之遂行。

---

12 李震山，警察行政法論—自由與秩序之折衝，元照，2007年9月，頁36。
13 關於前偵查程序有無立法之必要性之問題，可參考林永翰，論前偵查程序，國立政治大學法律研究所碩士論文，2005年6月。
14 謝碩駿，論警察危害防止措施之行使對象，國立中正大學法學集刊，第33期，2011年4月，頁291。
15 關於警察法上危害概念之探討，可參考李震山，警察行政法論—自由與秩序之折衝，元照，2007年9月，頁220-229。

第三節 查證身分之對象

一、現行法之規定

警職法第6條第1項規定：「警察於公共場所或合法進入之場所，得對於下列各款之人查證其身分：一、合理懷疑其有犯罪之嫌疑或有犯罪之虞者。二、有事實足認其對已發生之犯罪或即將發生之犯罪知情者。三、有事實足認為防止其本人或他人生命、身體之具體危害，有查證其身分之必要者。四、滯留於有事實足認有陰謀、預備、著手實施重大犯罪或有人犯藏匿之處所者。五、滯留於應有停（居）留許可之處所，而無停（居）留許可者。六、行經指定公共場所、路段及管制站者。」第8條第1項第1款規定：「警察對於已發生危害或依客觀合理判斷易生危害之交通工具，得予以攔停並採行下列措施：一、要求駕駛人或乘客出示相關證件或查證其身分。」

二、類型化分析

警職法第6條第1項規定查證身分對象之設定，主要係參考「德國聯邦與各邦統一警察法標準草案」第9條之規定而制定[16]，第8條第1項第1款之規定，則延用大法官釋字第535號解釋設定之要件。論者即將各該規定查證身分之對象，類型化分析為：1.肇致危害之人；2.滯留於易生危害地點之人；3.滯留於易遭危害地點之人；以及通過管制站之人。查證肇致危害之人之身分，目的在防止具體危害，對滯留於易生危害地點或易遭危害地點之人查證身分，目的在防止潛在危害，為前危害階段所作之危害預防措施，對通過管制站之人查證身分，目的亦在防止潛在危害[17]。

---

[16] 「德國聯邦與各邦統一警察法標準草案」第9條之規定，可參考李震山、蔡庭榕、簡建章、李錫棟、許義寶合著，警察職權行使法逐條釋論，五南，2020年9月3版1刷，頁659-660。

[17] 李震山，內政部警政署編，從釋字第535號解釋談警察臨檢的法制與實務，警察職權行使法逐條釋義，內政部警政署印行，2003年8月，頁114-117。謝碩駿，論警察危害防止措施之行使對象，國立中正大學法學集刊，第33期，2011年4月，頁288-293。

三、現行法立法疑義

（一）對肇致危害之人查證身分尚欠周延

警察主要任務在防止危害，對於肇致危害之人得查證其身分，警職法第6條第1項規定僅限定在「合理懷疑其有犯罪之嫌疑或有犯罪之虞者」及「有事實足認爲防止其本人或他人生命、身體之具體危害，有查證其身分之必要者」，對照「德國聯邦與各邦統一警察法標準草案」第9條第1項第1款規定，「爲防止危害」，警察即得對肇致危害之人查證身分，警職法對肇致危害之人查證身分，對象設定明顯尚欠周延。

「日本警察官職務執行法」第2條第1項規定，警察官因異常舉動及其他周圍情事而合理判斷，認爲有相當理由足認定其人有犯某罪或將犯某罪之嫌，或認定其人對已發生之犯罪或即將發生之犯罪知情者，得將其攔停盤問[18]。此一規定似又與警職法第6條第1項第1款至第3款之規定，若合符節。惟日本警察官職務執行法第2條第1項之所以如此規定，或許與其警察主要任務側重在偵查與預防犯罪有關[19]，與我國偏向行政危害防止尚有所不同。因此，立法政策之選擇上，參考「德國聯邦與各邦統一警察法標準草案」第9條第1項第1款規定，「爲防止危害」，警察即得對肇致危害之人查證身分，或較妥適。

（二）對潛在危害人查證身分仍有疏漏

依前揭查證身分對象之類型化分析，警察爲防止潛在危害，對於滯留於易生危害地點之人及滯留於易遭危害地點之人，均可查證其身分。警職法第6條第1項第4款、第5款之規定，僅限於前者，對於後者則無明文規定，顯有疏漏。

警職法有關查證身分職權之設計，既然係參考「德國聯邦與各邦統一警察法標準草案」而爲制定，則該標準草案第9條第1項第3款「當其滯留

---

[18] 有關日本警察盤查權限問題，可參考鄭善印，日本警察盤查權限之研究，中央警察大學法學論集，第5期，2000年3月，頁281-316。

[19] 日本警察法第2條第1項規定，其警察之任務爲：1.個人生命、身體及財產之保護；2.犯罪之預防、鎮壓及偵查；3.嫌疑犯之逮捕；4.公共安全與秩序之維持。

於交通設施、民生必需品生產儲存設施、大眾交通工具、政府辦公大樓、或其他特別易受傷害之標的物，或滯留於其直接不遠之處，且有事實足以認為，於該類標的物內或周圍將可能實施犯罪行為，且該犯罪行為會危害該標的物內或周圍之人或危害標的物本身」之規定，即有參考納入規範之必要。

（三）對通過管制站之人查證身分前提要件設定過於寬鬆

警職法第6條第1項第6款規定，對於行經指定公共場所、路段及管制站者，得查證其身分。同條第2項規定：「前項第六款之指定，以防止犯罪，或處理重大公共安全或社會秩序事件而有必要者為限。其指定應由警察機關主管長官為之。」依其文義，一般均認為警察對於行經指定處所之人，即得「全面攔查」。

固然大法官釋字第535號解釋：「上開條例有關臨檢之規定，既無授權警察人員得不顧時間、地點及對象任意臨檢、取締或隨機檢查、盤查之立法本意。」警職法第6條第2項既已明文規定管制站等之指定要件[20]，應即無解釋意旨所指之不顧時間、地點及對象任意盤查之問題。論者之所以質疑其有違憲之疑慮，主要為指定要件之「防止犯罪」、「處理重大公共安全或社會秩序事件、「有必要」，過於寬鬆，據此而為全國性治安或交通攔查，顯然不符比例原則[21]。「德國聯邦與各邦統一警察法標準草案」第9條第1項第4款「警察為防止刑事訴訟法第100條a或集會法第27條所指之犯罪行為所設之管制站」之規定，或可作為立法政策考量之選項。如認此一規定過度限縮警察查證身分之對象，論者亦有建議管制站等之指定，應以在指定處所或其附近有「相當可能性」，即將發生特定犯罪之虞者為限，亦值得參考。

---

20 有認為指定之性質屬內部職務指令，僅具處所選定之機能，而質疑其得作為職權行使之授權基礎者。陳景發，論警察分局長之指定權限—以指定進入公眾得出入之場所為中心，中央警察大學法學論集，第24期，2013年4月，頁207-227。

21 林明鏘，由防止危害到危害預防：由德國警察任務與權限之嬗變檢討我國之警察法制，台灣大學法學論叢，第39卷第4期，2010年12月，頁195-196。謝碩駿，論警察危害防止措施之行使對象，國立中正大學法學集刊，第33期，2011年4月，頁289-293。蔡震榮，警察職權行使法概論，元照，2004年12月，頁54-55。

第四節　查證身分之措施

一、前置措施

（一）進入特定場所

警職法第6條第1項本文規定：「警察於公共場所或合法進入之場所，得對於下列各款之人查證其身分：……」，此一規定目的何在，關係警察查證身分措施合法性之認定，即有予以釐清之必要。

1.進入特定場所即具干預性應有法律授權基礎

警察查證人民身分，首先即須面對當事人所處場所之問題，有論者認爲警職法第6條第1項第1款至第3款之規定，立法上既不考量其所處場所，同條第4款至第6款已有「場所」之明文規定，同條項本文「進入」場所之規定，已使立法結構產生重疊，有無此一規定，並不影響警察依同條項各款查證人民身分之適法性。換言之，警職法第6條第1項本文「進入」場所之規定，並不具「規範性」評價之性質，而有畫蛇添足之嫌[22]。

惟規範查證對象所處「場所」與得否「進入」該場所，係屬不同層次之問題，前者主要在限制查察對象之範圍，後者則屬警察是否有權限「進入」。立法者所謂「合法」進入之場所，應係指警察「進入」該場所應有法律之授權基礎，並依法定要件及程序爲之，始爲適法[23]。論者所謂係屬立法結構重疊、畫蛇添足、不具規範性評價意義，或有誤會。

2.現行法欠缺授權基礎應立法明定

警察查證人民身分，首先即須面對當事人所處場所之問題。而特定場所之進入，又須有法律之授權基礎，則警察「進入」職權之授權基礎，即須予以辨明。

立法理由說明指出，係指刑事訴訟法、行政執行法、社會秩序維護

---

[22] 蔡震榮，警察職權行使法概論，元照，2004年12月，頁128-129。

[23] 類似概念之解讀，可參考李震山，從公共場所或公眾得出入之場所普設監視錄影器論個人資料之保護，東吳法律學報，第16卷第2期，2004年12月，頁52。

法等相關法律有關「進入」之授權規定，及大法官釋字第535號解釋設定之「已發生危害或依客觀合理判斷易生危害之場所」[24]。首先，大法官釋字第535號解釋應因已有替代性之立法而喪失拘束力，自不得再作為警察「進入」職權之概括授權基礎。其次，立法理由所指之刑事訴訟法、行政執行法、社會秩序維護法等個別法律，各該個別法律各有其規範目的，亦各有其規範不足之疑慮，例如行政執行法（以下簡稱「行執法」）第26條之進入授權僅在救護，社維法欠缺進入之明確授權，刑事訴訟法搜索規定更是不同法領域之規範，以之作為警察依警職法行使職權時「進入」特定場所之授權規範，其適用有其侷限性，無法填補現行法欠缺授權基礎之缺隙。警職法就「進入職權」之授權，實有自行立法規範之必要。

3.「進入」營業場所授權規範之必要性

警察查證人民身分，當事人所處場所有公共場所、公眾得出入場所及私人住宅之區別。公共場所係指供不特定多數人集合、逗留、遊覽或利用之場所[25]。公共場所既為供不特定多數人利用，警察進入該場所執法，即無特別授權之必要。警職法第6條第1項本文所謂警察於「公共場所」得查證人民身分之規定，依該條本文前後文句體系解釋，亦係承認警察進入「公共場所」，應無特別授權之必要。另外，警察進入住宅執法，住宅既為私人居住之空間，自應受憲法人民居住自由權之保障，警察「進入」住宅執法，應有法律之授權基礎，並依法定要件及程序為之，始為適法，自屬當然，此亦為大法官釋字第535號解釋「私人居住之空間」，「應受住宅相同之保障」之理由所在。至於警職法就「進入住宅」之授權，自行立法時，其要件之設定及其程序，例如有無必要使用令狀、應否採行法官保留原則等問題，則屬立法自由形成權之範疇，於此不再深論。

公眾得出入場所，係指不特定人隨時得出入之場所。公眾得出入之場所與公共場所有其重疊之處，前者重在「出入」，後者重在「公用」，

---

[24] 李震山，內政部警政署編，從釋字第535號解釋談警察臨檢的法制與實務，警察職權行使法逐條釋義，內政部警政署印行，2003年8月，頁21-22。

[25] 李震山，從公共場所或公眾得出入之場所普設監視錄影器論個人資料之保護，東吳法律學報，第16卷第2期，2004年12月，頁52。

大部分之公共場所，性質上皆允許任意出入，但能任意出入之場所未必即
為公共場所。因此，公眾得出入之場所，除與公共場所重疊部分外，其出
入是否「隨時」或「自由」需視場所之實際情形而定[26]。營業場所性質屬
於公眾得出入場所，其對外開放允許進入，係基於管領權人之「概括同
意」。因此，營業場所雖然具有對外開放與社會接觸往來之目的，但其性
質應非「公用」，至為明顯，警察進入營業場所查證人民身分，自不得以
其屬於「公共場所」，從而認為無須法律特別授權，即得進入。至於警察
進入營業場所查證人民身分，其進入得否基於前述管領權之「概括同意」
作為授權基礎，而無須個別授權，不無疑義。行政實務似乎僅以其為公眾
得出入之場所，即一概認定警察基於危害防止目的，即可進入作一般性之
檢視[27]，亦值得檢討。

國家干預人民受憲法保障之基本權，必須具備法律的明文授權基
礎，始具合法化。但是干預措施若經受干預人同意者，可能構成與法律授
權「平行」的合法化事由。營業場所之「進入」，所干預者乃業主之居住
自由權及營業自由權，性質屬於得捨棄之基本權，因此，經同意之進入，
縱使並無法律明文授權，仍屬合法之干預[28]。警察進入營業場所查證人民
身分，其「進入」是否在業主「概括同意」進入之範圍，有認為應依主觀
標準認定，凡基於不受歡迎之目的的進入，均屬違背業主可得認知的意思
進入。但因主觀標準欠缺明確性，學術上普遍認為須進入之外在表現形
式清楚地偏離於受允許之情形時，始非在「概括同意」範圍[29]。警察「進
入」營業場所執法，主觀上應係基於不受歡迎之目的之進入，客觀上亦有
充分的指標「執法」，足以直接觀察到已違反業主之意思。因此，不論依

---

26 同上註，頁52-53。
27 李震山，內政部警政署編，從釋字第535號解釋談警察臨檢的法制與實務，警察職權行使法
　　逐條釋義，內政部警政署印行，2003年8月，頁24。
28 參考李瑞敏，論通訊一方同意之監察—以電話通訊一方同意之監察為主，刑事法雜誌，第47
　　卷第1期，2003年2月，頁43-47。
29 蔡勝偉，開門揖盜（上）—論公共建物開放時間內同意之射程，台灣法學，第93期，2007年
　　4月，頁290-293。許恒達，侵入建築物罪的攻擊客體與保護法益—簡評台灣高等法院105年度
　　上易字第1405號判決，台灣法學，第335期，2018年1月，頁198。

主觀標準或客觀標準，警察進入營業場所查證人民身分，其進入即非在業主「概括同意」之範圍，自不得以受干預人之同意作為授權基礎，如無個別授權礎，其進入即屬違法，實有立法明確授權之必要[30]。

（二）攔停

1.攔停屬查證身分之附帶干預措施

警職法第7條第1項第1款明定，警察依前條規定查證人民身分，得攔停人、車、船及其他交通工具。同法第8條第1項本文及同條項第1款亦規定，警察對於已發生危害或依客觀合理判斷易生危害之交通工具，得予攔停，查證駕駛人或乘客之身分。攔停即係令其停止行進之意，警察查證人民身分，現實上不可能在當事人行進中進行，是以，攔停應屬查證身分職權之附帶干預措施，屬於立法者已在查證身分授權時附帶授權之範圍，本無須另外之特別授權，現行法另行特別授權，除可解決附帶授權之解釋爭議外，更符合法律授權之明確性原則，值得贊同。

2.攔停有必要時應可行使強制力

依學者研究日本警察官職務執行法第2條第1項「攔停盤問」職權時，對於攔停措施可否行使強制力，依學說及其法院裁判見解，固有否定及肯定之見解，甚至在肯定見解上，尚區分不可出實力及可出於實力但不可達強制之程度。可出於實力但不可達強制之程度者，為其學界及其法院裁判之主流看法[31]。惟何謂「實力」、何謂「強制」，難免因手段、界限不明，而可能在實力行使之適法性認知上產生差異[32]，值得斟酌。

攔停即係令當事人停止行進之意，具有單方行政行為意思表示之性質，且屬公權力之具體措施，解釋上，立法者亦寓有課予當事人停止行進

---

30 相同見解：梁添盛，論警察官之進入場所權限—以日本法為中心，警政叢論，第9期，2009年12月，頁107-139。

31 鄭善印，日本警察盤查權限之研究，中央警察大學法學論集，第5期，2000年3月，頁281-316。李震山、蔡庭榕、簡建章、李錫棟、許義寶合著，警察職權行使法逐條釋論，五南，2020年9月3版1刷，頁226-230。

32 陳景發，警械使用之法的制約，中央警察大學出版社，2013年9月，頁139。

之義務，可對外直接發生法律效果，是其法律性質應屬行政處分[33]。當事人經警察攔停仍不停止行進，即屬依行政處分負有行為義務而不履行，且屬情況急迫，警察自得依行政執行使第32條之規定，依直接強制方法執行之。而且，行執法第28條第2項第5款更已明定，所謂之直接強制係指以實力直接實現與履行義務同一內容狀態之方法。「實力」行使本即為強制方法之一種，日本學界及裁判見解中「實力」與「強制」認知上之差異，即可避免，所餘者僅係實力手段之選擇與執行是否符合比例原則之問題[34]，就此則有有賴司法審查予以監督。

二、確認身分措施

（一）法定確認身分措施

警職法第7條第1項第2款至第3款規定，警察查證人民身分，得令其出示身分證明文件，並得詢問姓名、出生年月日、出生地、國籍、住居所及身分證統一編號等。基此，出示身分證明文件及詢問身分資料，即屬法定確認身分措施，自無疑義。警察可依其個案裁量擇一或併用此身分確認措施。

警職法第7條第1項第2款規定，警察查證人民身分，得詢問姓名、出生年月日、出生地、國籍、住居所及身分證統一編號等。由於法條「等」字規定，致使身分資料詢問之範圍，產生爭議。行政實務認為同條款詢問資料之種類僅屬例示規定，警察詢問個人身分資料，並不限於明文所例示之事項，惟仍應受同條項本文「必要性」之拘束，應限於必要性範圍內，始為適法[35]。按詢問身分資料，係屬個人資料蒐集措施[36]，詢問個人身分資料已干預人民資訊隱私權，應有法律之明確授權依據，始得為之。警職法第7條第1項第2款規定身分詢問資料之範圍，應解為係屬列舉規定。行政釋示認為法定詢問範圍係屬例示規定，顯然不符合法律明確性原則，其

---

[33] 行政程序法第92條第1項規定：「本法所稱行政處分，係指行政機關就公法上具體事件所為之決定或其他公權力具體措施而對外直接發生法律效果之單方行政行為。」

[34] 警職法第3條第1項、第2項及行政執行法第3條均有比例原則之具體化之規定。

[35] 法務部2013年4月19日法律字第10203503430號函。

[36] 參照個人資料保護第2條第3款之規定。

以同條項本文「必要性」之要件，作爲身分資料範圍之補充性規定，亦有方法論上之倒置之嫌，應予檢討改正。基此，法條「等」字規定，應不具規範意義，實屬贅字，解釋該條款時應予刻意忽略。

（二）交通工具駕駛人查證身分措施疑義

警職法第8條第1項本文及同條項第1款規定，警察對於已發生危害或依客觀合理判斷易生危害之交通工具，得予攔停，查證駕駛人或乘客之身分。因其法條文字僅規定「查證其身分」，其身分確認措施之採行，除同條款已另明文規定之「出示相關證件」外，得否行使身分詢問權，即有疑義。

按詢問身分資料，係屬個人資料蒐集措施，詢問個人身分資料已干預人民資訊隱私權，應有法律之授權依據始得爲之。形式上，警職法第8條第1款並無身分詢問權之明文規定，似有缺漏。如從實質上觀察，本文認爲身分詢問應爲立法者已在查證身分授權時附帶授權之範圍，僅因未予明文規定，難免有解釋上之爭議，未來立法如能明文規範，自可解決附帶授權之解釋爭議，更符合法律授權之明確性原則。

（三）資料庫身分資料比對屬獨立基本權干預措施

1.現行法欠缺授權基礎

目前警察實務執行查證身分時，常有藉助「M-police」行動裝置，於現場透過影像與照片比對，而達成查證身分之目的[37]。按比對係屬個人資料處理措施，相對於蒐集措施，應屬另一獨立之基本權干預措施[38]，警職法既無明文授權，警察實務執法將人民影像或資料輸入資料庫比對，應非適法[39]。

---

[37] 李震山、蔡庭榕、簡建章、李錫棟、許義寶合著，警察職權行使法逐條釋論，五南，2020年9月3版1刷，頁150。

[38] 參照個人資料保護第2條第4款之規定。

[39] 類似見解：李震山、蔡庭榕、簡建章、李錫棟、許義寶合著，警察職權行使法逐條釋論，五南，2020年9月3版1刷，頁151。

2.適用個人資料保護法之疑慮

由於我國相關現行法對於個人資料之蒐集、處理與利用,係散見於不同之法規之中,其中個人資料保護法,最常被引用為個人資料之蒐集、處理與利用之依據。警職法對查證人民身分得採行之措施,已予以特別規範,就其未明文規定之資料庫身分資料比對措施,是否得回頭適用個人資料保護法之規定,不無疑義。首先,由於個人資料保護法係屬個人資料蒐集、處理與利用之基本法制框架,特別法之規範於解釋適用時,個人資料保護法所揭示之基本原則規定,仍應有其適用,如此解釋適用,其目的無非在建構完整的個人資料保護規範架構。但非屬基本原則規定事項,警職法之特別規範,已取得優先適用之地位,如再回頭適用個人資料保護法,恐有倒果為因之嫌[40]。

其次,個人資料保護法第15條規定:「公務機關對個人資料之蒐集或處理,除第六條第一項所規定資料外,應有特定目的,並符合下列情形之一者:一、執行法定職務必要範圍內。二、經當事人同意。三、對當事人權益無侵害。」資料庫身分資料比對屬基本權干預措施,應無疑義,前揭第3款「對當事人權益無侵害」,之規定,即非得援引作為干預授權之基礎。干預措施若經受干預人同意者,可能構成與法律授權「平行」的合法化事由,無待法律明文,前揭第2款「經當事人同意」之規定,僅具提示之功能,不具實質意涵,即使無此明文,基於「同意」法理,警察亦可在無法律特別授權基礎之下,採行干預措施。

最後,警察機關得否援引前揭第1款「執行法定職務必要範圍內」之規定,作為資料庫身分資料比對之授權基礎,即有疑義。由於該條款欠缺具體之法定要件,不但未限定適用職務之種類,而且未指定何種處理個資之方法對查證身分屬於必要手段,明顯不符合法律明確性原則。基於本款之高度抽象性,其規範功能至多是指示各國家機關援引其他具體授權法規,作為個資之處理依據[41]。就警察職權規範而言,本款無法取代警職法

---

[40] 李寧修,警察存取預防性資料職權與個人資料保護:以監視器之運作模式為例,台大法學論叢,第48卷第2期,2019年6月,頁408-411。

[41] 薛智仁,GPS跟監、隱私權與刑事法,月旦裁判時報,第70期,2018年4月,頁50-51。

應有之個別授權條款，如遽將其解釋為授權基礎規定，除有前揭倒果為因之疑慮之外，恐亦會成為立法者怠於增訂授權條款的脫手條款。警職法既無資料庫身分資料比對之特別授權條款，自不得再適用個人資料保護法第15條第1款之規定。

3.作為補充性替代措施授權之必要性

警職法第7條第2項明文規定，依詢問身分資料或令出示身分證明文件措施，無法查證人民身分時，得將其帶往警察勤務處所查證。惟現行法僅授權警察得採行詢問身分資料或令出示身分證明文件措施，並無補充性替代措施之明文，即使將其帶往警察勤務處所查證，恐亦難克竟其功，終將導致帶往警察勤務處所查證規範，形同具文，喪失規範授權之意義。如能將資料庫身分資料比對措施，明文授權作為詢問身分資料或令出示身分證明文件之補充性替代措施，除可解決以詢問身分資料或令出示身分證明文件，不能或難以查證身分時之困境，同時亦可減少帶往警察勤務處所查證之可能性，值得採行。

「德國聯邦及各邦警察法標準草案」第10條第1項第1款及第3項明文規定有查證身分之補充性替代措施[42]。依該規定，警察於以其他方法不能或執行有相當困難時，得對當事人採取指紋、掌紋、照相、確認體外特徵及量度之鑑識措施。

此一規定，就我國帶往警察勤務處所查證身分而言，有其意義，亦可一併考量納入規範。

第五節　附隨之必要干預措施

一、詢問危害嫌疑資訊

依前揭第三節之論述，警察查證身分職權之規範目的，形式上在確認

---

[42] 「德國聯邦與各邦統一警察法標準草案」第10條之規定，可參考李震山、蔡庭榕、簡建章、李錫棟、許義寶合著，警察職權行使法逐條釋論，五南，2020年9月3版1刷，頁660。

當事人身分之同一性，實質上在防止危害，因此查證身分職權亦寓有賦予警察於確認身分同一性之際，得藉由詢問以釐清危害嫌疑事實，以便進一步採取「危害防止措施」之意涵。

警察查證人民身分，採行身分確認措施與詢問危害嫌疑事實資訊，其干預個人基本權之種類與程度，並不相同。身分確認措施自不得作為詢問危害嫌疑事實資訊之授權基礎。鑑於詢問危害嫌疑資訊，係屬查證身分附隨之必要干預措施，其授權基礎即有予以明文規範之必要。立法政策上，對於於現場經當事人之答覆，警察仍無法藉由詢問以釐清危害嫌疑事實時，亦有考量將之納入得帶往勤務處所查證之前提要件之一，以期發揮查證身分防止危害之實質功能。

二、檢查攜帶物品

（一）法定檢查措施

警職法第7條第2項規定，若有明顯事實足認其有攜帶足以自殺、自傷或傷害他人生命或身體之物者，得檢查其身體及所攜帶之物。

檢查攜帶物品，其規範目的主要在於保護警察的安全。亦即當事人也許身懷武器或其他危險物品，可能危及執法人員，乃至自己或現場其他第三人之人身安全，為了避免發生危險，乃有此一規定，值得贊同。

（二）檢查方法及其界限爭議

1.檢查方法應非限於拍搜

行政實務認為本項規定之檢查，為警察基於行政權之作用，非屬行政搜索，亦非司法搜索，其檢查之態樣僅限於目視檢視、拍搜檢查，更不得有侵入性而涉及搜索之行為[43]。學界普遍見解，亦多予支持[44]。惟此見解是否妥適，值得檢討。

首先，所謂目視檢視，係指警察立於有權滯留之空間，憑其感官視

---

43 李震山，內政部警政署編，從釋字第535號解釋談警察臨檢的法制與實務，警察職權行使法逐條釋義，內政部警政署印行，2003年8月，頁30-31。

44 蔡震榮，警察職權行使法概論，元照，2004年12月，頁139-140。李震山、蔡庭榕、簡建章、李錫棟、許義寶合著，警察職權行使法逐條釋論，五南，2020年9月3版1刷，頁200-202。

覺所爲發現特定標的物之措施。此之目視檢視，一來可能無涉憲法所保障
之基本權，二來，該單純目光所及之範圍之檢視，也尚未構成基本權之干
預，所以並不需要法律之授權基礎[45]。行政實務將本項檢查方法限於目視
檢視，自與本項檢查規定作爲干預授權規範目的不符。

其次，所謂拍搜檢查，其檢查行爲係以雙手做衣服外部由上而下之拍
搜。拍搜固係檢查方法之態樣之一，惟此一源自美國法院判例形成之檢查
基準，得否直接援用作爲本項檢查方法界限之基準，並未見有合理之理由
說明，本即有疑義，如遽將之作爲本項檢查方法之界限，顯已過渡限縮本
項之適用範圍，保護人身安全之立法目的，恐將斷傷泰半，值得省思。至
於所謂「更不得有侵入性而涉及搜索之行爲」，即使美國法之拍搜檢查，
除衣服外表輕拍之外，亦例外允許有合理依據時得以伸入衣服內部將其取
出[46]。如此限縮解釋，顯有恣意之嫌，應不足採。

2.檢查方法範圍程度僅受目的及比例原則拘束

檢查攜帶物，既在發現可能危及人身安全之危險物品，其規範目的類
似刑事訴訟法第130條之附帶搜索。依普遍之見解，只要拘捕合法，即可
擬制附帶搜索之合理根據，無須個案再作判斷附帶搜索之實質理由，即使
個案並無跡象顯示受拘捕人有身懷危險物品，只要拘捕合法，對其實行之
附帶搜索仍屬合法[47]。

本項檢查權之行使，以「有明顯事實足認」作爲要件，其發動之門
檻，仍須個案判斷有無「明顯事實足認」之實質理由，較之偵查之附帶搜
索，已嚴格許多。依文義及目的解釋，檢查方法、範圍及其程度，應無限
縮解釋之必要。行政實務及學者多數看法，以詞害義，過渡限縮檢查權之
實施方法、範圍與程度，顯然牴觸規範保護目的，難以援用。因此，本項
檢查權之行使，其方法、範圍與程度，除受目的原則拘束之外，實無須於
文義之外另爲限縮解釋。至於個案執行上，其檢查方法之選擇及其範圍與

---

[45] 林鈺雄，搜索扣押註釋書，元照，2001年9月，頁30-31。

[46] 李震山、蔡庭榕、簡建章、李錫棟、許義寶合著，警察職權行使法逐條釋論，五南，2020年
9月3版1刷，頁200-202。

[47] 林鈺雄，搜索扣押註釋書，元照，2001年9月，頁30-31。

程度，是否合法適當，仍應受裁量及比例原則之拘束[48]，自不待言，於此不再深論。

至於檢查權之行使，得否行使強制力，有認為其為即時強制手段，不以相對人承諾為必要，得以實力強制檢查[49]。其次，檢查行為實施之際，本即含有命相對人忍受之意思在內，雖在外觀上看似僅為一物理行為，但實際上卻含有要求或禁止之意旨，而寓有規制作用。故而，即使將其法律性質定位行政處分，於相對人不履行之忍受義務時，警察自得依行執法第32條之規定，依直接強制方法執行之。

3.檢查交通工具駕駛人攜帶物之適法性疑義

警職法第8條第1項本文及同條項第1款規定，警察對於已發生危害或依客觀合理判斷易生危害之交通工具，得予攔停，查證駕駛人或乘客之身分。如果依個案事實判斷，駕駛人有明顯事實足認其有攜帶足以自殺、自傷或傷害他人生命或身體之物者，得否檢查其身體及所攜帶之物，警職法第8條並未明文，即有適用上之疑義。

攜帶物檢查，規範目的主要在於保護警察的安全。警察依法查證交通工具駕駛人身分，從規範目的觀點，警察亦有檢查其身體及所攜帶之物之必要性。固然其為查證身分必要之附隨干預措施，但其干預之基本權為身體自由及財產權，與查證身分干預個人資訊隱私權，並不相同，係屬另一獨立之基本權干預措施。警職法第8條第1項本文及同條項第1款規定查證交通工具駕駛人身分適用之前提要件，除有競合情形，自與第6條第1項之規定有別。兩者既然分立規定，檢查攜帶物之授權基礎即不得直接適用第7條第1項第4款之規定。再者，基於法律保留原則之禁止類推適用原則，檢查交通工具駕駛人攜帶物之授權基礎，自亦不得類推適用第7條第1項第4款之規定。此一規範漏洞僅能立法填補，似可於未來修法時，授權訂定細則或辦法等法規命令進一步加以分別作解釋性定義，例如「社會秩序維

---

[48] 關於裁量原則及比例原則競合時，於解釋適用法律時，應如何處理，可參考李震山，論行政法上之比例原則與裁量原則之關係，中央警察大學學報，第23期，1993年7月，頁1-11。

[49] 梁添盛，警察權限法，自版，1999年8月，頁194。

護法」之於「違反社會秩序維護法處理辦法」[50]，該辦法第2條至第13條均屬警職法規範目的、範圍或內容之進一步說明，以利實務執法之適用。

三、帶往勤務處所查證

（一）法定要件

警職法第7條第2項規定，依前項第2款、第3款之方法顯然無法查證身分時，警察得將該人帶往勤務處所查證；帶往時非遇抗拒不得使用強制力，且其時間自攔停起，不得逾3小時，並應即向該管警察勤務指揮中心報告及通知其指定之親友或律師。

（二）法律性質定位疑義

依警職法第7條第2項之規定，警察既然得將人民帶往勤務處所查證身分，法條所謂之「帶往」，依其文義應可不用考慮相對人之意思。因此，相對人即無自行決定離去與否之自由意志，自應寓有得拘束其人身自由之意。換言之，警察主觀上具有拘束人身自由之意思，而客觀上，相對人之人身自由須因警察之行為而受拘束，即是所謂之「帶往」。至於其執行方式如何，尤其是使用強制力與否，應非判斷之標準。法條所謂「非遇抗拒不得使用強制力」，僅係「帶往」行為於執行上，應遵守比例原則之具體指示而已。是其法律性質比較類似刑事訴訟法上之「逮捕」[51]。

有論者參考「日本警察官職務執行法」第2條之規定，認為其為「任意同行」[52]，不得拘束其身體之自由，或違反其意思強求其至警察局、派出所或分駐所[53]。基於前揭論述，及我國法並未如日本法有「非依刑事訴訟法相關法律規定，不得拘束其身體之自由，或違反其意思強求其至警察局、派出所或分駐所」之明文，其法律性質即不宜將之解為係屬「任意同

---

[50] 社會秩序維護法第93條第1項規定：「違反本法案件處理辦法，由行政院會同司法院定之。」

[51] 關於逮捕之概念，可參考何賴傑，逮捕、搜索與扣押，台灣法學，第25期，2001年8月，頁119-120。

[52] 李震山、蔡庭榕、簡建章、李錫棟、許義寶合著，警察職權行使法逐條釋論，五南，2020年9月3版1刷，頁202-205。

[53] 參考日本警察官職務執行法第2條第3項之規定。

行」。行政實務見解亦認為「帶往」措施，不論有無使用物理上之強制力，本身即含有在警察控制支配之下，剝奪其行動自由之意涵[54]，值得贊同。

（三）使用警銬之適法性

警察依法拘束人身自由，若經法律授權得行使制強力者，除以腕力、體力實施之外，亦有藉助體力以外之幫助物，以達成強制力行使之目的者。警銬為警察實務上經常用於達成強制力行使目的之幫助物。惟體力以外幫助物之使用，其種類不一，且攸關人民自由權利，若僅依「強制力」之授權基礎，即得由警察自由選擇使用幫助物之類型，自不符法律明確性之原則。警械使用條例及警職法第20條之規定，即係前揭幫助物之類型、使用要件之特別授權規範。因此，為達成強制力行使之目的，警察藉助體力以外之幫助物，其種類及使用要件，即應受該法律規範之拘束，方符法律保留原則之意旨。

按警銬為警械之一種，警械使用條例並未規定警銬之使用要件，此一缺漏已經由警職法第20條之規定，予以填補。依警職法第20條第1項之規定，警察依法留置、管束人民，有同條項所列各款情形之一者，於必要時，得對其使用警銬。據此，警察使用警銬之前提要件，首先即係僅能針對「依法留置、管束之人」，始得為之。警察依法將人民帶往勤務處所查證身分，形式上既非「依法留置、管束之人」，自無援引警職法第20條之規定，以為使用警銬之依據。採行肯定見解之論者，多依實質解釋觀點，認為「得依法拘束其人身自由者」，即屬「依法留置、管束之人」，若符合同條項各款之要件而有其必要性，即得使用警銬[55]。

如果考量法律保留原則係有意將涉及基本權的重要事項交給立法者決定，干預基本權之國家高權行為，都應該有法律明文授權，禁止不利基本權之類推適用。前揭肯定見解，依據類推適用本質之目的擴張解釋方式，

---

[54] 內政部警政署2014年7月14日警署行字第1030118451號函。

[55] 陳俊宏，使用警銬相關問題之研究，警專論壇，第7期，2013年6月，頁59-68。李震山、蔡庭榕、簡建章、李錫棟、許義寶合著，警察職權行使法逐條釋論，五南，2020年9月3版1刷，頁466-474。

認為「得依法拘束其人身自由者」，即屬「依法留置、管束之人」，若符合同條項各款之要件而有其必要性，即得使用警銬，顯有牴觸法律保留原則之嫌，不值贊同。警察執法實務若有必要，應循立法途徑解決，方為正途。

（四）適用提審法之疑義

1.提審法之規定

提審法第1條本文規定，人民被法院以外之任何機關逮捕、拘禁時，其本人或他人得向逮捕、拘禁地之地方法院聲請提審。第2條第1項則規定，逮捕拘禁機關至遲應於24小時內，將逮捕拘禁之原因、時間、地點及得聲請提審之意旨，以書面告知其本人及其指定之親友。第5條第1項規定，法院受理提審之聲請後，應於24小時內，向逮捕拘禁機關發提審票。第7條第1項則規定，逮捕拘禁機關應於收受提審票後，24小時內將被逮捕拘禁之人解交，如法院自行迎提者，應立即交出。逮捕拘禁機關違反告知義務及解交義務者，則應負第11條之刑事責任。

2.查證身分程序應否停止進行

有論者認為，一旦被逮捕拘禁之人聲請提審，逮捕拘禁機關應即將其帶至法院提審，以免其持續遭受非法逮捕拘禁及忍受後續查證程序之苦[56]。因此，一旦被逮捕拘禁之人聲請提審，逮捕拘禁機關應即停止一切查證作為，俟法院認為拘捕合法後，始能將人帶回再進行後續程序之處理。

惟提審法並未要求拘捕機關遇有提審時，需立即將人送至法院之規定。除非法院發出提審票並自行迎提時，應立即交出該人外，一般是拘捕機關應於收受提審票後，24小時內將人解至法院即可，況且人民基本權利仍可依法合理限制，在此階段並無禁止查證作為之明文規定，前揭應立即停止一切查證作為之看法，於法無據，應非可採。

---

[56] 楊雲驊，遭拘捕之被告應無適用提審法之必要，法務通訊，第2705期，2014年7月，5版。

3. 適用提審法似無實質意義

帶往勤務處所查證身分，其時間不得逾3小時。以告知義務為例，提審法僅規定自拘捕時起24小時內踐行告知義務即屬合法，二者規定，不無矛盾。即使於帶往勤務處所時立即踐行告知義務，當事人亦立即聲請提審，法院得於24時內發提審票，警察機關收受提審票時，多數已逾3小時，此時早已將當事人釋放，此一聲請提審並無實質意義。

再者，帶往勤務處所查證身分，其時間不得逾3小時，逾時即應回復其自由。此際，當事人聲請提審，法院必須以聲請人已回復自由，依提審法第5條第1項但書第3款規定，駁回提審之聲請。如此結果，非但無助當事人人身自由之保障，更徒增司法資源之浪費。然亦有論者持不同見解指出：「仍應引進法官介入之做法，至於法官介入之時機，則可依法為彈性之規定。」[57]

基此，警察將人民帶往勤務處所查證身分，於當事人未回復其自由之前，得適用提審法以保障其人身自由之情形，應甚為罕見，若強加適用，非但無實質意義，亦徒增司法資源浪費，確有檢討改正之必要。警政署行政釋示固然認為帶往勤務處所查證身分亦有提審法之適用，並也意識到其意義不大，但於函釋中另強調「應即時向該管勤務中心報告及通知其指定親友或律師，並應同時交付『將人民帶往勤務處所查證身分告知本人及其指親友或律師通知書』予當事人簽名或捺指印」[58]，強化將人民帶往勤務處所之正當法律程序，確值得贊同。

（五）將駕駛人帶往警察勤務處所查證之適法性疑義

警職法第8條第1項本文及同條項第1款規定，警察對於已發生危害或依客觀合理判斷易生危害之交通工具，得予攔停，查證駕駛人或乘客之身分。依個案事實判斷，亦有可能將駕駛人帶往警察勤務處所查證之可能性。惟其要件及程序如何，警職法第8條並未明文，基於法律保留原則之

---

[57] 李震山，非刑事案件關係人之人身自由保障，收錄於：人性尊嚴與人權保障，元照，2020年3月5版1刷，頁236。

[58] 內政部警政署2014年7月14日警署行字第1030118451號函。

禁止類推適用原則，帶往警察勤務處所查證之授權基礎，自亦不得類推適用第7條第2項之規定。此一規範漏洞僅能立法予以填補。

第六節　結論

以上已經檢討分析警察查證身分職權之整體結構、立法疑義及規範漏洞與適用上疑義的相關議題，最後條列整理本文研究之初步看法：

一、警察查證人民身分，係警察為達成法令所賦予的任務，經常採行之「典型警察措施」，具有基本權之干預性，立法者於警職法第6條至第8條予以明定，作為干預授權之準據，值得贊同。警察勤務條例有關臨檢之盤查規定，大法官釋字第535號解釋賦予的行為法功能，因有警職法之替代性立法，而失所附麗，不再具拘束力。

二、查證身分之規範目的，除形式上確認身分同一性外，亦應寓有釐清危害嫌疑事實之功能。現行法並未明文規定此一詢問職權，應予明定並賦予無法釋明時得帶往勤務處所續為查證之法律效果，以有效防止危害。

三、現行法規範查證身分之對象，包括肇致危害之人、滯留於易生危害地點之人、滯留於易遭危害地點之人、以及通過管制站之人。對於肇致危害之人僅限定在「合理懷疑其有犯罪之嫌疑或有犯罪之虞者」及「有事實足認為防止其本人或他人生命、身體之具體危害，有查證其身分之必要者」對象設定明顯尚欠周延，另對潛在危害人之查證身分，亦欠缺對象設定之規範，均有待立法補充。對通過管制站之人查證身分前提要件設定過於寬鬆，不符比例原則，立法上宜再作檢討限縮，以免過渡干預行動自由權。

四、進入特定場所為查證身分之前置措施，現行法規定之「合法進入之場所」，具有限定查證職權之作用，並非無意義之贅文。現行警察相關法律進入之授權基礎，多有疏漏。警察進入營業處所執法不在業主概括同意進入之範圍，亦須有干預之授權基礎。除個別法律應立法填補

之外，警職法亦應一併考量，自行立法授權，以利查證身分之執行。

五、攔停屬查證身分之附帶干預措施，固然不待明文，現行法予以明定，比較符合明確原則，值得贊同。其次，攔停有必要時應可行使強制力，但應受比例原則之拘束，並有賴司法審查予以監督。

六、法定確認身分措施包括詢問身分資料及令出示身分證明文件。身分資料詢問範圍，以法條所列者為限，不宜解為例示規定，以符個人資料保護原則。依警職法第8條查證交通工具駕駛人身分，得否行使身分詢問權，法無明文，雖可將之解為「查證身分」之附帶干預措施，為免爭議，仍宜明文規定。

七、警察實務執行查證身分時，常有藉助「M-police」行動裝置，比對當事人身分，此與其他身分鑑識措施，例如採取指紋、掌紋、照相、確認體外特徵及量度等，均為詢問身分資料或令出示身分證明文件無法查證時之補充性替代措施，且有利於帶往警察勤務處所查證身分之執行。但因屬有別於詢問身分資料或令出示身分證明文件之獨立基本權干預措施，現行法欠缺授權基礎，確有納入立法之必要。

八、檢查攜帶物品，規範目的主要在於保護警察的安全，現行法納為查證身分之附隨干預措施，值得贊同。至於檢查方法、範圍及程度，在目的原則拘束下，可由執行警察依其裁量判斷行之，行政釋示認為限於目視檢視及拍搜，牴觸規範保護目的，實屬不妥。警察依警職法第8條查證交通工具駕駛人身分，如有必要得否檢查其攜帶物，但法無明文。基於法律保留原則之禁止類推適用原則，檢查交通工具駕駛人攜帶物之授權基礎，不得類推適用第7條第1項第4款之規定。此一規範漏洞僅能立法填補。

九、帶往勤務處所查證，為落實身分查證之不得已措施，因另涉及人身自由之剝奪，非僅要求「任意同行」而已。現行法在干預授權之外，並明定其應踐行正法律程序，值得贊同。但有強制帶往之必要時，因現行法使用警銬前提要件規定之疏誤，以致難以援用，宜修法俾資因應。警察依警職法第8條查證交通工具駕駛人身分，如有必要得否將其帶往勤務處所查證，法無明文。基於法律保留原則之禁止類推適用

原則，自不得類推適用第7條第2項之規定。此一規範漏洞僅能立法填補。警察將人民帶往勤務處所查證身分，涉及人身自由之剝奪，形式上固有提審法之適用，但不具實質意義，並浪費司法資源。同時因提審法並未明文，亦不須因適用提審法而停止身分查證程序之進行。

第六章

警察職權相關議題及案例研析

第一節　警察遴選第三人蒐集資料之職權

　　警察法第2條明定警察任務為「依法維持公共秩序、保護社會安全、防止一切危害與促進人民福利」。警察執行干預性措施之前提，須依據「法律」。所指之法律，為法治國家對於行政機關行使職權之基本要求。警察職權之行使，常會造成當事人之權益受到干預、限制或剝奪，但是在「公共安全秩序與利益福祉」之目的前提下，依據法律保留原則，由法律明確授權警察得在規定之範圍內行使職權，符合立憲法治國家之原則。依此正所謂遵守「依法行政」原則，警察始能有效行使職權，達成法定任務及保護社會安全及人民權益。而人民權益包括有形與無形而足以影響人民基本權利之範疇，均應受到法益維護，以有效衡平公益與私利之憲法意旨。

　　執法人員蒐集人民資料關乎其基本權利保障，應受到依法行政原則之制約。司法院釋字第603號解釋文第1段首揭：「維護人性尊嚴與尊重人格自由發展，乃自由民主憲政秩序之核心價值。隱私權雖非憲法明文列舉之權利，惟基於人性尊嚴與個人主體性之維護及人格發展之完整，並為保障個人生活私密領域免於他人侵擾及個人資料之自主控制，隱私權乃為不可或缺之基本權利，而受憲法第二十二條所保障。其中就個人自主控制個人資料之資訊隱私權而言，乃保障人民決定是否揭露其個人資料、及在何種範圍內、於何時、以何種方式、向何人揭露之決定權，並保障人民對其個人資料之使用有知悉與控制權及資料記載錯誤之更正權。惟憲法對資訊隱私權之保障並非絕對，國家得於符合憲法第二十三條規定意旨之範圍內，以法律明確規定對之予以適當之限制[1]。」因此，警察蒐集治安所需資料之方法，除由警察本身實施相關蒐集措施之外，「遴選第三人蒐集資料」

---

[1] 司法院釋字第689號解釋文最後一段指出：「國家基於特定重大公益之目的而有大規模蒐集、錄存人民指紋、並有建立資料庫儲存之必要者，則應以法律明定其蒐集之目的，其蒐集應與重大公益目的之達成，具有密切之必要性與關連性，並應明文禁止法定目的外之使用。」

之方式，亦爲警察蒐集資料之方法。其涉及到預防與偵查犯罪[2]之目的，爲警職法中第12條、第13條所明文規定。此二條文規定將以往警察常年所實施的「線民[3]」制度，予以法定化，明確由法律授權並納入法律規範，此爲法治國家原理，有其正面的功能。但有關此規定之影響或相關問題，如：1.具體法規範是否符合實際運作上之現況與需求？2.遴選第三人之規範要件、程序，是否明確？有無過廣或過於抽象之問題？3.以法律明定「遴選第三人」之適用範圍，與現行「檢舉人」、「告發犯罪人」、「諮詢人員」、「義工」之制度是否相關或重疊？適用上之關係爲何？均有探討之必要與重要性，俾進一步提供學術研究與實務改進之參考。

一、遴選第三人蒐集資料之目的與規範法理

　　情報資訊蒐集常涉及公權力（governmental powers）與私權利（individual rights）面向及其衡平（checking and balancing）之必要性，警察基於公共性之治安目的而常需蒐集相關情報資訊，作爲採取公權力執法措施之合理性基礎，然對被蒐集者而言，則擔負著個人隱私、人格或資訊自決權受到不當侵害之風險。因此，此須遵守「實體的正當程序原則」（substantive due process of law），亦即「依法行政」與「明確性」原則，前者涉及憲法層次之立法行爲界限，而後者除「法律明確性」之外，亦涉及「行政行爲明確性」原則，此於行程法第5條所定之標的[4]，當然有關治安執法資料蒐集作爲亦應遵守「程序的正當程序原則」（procedural due process of law），例如行程法所定相關程序之踐行。因此，若從有效

---

[2] 在犯罪發生前所實施的蒐集證據活動，包括防止犯罪於未然的行政警察活動，與刑事訴訟法上的偵查活動。白取祐司，司法警察と行政警察，法律時報，第69卷第9號，1997年8月，頁36。

[3] 有關「警察遴選第三人蒐集資料」之相關文章，如李震山、H. Scholler合著，警察法案例評釋，登文書局，1988年7月，頁111-121。簡建章，警察職權行使法第12條、第13條，收錄於：警察職權行使法逐條釋論，五南，2020年9月3版1刷，頁12-17、345-371。黃齡慧，從警察蒐集資料活動論線民之運用—兼論資料之使用，國立台灣大學法律學研究所碩士論文，2005年6月。陳連禎，淺談線民，警光雜誌，第555期，2002年10月，頁12。陳連禎，偵查犯罪的利器—談線民的定義、類型及脫困之道，警光雜誌，第557期，2002年12月。張維容，潛在線民的遴選，刑事雙月刊，2005年3-4月。亦參考林東茂，德國的組織犯罪及其法律上的對抗措施，刑事法雜誌，第37卷第3期，1993年6月，頁32。

[4] 李震山，行政法導論，三民，2019年2月修訂第11版，頁272。

蒐集與掌理資訊將能使公權力有效發揮之觀點，警察遴選第三人蒐集資料，在警察達成治安維護任務上，有其正面之價值，也具有其必要性。早年在法律未明文規定的情況下，即有此等做法，在犯罪偵查[5]及戶口查察[6]上，早已行之有年，但卻缺乏應有的法律規範與授權，恐因治安維護目的而致人權保障上產生嚴重失衡。茲就警職法授權警察遴選第三人蒐集有關治安資料目的與規範法理分別析論之。

（一）防止危害與預防犯罪之目的

有關內政部之社會治安與秩序之維持，為警察的主要工作。「防止危害」之範圍，包括國家安全、社會秩序、善良風俗、公眾利益有關的危害[7]，皆屬之。「防止犯罪」指凡有觸犯刑事法律之行為或有此行為之虞者，即可稱之。惟此範圍非常廣泛，依法治國家之機關管轄法定原則，屬警察職權所防止危害之範疇，應限於與「警察任務所管轄」之範圍為界限。再者，警察依法所防止危害之性質，有由法令特別規定者，如抽象危害、潛藏性危害、表現危害等，若法令無特別或具體規定危害之性質，而是以概括規定方式，授權警察有防止危害之任務者，該危害應僅限於個案中所肇致之具體危害，論者指出該危害是指「若不加以阻止，可能造成損害的一種狀況；亦即經外力之影響，將減損事實存在正常的生活利益之狀況」，或「在順利進行之下，因物之狀況或人之行為，極有可能對公共安全與公共秩序造成損害之一種情況」[8]。相關危害之產生，如立即可見或已經發生，必須由警察即時介入制止，以防免其繼續發生或擴大；如該危害，雖不屬急迫之情形，但預見其將發生，亦應由警察依法為適當之處

---

5 如有關「警察偵查犯罪規範」（現為「警察偵查犯罪手冊」）中，即對警察如何布線及如何經由線民的提供犯罪線索方式，加以規定，使能達有效偵查犯罪之目的。例如，「警察偵查犯罪手冊」明定「警察人員基於偵防犯罪需要，應於其轄區內廣為情報諮詢布置，秘密掌握運用」。

6 在警察的勤區查察及戶口查察中，有義工布建及諮詢人員布建之方式，其目的在於透過轄區內警察與第三人之互信關係，由第三人定期向警察提供資訊，以有利於維護治安。

7 有關「危害」之概念甚廣，包括潛藏危害、未來危害、抽象危害、具體危害、重大危害等。請參見李震山譯，德國警察與秩序法原理，登文書局，1995年11月中譯2版，頁71-78。

8 李震山，警察法論—警察任務編，正典，2002年10月，頁44。亦參考李震山，警察行政法論—自由與秩序之折衝，元照，2020年9月修訂5版1刷，頁220-227。

理，以防範於未然。

危害的方式、種類及其危害所影響之利益，可從各個面向加以分類研析。警察主要防止的危害，分成行政與刑事危害；對於私權的危害，在國家法律秩序中，一般將此危害之保護及回復，交由私法爭訟程序解決。但如屬特殊、重大或遇有緊急情形的私權危害，依其特性亦應由警察介入，加以即時保護。警察為預防危害的蒐集資料，有其目的正當性。在此，資料的來源及範圍，甚為廣泛，極易干預個人隱私或超出必要蒐集之範圍。且蒐集資料之方式，如運用第三人代為秘密蒐集，與傳統直接干預個人自由權方式的查證或詢問，甚至令出示證明文件之情形，在實施方式上，有所不同。但是其資料的後續利用，或以秘密方式的蒐集等，均已屬干預個人的資訊自決權或隱私權，應受法律保留原則之適用，在目的的正當性方面，應受檢驗。又就其蒐集資料之目的或出發點而言，應與警察防止公共危害及預防犯罪之任務有關，始符合特定目的之資料蒐集原則。

預防犯罪與犯行追緝[9]亦不能相混淆，因其目的不同，接續所實施的方法及職權作為，亦有不同的規範限度，且不能假行政違規取締之名，而行刑事犯罪偵查之實。警察任務向來有「行政警察」與「司法警察」（亦有稱「刑事警察」）之分，其二者之職權，亦有不同。行政警察與司法警察的區別，在各自之目的或效能，都有所不同。即犯罪發生前與發生後的區別，通常為維持公共安全與秩序為其直接作用之目的，在犯罪發生之前所實施；再者，以追訴犯罪為目的所實施的偵查，其活動僅止於犯罪發生之後，才予採行，是該二者的區別，但遇有高度犯罪蓋然性的情形，在犯罪發生前，亦不能禁止實施偵查的活動[10]。

警察基於法定之特定目的所為治安資料的蒐集措施，旨在保護法秩序，亦即為防止公共安全之危害，但通常此必須有具體危害的存在。基

---

[9] 警職法有關遴選第三人蒐集資料，亦兼有偵查犯罪之目的。依警察遴選第三人蒐集資料作業規定：基於維護治安及偵防犯罪需要，使警察長期以來運用第三人（線民）協助執行工作任務時，更能有所保障及依據，特依據警察遴選第三人蒐集資料辦法訂定本作業規定。

[10] 在犯罪發生前所實施的蒐集證據活動，包括防止犯罪於未然的行政警察活動，與刑事訴訟法上的偵查活動。白取祐司，司法警察と行政警察，法律時報，第69卷第9號，1997年8月，頁36。

此，有人將預防犯罪視爲危害防止任務之下位情形[11]。經由第三人蒐集資料之方式，一般分爲「長期一般性蒐集資料」，抑或「個案特殊性蒐集資料」，後者係由警察交付予特定任務，蒐集特定人或事件的資料。國家機關中，除警察機關外，其他有關治安秩序或行政機關[12]亦有蒐集資料的需要。對於所蒐集的資料，依具體管轄或相互協助的原則，亦得再經由機關間的傳遞，予以運用。

（二）遴選第三人蒐集資料之法理

被遴選來協助警察蒐情之第三人[13]與其警察機關之間，具有法定的特別關係，亦即警職法第12條及第13條所明定。爲達成特定之任務，該第三人依法須提供警察必要的資料。因而其可能造成影響被蒐集情報者之權利，亦可能因此洩密或違反工作守則，或以非法的方法去從事蒐集資料之活動。該第三人所從事之活動行爲可能違法，因而應有其涉及法律規範之相關問題，以及警察與該第三人之間是屬公法關係或私法上之關係等議題？均有加以探討之必要。

按德國法中，第三人（線民）之工作雖有別於所謂警察資料一般蒐集，但很自然的，第三人工作中某特定部分必與資料之蒐集與傳遞具有同樣性質，警察透過第三人蒐集資料，獲得與個人有關資料，以及該資料之傳遞，皆須依聯邦憲法法院判決所訂之原則。換言之，該行爲已干預到人民權益，需要有法律授權[14]，以爲執法之依據。第三人被警察賦予蒐集特定情報資料之任務，其所執行之工作與警察任務多密切相關。一般將其稱爲「自願與警察合作之第三人」，因其並無警察身分，依據警職法規定，不得行使警察相關職權，亦不發給任何身分證明或工作證件；其實施蒐集資料之行爲，不得有違反法令之行爲。此爲遴選第三人蒐集資料制度中，

---

11 許文義，警察預防犯罪任務之分析與探討，警學叢刊，第29卷第5期，1999年3月，頁251。

12 如個人資料保護法第7條：「公務機關對個人資料之蒐集或電腦處理，非有特定目的，並符合左列情形之一者，不得爲之：一、於法令規定職掌必要範圍內者。二、經當事人書面同意者。三、對當事人權益無侵害之虞者。」

13 被遴選之第三人情形一般有二：1.爲可能基於職業上之便利，提供工作環境中所知之事項資料給警察；2.另外受到警察之交付任務，個別去蒐集資料。

14 李震山、H. Scholler合著，警察法案例評釋，登文書局，1988年7月，頁114。

對於第三人身分、地位在法制上所擬定之法規範內涵。

依上述分析，此該第三人依法協助警察蒐集治安資料之行為，似僅屬私人所志願行為[15]，警察所交付之任務亦侷限於合法狀態下始得實施。其如有非法之行為，則應自負其責。惟該第三人利用何種方法蒐集資料，警察並不得而知，亦無法掌控該第三人之行為。僅能於任務交付之情況下，告知必須遵守之程序及有關法律之規定[16]。該第三人是否將所知的資料，完全提供給警察應有其自主決定的空間；警察與該第三人之間，並不能以非法方法與第三人達成交易，如不追究其違法或放縱其違法，或以達成特定任務為目的，採取威脅逼迫之方式，均應被禁止。

該被遴選的第三人蒐集資料之行為，如有違法應自行負責。由於警察並非指示者，並不連帶對其負責，此非如警察與行政助手之間的態樣，應有所區別。再者，如該第三人因蒐集資料或告知所掌握之資訊，而涉及刑法上之背信或民法上之侵權行為時，是否能予免責，須視相關法律（如證人保護法）有無特別保護而予以免責之規定。因此，基於依法行政與明確性原則之遵守，乃有警職法第12條及第13條之規定。

二、遴選第三人蒐集資料之立法考量與現行規範

（一）遴選第三人蒐集資料之立法考量

警職法第12條及第13條在制定法律過程中，被定位為「超前」（前瞻）立法方式[17]，因當時在警察實務上雖已經有類似遴選第三人（線民）之做法，但在尚未解嚴或甫解嚴之時代，絕對高權的餘威仍在，執法文化尚未發展到法治國時期所致。此相關條文能明確立法，一改以往於私下運用第三人而取得資料之做法，警職法於第12條予以明文規定此種運作之授

---

[15] 蔡庭榕，警察職權行使法與案例研究，收錄於：許福生主編，劉嘉發等合著，警察法學與案例研究（第二章），五南，2020年2月初版1刷，頁75。

[16] 參考警察職權行使法第12條至第13條規定內容，以及其授權訂定之法規命令「警察遴選第三人蒐集資料辦法」。

[17] 李震山、蔡庭榕、簡建章、李錫棟、許義寶合著，警察職權行使法逐條釋論，五南，2020年9月3版1刷，頁12-17。本書中第17頁指出草擬警職法之研究團隊建議：當前對於「警察職權法草案」之研究及未來之立法，不應只檢討過去，而應策勵將來採「超前」方式為宜。

權、發給工作費、法定之程序、當事人之地位、警察之責任等，均有相關之明確規定，此可說在法制上，相較於當時之法治環境與文化，已有相當的進步。茲就警職法立法當時之遴選第三人蒐集資料之草案條文相關版本之考量要點分別析述如下：

1. 原受委託研究團隊所擬之草案條文[18]

警職法草案第13條（運用第三人蒐集個人資料之要件）爲：「警察爲預防、制止重大危害或重大犯罪，認有必要，而不能或難以其他方法調查證據者，對下列各款之人，得遴選第三人秘密蒐集其個人資料及相關不法事證：一、有事實足認其對公共安全、公共秩序或個人生命、身體、自由、名譽或財產，將有重大危害行爲者。二、有事實足認其將有觸犯最輕本刑二年以上有期徒刑之罪之虞者。三、有事實足認其將參與職業性、習慣性、集團性或組織性犯罪之虞者。四、有事實足認其有反覆實施同一犯罪行爲之虞或依其前科素、性格或環境，而認有觸犯刑罰法律之虞者（第1項）。前項資料及證據之蒐集，於必要時得及於蒐集對象接觸及隨行之人（第2項）。第一項所稱第三人，係指非警察人員而經警察請求，志願與警察合作之人。經遴選爲第三人者，不給予任何名義及證明文件，亦不具警職法或其他法律賦予警察之職權。其從事秘密蒐證工作，不得有違反刑罰法律之行爲（第3項）。第三人之遴選、連繫運用及其訓練考核與提供資料之評鑑等實施事項，由中央警政主管機關定之（第4項）。」

上述學者研擬的警職法草案之立法理由說明爲：(1)由於犯罪結構之改變（例如犯罪組職化、集團化及隱密化），警察在預防犯罪或防制危害工作，產生極大困難。運用「第三人」（線民）以蒐集資料，即有其必要性。關於第三人之運用，實務上履見不鮮。惟因運用第三人蒐集個人資料及獲得資料之處理，依法治國家學理及實務發展趨勢，已認爲係屬干預人民權益之措施，需要有法律依據。惟我國實務運用第三人之依據，尚處於行政規則之位階，不符法律保留原則。爲符法治並配合警察任務之需要，

---

[18] 李震山主持，警察職務執行法草案之研究，內政部警政署委託，1999年6月，頁228-229。

爰將警察運用第三人之要件及程序等，於本條予以規定；(2)「線民」僅為一般之通稱，不宜遽採為法律用詞，爰於第1項本文明定其概念。又運用第三人蒐集個人資料既屬干預措施，自應依法律明確規定其要件，使具有可預見性，爰參考「德國警察法標準草案」第8c條第1項及第2項第4款與「德國聯邦國境保護法」第28條第1項及第2項第3規定，於第1項明定其要件；(3)運用第三人蒐集個人資料，通常會對無關之關係人之權益，產生一定程度之影響，且屬必要，否則運用第三人之措施無法實行。惟為避免影響不當擴大，爰參考「德國警察法標準草案」第8c條第1項規定，於第3項明定，其措施僅得及於蒐集對象接觸及隨行之人。運用第三人，應以第三人自願合作基礎，因其非警察人員，亦不宜給予任何名義及證明文件，更不得賦予可得干預人民權益之職權，從而第三人從事資料蒐集工作，亦不得違反刑罰法令，爰於第3項予以明定。

2. 內政部原草案版本

根據立法當時之程序而提到內政部審核通過的警職法草案規定，警察為預防、制止重大危害或重大犯罪，認有必要，而不能或難以其他方法調查證據者，可遴選第三人秘密蒐集其個人資料及相關不法事證。其中，條文中「第三人」是指非警察而經警察遴選，志願與警察合作之人而言。而警方運用第三人蒐集不法事證，必須在下列情況下為之：(1)有事實足認其對公共安全、社會秩序或個人生命、身體、自由、名譽或財產，將有重大危害行為者；(2)有事實足認其將有觸犯最輕本刑三年以上有期徒刑之虞者；(3)有事實足認其將參與職業性、集團性、習慣性或組織性犯罪之虞者；(4)有事實足認為有反覆實施同一犯罪行為之虞，或依其前科素行、性格、環境，而認有觸犯刑事法律之虞者[19]。

3. 民間司改會版本

民間司改會所提出的警職法草案第13條（運用第三人蒐集個人資料之要件）規定：「警察為預防、制止危害或犯罪，認有必要，而不能或難

---

19 警察運用線民，將有法源依據。法源法律網，2001年12月17日。

以其他方法調查證據者，對下列各款之人，得遴選第三人秘密蒐集其相
關資料：一、有事實足認其對公共安全、公共秩序或個人生命、身體、自
由、名譽或財產，將有重大危害行為者。二、有事實足認其有觸犯最輕本
刑三年以上有期徒刑之罪之虞者。三、有事實足認其有參加職業性、習慣
性、集團性或組織性犯罪之虞者。四、有事實足認其有反覆實施同一犯罪
行為之虞或依其前科素行、性格或環境，而認有觸犯刑事法律之虞者。前
項資料及證據之蒐集，必要時得及於與蒐集對象接觸及隨行之人。第一項
所稱第三人，係指非警察人員而經遴選，志願與警察合作之人。經遴選為
第三人者，不給予任何名義及證明文件，亦不具警職法或其他法律賦予警
察之職權。其從事秘密蒐證工作，不得有違反刑事法律之行為。第三人之
遴選、連繫、運用及其訓練、考核與提供資料之評鑑等實施事項，由內政
部定之。」[20]

　　該草案之立法說明：(1)由於犯罪結構之改變（例如犯罪組織化、集
團化及隱密化），警察在預防犯罪或防制危害工作，產生極大困難。運用
「第三人」以蒐集資料，即有其必要性。關於第三人之運用，實務上屢見
不鮮。惟因運用第三人蒐集個人資料及獲得資料之處理，依法治國家學理
及實務發展趨勢，已認為係屬干預人民權益之措施，需有法律依據。惟我
國實務運用第三人之依據，尚處於行政規則之位階，不符法律保留原則。
為符法治並配合警察任務之需要，爰將警察運用第三人之要件及程序等，
於本條予以規定；(2)「線民」僅為一般之通稱，不宜逕採為法律用詞，
爰於第1項本文明定其概念。又運用第三人蒐集個人資料既屬干預措施，
自應依法律明確規定其要件，具有可預見性，爰參考「德國警察法標準草
案」第8c條第1項及第2項第4款與「德國聯邦國境保護法」第28條第1項及
第2項第3款規定，於第1項明定其要件；(3)運用第三人蒐集個人資料，通
常會對無關之關係人之權益，產生一定程度之影響，惟此應屬必要，否則
運用第三人之措施無法實行，但為避免影響不當擴大，爰參考「德國警法
標準草案」第8c條第1項規定，於第2項明定，其措施僅得及於蒐集對象接

20　警察職權行使法草案總說明，民間司法改革基金會，司改雜誌，第37期，2002年2月。

觸及隨行之人；(4)運用第三人，應以第三人自願合作為基礎，因其非警察人員，亦不宜給予任何名義及證明文件，更不得賦予可得干預人民權益之職權，從而第三人從事資料蒐集工作，亦不得違反刑罰法令，爰於第3項予以明定；(5)第三人之遴選、連繫、運用、訓練、考核、評鑑，應由內政部依據實務需要規定之，爰於第4項予以明定。

　　警察可利用各種方法蒐集相關資料，基於公開蒐集資料有其侷限性，警力有限，民力無窮，若人人均能為維護治安貢獻一些心力，則治安效果將大幅提升。否則，治安良窳乃應有跨機關與社會全面性考量改善責任之思維。對於提供警察治安資料者，一般人民的觀感呈現兩極化之現象；一者稱之為「富有正義感」、「見義勇為」；另一者，則為負面之稱呼，如「線民」、「抓耙子」等。一般人民是否願意成為與警察合作之第三人，不無疑問。或可謂基於治安資料之蒐集應備而不用，及遴選第三人蒐集資料，並非容易等，所以其要求之條件不可過高。是否如此，或此規定之負面效果如何等，亦可進一步觀察。

　　按立法通過之現行條文與學者研究版本、民間司改會及內政部之原先草案內容規定，均肯定警察遴選第三人蒐集資料職權之必要性。至於有所差異之部分，為通過條文之發動要件較為寬鬆，只要符合「警察為防止危害或犯罪，認對公共安全、公共秩序或個人生命、身體、自由、名譽或財產，將有危害行為，或有觸犯刑事法律之虞者」，即可遴選第三人蒐集資料；此符合實務之現行做法，一有需要或機會，即可蒐集資料。依規定只是在形式上，須經過長官的許可[21]。遴選第三人蒐集資料之要件，過於寬鬆，除方便現行做法均能符合規定外，未來應檢討修正其要件，以免社會上，每個人均會擔心被蒐集資料，所言所行都須特別小心，對朋友或其他生活中所接觸之人，均須防備，將嚴重影響其人格權發展。如此將違反法律要件之必要性原則，其要件亦應考量「無法或難以蒐集資料之案件」為限度，而不宜全面性的有關公共秩序、個人利益有被危害之虞皆可採取此

21　警察遴選第三人蒐集資料辦法第2條：「警察遴選第三人時，應以書面敘明下列事項，陳報該管警察局長或警察分局長核准後實施……。」

方式。

（二）遴選第三人蒐集資料之現行規範

1.遴選第三人之實體與程序規範要件

　　警職法第12條第1項規定：「警察為防止危害或犯罪，認對公共安全、公共秩序或個人生命、身體、自由、名譽或財產，將有危害行為[22]，或有觸犯刑事法律之虞者，得遴選第三人秘密蒐集其相關資料。」法律所授權之範圍十分廣泛，在於為公共利益及秩序、防止犯罪危害私人利益之情況下或有此之顧慮時，均可為之。本條內涵在實體要件上應含括：(1)須係為了防止危害或犯罪：此先確立本條之立法目的；(2)必須是認特定個人將有危害行為或有犯罪之虞時：此為實體要件與適用範圍之限縮規範，以免無限上綱；(3)此與警察合作之第三人必須是非警察人員身分，且無警察職權[23]：本條第3項前段指出：「第一項所稱第三人，係指非警察人員而經警察遴選，志願與警察合作之人。經遴選為第三人者，除得支給實際需要工作費用外，不給予任何名義及證明文件，亦不具警職法或其他法規賦予警察之職權。」；(4)蒐情工作須經警察特別程序之委託：此係如「行程法」之委託民間之性質；(5)「資料之蒐集，必要時，得及於與蒐集對象接觸及隨行之人」，為本條第2項所明定，以明權責；(6)第三人係出於志願與警察合作。在遴選第三人之程序要件上需1經遴選並核准；2應踐行告知義務；3相關連繫運用、訓練考核、資料評鑑及其他應遵行事項則依據經主管機關（內政部）另訂之「警察遴選第三人蒐集資料辦法」辦理[24]，此辦法屬「法規命令」之性質。

　　鑑於「防患於未然」、「預防勝於治療」或「預防危害或犯罪是警察

---

[22] 有關危害之依據，如警察實施臨檢作業規定（90.12.18）：「……檢舉或線報：依民眾提出檢舉或線民提供的線索，如集體械鬥預備階段、暴力行為傾向等，顯示該處所依客觀、合理判斷易生危害時。」

[23] 警察職權行使法第12條第3項：「第一項所稱第三人，係指非警察人員而經警察遴選，志願與警察合作之人。經遴選為第三人者，除得支給實際需要工作費用外，不給予任何名義及證明文件，亦不具本法或其他法規賦予警察之職權。其從事秘密蒐集資料，不得有違反法規之行為。」

[24] 李震山、蔡庭榕、簡建章、李錫棟、許義寶合著，警察職權行使法逐條釋論，五南，2020年9月3版1刷，頁12-17。

最重要之任務」均是強調預防在警察治安任務上之重要性。當前之警察任務除保障人權外，即以維護治安為主，後者又以危害防止與犯行追緝兩大任務為內涵[25]。警察運用第三人蒐集個人資料，即必須以該個人之行為，將會危害到公共安全、公共秩序或個人生命、身體、自由、名譽或財產者，或其行為有觸犯刑事法律之虞時為限。若非因個人行為將肇致危害或有犯罪之虞，即與法定要件不符，自不得作為採行運用第三人之依據[26]。警職法第12條之法律規定授權要件，十分寬鬆，但警察基於專業之判斷、交付任務之效果、工作費用有限之情況考量下，自得訂定一較有效之實施方式。但從法治國家之法律明確性及必要性、適當性之比例原則考量，有關上述之要件，仍宜進一步限縮其實施之重點及其主要之目的與範圍，避免產生過度之不良影響。

　　警察實務上所運用第三人之來源可分為正常與特殊兩種體系，前者如內政部警政署訂頒之「警察偵查犯罪手冊」中明載，警察人員基於偵防犯罪需要，應於其轄區內廣為情報諮詢布置，秘密掌握運用。情報諮詢宜按工作性質，基於維護治安工作需要，在社會各階層、各行業物色適當對象，吸收諮詢。然後者係針對特殊治安工作或偵辦重大案件需要，專案諮詢布置。遴選諮詢對象，應視實際需要審慎遴選，把握運用，慎防被反諮詢。諮詢之對象，以社會各階層、各行業熱心公益及樂於協助維護社會治安人士為原則。其要件以思想純正、品德良好、誠實可靠、服務熱忱，具有優良之工作條件、路線，真誠參與意願，並有發展潛力之人選為原則，如因工作特殊需要，臨時吸收運用不合以上要件之人選者，應先敘明理由，報經核准後，始得接觸聯繫、訪問等作為。由於許多犯罪行為及不法交易皆隱藏在不為人知的角落，且犯罪邊緣人之活動和習性，亦非常人所能輕易得知或窺見，因此第三人的來源有時必須從特殊體系中發掘及培養[27]。因此，警職法相關規定運用第三人之要件，主要應在於考量符合現

---

[25] 許文義，警察預防犯罪任務之分析與探討，警學叢刊，第29卷第5期，1999年3月，頁251。
[26] 李震山、蔡庭榕、簡建章、李錫棟、許義寶等合著，警察職權行使法逐條釋論，五南，2020年9月3版1刷，頁440。
[27] 張維容，潛在線民的遴選，刑事雙月刊，2005年3-4月，頁59。

行之做法，將實務上之現況，可完全納入警職法之規定中。但實施之後，是否即為如此？應大有疑問。鑑於第三人資料之保密[28]，第三人線索之曝光等原因，均是納入法制規範之一重大考驗。

理論上，運用第三人從事資料之蒐集，應以個案性為中心，不得基於通案之目的而遴選第三人蒐集資料。運用第三人從事資料蒐集，不僅在資料蒐集之「範圍」上，應以個案為中心，即依遴選時約定之範圍，並且雙方之關係於具體個案工作結束後，應立即終止[29]。但「個案性」應如何解釋，應有一定的運用空間，除個案性的完成任務或限期提供資訊，具有特定的效果之外，此亦會涉及到工作費用的領取及該第三人名義上，是否列入警察所遴選之第三人名冊之中。另一方面，若屬概括性的提供資料、長期的與警察合作之第三人，意即一般人民，雖不能否認其仍存在警察實務上，然其並非警職法所稱為警察遴選之第三人。因此，若有類此長期提供一般性治安資訊給警察之民眾，應僅屬關心社會治安之檢舉提供資料者或陳情之人。否則，即不符合警察依據此相關於遴選第三人之規定，亦即警察不得遴選或與之合作而要求其長期通案且概括性地提供所蒐集之治安資料。

2. 蒐集資料必要時得及於與蒐集對象接觸及隨行之人

依警察責任人原則，警察處分或措施執行之對象，限於警察責任人，亦即違反法令規定有責之人。除此之外，警察措施不應及於其他不相關之人，以免違法或不當影響他人的權益。但如法令有特別規定，因涉及公共利益的重大事由，或該措施之作用，不得已將會涉及到其他之人時，依法亦可對其他之人要求相關責任或實施干預處分。如重大災害之現場搶救，要求在場之人共同參與；集會活動之蒐證範圍及於非違法嫌疑之其他

---

28 有關保密的規定，依警察遴選第三人蒐集資料辦法第11條：「警察遴選第三人及第三人蒐集之資料，應列為極機密文件，專案建檔，並指定專人依機密檔案管理辦法管理之。前項檔案文件，除法律另有規定者外，不得供閱覽或提供偵查、審判機關以外之其他機關、團體或個人。第一項文件供閱覽時，應由啟封者及傳閱者在卷面騎縫處簽章，載明啟封及傳閱日期，並由啟封者併前手封存卷面，重新製作卷面封存之。」

29 黃齡慧，從警察蒐集資料活動論線民之運用—兼論資料之使用，國立台灣大學法律學研究所碩士論文，2005年6月，頁108。

人等，此均屬警察之作爲，依法及於不可避免之其他人之事例。

警察所蒐集資料之範圍，原應以警察責任人爲對象之限制；但警察對象之活動或相關行爲，通常並非僅其單人行爲，其活動常伴隨著其他之人；如涉及公共安全、社會治安有關之行爲活動，常與周遭之其他人可能有關，或可作爲相關證據。例如，警察執法上依法進行有關錄影、錄音措施中，無法避免地可能對其附近其他之人，亦包括所遴選之第三人，均可能連同攝入影像中，此應爲蒐集的法律所許可[30]，只是在事後之資料使用上，須顧及其他人之權益，不得違反治安目的之使用。因此，成爲警察利用第三人蒐集資料之相關人，在特定情形下得及於相關人，此即爲警職法第12條第2項所明定：「前項資料之蒐集，必要時，得及於與蒐集對象接觸及隨行之人。」此措施雖爲蒐集資料之方法過程中，所不可避免，但是其蒐集之前提及特定目的，亦應有所明確規範，即目的不宜太過模糊或廣泛，全面蒐集每一位國民之資訊，此將會違反法治國家之憲法原則。

再者，被遴選之第三人的蒐集資料，除警察所交付之對象外，必要時亦得及於與蒐集對象接觸及隨行之人。此「必要時」之界限原則，應爲該項資料所涉及之人、事、時、地、物、原因與該特定第三人有密切相關之意。可能是事實上之相關，亦可能爲佐證資料，或有共同可爲蒐集之原因存在。被遴選第三人之蒐集面向或方式，一定要連帶伴隨著該其他相關之人，該資料始有意義。除此之外，並不得任意蒐集其他不相關人的資料。此屬蒐集個人資料之範圍。然而，警察蒐集資訊，依其目的可分成三類：一爲平常公共安全秩序之資訊；二爲特定事件之資訊；三爲偵查犯罪之資訊[31]。如果將此三者合在一起，並未區分其主要目的所在，實務上甚難限縮蒐集資料之範圍。

至於事件涉及之範圍，受本條文目的之規範，限於與「公共安全」、「公共秩序」之公共目的性有關，爲防止危害或預防犯罪之必要情

---

30 參考警察職權行使法第9條：「警察依事實足認集會遊行或其他公共活動參與者之行爲，對公共安全或秩序有危害之虞時，於該活動期間，得予攝影、錄音或以其他科技工具，蒐集參與者現場活動資料。資料蒐集無法避免涉及第三人者，得及於第三人。」

31 甲田宗彥，警備公安事件の諸問題と判例の動向，世社，昭和62（1987）年9月再版，頁3。

形。此範圍雖是非常廣泛，但必須注意之處，即有關「政治偵防」[32]之事務，應不包括在內，然亦有不易釐清之情形，例如，法務部調查局之執法，較容易受到批評[33]。惟警察執法不得假藉維護治安之目的，而去蒐集政治傾向及特定政治支持者之資料，以免違反警察行政中立之原則。

　　有關資料之蒐集，應依其目的、質量及效用需求考量，甚至有遵守特定目的原則之必要。在一般觀念上，均認為蒐集的資料越多越好；實務上常不論何種資料，只要與警察任務有關及警察特定交付任務所需之資料，均加以蒐集。但從理論上而言，「政治偵防」之資料，仍然應予避免涉及，且應予排除。雖然有關此方面之資料，與警察公共安全、治安之任務，亦具有相關性；但是警察之防止危害任務，應限於具體危害；公共安全與秩序之範圍，亦應不包括「政治偵防事務」之範圍[34]。

3. 被遴選為第三人之身分與行為規範

　　被警察遴選之第三人，其任務是蒐集有關有危害或犯罪嫌疑或疑慮對象的相關資料。依其特性，該資料之接觸者，應與危害及犯罪之間被疑為有特別之關係，該第三人常有可能為大樓管理員、特種營業場所之業者、受僱用人、曾犯罪之人、犯罪虞犯、無業之人、被害人、熱心提供資料之人等。除此之外，公務員[35]、特定職業之人，亦有可能成為與警察合作之人。另一方面，此被遴選之第三人（informant）與臥底者（undercover）顯不相同，因臥底者係警察或相關公務人員依法進入犯罪組織或參與欲偵查之犯罪活動，以期蒐集相關犯罪證據或獲取相關犯罪活動之情資，以利

---

32 有關政治偵防，為早期情治機關為探查不同政黨之政治意見，所交付之任務。在歷史上，依其他國家之稱呼又有稱「政治警察」等。在立憲法治國家，要求警察保持行政中立，禁止警察任務政治化，及介入、干預政黨活動。

33 羅曉平，我國法務部調查局組織再造之研究：結構—功能的觀點分析，國立台北大學公共行政暨政策學系碩士在職專班碩士論文，2004年6月，頁2。亦參考科技偵查法草案芻議 法務部：規範對象是犯罪者，https://www.cna.com.tw/news/aipl/202009160151.aspx，最後瀏覽日：2021年10月2日。科技偵查法對象刑事重罪者非政治偵防，https://www.nownews.com/news/5061878，最後瀏覽日：2021年10月2日。

34 警遭名嘴控「政治偵防」強烈反擊「未查證就誣衊警察」，https://www.ettoday.net/news/20181113/1305477.htm#ixzz6aMDnwSNy，最後瀏覽日：2021年10月2日。

35 如公務員成為與警察合作之人，該公務員之蒐集資料，自應遵守有關公務員之守密義務。

進一步依法偵查破獲之[36]。

　　自願或受託之第三人隨機提供之資料，該偶然性資料並不因一般人民或第三人提出而有別，此係不同於因遴選之特定目的而蒐集之資料。自願或受託第三人之行為僅涉內部關係之行政私法行為，因為此時警察係透過私法規定（委託、承攬、勞務契約），以達成其防止危害之公法任務之公共目的。但警察必須注意，在行政私法之作為範圍內，應受到基本權利之約束[37]。如遵守一般法律原則，人民基本權利保護之考量等。然而第三人所蒐集之相關治安資料，受理之警察於運用該資料時，應有再行確認其正確性之必要。

　　警察經由民眾協助蒐集個人資料，其類型不一。有私人本於主動意願或為自身目的進行調查蒐證後，將證據交給警察者。亦有經由警察遴選後委託安置去蒐證者。警職法第12條有關第三人（線民）之規定，依其第3項「經警察遴選，志願與警察合作」及第1項警察得「遴選第三人秘密蒐集其相關資料」之規定，自可得知，此處第三人之工作，應非自發性，而係經由警察之特別委託蒐集資料[38]。

　　與犯罪之人有所接觸或與危害有特種關係之人，其行為與犯罪者之間亦常有互動關係[39]，或可能會受其影響。從被遴選之第三人之性質而言，除熟知犯罪之情狀外，另可能其本身亦有犯罪前科；依其資歷或與犯罪者間，可能具有特別的關係，因而其在探知危害或犯罪情資過程中，即有可能會有自行違反法律，或與犯罪者有共同違法的行為。對此，警察在交付

---

[36] 臥底偵查法草案第2條：「本法所稱臥底偵查，指臥底偵查員於一定期間內，以核可之化名或掩護之身分，從事犯罪偵查。前項所稱臥底偵查員，指具有刑事訴訟法第二百三十條、第二百三十一條司法警察官或司法警察身分之人員。但現役軍人，不包括之。」參考法務部研擬制定完成「臥底偵查法草案」新聞稿，https://www.moj.gov.tw/cp-21-49530-aed1a-001.html，最後瀏覽日：2021年10月3日。

[37] 李震山、H. Scholler合著，警察法案例評釋，登文書局，1988年7月，頁115。

[38] 簡建章，警察職權行使法第12條、第13條，收錄於：警察職權行使法逐條釋論，五南，2020年9月3版1刷，頁291。

[39] 利用線民引誘方式之法律效果，如最高法院86年度台上字第3497號刑事判決：「張松滿為警方之線民，其佯裝欲購買安非他命誘使上訴人與之交易，不能真正完成買賣行為，惟上訴人既有賣出安非他命之故意，且依約使林克勵攜帶安非他命前往交付，即已手實施販賣行為，雖不能賣出，仍屬未遂。」

任務時，亦需事先告知或約制被遴選之第三人有關其行為規範[40]及不得違反法律之規定。其並無特權，若其行為並非依法令之行為，則不能適用阻卻違法之理論。

德國各邦警察法授權運用之第三人，乃指一般「私人」得受託於警察機關，從事資料蒐集之工作，各邦法律原則上對於私人之資格並無限制。然而德國聯邦憲法法院認為非所有之私人均得受遴選而從事資料之蒐集，具特定之身分者，不得作為警察之第三人，此等身分者主要指牧師、醫生或律師等職業上具有為當事人保密之必要者[41]。依我國警職法之規定，此處之第三人，僅止於非警察人員，其可能之範圍甚廣。是否應予限縮，自有探討之餘地，如公務員是否適合與警察合作？是否會產生影響公務之推行？或與公務倫理產生衝突之現象？實務上，常有熱心的各階層之公務員，有所聯絡及互通有無，在公務之聯絡中，有其一定體系或倫理規範；更且，從警察與其他公務員之一般交往的關係中，亦可得到相關資料。對此，實不必將公務員納入其中。有關此問題，如同蒐集之條件一樣，尚不予限制可能的特定範圍。因此，在第三人之人選上，只要有利於警察任務，亦不特定限制其人選身分，均得受遴選而為之。

另在第三人之遴選方法上，與被遴選第三人之間，警察所使用之方法不可有強暴、脅迫或威脅的方式，而致使被遴選第三人喪失其自由意志。若逾越此範圍，則屬違法之遴選，所得到之犯罪證據是否得以合法適用，已有疑義。再者，一般而言，給予被遴選之第三人相關酬勞或免費請其飲食，此在一般社會通念上，尚屬可以接受之範圍內，係屬合於職權之必

---

40 參考警察職權行使法第12條第3項：「……其從事秘密蒐集資料，不得有違反法規之行為。」以及警察遴選第三人蒐集資料辦法第4條、第5條之規定。亦參考線民之行為界限，如最高法院92年度台上字第4791號刑事判決：「上訴人為警察之臥底線民，上訴人係為完成任務之需要及身處犯罪現場、需與罪犯往來而終至沾染施用毒品犯行，上訴人於原審請求原審依刑法第57條規定從輕量刑。……因當線民方便臥底，才施用毒品云云，但線民於法並無犯罪免責權，上訴人獨處時亦有施用第一級毒品，且隨身攜帶毒品及吸毒工具為警查獲，又有吸毒前案紀錄，顯然有施用毒品傾向，所辯為卸責飾詞。」
41 黃齡慧，從警察蒐集資料活動論線民之運用—兼論資料之使用，國立台灣大學法律學研究所碩士論文，2005年6月，頁108。

要，應為合法之行為[42]。

依我國現行相關遴選之第三人之警察職權法制，雖有特定任務且由警察所交付，並可能與個別警察熟識等；惟因法律上並未賦予其特定之職權去執行公權力之任務，此第三人僅處於私人之地位，提供所知所見及相關特定之資料給警察，亦即僅為私人之角色或法律地位。在蒐集資料之過程中，如有違法行為，亦不得阻卻違法或免責。警察執行法律過程中，很多過程或重要線索，有賴被遴選之第三人提供資料，始能易於偵破犯罪。亦即利用被遴選第三人之提供情資，亦為犯罪偵查上具有重要功能的方法之一。因此，警職法所定授權遴選第三人協助蒐集資料之定位及法律性質，除防止行政危害或預防犯罪外，對「犯罪抗制及偵查犯罪」亦具有重要功能。

實務上亦曾發生幾起「被遴選之第三人」犯罪之案例，且該被遴選之第三人於法院審理中，主張其因「在於執行蒐集資料任務上」之可能違法或犯罪嫌疑之行為係因被遴選所應執行之任務所需，若因而犯罪應阻卻違法，不應被課予刑責。但依現行法規定，被遴選之第三人僅居於私人之地位，除給予必要之工作費用外，法律並未賦予其他之職權及特定身分，為我國警職法第12條所明定。因此，在法制上如需予以免責，應有特別授權且屬對抗重大犯罪之必要始可，我國實務之需求，以後是否有此授權必要，尚待觀察。

（三）遴選第三人蒐集資料之方法

由於警察執法宜兼顧人權保障，亦即常在其遂行治安任務中一併完成，兩者截然劃分並不容易，因警察任務之此種特性，以致基本人權之保障，極易在籠統治安目的之顯性大帽子下而任意被矮化。尤其是政府在不經意下常以人民監護人的姿態出現，只要認為有概括必要，即可以保護人民，或以為民謀福利之理由下，賦予警察任務，並以之作為採取干預措施的依據。因此，治安維護是政府用以限制人權最常見理由，卻容易忽略民主法治國之治安任務係以保障人權為目的，容易造成手段與目的錯置，也

---

[42] 甲田宗彦，警備公安事件の諸問題と判例の動向，世社，昭和62（1987）年9月再版，頁5。

缺乏手段應受目的制約之合比例性考量[43]，應予防免。

警職法為一作用法，其中所規定之警察職權有二十多種[44]。其中包括多種的蒐集資料方法，如查證身分、設置監視器、長期監視、遴選第三人蒐集資料。在現代的社會中，行政機關之任務複雜多元，為達成其機關之任務，其大前提即在充分掌握外在的資訊。可以掌握情報資訊之機關，在研擬對策或實施作為上，更可積極、有效、正確的面對問題。如在於警察機關能快速有效掌握正確治安相關情報資訊，則可防止危害或逮捕罪犯。

警察實施調查或犯罪偵查方法，依其受法律拘束程度，有區分強制處分與任意處分。然在實務的偵查活動上，因有各種的限制，此二者「區別」在實務上有特別重要的意義。在日本舊刑事訴訟法中，規定對於所實施的對象，如採取物理性的強制力及處分，或在法律上課予義務的處分或強制處分。然依照現行刑事訴訟法規定的強制處分則限於為逮捕、拘提、搜索、扣押、提出命令等，雖其範圍限縮，但較明確。依照最近的學說，對有關隱私權的保護，特別是對在憲法上權利有高度相關的監聽、照相及錄影上的問題，亦常被提出討論。並認為伴隨著已侵害重要性的權利、利益的情況，亦應肯定其為此處的「強制」，而應遵守強制處分法定主義[45]。另一方面，警察採取防止危害亦有經常使用強制力之必要，尤其在對行政違規調查之警察干預行為與措施時，除應以法令特別明確規定外，或以具有補充性質之概括條款為依據[46]。

秘密蒐集個人資料之公權力作為常與個人隱私、人格及資訊權有關，此乃受憲法第22條非列舉之基本權利所保障[47]，在法治國家的行政機

---

43 李震山，警察法論—警察任務編，正典，2002年10月，頁48。
44 李震山、蔡庭榕、簡建章、李錫棟、許義寶合著，警察職權行使法逐條釋論，五南，2020年9月3版1刷，頁94-96。警察職權行使法第2條第2項：「本法所稱警察職權，係指警察為達成其法定任務，於執行職務時，依法採取查證身分、鑑識身分、蒐集資料、通知、管束、驅離、直接強制、物之扣留、保管、變賣、拍賣、銷毀、使用、處置、限制使用、進入住宅、建築物、公共場所、公眾得出入場所或其他必要之公權力之具體措施。」
45 松尾浩也，任意搜査における有形力の行使，刑事訴訟法判例百選，別冊ジュリスト，有斐閣，1992年，頁7。
46 李震山，警察行政法論—自由與秩序之折衝，五南，2020年9月修訂5版1刷，頁37-39、220-227。
47 李震山，多元、寬容與人權保障—以憲法未列舉權之保障為中心，元照，2009年9月2版1

關有類此相關個人資料或情報資訊的蒐集措施，與上述憲法保障之基本人權密切相關，應有法律保留原則之適用。運用第三人（線民），其蒐集資料的方式，與秘密監聽係有所不同[48]。雖運用第三人（線民）蒐集資料，表面上當事人屬自願將其相關資訊表現出來，第三人只是從旁聽取。但在此的另一問題，為第三人隱藏其私下目的及受國家公權力指引，對於被蒐集之當事人權利，已造成干預。

如使用強制手段的偵查，限於依據法律規定的情形，始被容許。然此所謂「強制手段」並非僅指為手段上伴隨行使有形力的意義；其並包括制壓當事人的意思，對其身體、住居、財產等施加強制，為偵查目的所實施的行為等，恐致影響其自由意願或內心懼怕，甚至於阻礙其人格形塑發展，亦屬嚴重影響其憲法非列舉權。如果沒有特別法律的依據，顯然不符合其相當性手段上的意義。即使是任意偵查，所容許的情形亦同。並非使用強制手段的行使有形力，因其亦有侵害其他法益或有侵害之虞，而需考慮其必要性、緊急性。解釋上，應依照具體狀況，而認為在相當的限度內，始被容許[49]。

警察執法上常需考量比例原則、公共原則、責任原則、不介入民事原則等。其「比例原則」即在於使用多種手段或方法，均可達到目的時，其選擇之手段、方法應以對民眾傷害最小之方法為之。鑑於運用第三人（線民）之方法，雖較為便利，既可取得時間與空間上之優勢，亦省去警察親自去調查的精神及體力；但此由國家法律授權採取秘密之方法，使被蒐集資料之人，毫無知情或防備之情況下，被探知資料而向警察報告；此對於人民之隱私與個人之生活或對朋友之信任，均會產生一定的影響。自比例原則之考量，仍應以先採取其他之方法[50]，無法達成任務後，始為考慮運

刷，頁20、151-158、195-262。亦參考李震山，人性尊嚴與人權保障，元照，2020年3月5版1刷，頁239-314。

[48] 採取監聽的方式，聽取當事人之間的談話；第三人被秘密錄音、聽取談話內容，且為當事人所不知；已造成對當事人隱私的重大干預。

[49] 松尾浩也，任意搜查における有形力の行使，刑事訴訟法判例百選，別冊ジュリスト，有斐閣，1992年，頁6。

[50] 如採取查證身分方式，或依監視器所攝錄的資料，先行分析，均無法達到目的時，始考慮利

用第三人蒐集個人資料。

（四）遴選第三人蒐集資料之相關作業程序

　　警察遴選第三人之授權，除依警職法第12條、第13條外，尚經警職法第12條第4項之授權由主管機關內政部訂定法規命令，以規定其他有關之細節，亦即於2003年11月17日發布「警察遴選第三人蒐集資料辦法」，並經2019年9月17日修正，凡13條。本辦法中規定相關之遴選要點、程序、重要蒐集資料內容、人選要求及相關期間等。此辦法乃是對相關遴選第三人之細節或法律所未規定清楚之部分，詳加訂定執法準則，以供實務機關運用。對此，主管機關之擬定權限甚大，但不可超出法律之授權限度，而可在法律授權範圍內為一定之管制及設定基準。內政部為警察之主管機關，其警察法制之擬定，由多由警政署負責。現行「遴選第三人蒐集資料」之業務，因與刑事警察之偵辦案件最為相關，故業務主管機關即屬內政部警政署刑事警察局，此與警政署其他業務單位實亦有所相關，如保防組之情資蒐集，如何有效整合運用，亦有進一步研析之必要。

　　另一方面，「實際工作費之發給」亦已有明文授權規定。此與工作推行之成效，甚有相關[51]。依高額工作費可以推動重點之工作，被遴選之第三人可能因高額獎金，而戮力去協助蒐集相關治安資料。但是在獎金之發放上，亦有管理與監督之程序，如防止執法人員與該第三人串通領取獎金，即避免以人頭之第三人冒名領取獎金，再為朋分之不實方式，抑或於事後再行填報書面資料，假冒被遴選之第三人等。此在內部要求與管制上，如何要求符合實際，而不只是注重形式上之標準等，亦有予以審慎考量[52]之必要。

用第三人蒐集特定人之資料。

[51] 依日本之判決，給予蒐集情報第三人之代價，如請其飲食、送其禮品、給予費用，如不超過一般社會通念之範圍，應屬合理，無違法之問題。甲田宗彦，警備公安事件の諸問題と判例の動向，世社，昭和62（1987）年9月再版，頁21。

[52] 有關工作費用之發給，依警察遴選第三人蒐集資料作業規定：「……十七、第三人依法可支領實際工作費用，但應視案件之嚴重性及任務難易程度支給，未合乎比例原則者，應予限制。十八、經核准為第三人者，專責人員應通知第三人自行投保意外責任險；其金額應陳報該管警察局長、警察分局長或相當職務之專業警察機關主管長官核准，於實際工作費用項下報核。十九、第三人支領實際工作費用，應以專責人員之名義，取據依程序報核具領，再由

三、遴選第三人蒐集資料之相關問題檢討

警職法於2003年通過後開始施行，主管機關（內政部）亦於同年12月訂出「警察遴選第三人蒐集資料辦法」，經檢視上述法律與法規命令之規定及實務運作，尚有相關法規範或執行問題值得檢討改進，茲分析如下：

（一）遴選第三人蒐集資料之要件恐過於寬鬆

依警職法第12條第1項規定：「警察為防止危害或犯罪，認對公共安全、公共秩序或個人生命、身體、自由、名譽或財產，將有危害行為，或有觸犯刑事法律之虞者，得遴選第三人秘密蒐集其相關資料。」此要件有授權規定過於寬鬆之疑慮，致有學者認為與警察法第2條所規定之四大任務相同，不能達到管制之目的[53]，恐在立法之比例原則上有其問題。如此會形成與一般警勤區之做法相同，即全面蒐集資料之實務上內部規定。按「蒐集資料」會對人民隱私權造成干預影響。故法治國家執法對此須遵守相關法律原則。過於寬鬆之法律授權，雖給予適用者有其方便性，亦即鼓勵警察在寬鬆之規範要件下可多蒐集資料，但其缺點則至少有二：一者，可能導致蒐集資料趨向全面性，而導致失去特定執法目的或方向而致失焦；二者，全面蒐集資料會造成此法律之正當性與必要性受到質疑。

依法行政之警察執法，針對「遴選第三人蒐集資料」之法令規範，相較於過去戒嚴時期法制，已有許多改進。過去執法蒐集資料常列為機密，抑或缺乏法律授權，或僅以內部規則或職權命令作為依據，實不符合民主法治國之要求。因有「警職法」授權之後，加上其授權之法規命令，將相關遴選第三人來協助執法蒐集相關治安需求之資料，其要件與程序乃有符合依法行政之法律保留或優位原則。然而，執法者仍應謹守法律授權之界限，以維護人民應有之自由與權利。

第三人以捺指印方式簽收後，交專責人員攜回附卷。二十、專責人員對第三人之工作費用應於二週內交付，並由第三人以捺指印方式同意後，併同第三人之捺印收據附卷陳報；無正當理由逾期交付者，追究其行政責任。」

[53] 簡建章，警察職權行使法第12條、第13條，收錄於：警察職權行使法逐條釋論，五南，2020年9月3版1刷，頁290。

（二）第三人與諮詢人員、義工及秘密證人之區別問題

國家設官分職，各有所司，機關之間應相互的合作或配合，但是同一機關之內，仍應以特定任務目的所需，而區分其業務與勤務之管轄，使之既分工且整合。遴選第三人蒐集資料容易造成與警察機關長年以來內部所實施之「諮詢人員」、「義工布建」或「秘密證人」等制度[54]，有所重疊或密切相關，故應予全面及專業性考量分工與配合。因此，警察機關內雖有專屬警察單位之設置，如警察局之刑警大隊或分局之偵查隊，係專責犯罪偵查之單位，其運用「遴選第三人」之方式與目的，應屬刑事警察範圍，然屬警察人數或分布比率最大之警察派出或分駐所，除「遴選之第三人」外，另有「諮詢人員」、「義工布建」之要求。或謂二者，可以合併，或二者之資料實為相同等，實可依其性質與任務需求而予以考量如何合併或明確區分[55]，以避免疊床架屋之情形。

（三）遴選第三人之實務及法律相關問題

1.遴選第三人之實務執行問題

在警察實務程序上，是否與警察合作之人，都會依法令規定程序報請核准？應有疑問。其原因有：(1)在程序上，凡事依法會產生過於限制之情況，或可能導致使該第三人曝光之疑慮；(2)或依法定程序報請核准後，可能該資料會被列入管制，檢討該第三人是否有績效，增加程序上之繁複；(3)依現行法律對於第三人之納入法規範，僅是一法律之授權；如

---

54 有關線民與密報檢舉之發給獎金問題，刑事局曾發布新聞稿稱：「刑事警察局於在大陸相關主管部門配合下，將渠等嫌犯交由本局人員押解返台，依法偵辦，後續相關檢舉獎金如何發放之說明如下：一、本案之線民獎金目前尚未核發，合先敘明。二、本案緝獲通緝犯薛球、陳益華之始末，係先由國內線民提供情資，經警察機關查證屬實後，轉介線民向大陸相關主管部門報案後配合緝獲該二嫌，再依『金門協議』遣返。三、有關緝獲通緝犯薛球、陳益華之線民獎金核發，按照『行政院獎勵提供線索緝獲重大案件通緝犯要點』規定，除國內情治機關外，無論外國人、大陸地區人民或機關，只要提供線索因而逮捕查緝要犯歸案，政府同樣會核發獎金。惟必須符合該要點規定之程序要件，亦即必須向我治安機關或駐外單位檢舉並製作筆錄，始得發給，故獎金是否發給均依法處理並按法定程序辦理。」參見刑事警察局有關核發線民獎金於2004年9月24日之聲明公告。

55 實務上恐有「實際之線民」並不依法定程序報請核准之問題，採取秘密之方式進行，其法律地位如何，亦有問題。

未依法列冊提出，只涉及內部管理之行政管制問題；法律並未特別強制規定或有處罰之效果。依現實績效及程序上之考量，與其報請核准不如私下予以運用，可保持隨時可為轉換之自由[56]。

法規範之目的，在於維護公共秩序與利益，保護人民的權益。因此，警察執法的過程及依據，須具有合法性。特定被警察蒐集資料的相對人，如果全面性的蒐集，或透過第三人的方式，使被蒐集之人在不知情的狀況被蒐集個人資料，國家行使此種職權，應有較強的目的性與必要性，且在使用其他方法亦無法達成的情形下，始能為之。按法治國家應不宜全面監視整體社會，或造成朋友之間不信任之擔心，則人民恐對政府易產生許多顧忌，其廣泛蒐集資料之法律依據，應可能構成違憲之虞。警察依法執法，其蒐集資料之執行層面納入法規範是必要的，以兼顧人權保障與治安維護之有效衡平。

2. 遴選第三人之相關法律問題

警察遴選第三人以協助蒐集治安相關資料經法制化後，依法執法將不會有違法之顧慮。惟其不便則是時時得依法受到應有規範或管制，以致常可能被檢討對「第三人」遴選過程是否符合法律之授權[57]？其效果如何？所取得之證據，在刑事訴訟上之證明力如何[58]？以及必須隨時陳報名冊上之該第三人之行蹤等問題。且可能因列冊之曝光，而影響其效果，或有其他洩密等情形之顧慮。以上問題可能是在規範法理與實務運作上之落差，然基於依法行政與人權保障，應是依法執法應與配合或忍受所必要遵守之

---

[56] 線民制度之行政內部管制，使其免於曝光或使警察機關可全面掌握轄區內之線民，研擬周延之保護法制，應為將來重要之課題。

[57] 有關密報法律效果，如最高法院84年度台非字第227號刑事判決：「依原判決理由，已可知悉警員所證線民密報、風塵女子等，歷時半年，仍查無實據，則此種程序上之瑕疵，顯然於判決無影響，按諸刑事訴訟法第380條之規定，既不得據以提起第三審上訴，自不得為非常上訴之理由，自亦不生採證違背經驗法則問題。」

[58] 參司法院1994年3月19日(83)廳刑一字第05738號線民與犯罪證明之認定問題，如：某甲購買毒品海洛因3小包，原擬留供自己施用，某乙則為管區警局之線民，獲悉其事，即對某甲表示願以高價購買，某甲為貪圖厚利，願意轉賣予某乙，某甲攜毒品海洛因3小包至約定地點交易時，為埋伏之警員人贓俱獲，問某甲應負何項刑責？結論認為：某甲購買毒品海洛因3小包，原無販賣圖利之意思，只因某乙之誘導而圖得高利，致被查獲，某甲不負販賣毒品或意圖販賣而持有毒品刑責，僅能成立同條例第10條第1項之單純持有煙毒罪。

範圍。

警察機關與「第三人」之間，究屬何種法律關係？按第三人係指一個身處於相關環境以及犯罪組織的關係下，在某些程度上可得到這些資料或資訊的人，故第三人不同於其他人力資源，必須在警察機關之控制或指導下才可提供消息，另第三人之運用僅在蒐集資料，並未實際從事偵查犯罪工作，且其從事秘密蒐集資料工作，不得有違反法令行為，如其侵害他人權益者，應自負其責。但依據刑事訴訟法內容觀之，警察機關與第三人之間應屬刑事案件中之「告發人」或「證人」之關係。意即第三人是處於私人之地位，並未行使公權力或法令並未特別賦予其權力。但是第三人之活動目的，究與單純之告發人與檢舉人，有所不同；包括警察之交付任務、指導工作方向等。因此警察與第三人之關係，雖然在理論上第三人是處私人之地位，警察與其之間是屬私法關係，惟警察之作為仍受公法原則之拘束，必須依相關法律之授權為之，亦不得違反重要法律原則。

再者，警察運用「第三人」蒐集資料，如侵害他人權益，有無連帶責任？按第三人之運用僅在蒐集資料，並未從事實際偵查犯罪工作，且其從事秘密蒐集資料工作，不得有違反法令之行為，如其侵害他人權益者，應自負其責，警察應無連帶責任。又依據加強刑事諮詢布建工作計畫規定，目前除認定不宜續予聘用，應即報核後予以汰除斷聯外，並無連帶責任規定。依法令規定第三人並無特權，如觸犯法律並不得免責。警察亦不許用不追究其違法作為交換獲取資訊之條件。第三人可運用各種方法蒐集資料，其應在法律所容許之範圍內實施，不得以竊聽或侵入住宅等違法方法來蒐集資料。否則，應自負其應有之法律責任。

第二節 違警罰鍰案件調查職權與規範解析

我國「警察法」第9條規定之「違警處分」，常需藉由相關行政調查方法以確認其是否符合違法構成要件，故必須藉由法律明確授予警察職

權要件與程序，此為司法院釋字第535號解釋文所揭示意旨。又此證之同法施行細則第10條第2款亦規定：「違警處分權之行使，依警察法令規定之程序為之。」因此，茲所稱之「違警」係指違反警察行政法令規定之違法構成要件，而依法定職權受調查與處罰之謂[59]。違警處分之性質乃警察「行政處分」[60]，在制裁上多為「行政罰」[61]。又行政罰法第1條規定：「違反行政法上義務而受罰鍰、沒入或其他種類行政罰之處罰時，適用本法。」由此可推知，違反行政法上義務而受罰鍰係屬於行政罰之性質，亦有直接稱之為「行政秩序罰」，以有別於「行政刑罰」、「行政懲戒罰」或「行政執行罰」。然而，司法院釋字第808號解釋意旨，明確指出違反社維法第38條，又涉嫌違反刑事法律規定者，已依刑事法律規定處罰，但其行為仍依社維法規定處罰鍰之部分，已經構成重複處罰，違反法治國一罪不二罰原則[62]。因此，未來若有行政與刑事競合而分別依法得處以刑事罰與罰鍰者，則須適用「行政罰法」第26條之規定。再者，警察所辦理之行政罰案件多散見於行政、保安、交通或刑事等警察業務領域。如依

---

[59] 劉嘉發，警察罰，收錄於：警察法總論（第十章），一品文化，2020年5月4版，頁353。

[60] 行政程序法第92條第1項規定：「本法所稱行政處分，係指行政機關就公法上具體事件所為之決定或其他公權力措施而對外直接發生法律效果之單方行政行為。」又訴願法第3條第1項亦有相同定義。

[61] 行政罰之定義範圍乃行政罰法第1條「違反行政法上義務而受罰鍰、沒入或其他種類行政罰之處罰」及第2條：「本法所稱其他種類行政罰，指下列裁罰性之不利處分：一、限制或禁止行為之處分：限制或停止營業、吊扣證照、命令停工或停止使用、禁止行駛、禁止出入港、機場或特定場所、禁止製造、販賣、輸出入、禁止申請或其他限制或禁止為一定行為之處分。二、剝奪或消滅資格、權利之處分：命令歇業、命令解散、撤銷或廢止許可或登記、吊銷證照、強制拆除或其他剝奪或消滅一定資格或權利之處分。三、影響名譽之處分：公布姓名或名稱、公布照片或其他相類似之處分。四、警告性處分：警告、告誡、記點、記次、講習、輔導教育或其他相類似之處分。」所規定之內涵。然社會秩序維護法第19條處罰種類尚有「拘留」，雖未納入行政罰法中，雖學界對其法律性質究為「行政罰」或「刑事罰」是有爭議，然依據行政罰法第24條第3項明定：「一行為違反社會秩序維護法及其他行政法上義務規定而應受處罰，如已裁處拘留者，不再受罰鍰之處罰。」其將「拘留罰」與「罰鍰」比較，似亦屬行政罰性質。

[62] 司法院大法官釋字第808號解釋文：「社會秩序維護法第三十八條規定：『違反本法之行為，涉嫌違反刑事法律……者，應移送檢察官……依刑事法律……規定辦理。但其行為應處……罰鍰……之部分，仍依本法規定處罰。』其但書關於處罰罰鍰部分之規定，於行為人之同一行為已受刑事法律追訴並經有罪判決確定者，構成重複處罰，違反法治國一罪不二罰原則，於此範圍內，應自本解釋公布之日起，失其效力。」

「槍砲彈藥刀械管制條例」對販賣公告查禁模擬槍之業者，科處罰鍰、停止營業、勒令歇業、沒入等處罰類型；「集會遊行法」第27條規定對負責人未親自在場主持者，科處負責人以罰鍰；對違反「道路交通管理處罰條例」第69條至第84條[63]的違規行人、慢車、道路障礙等行為人，則可能遭科處罰鍰、沒入、講習等交通違規制裁罰。另亦有行政裁罰業務劃歸刑事警察單位者，如對違反「保全業法」之業者科處罰鍰、停業處分，以及違反「社維法」分則各章條文規定者，將因而可能遭處以該法第19條所定拘留、罰鍰、勒令歇業、停止營業、沒入或申誡者屬之。本文限於篇幅，乃以違反「社維法」而遭處以「罰鍰」之調查職權案例解析之。

　　一般而言，在警察法制與實務上，對於刑事犯罪偵查、移送與裁判機制要求之嚴謹度遠勝過於行政違規之調查與裁處，觀之「刑事訴訟法」之偵查、起訴及審判規定中，其對每一階段依其不同目的與特性儼然劃分，可知其規定體系與程序甚為嚴謹[64]，其開始有法規範亦較早，例如前述英國1215年的「大憲章」確立了一些英國貴族享有的政治權利與自由，同時改革了法律和司法，限制了國王及王室官員的行為是。由於一般概念上，多認刑事犯罪偵查影響人民權利較嚴重，故重視司法上正當法律程序（due process of law）[65]之適用與刑事司法體系（criminal justice system）建立，其從警察偵查（investigation）、檢察官起訴（prosecution）、法官審判（sentence），及監獄矯治（correction）方面，均由不同機關與程序規範及執行（execution）可知。再者，基於警察雙重任務之宿命，不論是犯行追緝之刑事司法作用，或違規取締之行政作為，均有賴完備之警察法體系之建立與運用。尤其警察人員對於行政違規之調查與裁處案件遠比刑事案件之數量為多，且在取締與裁處上，常有警察機關與其他行政機關分別辦理調查與裁處，或是一個警察機關內之二個單位分別辦理。因此，其

63　道路交通管理處罰條例第8條第1項規定：「違反本條例之行為，由下列機關處罰之：一、第十二條至第六十八條由公路主管機關處罰。二、第六十九條至第八十四條由警察機關處罰。」

64　刑事司法訴訟程序嚴格要求遵守正當法律程序。而且，社維法第92條亦規定：「法院受理違反本法案件，除本法有規定者外，準用刑事訴訟法之規定。」

65　按正當法律程序係起始於司法上正當法律程序之適用，後才援用於行政之正當程序要求。

現行相關法制規範，是否周延，乃值得探究。

在警察行政法上有組織、作用中之程序、職權、制裁、執行及救濟規定。警察法體系上執法之運用考量順序，常以警察之任務—業務—勤務—職權—處分（或制裁）—救濟—執行[66]。若以警察三、四等特考中「警察法規」之七種個別法加以細分其性質，可類歸爲組織法、作用法之制裁處罰、職權程序及執行強制之規範，甚至有具有特別救濟規定者[67]。由於警察執法上，一般較不重視行政違規之調查與裁處之情形。因此，一完整統合之行政調查程序與裁處制度，仍待建立與改進。然而，行政違規案件之「調查」與「裁處」程序究竟在這些法令中有無明確區分與相互配合？在適用上有何先後順序？有不同規定時，其適用順序爲何？均有研究必要。按「社維法」第43條及第45條明確區分其事務管轄權，有關該法第19條規定之六種處罰種類，凡是違反分則編中法定罰爲拘留、勒令歇業及停止營業之條文者，均須移送由法院簡易庭裁定。因此，考量篇幅限制與主題聚焦效果，故僅以違反該法應由警察機關裁處「罰鍰」處分之違規案件[68]之查處進程與權限分配進行探討。

一、違警調查與裁處之職權規範

現行法制已有屬於一般規範之「行程法」第一章總則及第二章行政處分規定中許多條文得以作爲廣泛地實施行政違規調查與裁處時所適用，然其中尤以該法第36條至第43條規定之「調查事實及證據」爲重心。另有「行政罰法」第33條至第44條規定之「裁處程序」，及「警職法」第6條至第18條亦規定有「查證身分及蒐集資料」。再者，屬於個別法之「社維

---

66 有關違反社維法裁處罰鍰之執行，該法原定逾期不繳納，得依法易以拘留。然於2019年12月31日總統令修正公布第20條條文；並刪除第21條條文之「易以拘留」規定。又再於2021年5月26日總統令修正公布第50條條文爲：「處罰之執行，由警察機關爲之。罰鍰逾期未完納者，由警察機關依法移送行政執行。」

67 蔡庭榕，論行政罰法在警察法制之地位與執法之影響，中央警察大學法學論集，第11期，2006年3月，頁59以下。

68 依據社會秩序維護法第43條規定，警察機關管轄之專處或選處罰鍰或申誡案件，由警察機關處分。故於此類罰鍰案件之取締調查與處分程序上，可能適用行政程序法、行政罰法、警察職權行使法及社會秩序維護法本身之相關規定，其相關規範與如何適用極具研究價值。

法」第二編之「處罰程序」亦有規定，其中在第39條至第42條規定「調查」及同法第43條至第49條規定「裁處」程序，茲舉社維法關於違警罰鍰案件之調查與裁處職權規範，分別說明其現有相關規範及實施進程。

違法取締應符合「構成要件該當性」、「有責性」及「違法性」違規行為之取締與裁處首先必須考慮其「構成要件該當性」。故其取締，首需透過調查進行相關資料蒐集，才能有行政制裁處分之作成，故在形成處分決定前，必須進行資料蒐集行為，以充分瞭解事實狀況與法律規定是否相合致，以作為行政處罰決定之依據。按行程法規定採「職權調查主義」舉凡與行政行為之決定有關，而有調查之必要與可能者，均應調查之[69]，行政機關負有「概括的調查義務」。故行政調查以職權調查為原則，當事人申請調查為例外[70]。至於職權調查範圍，應視個案之需要而定，由行政機關決定，但應客觀認定，行政機關並無裁量權[71]。目前我國現行法中並未對「行政調查」加以定義，亦有稱之為「行政檢查」或「行政蒐集資料」，且其三種概念經常交互使用，內涵多所重疊[72]。雖然行政調查對行政機關具相當之重要性，惟我國在相關法制之規範上仍有不足，現有規定多散見於各種不同之法規中，尚無一套完整之「行政調查法」，以為通則性之規範。由於行政調查所涉層面甚廣，類型繁多，目的各異，法規範之密度亦有不同。以上述現行四法而言，從行政調查與裁處立場觀之，在周延與互斥上或仍有不足，在其規範內容與立法目的上亦非完全相符，特別是適用於警察處理行政違規之外勤調查與內勤裁處程序之區分上，並無完整配套可資適用。目前在適用程序上，若以警察對於社維法之罰鍰處分為例，基於「特別法優先適用原則」，係以社維法為優先，在違規取締調查上適用警職法，再依序適用屬普通法性質之行政罰法及行程法[73]。茲就上

---

[69] 洪文玲，行政調查與法之制約，學知，1998年3月，頁30以下。

[70] 李震山，行政法導論，三民，2019年2月修訂11版，頁473。

[71] 林錫堯，行政程序上職權調查主義，收錄於：當代公法理論—翁岳生教授六秩誕辰祝壽論文集，月旦，頁323-324。

[72] 李震山，行政法導論，三民，2019年2月修訂11版，頁467。

[73] 李震山，論行政罰法「具裁罰性之不利處分」及「特別法優先適用原則」，法學叢刊，第207期，2007年7月，頁1以下。另可參考洪文玲，行政罰裁處程序之研究—以警察法領域為

述四法有關行政調查與裁處之主要程序規定歸納列述如下：

（一）行政程序法之「調查事實及證據」

「行程法」第一章第六節規定「調查事實及證據」，係一般以行政業務之處理程序為規制範圍，其通常之進程與方法[74]，多採通知當事人到場陳述，或要求當事人或第三人提供必要之文書、資料、物品或進行勘驗、鑑定工作。若需至現場為檢查，在方法上會涉及確認身分、進入場所（含住宅）檢查、對物之扣留、沒入或處置等調查所需措施。然行程法之上述授權，尚不足以作為警察主動取締調查勤務之權力依據，常用為相關行政處分或裁處業務之調查授權規定，因外勤警察取締調查常採主動出擊方式，尚須依據「警職法」或相關職權規定為之。茲就「行程法」第一章第六節規定「調查事實及證據」之主要內容，摘述如下：

1.**職權調查主義**：原則上，行政機關應依職權調查證據，不受當事人主張之拘束（第36條）。另外，當事人於行政程序中，除得自行提出證據外，亦得向行政機關申請調查事實及證據。但行政機關認為無調查之必要者，得不為調查，並於第43條之理由中敘明之（第37條）。

2.**製作書面紀錄**：行政機關調查事實及證據，必要時得據實製作書面紀錄（第38條）。

3.**書面通知相關人陳述意見**：行政機關基於調查事實及證據之必要，得以書面通知相關之人陳述意見。通知書中應記載詢問目的、時間、地點、得否委託他人到場及不到場所生之效果（第39條）。

4.**相關人之協力負擔**：行政機關基於調查事實及證據之必要，得要求當事人或第三人提供必要之文書、資料或物品（第40條）。

5.**鑑定**：行政機關得選定適當之人為鑑定。以書面為鑑定者，必要時，得通知鑑定人到場說明（第41條）。

6.**勘驗**：行政機關為瞭解事實真相，得實施勘驗。勘驗時應通知當事

例，收錄於：義薄雲天誠貫金石—論權利保護之理論與實踐，曾華松大法官古稀祝壽論文集，頁69以下。

[74] 羅傳賢，行政程序法調查事實及證據規定之闡述，警察法學，第2期，2003年12月，頁141-158。

人到場。但不能通知者，不在此限（第42條）。

7. **處分之決定方式**：行政機關爲處分或其他行政行爲，應斟酌全部陳述與調查事實及證據之結果，依論理及經驗法則判斷事實之眞僞，並將其決定及理由告知當事人（第43條）。

（二）行政罰法之「裁處程序」

「行政罰法」第八章規定「裁處程序」，然有名實不符之嫌。因其規定內容多以違規取締調查之授權，僅有陳述意見與聽證之規定，於行政罰法第八章明定屬於裁處程序[75]。其規定主要內容，可列述如下：

1. **表明身分及告知事由**：行政機關執行職務之人員，應向行爲人出示有關執行職務之證明文件或顯示足資辨別之標誌，並告知其所違反之法規（第33條）。

2. **必要處置**：行政機關對現行違反行政法上義務之行爲人，得爲下列之處置：(1)即時制止其行爲；(2)製作書面紀錄；(3)爲保全證據之措施。遇有抗拒保全證據之行爲且情況急迫者，得使用強制力排除其抗拒；(4)確認其身分。其拒絕或規避身分之查證，經勸導無效，致確實無法辨認其身分且情況急迫者，得令其隨同到指定處所查證身分；其不隨同到指定處所接受身分查證者，得會同警察人員強制爲之（第34條）。

3. **查證身分措施**：行爲人對於行政機關依前條所爲之強制排除抗拒保全證據或強制到指定處所查證身分不服者，得向該行政機關執行職務之人員，當場陳述理由表示異議。行政機關執行職務之人員，認前項異議有理由者，應停止或變更強制排除。抗拒保全證據或強制到指定處所查證身分之處置；認無理由者，得繼續執行。經行爲人請求者，應將其異議要旨製作紀錄交付之（第35條）。

4. **物之扣留與處理**：得沒入或可爲證據之物，得扣留之。可爲證據之物之扣留範圍及期間，因其並非沒入物，故僅以供檢查、檢驗、鑑定或其

---

[75] 李震山，行政法導論，三民，2019年2月修訂11版，頁409。有關行政調查之行爲類型，可另參考洪文玲，行政調查與法之制約，學知，1998年3月，頁30-33。洪文玲，警察機關行政裁罰程序之研究，警察法學，第5期，2006年10月，頁67-89。蔡震榮，行政罰裁處程序，警察法學，第5期，2006年10月，頁201-229。

他爲保全證據之目的所必要者爲限（第36條至第41條）。

5.**陳述意見與聽證程序**：行政機關於裁處前，原則上應給予受處罰者陳述意見之機會，但仍有七種例外不需給予陳述意見之情形（第42條）。行政機關爲限制或禁止行爲之處分及剝奪或消滅資格、權利之處分之裁處前，應依受處罰者之申請，舉行聽證。然該條亦有三種例外規定（第43條）。

6.**送達**：行政機關裁處行政罰時，應作成裁處書，並爲送達（第44條）。

（三）警察職權行使法之「查證身分與蒐集資料」

「警察職權行使法」第6條至第18條規定，以「查證身分」及「蒐集治安資料」爲重心。其主要適用於警察外勤調查之職權授予，是規範警察職權行使應遵守程序之法律，又可稱之爲「警察職權行使程序法」[76]。其主要內容有：

1.**查證身分之措施、要件與程序**：警職法第6條至第8條規定有關「查證身分」措施，可區分爲「治安攔檢」及「交通攔檢」。有關對人之查證身分，依據該法第6條規定「查證身分之要件」合致後，始得以進行第7條「查證身分之措施」。若有特別要件要求，仍須該當其條件，始得進行其職權作爲。至於對於交通工具之攔查則需依據警職法第8條之規定爲之。

2.**蒐集資料之措施、要件與程序**：警職法第9條至第15條規定有關治安「蒐集資料」措施，其可列分爲：(1)蒐集集會遊行資料（第9條）；(2)設置監視器蒐集治安資料（第10條）；(3)跟監蒐集資料（第11條）；(4)遴選第三人協助蒐集資料（第12條至第13條）；(5)通知到場蒐集資料（第14條）；(6)治安顧慮人口查訪（第15條）；(7)資料之傳遞、利用與處理（第16條至第18條）。

（四）社會秩序維護法罰鍰之「調查與裁處」職權

「社維法」第二編第二、三章爲裁處規定中之由警察機關處分之規

---

[76] 陳正根，警察處分，收錄於：警察法總論（第九章），一品文化，2020年5月4版，頁328-329。

定[77]，其主要內容有：

1. **啓動違警調查之原因**：警察機關因警察人員發現、民眾舉報、行為人自首或其他情形知有違反本法行為之嫌疑者，應即開始調查（第39條）。

2. **違警調查對物之保管（扣留）職權**：爲證據或應予沒入之物，應妥予保管。但在裁處確定後，保管物未經沒入者，予以發還所有人、持有人或保管人；如無所有人、持有人或保管人者，依法處理（第40條）。

3. **違警調查之通知職權**：警察機關爲調查違反本法行為之事實，應通知嫌疑人，並得通知證人或關係人（第41條第1項）。

4. **對行爲人逕行傳喚與強制到場之職權**：對於現行違反本法之行爲人，警察人員得即時制止其行爲，並得逕行通知到場；其不服通知者，得強制其到場。但確悉其姓名、住所或居所而無逃亡之虞者，得依前條規定辦理（第42條）。

5. **事務管轄區分與處分書要式**：界定由警察機關處分之違規案件之範圍。由警察機關於訊問後，除有繼續調查必要者外，應即作成處分書，並規定處分書之格式（第43條）。

6. **逕行處分**：警察機關對於情節輕微而事實明確之違反本法案件，得不經通知、訊問逕行處分。但其處罰以新臺幣1,500元以下罰鍰或申誡爲限（第44條）。

7. **缺席裁處**：警察機關對於違反本法之嫌疑人，經合法通知，無正當理由不到場者，得逕行裁處之（第48條）。

8. **裁處結果之宣告或送達**：違反本法案件之裁定書或處分書作成時，受裁定人或受處分人在場者，應宣示或宣告之，並當場交付裁定書或處分書。未經當場宣示或宣告或不經訊問而逕行裁處之案件，其裁定書或處分書，應由警察機關於5日內送達之。裁定書並應送達原移送之警察機關（第49條）。

---

[77] 社維法中有關法定罰爲拘留、勒令歇業及停止營業之處罰種類，係明定由地方法院簡易庭裁定之。

　　綜上而論，上述四法係在不同時期與需求下制定，在規範內容上雖各有所重，但其與立法目的與性質是否相符合，尚待斟酌與整合。例如，行政罰法第33條至第44條之第八章「裁處程序」規定，除第42條至第44條屬「裁處調查」所需之適用規範外，其餘部分均係「取締調查」之規定，其主要進程規定分別有：出示證件及告知事由（第33條）、即時制止違規、身分查證、證據保全、製作紀錄（第34條）、得為證據或沒入物之扣留（第36條至第40條）、異議處理（第35條、第41條）、陳述意見（第42條）、聽證（第43條）、作成裁處書及送達（第44條）。反之，在行程法第一章「總則」有多數行政程序規定（除「法例」外，各節依序從「管轄」到「送達」）外，在其第二章中亦另規定行政處分相關程序。特別是該法第36條至第43條之「調查事實及證據」之規範內容，反倒是以辦理「裁處」業務之調查所需之職權規定，其主要進程規定分別有：職權調查及有利不利兼顧（第36條）、當事人申請調查證據（第37條）、製作書面紀錄（第38條）、通知陳述意見（第39條）、要求當事人或第三人提供調查必要之文書、資料或物品（第40條）、鑑定（第41條）、勘驗（第42條）、作成處分之考量原則及告知處分與其理由（第43條）。惟論者指出：「行政程序法與行政罰法皆具有基本（準）法性質，前者係以保障人民『程序基本權』，後者則係保障人民不受非法處罰或制裁，兩法交錯規定不少。……皆不應越過「最低程序保障」的紅線。」[78]

　　至於警職法第6條至第18條則多係以警察外勤之查證身分或蒐集資料所需之職權規範為內容。反而社維法第二編之「處罰程序」含括「管轄」、「調查」、「裁處」、「執行」與「救濟」之規範內容比較有明確區分其性質及配合其規範目的，特別是該法第39條至第42條「調查」係以外勤之取締適用為主，又第43條至第49條之「裁處」係以內勤之警察機關處分或移送法院簡易庭裁定之程序規範為基礎。其規範雖難謂周延，但與立法目的顯較符合，且其尚有相關法規命令或行政規則作細節上補充

---

[78] 李震山，行政法導論，三民，2019年2月修訂11版，頁409。

之[79]，相形與該法規範目的較相符合。

由於許多有關行政調查或裁處程序之規定，並未明確釐清在行政違規案件中之「取締調查」與「裁處調查」之進程，甚至在調查與裁處權責上亦未明確規定，以致實務適用上，亦可能發生適用問題[80]。例如，交通秩序違規之調查與裁處，即由二不同機關或單位分別負責之。例如，違反道路交通管理處罰條例第12條至第68條之規定，對於處罰對象之舉發權屬警察；而處罰機關屬公路主管機關。另同條例第69條至第84條之舉發權屬外勤警察單位；而處罰裁處權則為分局裁決單位。因此，在程序上可分為舉發程序（取締調查）與裁處程序（作成處分），此二程序常分由不同機關[81]或單位進行。故其各自在程序面上及實體面上如有瑕疵時，經常成為交通法庭在審查交通秩序罰時所必須面對審理之對象[82]。另外，對於違反社維法之案件，一般而言，舉發權均由警察機關為之，對於違反該法第43條案件，由警察機關處分；若違反該法第45條之案件，則經警察機關移送由法院簡易庭裁定之。因此，對於違反該法有關罰鍰處分案件之舉發與裁處將均由警察機關負責，惟舉發多由外勤單位之擔任，進行取締調查後，再據予移由分局之裁處單位依法處分之。因此，在行政違規案件之取締與裁處調查與其他相關進程與權責規範及適用，乃有研議之必要。

---

79 「違反社會秩序維護法案件處理辦法」為法規命令；「違反社會秩序維護法案件處理規範」為行政規則之性質。二者對於違反該法案件之調查與裁處均有許多細則性或程序性規定。

80 劉嘉發，論警察行政罰法對交通執法之影響，收錄於：「行政罰法對警察工作之影響」學術研討會論文集，中央警察大學行政系，2005年12月9日，頁105-117。

81 道路交通管理處罰條例第7條之1規定：「對於違反本條例之行為者，民眾得敘明違規事實或檢具違規證據資料，向公路主管機關或警察機關檢舉，經查證屬實者，應即舉發。」然若民眾以屬違反該條例第12條至第68條之規定，而向公路主管機關檢舉；抑或違反該條例第69條至第84條而向警察機關檢舉者，均可能產生舉發與裁處機關相同之情形。

82 林家賢，司法對交通秩序罰審查問題之研究—以普通法院交通法庭審查為中心，新學林，2007年7月初版1刷，頁104-105。

二、違警罰鍰案件之取締調查

（一）違警罰鍰案件取締調查之進程

1.違警取締調查之啟動

　　行政違規調查一遇有違反法定構成要件之嫌疑或之虞者[83]，常需基於主動之職權進行或被動之民眾舉報或當事人自首等相關情報為基礎[84]，經過合理判斷與合義務性裁量，認有違反行政法上規定義務（作為或不作為義務）之要件該當之虞，而有已經發生危害或依據客觀合理判斷易生危害之情形時[85]，得以依法展開取締調查程序[86]。至於有關案件是否具有違法性與有責性，是否應有現場之第一線執法人員或由行政機關內之裁處人員認定，在行政法上尚無明確規定，是否依據個案加以判斷與裁量之，亦有待進一步研究出結果。至於違規取締調查之啟動原因，在社維法第39條已明定有：(1)警察人員主動發現：執法人員於勤務執行中發現有違反行政規定之告發；(2)民眾舉報：違反事實經由民眾向執法機關或人員舉發；(3)行為人自首；(4)其他情形知有行政違規行為之嫌疑者。至於行政違規調查，原則上採「職權調查主義」，並非如民事訴訟採當事人主義。行程法第36條規定：「行政機關應依職權調查證據，不受當事人主張之拘束，對當事人有利及不利事項一律注意。」又第37條分別定有明文：「當事人於行政程序中，除得自行提出證據外，亦得向行政機關申請調查事實及證

---

[83] 警察職權行使法第6條第1項第1款規定：「警察於公共場所或合法進入之場所，得對於下列各款之人查證其身分：一、合理懷疑其有犯罪之嫌疑或有犯罪之虞者。」

[84] 社會秩序維護法第39條規定：「警察機關因警察人員發現、民眾舉報、行為人自首或其他情形知有違反本法行為之嫌疑者，應即開始調查。」

[85] 司法院大法官釋字第535號解釋文指出警察人員得以啟動臨檢之要件之一。至於是否對人之臨檢需要達到「相當理由」，則有不同之看法，然多數意見認為「行政違規」之「臨檢」應有別於「刑事犯罪」之「搜索」，尚無須達到刑事訴訟法所規定之「相當理由」之心證程度。

[86] 有關違反社維法案件之取締調查規範，可參考「違反社會秩序維護法案件處理規範」第二章「執行取締」（編號：02001-02008）之規定，惟該規範屬於「行政規則」之性質。至於交通違規之舉發程序，尚可區分為「攔停舉發」及「逕行舉發」，分別有不同之舉發程序，舉發程序中常需行使警察職權。完成舉發後，尚有移送處理程序。在負有裁處權之公路主管機關或警察機關則分別有其裁處程序之適用。可參考林家賢，司法對交通秩序罰審查問題之研究──以普通法院交通法庭審查為中心，新學林，2007年7月初版1刷，頁104-174。

據。但行政機關認爲無調查之必要者，得不爲調查，並於第四十三條之理由中敘明之。」

然而，上述所稱「行政機關」究何所指？係外勤調查單位或內勤之裁處單位？兩單位之間究應如何有多少配合，始能在行政之「效率經濟」與人民之「權利保障」上取得最佳衡平[87]。我國行政制裁規定多僅歸由行政機關管轄，然行政機關常有外勤調查人員與內勤裁處人員之分，且其尙區分不同單位負責之。雖其均以「行政機關」之名義對外，但是在行政違規調查與裁處程序上，仍有區分其取締調查與裁處調查程序之必要，否則兩者若無法配合或配合不當，亦將嚴重影響人民基本權利甚鉅，宜謹慎爲之。例如，警察由派出（分駐）所或外勤之刑事偵查或警備隊負責違規調查取締，而認有違規情形時，進行蒐集資料取締調查，再移送給警察分局之偵查隊裁決巡官依法裁處辦理之。因此，在實務上，派出（分駐）所經常負責取締調查，並進一步訊問筆錄後送到分局偵查隊裁決，其程序是否正確？誰是具有管轄權之負責單位？長期以來均由派出（分駐）所取締調查，分局負責裁處程序，其分權係基於「法定管轄權」抑或「指揮監督權」，均有待斟酌之。

我國縱有行程法及行政罰法等法企圖建置完備之行政調查與制裁體系與執法程序作爲，然迄今仍未臻完備。海洋法系之美國行政違規案件之調查與裁處，係分別由執法人員負責調查與移送程序，並由法院負責其裁處與救濟之裁判。屬大陸法系之我國在調查與裁處權限均由行政機關辦理，則有檢視其進程中之取締與裁處調查法制與實務現況，並進一步研究其所衍生之相關問題。因此，有必要從行政違規的調查啓動、區分取締調查與裁處調查、裁處程序等進行探討其進程與權限分配。

2.違警取締調查後之移送

一般而言，我國警察行政法上之違規案件，經外勤員警取締調查後若已經與構成要件合致，原則上需經由移送程序，亦即由外勤之派出（分

---

[87] 洪文玲，行政罰裁處程序之研究—以警察法領域爲例，收錄於：義薄雲天誠貫金石—論權利保護之理論與實踐，曾華松大法官古稀祝壽論文集，元照，2006年6月，頁69以下。

駐）所或警備隊、偵查隊等移給警察分局偵查隊之裁決官辦理。再者，亦有進而由分局依法移由法院裁定之案件。例如，違反「違反社會秩序維護法處理辦法」第四章（第32條至第33條）「移送」之規定。茲乃探討有關違反社維法規定之專由警察機關得以處分之罰鍰處分案件，在取締調查與裁處程序上之進程與權限配合之問題。故此處之「移送」程序，係指外勤員警啟動違規取締調查後，將案件移給分局裁決官處理之過程。俟警察分局進行裁決程序時，有關執法進程，亦應明確規定之。

（二）違警罰鍰案件取締調查之權責

社維法為具有警察行政制裁規定之作用法。警察機關對於違反警察法規者，依法處以警察罰之決定，而對外直接發生法律效果之單方行政行為，謂之「違警處分」。社維法之行政裁處即屬於違警處分之性質，為警察法第9條所規定警察職權方式之一。除了社維法有總則與裁處程序規定外，警察行政個別法規鮮少有類似規定，故行政罰法之制定施行，將可作為其他個別行政制裁之總則性規定，亦可補充社維法之總則規範，對於各該法規之共通性解釋與適用，均有幫助。相同地，對屬於警察行政罰性質之道路交通管理處罰條例、保全業法、當鋪業法等之各種行政罰，均有其適用[88]。茲就社維法有關取締調查之權責析述如下：1.啟動取締之調查：原則上，由負責外勤警察人員因其自行發現、民眾舉報、行為人自首或其他情形知有違反本法行為之嫌疑者，應即開始調查；2.涉案物之保全與處理：進行取締調查之警察人員對可為證據或應予沒入之物，應予以扣留，一併移由裁處人員妥予保管。但在裁處確定後，保管物未經沒入者，予以發還所有人、持有人或保管人；如無所有人、持有人或保管人者，依法處理。例如，「違反社會秩序維護法處理辦法」第19條規定：「查獲可為證據或應予沒入之物，應帶案處理並妥為保管，行為人逃逸而遺留現場者亦同。前項情形，經應當場製作紀錄，除行為人逃逸而遺留現場者外，並以一份交所有人、持有人、保管人或其他在場有關之人。」3.相關人之通知到場：對於非現行違序人之違規行為，裁處人員為調查違反社維法行為之

---

[88] 陳立中編著，警察法規，臺灣警察專科學校，2003年2月修訂4版2刷，頁205。

事實，應通知嫌疑人，並得通知證人或關係人；並規定通知書應載明之事項。再者，嫌疑人於調查中得委任代理人到場。但警察機關認為必要時，仍得命本人到場。基於上述社維法規定之通知到場程序，其相關細則性配合事項，均授權由「違反社會秩序維護法處理辦法」規定[89]，其並非對於外勤取締調查之程序規定，而均係裁處程序與其相關調查規定；4.現行違序之處理：對於現行違反社維法之行為人，負責取締調查之外勤警察人員得即時制止其行為，並得逕行通知到場；其不服通知者，得強制其到場。但確悉其姓名、住所或居所而無逃亡之虞者，得由裁處人員另行依規定辦理之。

三、違警罰鍰案件之裁處決定

（一）違警罰鍰案件裁處決定之進程

　　大陸法系之行政機關具有許多行政裁罰權，亦即行政機關既為調查取締機關，亦為處罰機關，具有雙重身分與功能。是否更具有效率，抑或造成官官相護之情形，仍有待研究。雖行政機關認為調查取締之第一線執法人員與負責處罰裁決之人員並不相同，應不致造成偏差或不公平情形。

89　「違反社會秩序維護法處理辦法」之相關規定，簡要列述如下：1.證人或關係人經合法通知，有正當理由不能到場者，得許其以書面陳述意見（第20條）；2.警察人員因發現、受理民眾舉報、行為人自首或其他情形知有違反本法行為之嫌疑者，除應經必要調查者外，應即填具違反本法案件報告單，報請有管轄權之警察機關依法處理。有關違反本法之行為人應隨案送交者，以其現行違反本法行為經逕行通知到場或強制到場，且其姓名、住所或居所不明，或有逃亡之虞者為限（第22條）。本條明確規定員警對於違反社維法案件，經必要調查後，應即填具違反本法案件報告單，報請有管轄權之警察機關依法處理；3.訊問，應出於懇切之態度，不得用強暴、脅迫、利誘、詐欺或其他不正之方法（第23條）；4.證人、關係人或違反本法之行為人、嫌疑人到場後，應即時訊問，並將到場時間及訊問起訖時間記明筆錄（第24條）；5.訊問，應在警察機關內實施。例外原因得於其他適當處所為之（第25條）；6.實施訊問，應採問答方式，並當場製作筆錄，並屬要式規定（第26條）；7.違反社維法之行為人或嫌疑人接受訊問時如有申辯者，應告知就其始末連續陳述，其陳述有利之事實者，並應告知其指出證明之方法（第27條）；8.違反本法之行為人或嫌疑人有數人時，得隔離訊問之；為發現真實之必要，得命其對質；其有請求對質者，除顯無必要外，不得拒絕（第28條）；9.筆錄製作應注意事項（第29條）；10.違反社維法行為之事實，應依證據認定之。其行為經警察人員當場發現者，其書面報告得為證據。行為人或嫌疑人之自白，非出於不正方法，且經調查與事實相符者，得為證據（第30條）；11.證據，應由警察機關依職權審慎調查；行為人或嫌疑人亦得請求調查。警察機關因調查證據之必要，得命行為人或嫌疑人提供必要之文書、資料或物品。但因其職業或職務上應守秘密者，不在此限（第31條）。

然而，現行之行政違規調查與裁處制度，雖在行程法與行政罰法制定施行後，仍期待有完備的制度可資依循。然在有關調查與裁處之權力分立與程序配合上，仍有許多欠缺明確之處。按現行警察分局仍有以「違反社會秩序維護法案件處理規範」[90]為依據，其性質上僅屬「行政規則」，是否妥適，值得斟酌。一般而言，有關違規裁處之啟動與有關程序進行如下：

1. 裁處之啟動：案件經由外勤人員進行取締調查後，將涉案人員及相關證物或應扣留之物予以移送給具裁處權責之分局裁處單位依法辦理之。「違反社會秩序維護法案件處理辦法」第32條規定：「警察機關受理違反本法案件，除依本法第四十三條第一項規定應自行處分者外，應依本法規定移送該管簡易庭。」由此可知，除應移送普通法院簡易庭進行裁定程序之案件外，其餘由警察機關受理及進行處分程序。而在受理罰鍰處分案件之前，許多案件均由外勤單位及人員已經進行取締調查程序，並將相關違反本法案件之證據、應到場之人及應扣留之物均依法先行處理後，移送給法定處分單位進行處分程序。

2. 裁處之管轄：基於事務管轄、地區管轄及層級管轄加以區分之。若非屬於法定職掌範圍內之管轄事項，應即移送給具管轄權之機關處理。至於在外勤之第一線執法員警應無裁處權，而僅有取締調查權。

3. 裁處之調查：行政罰法之裁處程序規定雖其章名為「處罰程序」，然其規定內容卻多為「取締調查」之程序規定。至於警職法亦屬警察外勤人員進行物理力措施與其發動要件及程序規定，性質與方法上尚非「裁處」調查程序規定，僅在「社維法」有規定區分「調查」與「裁處」程序。違反社維法之案件，除了應移送法院簡易庭及得以逕行處分者外，均由警察機關所授權得辦理處分之單位承辦之，一般由警察分局之裁決官辦理，依據社維法第43條之警察專屬事務管轄範圍案件，由警察機關進行處分調查與決定。再者，若違規嫌疑人不配合處分調查程序，依據「社維法」第48條規定：「警察機關對於違反本法之嫌疑人，經合法通知，無正

---

90 「違反社會秩序維護法案件處理規範」並無法律授權，對外不具直接法律拘束效力。該規範第二章「執行取締」係以外勤第一線員警之取締調查為規定內容；第三章以下則以警察分局之「通知訊問」等裁處程序為主。

當理由不到場者，得逕行裁處之。」

4.裁處之決定：行政違規案件之處罰決定，應製作「處分書」，且應遵守法定要式，始為合法。若在內容與程序上有瑕疵，若可補正者，依法得要求當事人補正之；若不可補正，亦可能導致無效或得撤銷之後果。依據社維法第43條規定，授權由警察機關處分之違規案件，警察機關於訊問後，除有繼續調查必要者外，應即作成處分書。在同條第2項規定處分書應載明左列事項屬於要式規定。再者，亦明定對於不服處分者，得於處分書送達之翌日起5日內，以書狀敘述理由，經原處分之警察機關，向該管簡易庭聲明異議。

5.處分書之送達：依據社維法第49條規定：「違反本法案件之裁定書或處分書作成時，受裁定人或受處分人在場者，應宣示或宣告之，並當場交付裁定書或處分書（第1項）。未經當場宣示或宣告或不經訊問而逕行裁處之案件，其裁定書或處分書，應由警察機關於五日內送達之（第2項）。前二項之裁定書並應送達原移送之警察機關（第3項）。」

（二）違警罰鍰案件裁處決定之權責

行政罰法第19條規定，違反行政法上義務應受法定最高額新臺幣3,000元以下罰鍰之處罰，其情節輕微，認以不處罰為適當者，得免予處罰。其情形得對違反行政法上義務者施以糾正或勸導，並作成紀錄，命其簽名。在社維法之分則中，亦有第79條、第86條及第88條至第91條規定其法定罰鍰額在新臺幣3,000元以下者，其是否適用行政罰法第19條規定而得予以免罰，以及其決定權責在第一線執法員警或分局之裁處人員，均有待明確規定。再者，違反行政法上義務得免予處罰之要件有三：1.法定最高額新臺幣3,000元以下罰鍰之處罰，此係指法定罰鍰額度，而非宣告或執行罰鍰額度；然而，此規定額度之適當性，有學者認為以此額度作為免罰之界限，過於嚴格，應可適度放寬，並進一步認為應可加上中間類型，提高可免罰額度，但於三年內在違反相同行政義務者，不得予以免罰[91]；

---

91 李惠宗，行政罰法之理論與案例，元照，2005年6月初版1刷，頁21。林錫堯氏認為：「施行之初，就其要件作較嚴格規定，以罰鍰之法定最高額3,000元以下為限，亦在慎重，避免被濫

2.情節輕微。學者認爲「情節輕微」係指：就行爲人違反行政法上義務之個案，加以判斷其違法行爲情狀後，認定並非嚴重者[92]；3.以不處罰爲適當：行政機關就行爲人違反行政法上義務之情狀，認有特別考量後，經裁量不予處罰，仍能達成行政目的者。若有上述三種情形者，經裁量免予處罰時，得對其違反行爲之義務人施以糾正或勸導，在程序上命其簽名。此條規定，學者有稱之爲「處罰便宜主義」[93]，而此與刑事罰上之「微罪不舉」採職權不起訴相似，旨在發揮導正功效，而非應報。此主要參考「德國違反秩序罰法」第56條第1項及我國刑事訴訟法第253條第1項[94]之規定。然而，以上之「情節輕微」及「以不處罰爲適當」之裁量權究屬取締員警或裁處人員，並無明文，有待進一步釐清之。

　　另一方面，社維法第44條亦規定：「警察機關對於情節輕微而事實明確之違反本法案件，得不經通知、訊問逕行處分。但其處罰以新臺幣一千五百元以下罰鍰或申誡爲限。」其新臺幣1,500係以宣告罰爲界限，有關裁量權則屬裁處人員，而非取締人員。另依「違反社會秩序維護法案件處理辦法」第22條規定，警察人員因發現、受理民眾舉報、行爲人自首或其他情形知有違反本法行爲之嫌疑者，除應經必要調查者外，應即填具違反本法案件報告單，報請有管轄權之警察機關依法處理。其違反本法之行爲人應隨案送交者，以其現行違反本法行爲經逕行通知到場或強制到場，且其姓名、住所或居所不明，或有逃亡之虞者爲限。同辦法第19條規定，查獲可爲證據或應予沒入之物，應帶案處理並爲保管。再者，依據「違反社會秩序維護法案件處理規範」第二章規定，第一線負責取締之員警應以「執行取締」調查爲限，而違規處分決定權責應屬裁處人員。

用，未來如實施成果良好，當可考量修法放寬。」參見氏著，行政罰法，元照，2005年6月初版1刷，頁63-64。

[92] 蔡震榮、鄭善印合著，行政罰法逐條釋義，新學林，2006年1月初版，頁282。

[93] 林錫堯，行政罰法，元照，2005年6月初版1刷，頁63。

[94] 我國刑事訴訟法第253條第1項規定：「第三百七十六條所規定之案件，檢察官參酌刑法第五十七條所列事項，認爲以不起訴爲適當者，得爲不起訴之處分。」

四、違警取締調查與裁處調查之分與合

（一）「取締調查」與「裁處調查」之區分

以我國目前違警之行政調查與裁處之法制規定，基本上並未明確區分出「取締調查」與「裁處調查」。例如，社維法在第二編規定「處罰程序」，其中卻明確區分第二章爲「調查」及第三章爲「裁處」，並未區分出「取締調查」或「裁處調查」程序。然而，在警察行政組織法上，上述二種程序，多分由二個不同的單位分別辦理。社維法之調查與裁處之區分，特別規定在第二編「裁處程序」中。有「調查」與「裁處」之分別專章。然而，在行政罰法正式公布生效後，其第19條之規定，其所規定之罰鍰新臺幣3,000元以下之輕微違規行爲，其裁量權之行使，究應由何者負擔之？有待研議確定，以供執法遵循。

執法取締調查及裁處程序分別應予注重與整合之。由於從違反行政法上義務之案件開始調查到裁處確定，所牽涉程序甚多，論者將之區分爲裁罰前之管轄、案件成立與否、主動迴避等程序；裁罰中之迴避、通知、身分查證、檢查、鑑定、勘驗等行政調查程序；裁罰後之處分書送達、裁處之執行等程序。以上裁處前、中、後三部分之程序均仍包含許多次程序在內，行程法已有許多規定，其中行政調查程序較爲簡陋，而行政罰法第八章，作了部分補充。然該法第33條至第35條有關裁處程序係以取締調查爲範圍，從出示證件表明身分到查證身分之授權規定，若有不服亦得依據第35條規定，當場提出異議，若對異議之決定仍有不服，則得要求將異議要旨製作成紀錄交付之，以及關於扣留之規定，均屬於取締調查之進程。另一方面，僅基於行政正當程序要求，而有行政罰法第42條及第43條分別規定，應給行爲人陳述意見及聽證之機會[95]，係屬裁處調查進程之一。並規定應依法作成裁處書，以爲送達。然而，警察有關調查、取締及裁處程序常相互關連，其適用順序，在個別行政特別法，如社會秩序維護法、警察職權行使法、行政罰法、行程法均有程序規範時，應有明確釐清之必要。因此，未來行政法體系實可另定一部類似於刑事訴訟法性質之「行政調查

---

[95] 蔡震榮，行政罰法草案評析，月旦法學雜誌，第111期，2004年8月，頁9以下。

法」，而非在行政罰法中亦定有調查程序規範，且論者亦認爲「行政罰法」之裁罰程序規定稍嫌簡略[96]。亦有學者比較上述四法有關裁處程序之規範關係，發現在行政違規調查與裁處之法律授權上，行政罰法有而行程法所無之規定及行政罰法未規定而需由行程法補充者[97]。因此，在未制定可供取締調查與裁處調查之完備的「行政調查法」之前，執法人員乃有明確瞭解各相關取締調查與裁處程序規範之關係及其配合適用之必要。

（二）「取締調查」與「裁處調查」之配合

基於確定之違反行政法義務行爲之存在，始得進一步裁處。故爲明瞭是否已構成違反行政法義務之行爲，行政機關即踐行一定之調查程序，根據其調查所得，就所蒐集到之證據加以評價，倘評價結果，已符合違反行政法上義務之構成要件時，即可對行爲人裁處行政罰。因此，行政機關就該處以行政罰之行爲，負有舉證之義務。行爲人若對行政機關據以處罰之證據有所質疑時，自亦得提出反證，以推翻其處罰之基礎，故應有明確之裁處程序，以資適用。再者，過去傳統上，我國對於行政罰領域之研究

---

[96] 李震山，從正當法律程序論行政罰法之裁罰程序，收錄於：民主、人權、正義—蘇俊雄教授七秩華誕祝壽論文集，元照，2005年9月初版1刷，頁640-641。氏著於該文註1指出：「行政調查是否應列入裁罰程序之中，可以討論。……。如果能另制定『行政調查法』則可解決該問題。」又氏指出「行政罰法」規範行政調查之問題，例如，「若個別行政法領域就裁罰程序爲規範者，而案件又不涉及調查程序時，其裁罰程序之適用將越過行政罰法，僅適用行政程序法之規定，行政罰法裁罰程序可能聊備一格」。氏著舉二特別法—「社會秩序維護法」與「道路交通管理處罰條例」爲例，將之與行政程序法及行政罰法之裁處程序作比較，文中詳細論述「特別法先適用原則」，並以各法規範內容之「原則」與「規則」分列，若屬原則者，由先適用，且不宜以「特別法」作例外排除規定；至於原則以外之規則或非核心程序之規則，則應受特別法優先普通法原則之拘束，極具參考價值。

[97] 洪文玲，行政罰裁處程序之研究—以警察法領域爲例，收錄於：義薄雲天誠貫金石—論權利保護之理論與實踐，曾華松大法官古稀祝壽論文集，元照，2006年6月，頁69以下。氏指出：「行政罰法有行政程序法所無之規定，當然適用行政罰法。例如執法人員出示身分、告知理由（第33條）、對不法行爲之即時制止、確認身分、保全證據、查證身分及警察人員會同強制之授權（第34條）、證據之扣留（第36、37、38、39、40條）、陳述意見及聽證之例外情形（第42、43條），對強制排除抗拒保全證據或強制查證身分不服之異議（第35條）、對扣留之異議（第41條）。但行政罰法爲規定之迴避、資訊公開、職權調查之鑑定、勘驗、採證法則、費用負擔、期日期間、聽證程序、送達程序與方法、裁處書應記載事項、方式及程序瑕疵之更正及補正之部分，則由行政程序法補充。」該文並進一步探討作成裁罰處分之程序，值得參考。再者，其特別指出現行法在調查方法中未規定「對處所之進入檢察權」，建議修法根本解決之，應值得重視。

多集中於實體部分,少見有關程序部分之討論。行政罰既屬國家公權力之運作,且對人民權益發生不利之效果,則對於人民受到行政罰時程序權利之保障,實不容輕忽。當行政機關在作成行政罰時,究應遵守何種行政程序,尚乏整合性規定。雖然行政罰亦不排斥有行程法相關規定之適用,惟由於行政罰較重制裁之目的,且對人民權益影響較為嚴重,故行程法之程序規定,並非完全可適用於行政罰。此外,基於行政罰之制裁特徵,其所需之程序規範亦非行程法所可完全提供。因此,國內實有分別制定行政調查與行政制裁有關程序規範之必要。

在違反社維法案件之查處權責仍有許多問題。固然社維法第二編明定有裁處程序,而且明確區分為五步驟:管轄、調查、裁處、執行及救濟等。而且明確區分「調查」與「裁處」程序,然其是否意謂著立法之初即刻意區分為取締調查與裁處調查之方式與程序,並未可知。社維法之「裁處程序」第二章「調查」規定中,雖有發動調查之要件、證物或違反應沒入物之保管(扣留)及通知到場或強制到場之規定,然有關警察人員執行該法而需現場取締之警察職權並未明確規定,仍須適用警職法之規定,例如該規定之「查證身分」及蒐集資料」的職權措施等是。社維法第44條規定:「警察機關對於情節輕微而事實明確之違反本法案件,得不經通知、訊問逕行處分。但其處罰以新臺幣一千五百元以下罰鍰或申誡為限。」此處得逕行處分者,係以「宣告罰」為基礎,且為警察機關處分之裁量權限。另一方面,行政罰法第19條規定:「違反行政法上義務應受法定最高額新臺幣三千元以下罰鍰之處罰,其情節輕微,認以不處罰為適當者,得免予處罰(第1項)。前項情形,得對違反行政法上義務者施以糾正或勸導,並作成紀錄,命其簽名(第2項)。」此為社維法所未規定,故可適用「行政罰法」之規定,對於社維法中有許多條文所規範行為之法定罰最高為3,000元者,均得以適用,而裁量免予處罰。然而,進一步值得注意的是此規定之適用,應由外勤第一線員警決定,抑或僅得由分局內勤之裁處人員處分?在法令上並未清楚規範,允宜以通則性法律明確規定之。

五、違警罰鍰案件之調查與裁處規範解析

行政之範圍廣泛且複雜，不易界定，然基於行政之特定目的，多以個別立法方式，如社維法亦是其一，以致行政法規數量甚多，並爲達成其規範目的，對違反應遵守之行政法上義務，通常科以制裁，其制裁種類繁雜，對人民之權利影響極大，其侵益程度亦不相同，因而不似刑法、民法法典，而行政法係許多個別法規集合而成。我國因過去戒嚴所致，在行政法體系之發展雖較晚，後來已經加快腳步努力在完備行政法體系。除了行政法各論之個別行政法規外，屬於一般之行政程序法、行政罰法、行政執行法[98]及行政訴訟法均已完成，甚至個別領域中，亦有職權法之規定，未來亦或可能制定「行政調查法」。在行政罰法制定後，已使行政法體系漸趨完備，由於在規範行政法上之作爲義務（不做該做的事）與不作爲義務（做了不該做的事）有具可苛責性之構成要件[99]及其法律效果之個別行政法律或自治條例。然長期以來，除了社維法具有總則、裁處程序、分則及附則外，其餘行政法規尚缺乏總則性規定，特別是可歸責性之「責任能力」規範，甚至裁處程序亦有規定不足或漏未規定者。再者，行政相關一般法規範已經逐漸法典化，例如行政程序法、行政罰法、行政執行法、訴願法及行政訴訟法等行政五法分別完成立法，故亦有論者認爲社會序維護法有關總則及處罰程序之規定，已有上開諸法可以適用，不必重複規定，或可將之全部刪除，僅保留分則規定，以維持行政處罰適用法規之一致性[100]。例如近來社維法相關條文規範，多有修法改由依據一般法規範辦

---

98 陳斐鈴，警察機關執行社會秩序維護法之實證研究，五南，2020年10月初版1刷，頁24-30。氏特別於書中第一章第四節闡明「社會秩序維護法與行政罰法、行政執行法的關連」，值得參考。

99 李惠宗，行政罰法之理論與案例，自印，元照總經銷，2005年6月初版，頁57。氏著對行政罰之責任原則區分爲「可苛責性」之客觀構成要件及行爲人主觀上有無規範認識能力（即「責任能力」）及「故意」、「過失」（即「責任條件」）之「可歸責性」，分析甚詳。

100 陳正根，警察與秩序法研究，五南，2010年1月初版1刷，頁385。

理[101]，亦有被司法院大法官宣告違憲者[102]。茲就社維法有關調查與裁處程序之相關問題，檢討分析如下[103]：

（一）管轄

社維法裁處程序編第一章為管轄，自第33條至第38條予以規範，其中值得檢討者為第38條有關違反本法行為同時涉嫌違反刑事法律或少年事件處理法者之管轄及處罰規定之疑義。當一行為同時受到行政罰與刑罰之處罰時，本於一行為不二罰之原則及充分評價之原則，只能依不法程度較高之刑事法律處罰之。故社維法第38條之內容明定司法機關享有優先管轄權，警察機關即應將涉及刑事部分，移送檢察官辦理，尚無疑義。惟同條但書規定，其行為應處停止營業、勒令歇業、罰鍰或沒入之部分，仍依社維法規定處罰。司法院大法官釋字第503號解釋，除處罰之性質與種類不同，必須採用不同之處罰方法或手段，以達行政目的所必要者外，不得重複處罰[104]。罰鍰雖非刑罰，但與刑事法上之罰金性質應無不同，均屬整體財產制裁手段，被處罰人得以其財產的任何部分履行此項義務。行政罰法第26條第1項但書亦本此意旨將罰鍰排除在併予處罰之列[105]，可為佐證。

---

[101] 基於公法上金錢上給付義務的強制執行，相關規範於行政執行法已相當健全，社會秩序維護法涉及罰鍰執行部分應全歸適用之。為落實保障人身自由，將「易以拘留」相關規定刪除，使逾期未完納罰鍰的行為人，免於遭受警察機關聲請拘留，以維護人權。遂於2019年12月31日總統令修正公布第20條條文；並刪除第21條條文。

[102] 2021年9月10日司法院釋字第808號解釋文：「社會秩序維護法第三十八條規定：『違反本法之行為，涉嫌違反刑事法律……者，應移送檢察官……依刑事法律……規定辦理。但其行為應處……罰鍰……之部分，仍依本法規定處罰。』其但書關於處罰鍰部分之規定，於行為人之同一行為已受刑事法律追訴並經有罪判決確定者，構成重複處罰，違反法治國一罪不二罰原則，於此範圍內，應自本解釋公布之日起，失其效力。」

[103] 蔡庭榕、簡建章，社會秩序維護法立法缺失及爭議問題之研究，中央警察大學法學論集，第20期，2011年4月，頁126-152。

[104] 司法院大法官釋字第503號解釋，納稅義務人違反作為義務而被處行為罰，僅須其有違反作為義務之行為即應受處罰；而逃漏稅捐之被處漏稅罰者，則須具有處罰法定要件之漏稅事實方得為之。二者處罰目的及處罰要件雖不相同，惟其行為如同時符合行為罰及漏稅罰之處罰要件時，除處罰之性質與種類不同，必須採用不同之處罰方法或手段，以達行政目的所必要者外，不得重複處罰，乃現代民主法治國家之基本原則。是違反作為義務之行為，同時構成漏稅行為之一部或係漏稅行為之方法而處罰種類相同者，如從其一重處罰已足達成行政目的時，即不得再就其他行為併予處罰，始符憲法保障人民權利之意旨。

[105] 行政罰法第26條第1項規定，一行為同時觸犯刑事法律及違反行政法上義務規定者，依刑事法律處罰之。但其行為應處以其他種類行政罰或得沒入之物而未經法院宣告沒收者，亦得裁處之。

是以，社維法第38條但書規定罰鍰可與刑罰併予處罰，違反一事不二罰原則，已於2021年9月10日司法院釋字第808號解釋文宣告「其但書關於處罰鍰部分之規定，於行為人之同一行為已受刑事法律追訴並經有罪判決確定者，構成重複處罰，違反法治國一罪不二罰原則，於此範圍內，應自本解釋公布之日起，失其效力」。

（二）調查

社維法之裁處程序編中第二章調查，自第39條至第42條之四個條文，包括調查法定（第39條）、物之扣留保管（第40條）、通知訊問（第41條）及逕行通知與強制到場（第42條）等，有以下相關問題需研析：

1.處所進入職權尚無明定

行政機關為蒐集資料、證據，以作為裁罰依據，必要時皆需進入處所檢查瞭解，係一重要程序。社維法草案第42條本來規定，警察人員對於顯有違反本法行為可疑之人、地、物，得為必要之盤詰、檢查。但進入有人居住之住宅，以有事實足信有人在內違反本法行為，而情形急迫，非進入不能制止者為限[106]。惟於立法院審議時遭到刪除。是以，現行法並無對於處所之進入檢查職權之明文規定，顯有缺罅。未來如何予以明文規範，除考量執法之需求之外，並應兼顧憲法對於營業自由及住宅之保障，此有賴實務機關再作審慎研議。

2.物之扣留職權規定尚欠明確

扣留者，係結束權利人對物之管領，取得物之占有的一種措施。物一經扣留，扣留機關對於扣留物即形成一種公法上之保管關係，排除關係人對物之使用權，扣留機關並有義務合理保管扣留物，以防止其價值減損[107]。社維法第40條規定「可為證據或應予沒入之物，應妥予保管」，其所謂「應妥予保管」，文義上似僅強調物經扣留後之保管關係，對於可為證據或應予沒入之物得否採行扣留措施，並未明文規定。「違反社會秩序

---

[106] 行政院1987年2月24日台內字第3283號函送立法院審議「社會秩序維護法草案」。
[107] 李震山，德國警察與秩序法原理，登文書局，1995年11月2版，頁151、157。

維護法案件處理辦法」第19條第1項雖然補充規定「查獲可爲證據或應予沒入之物，應帶案處理並妥爲保管」，但仍未解決對於可爲證據或應予沒入之物得否採行扣留措施之問題。將來修法如能明定「得予扣留並妥爲保管」，自可解決爭議。如爲符合比例原則，亦可參考行政罰法第37條規定之立法例[108]，先要求其提出或交付，再規定無正當理由拒絕提出、交付或抗拒扣留者，得用強制力扣留之，以符實務執法要求。

3.逕行通知及強制到場規定不符正當法律程序之爭議

人身自由之限制，應遵守憲法第8條之正當法律程序，其重點包括理由告知與通知義務、時間限制及法官介入[109]。司法院大法官釋字第384號及第523號解釋，認爲凡限制人民身體自由之處置，不問其是否屬於刑事被告身分，亦有其適用。社維法第42條規定，對於現行違反本法之行爲人，警察人員得即時制止其行爲，並得逕行通知到場；其不服通知者，得強制其到場。但確悉其姓名、住所或居所而無逃亡之虞者，得依前條規定辦理。是其規定僅側重同行之發動要件，執行程序則重在強制，顯然欠缺理由告知與通知義務、時間限制及法官介入之正當程序規定，確實有待強化。

警職法第7條第2項規定，依前項第2款、第3款之方法顯然無法查證身分時，警察得將該人民帶往勤務處所查證；帶往時非遇抗拒不得使用強制力，且其時間自攔停起，不得逾3小時，並應即向該管警察勤務指揮中心報告及通知其指定之親友或律師。上開同行規定雖然專以「確認身分」爲主，但論者認爲該規定與現行行政機關限制或剝奪人民人身自由之授權規定，有如下幾點更爲周延：(1)有關告知義務之踐行，包括告知指定之親友，此係依憲法第8條剝奪人身自由應踐行之程序；(2)雖未有合乎憲法精神之「法官保留」規定，而以「長官保留」取代之，較之完全未予規定，良窳立判；(3)有3小時之限制[110]。身分查證之同行，既有如上之周延

---

108 行政罰法第37條規定，對於應扣留物之所有人、持有人或保管人，得要求其提出或交付；無正當理由拒絕提出、交付或抗拒扣留者，得用強制力扣留之。

109 李震山，論行政管束與人身自由之保障，警政學報，第26期，1995年1月，頁24-27。

110 李震山，從正當法律程序論行政罰法之裁罰程序，收錄於：民主、人權、正義—蘇俊雄教授

規定，逕行通知及強制到場規定非專以身分查證爲限，重點更在查明違法事實。是以，如何強化逕行通知及強制到場規定之正當法律程序[111]，實務機關應再作審愼研議，至少亦應參考警職法第7條第2項之立法體例，斟酌修正之。

（三）裁處

社維法有關裁處程序編之第三章「裁處」，自第43條至第49條共有七個條文。其中第47條及第53條有關「留置」規定，已經爲配合「公民與政治權利國際公約」之人權要求內涵與精神，而加以修法刪除之。至於，社維法之裁處規定，主要在明文規定「警察機關」之「處分」與「法院」之「裁定」之區分與相關文書之規定與程序，其明確界定於「裁處」程序範圍，值得肯定。其並非如行政罰法第33條至第44條之「裁處程序」，不僅在規定「裁定」或「處分」階段之程序，亦跨及「調查」階段之程序，名實不相符合，值得研析修正之。

（四）救濟與執行

社維法之裁處程序編第四章及第五章爲執行與救濟之規定，自第50條至第62條，共有十三個條文予以規範。其中值得檢討者爲聲明異議得否捨棄之問題。社維法第55條第1項規定，被處罰人不服警察機關之處分者，得於處分書送達之翌日起5日內聲明異議。第61條規定聲明異議於裁定前得撤回之。第62條則規定撤回聲明異議者，喪失其聲明異議權。但對於聲明異議得否捨棄，則未明文規定。因此，聲明異議既得撤回，即應無不許事前捨棄之理。況且聲明異議既爲被處罰人之權利，其是否行使此項權限利，理應予以尊重。未來修法應予明定得爲捨棄並規定捨棄聲明異議者，喪失其聲明異議權，俾資適用。

進一步言，社維法之立法方式，是我國較爲完備之個別法制規範方式，其既有該法「分則」之構成要件可供做執法判斷基準，亦有執法之

七秩華誕祝壽論文集，元照，2005年9月初版1刷，頁664-665。

111 陳正根，警察處分，收錄於：警察法總論（第九章），一品文化，2020年5月4版，頁317-325。

「裁處程序」，包括管轄、調查、裁處、執行及救濟程序。該法並明確規定有法律效果之內涵，作爲合義務性裁量依據，更有「總則」規定作爲責任性與違法性及相關裁罰之斟酌基礎。若其他相關個別法規均如是，則屬於集中式立法性質之「行政程序法」、「行政罰法」等，將無存在之重要意義。另一方面，社維法具有違反警察行政規範義務之制裁規定，依據其法律規範內容，具有分則、裁處程序、總則及附則四編重要規定。按警察機關對於違反警察法規者，依法處以警察罰之決定，而對外直接發生法律效果之單方行政行爲，謂之「違警處分」。社維法之行政裁處即屬於違警處分之性質，爲警察法第9條所規定警察職權方式之一。除了社維法有總則與裁處程序規定外，警察行政個別法規鮮少有類似規定，故行政罰法之制定施行，將可作爲集會遊行法之總則性規定，亦可補充社維法之總則規定，對於各該法規之共通性解釋與適用，均有幫助。相同地，對屬於警察行政罰性質之道路交通管理處罰條例、集會遊行法、保全業法、當鋪業法等之各種行政罰，均有其適用[112]。

六、強化行政違規取締調查與裁處職權之思維

（一）宜建立行政違規取締與裁處之職權調查體系

我國屬於大陸法系國家，故其行政違規之取締調查與裁處程序迥異於刑事偵查與訴訟程序。若制裁方式爲刑罰以外之行政處罰時，尤其以罰鍰爲最常見，警察機關既是違規證據之調查機關，也常是裁處機關，其作成裁處之程序及裁處之標準，亦應有明確機制與程序規範。然由於行政違規案件之取締調查與裁處調查同屬一警察機關之不同單位之權限，如何明確區分與配合，尚有待建立體制，使之明確可行。現行法制對於取締調查與裁處調查之法制規範混淆不清，導致在實務適用尚有問題。例如，行政罰法第19條之裁量權歸給取締單位或裁處單位，應予釐清。因此，行政違規之取締與裁處調查，應建立如刑事司法體系般（警察偵查—檢察官起訴—法官審判—監獄矯治）之分階段的行政違規調查與裁處體系。而且，取締

---

[112] 陳立中編著，警察法規，臺灣警察專科學校，2003年2月修訂4版2刷，頁205。

調查與裁處調查之規範與實施程序應明確區分及密切配合，並進一步實施
以下各點，以強化行政調查與裁處制度，使人民權利得以確保。

　　1.宜制定通則性之「行政調查法」，以專法規定取締調查之各項進程
與職權措施，使取締違規調查與裁處階段調查程序之進程與權限分配，均
有明確規範，以資遵循。例如，除違反社維法案件，該法明定有總則及裁
罰程序可資適用外，其他個別行政法中欠缺一套類似刑法、刑訴之完整規
範可供行政機關援用，導致相關裁處標準及調查蒐證等裁罰程序，各機關
間見解分歧，做法各異，民眾無從預測，進而質疑機關執法的公平性，既
使政府施政徒增困擾，亦使人民權益難以保障。至少在未有制定明確專法
之前，政府宜先整合現行規定，明確其適用順序。並進一步闡明與統整違
規取締調查與裁處調查程序，區分應有之進程與權責，避免混淆適用，以
達執法效率及保障人權之目的。

　　2.應釐清警察對行政違規之「取締調查」與「裁處調查」之程序及其
裁量權限歸屬：行政罰法規定授權擴大裁量範圍，如行政罰法第19條引
進刑法「微罪不舉」法理，而適用行政裁量之「便宜原則」。然而，有問
題是此便宜原則係取締調查或裁處調查時適用？由於舉發與裁罰之間，有
時尚有調查程序，有時則無。因此，執法者應予辨明逕行舉發、舉發後裁
罰、舉發後調查再裁罰等各種不同之情形。然值得注意的是此規定究係第
一線調查員警之權限，抑或裁處人員之權限？於行政違規案件之處理，若
第1項調查取締員警並無裁處權者，則仍須進行調查取締，由裁處人員裁
量是否得免予處罰。反之，若調查取締員警兼有裁處權者，則得適用之。

　　3.加強行政違規案件調查與裁處程序之教育訓練與實務案例解說，使
行政違規調查與裁處亦能符合正當程序。甚至將「行政違規調查與裁處實
務」列入一般公務人員（含全體警察人員）考試科目，使強化專業執法，
確保人民權利。由於行政違規調查與裁處之法制涉及取締調查與裁處程
序，牽涉個別行政法之解釋與適用，警察法規亦不例外，影響層面與人民
權益必然極為廣泛，若無充分之法律教育或訓練，恐無法達成維護公益與
保護人權之衡平要求。

（二）警察應強化取締違反行政法義務之舉證能力

實務上員警對於違規「取締」與「裁處」之執法調查，須基於警察職權行使之「正當合理性」（justification）與違法之「證據」（evidence）為之，前者係符合經法律授權之「違法要件」與「職權要件」之該當性，並應於執法當時即蒐集實際涉嫌違法之證據資料，以作為接續移送給裁處單位或機關之裁罰依據。緊接著亦應考量違法取締案件之「有責性」與「違法性」。按社維法第7條之責任條件規定，非有故意、過失，不予處罰，使違法之舉證責任為之轉變。行政罰是否必須行為人具備故意或過失心理主觀上之責任要件，抑或僅需行為人有違反行政法上義務之客觀事實即可？在大法官釋字第275號解釋前後不一，行政罰於該解釋前，不問行為人之主觀心理狀態，一有違反法定義務之行為，即得予以處罰。該號解釋認：「人民違反法律上之義務而應受行政罰之行為，法律無特別規定時，雖不以出於故意為必要，仍須以過失為其責任條件。但應受行政罰之行為，僅須違反禁止規定或作為義務，而不以發生損害或危險為其要件者，推定為有過失，於行為人不能舉證證明自己無過失時，即應受處罰。」如今，行政罰法並不採「推定過失責任之立法」，而於該法第7條第1項規定：「違反行政法上義務之行為非出於故意或過失者，不予處罰。」因而行政機關應負違反行政法規定義務之舉證責任。另一方面，行政罰法第7條第2項對於法人、非法人團體、國家機關或其他組織，則採推定過失責任之立法。社維法第7條有關責任條件之規定，亦採不問故意或過失均應處罰，但過失者，不罰以拘留，並得減輕之。

有關責任能力方面，行政罰法第9條規定，基於年齡及精神狀態為標準，以其辨識行為違法或依其辨識而行為之能力有無或強弱，分別為不予處罰或得減輕處罰之規定。該條第5項規定因故意或過失自行招致上述情形者，不適用之，學者稱之為「原因自由行為」。另一方面，關於阻卻違法性規定，行政罰法第10條至第13條規定，宜特別注意關於上級命令違法時之處理方式，避免因服從命令卻仍遭行政罰。至於與社維法不同者在於正當防衛與緊急避難而致違反行政法上義務者，仍應受處罰。再者，行政罰法第8條規定，不得因不知法律而免除其行政處罰責任，但按其情節，

得減輕或免除其處罰，故警察執法調查時，應注意其情節。再者，行政罰法第10條之不純正不作為情形，對於負有防止發生違反行政法事實之發生之義務（因自己行為有可能發生危險），能防止而不防止者（居於「擔保者地位」即可構成），對之與因積極行為發生事實者同其裁處。以上均以處理程序及警察執法之舉證責任有重大關係，允宜加強之。

（三）行政違規之執法調查及裁處程序應予注重

行政違規調查與裁處程序有其先後秩序性。因違反行政法上義務之人，得即時制止其違反行為之持續進行，同時能對之加以確認身分，以利行政裁罰之進行，行為人若拒絕或規避身分查證，執法人員得令其到指定處所接受身分查證，其不隨同到指定處所者，得依行政罰法以必要之強制手段令違法行為人到指定處所接受身分之查證，但應嚴守比例原則。另一方面，行政罰法第36條至第41條係有關得為沒入或可為證據之物的扣留規範，極為詳細。警察執法，除可依據個別法之授權及警職法第21條至第24條之扣留規定為之，不足時仍得依此規定為之。然應注意，強制扣留並非搜索，係以一目瞭然（plain view）原則，扣留物已可見而言，並非讓行政機關對尚未發現之物，可對物之所有人、持有人或保管人，進行翻箱倒櫃般之搜索行為。又對物之扣留，不是裁罰，不是行政處分，是一種事實上之行為，在保全證據，故其救濟程序係採聲明異議之方式。為保全證據之措施，必要時，得使用強制力排除其抗拒。

行政罰法第42條有關陳述意見之規定，並未採納行程法第103條第4款、第6款至第8款之規定，對於人民權益之保障更為周延，故本條係行程法之特別法，應優先適用。行政罰法第43條與行程法之規定亦不完全相同，因行程法並未要求行政機關「應」依受處分者之申請，舉行聽證。基於行政罰屬裁罰性之不利處分，對人民權益影響至鉅，故行政機關為裁處前，本應廣聽各界意見，避免恣意專斷，以保障人民之權益，故行政罰法實有賦予人民有申請聽證權利之必要，且行政機關應依受處罰者之申請，除合於行政罰法第43條所設例外規定外，應依法舉行聽證。至於行政罰法第44條規定，行政罰之裁處需以書面為之，其格式及應記載事項，行政罰法未加規定，則應回到行程法第96條第1項之規定辦理。

（四）社維法之調查與裁處程序可歸由普通法規範

　　行政規範之法典化，我國經過多年之立法努力，已顯現相當之成果。例如，行政五法之行政程序法、行政罰法、行政執行法、訴願法及行政訴訟法等，社會秩序維護法有關總則及處罰程序之規定，已有上開諸法可以適用，似非如其他個別行政法，並無總則與程序規定。雖前述論及個別行政法均可仿照社維法將總則與相關程序均分別於個別法中規定，即無需上述行政五法存在之必要，然在立法經濟及統合性考量下，仍以行政法一般法體系之建立為宜。因此，社維法若無「拘留」之處罰種類，其餘罰鍰、沒入及其他種類行政罰，已有上述相關普通行政法可資適用，則不必重複規定，將可全部刪除，僅保留分則規定，以維持行政處罰適用法規之一致性。

第三節　警察對治安秩序攔檢之案例研析

　　「治安攔檢」係有別於「酒駕攔檢」，前者係依據警職法第6條及第7條所為治安目的之臨檢；而後者係依據同法第8條規定之取締酒後駕車為目的之臨檢。警察依警職法第6條規定之查證身分要件，執行同法第7條之措施。雖警職法公布施行已十七年，在警察情境實務運用上，仍不無問題。因此，本章乃思以1998年李○○（李○君）被台北市警局保安大隊（以下簡稱「北市保大」）臨檢爭議而肇致司法院釋字第535號解釋警察臨檢之要件、程序及救濟應有明確法律規範一案，繼而在二十年後，則有2017年3月19日當時任客家委員會主委李○○（以下簡稱「李主委」）在台北轉運站因遭警方攔檢盤查而被譏為「警察國家」之爭議案[113]（以下簡稱「李主委案」），以及2021年4月22日非洲鼓老師詹女士遭桃園市中壢

---

[113] 穿夾腳拖像壞人？李永得遭警盤查！（有話好說），https://www.youtube.com/watch?v=U-yTB8gp7a0，最後瀏覽日：2021年12月18日。

警分局興國派出所葉姓警員以「陌生臉孔」爲由加以攔檢爭議等案件，最爲大眾所知悉。故將上述三案加以比較析論，並進一步再以台灣桃園地方法院107年度簡字第106號判決爲例進行分析探討。因此，本章將以上述各該案例事實深入探討警察攔檢相關爭點、法令規範、提出評析及建議。

一、案例事實

【案例一】二十年前引起司法院釋字第535號之1998年北市保大警察臨檢李○君案[114]。按李○君因長期患有精神分裂症而爲精神耗弱之人，於1998年1月15日晚間21時5分行經台北市士林區重陽橋上時，因北市保大員警二人在該處執行道路臨檢勤務，見李○君夜晚獨自一人行走，即要求李某出示身分證件檢查，李○君答以未帶證件，拒絕出示任何證件，經員警二人自其衣褲外盤檢是否攜帶證件或其他物品時，李○君竟以「幹你娘」（閩南語）辱罵依法執行臨檢職務之員警使二人難堪。案經台北市政府警察局士林分局移請台灣士林地方法院檢察署檢察官偵查起訴。

【案例二】按2017年3月19日李主委在台北京站轉運站因遭台北市警局保大警察攔檢盤查時[115]，要求他出示證件，李主委向警方表示他只是購物沒有帶身分證，而在警方進一步要求他報上身分證字號時，李主委要求警方告知盤查的理由與相關法令，當時並有一路人某甲介入，並與警方發生爭論，當時李主委並未告知其姓名、官職、身分證字號或其他身分證明，警方攔停李主委查證其身分，在經過雙方爭議之後，即停止盤查，未有進一步的強制作爲，並讓李主委與路人甲自由離去。事後李主委在其臉書PO文痛批台北市何時變成警察國家[116]。此案經媒體大肆報導，北市保大警察亦提供其隨身攝錄現場爭執內容約8分多鐘的影片，指出李主委穿夾腳拖鞋，手提裝有運動飲料塑膠袋，遇見警察時特別看了警察一眼等三

---

[114] 散步要帶證件？535號釋憲故事　背後有洋蔥，https://news.tvbs.com.tw/local/714840，最後瀏覽日：2021年11月1日。

[115] 李永得遭警盤查　民眾力挺警察，蘋果日報，https://tw.appledaily.com/local/20170320/Z6KPGGACJY2VSZNBWI4GKULVR4/，最後瀏覽日：2021年11月10日。

[116] 穿拖鞋遭攔查　李永得：北市變警察國家？https://news.ltn.com.tw/news/focus/paper/1087329，最後瀏覽日：2021年12月10日。

項「行為因素」，以及一項情狀因素，即：「北市保大指稱該轉運站是經常查獲違法案件的犯罪熱點」，此警察攔檢爭議案件，當時現場有6位員警在進行攔檢盤查。事後，李主委及其擔任立委之妻子指稱警察臨檢的方式與法定程序及要件不合法，而北市警察認為依法執行攔檢，並無不妥。

　　【案例三】本案之事實概要為中壢分局興國派出所葉姓警員（以下簡稱葉警），110年4月22日上午8時47分巡邏經該分局治安熱點（區）中壢火車站周邊，於新興路5號前，遇見正步行前往附近音樂教室教課之詹姓女老師（以下簡稱詹女）攜帶肩包、提包獨自行走，葉員乃上前以「我這邊管區沒看過妳」、「怕妳有沒有被報失蹤」為由，加以攔停詹女，並要求其提供姓名、身分證字號等個人資料，以供查證身分。詹女隨即提出異議，但葉警仍續行盤查，並阻擋詹女離去。雙方於言詞爭執間，詹女脫口「你（這）真的很蠢！」葉警立即以詹女此語涉犯妨害公務罪嫌，奪下詹女自行蒐證錄影之手機，並將其摔倒上銬逮捕。案經中壢分局以詹女涉犯刑法第140條侮辱公務員之妨害公務罪嫌移送桃園地檢署偵辦；詹女亦告訴葉警涉犯公務員假借職務上之機會故意犯強制、傷害、妨害自由等罪嫌。經桃園地檢署於110年10月11日偵查終結，雙方皆不起訴處分。惟詹女對葉警涉犯強制、傷害及妨害自由罪嫌部分提出「再議」，本案引起社會極大爭議[117]。惟經詹女聲請再議並發回桃園地檢署續查後全案逆轉，經承辦檢察官再調查相關事證，認為葉員臨檢、盤查不符「警察職權行使法」規定，非依法執行職務卻仍阻擋詹女離去，又在詹女無涉妨害公務情形下違法逮捕，剝奪她的行動自由，涉犯公務員假借職務上之機會妨害自由罪嫌重大，偵結將葉員起訴。[118]

---

[117] 刁民拒盤查？警濫權執法？女老師遭「大外割」引爭議！，公共電視─有話好説，https://www.youtube.com/watch?v=Fnu52ISPxlw，最後瀏覽日：2021年12月26日。亦參考女老師拒盤查　慘遭大外割上腳銬！律師：警未循正當程序，https://www.youtube.com/watch?v=pialTRXt1qI，最後瀏覽日：2021年12月27日。

[118] 聲請再議逆轉！女師拒攔查遭大外割上銬 中壢警被起訴，自由時報，https://news.ltn.com.tw/news/society/breakingnews/3984186，最後瀏覽日：2022年7月7日。

二、相關爭點

按上述三案之爭點分別有：

案例一之爭點：警察實施臨檢欠缺法律明確規定之執行要件、程序與救濟，是否符合憲法保障人民自由權利之意旨？否。

案例二之爭點：員警執行攔檢除符合全面進行集體攔檢之法定要件外，得否於欠缺合理懷疑有犯罪嫌疑或有犯罪之虞時，實施治安攔檢而查證其身分？否。

案例三之爭點：針對警察「攔檢」之判斷與裁量，員警以未曾見過面，覺得臉孔陌生作為理由，對尚無「合理懷疑」之情而進行攔檢盤查合法嗎？否。

三、相關見解或實務判決

在警察或司法實務上，有關警察實施治安攔檢之前述三件案例，茲就其問題之結論發現或司法重要判決內容，其中以第一案有關臨檢李○君案例之分析內容，除舉述台灣高院判決分析外，亦進一步析論司法院釋字第535號之解釋意旨；再者，第二案有關臨檢李主委案例，雖無判決書，將以專家、學者及輿論重要意見為探討基礎；第三案有關管區員警於所謂治安熱區，以未見過此人，以及查是否為失蹤人口為由，進行攔檢查證身分之案例分析，將以警職法及司法院釋字第535號解釋意旨進行分析，並引介監察院及檢察署對本案之見解加以說明。茲分別摘要分析如下：

（一）警察臨檢要件與程序及救濟欠缺法律明確規範

上述第一案對李○君實施臨檢之二警員當日係依警察勤務條例第11條第3款所定臨檢規定（按當時尚無警職法或其他授權臨檢規定），執行道路臨檢勤務，判決指對臨檢對象自衣物外緣檢查是否確實未攜帶證件或有無其他危險物品，尚未逾越法定臨檢勤務之必要範圍，雖被告李○君指陳警員當時未持搜索票執行搜索，然其亦與刑事訴訟法所定就特定處所、身體或物件所為搜查、尋索強制處分之「搜索」不同，應屬警員依法執行職務無誤，自難以未持有搜索票遽認警員執行之臨檢係違法搜索行為。於偵查及原審審理時供證甚詳，並有警員所寫之報告1份及錄音帶1捲可資佐

證。惟按法院係審酌被告因患有精神分裂症致其對外界事物判斷較常人減弱、失控，致一時失慮辱罵警員，受警員盤檢時並無其他違法舉動，及其品行、犯罪動機、目的、手段、態度等一切情狀，量處拘役20日，如易科罰金以300元折算1日，又以被告前無任何犯罪前科，有台灣高等法院檢察署刑案紀錄簡覆表1份在卷可憑，其因遭警員臨檢一時情緒失控出言辱罵，雖屬不當，惟被告確實患有精神分裂症，犯後至台北市立療養院住院治療已大有改善，且警員二人亦具狀表明不予告訴追究，堪信被告歷此教訓，已知警惕而無再犯之虞，因認對被告所處之刑，以暫不執行為適當，爰併宣告緩刑二年，以啟自新。台灣高等法院指士林地院判決認事用法，核無違誤，量刑亦甚妥適，並宣告緩刑，以示矜恤。李○君上訴意旨，仍執陳詞，任意指摘原判決不當，為無理由，應予駁回。因此，台灣高等法院88年度上易字第881號刑事判決乃判決「上訴駁回」，而維持原審之「拘役」判決，本案遂告定讞。然本案經窮盡相關救濟程序後，李○君依法提起司法院之違憲審查，遂有司法院釋字第535號解釋。

（二）治安攔檢欠缺合理懷疑有犯罪嫌疑或犯罪之虞

上述第二案係北市保大員警於京站客運轉運站內對李主委實施治安攔檢而查證其身分，現場執法時及事後輿論發生極大爭議，雖未擴大亦未提起爭訟，相關見解仍值得重視。按本案李主委在台北京站轉運站遭警察攔檢盤查，究係因其手攜塑膠袋裝的運動飲料、腳穿脫鞋及瞄看值勤警察一眼而遭警察「合理懷疑」其有犯罪嫌疑或有犯罪之虞，進而加以「個別攔檢」查證；抑或是因該轉運站經常查獲毒品犯罪案件而經警察機關主管長官指定」為全面「集體攔檢」盤查？按警察攔檢李主委案應係適用警職法第7條查證身分方式，並進而採取對李主委進行第1項之第1款至第3款的攔停、詢問及令出示證件等措施，在引起受檢人之拒絕及爭議後，並未進一步採取第4款「……檢查其身體及所攜帶之物」，亦無適用第2項規定將受檢人以顯然無法查證身分時，並未進一步將受檢人帶往勤務處所查證及其他強制力進行查證，故並無違法之情形。惟在媒體報導後，引起輿論廣泛討論，茲就警察執行本攔檢案相關問題析述如下：本攔檢案應釐清「違

法要件」與「職權要件」之涵攝規定：例如，警職法第6條第1款規定：
「一、合理懷疑其有犯罪之嫌疑或有犯罪之虞者。」因而得以採取第7條
之攔檢措施。則本款內容中之「合理懷疑」（reasonable suspicion）乃職
權要件」，而「其有犯罪之嫌疑或有犯罪之虞」乃是「違法要件」。故執
法員警依據本款執行攔檢並進行查證身分時，應以五官六覺對於攔檢現場
之人的行為、物的狀況或整體環境（totality of circumstances）考量，而執
法員警有「合理懷疑」（職權要件）受檢人有何違法要件該當（如本款之
「犯罪之嫌疑或有犯罪之虞」），始得以依法採取攔檢措施。

再者，「個別攔檢」與「集體攔檢」之性質、要件與程序上均有不
同[119]。前者係依據警職法第6條第1款至第5款之要件判斷其採取執法措施
之心證程度（level of proof）來決定採取「個別攔檢」。然而，上述第
二、三案發生之後，其所屬執法單位之主官均公開指稱員警係由其指定處
所之攔檢，恐係對於法定之「集體攔檢」與「個別攔檢」有關立法目的與
要件之相互混淆所致。例如，李主委案在台北京站轉運站遭警察攔檢盤
查，顯係因某甲手攜塑膠袋裝的運動飲料、腳穿脫鞋及瞄看值勤警察一
眼而遭警察「合理懷疑」其有犯罪嫌疑或有犯罪之虞，進而加以「個別
攔檢」查證；另中壢分局興國所葉警攔檢詹女案，亦屬員警個案判斷之
攔檢，二案均非警職法第6條第6款「行經指定公共場所、路段及管制站
者」之全面「集體攔檢」之情形。至於「集體攔檢」應依據同條第2項規
定：「前項第六款之指定，以防止犯罪，或處理重大公共安全或社會秩序
事件而有必要者為限。」亦即攔檢之判斷事由已非由現場個別員警判斷，
而是依據本條項規定為之。此時，其為全面「集體攔檢」盤查之合理性程
度已經大幅提高如本項要件，執法員警並得因此對經過之人、車進行全面
攔檢。故本案由員警之隨身攝錄資料可知，對於「個別攔檢」與「集體攔
檢」法令適用之分辨，尚待進一步提升。

---

119 蔡庭榕，員警實施全面攔檢酒駕案例研析，收錄於：許福生主編，警察情境實務執法案例研
　　析（第三章），五南，2021年2月初版1刷，頁90-91。

（三）警察執法對無合理懷疑之攔檢係於法無據。員警僅因覺得臉孔陌生，並主觀上認為詹女士形跡可疑，遂上前攔檢盤查，與法定攔檢職權要件並不相符

上述第三案之臺灣桃園地方檢察署新聞稿[120]指出葉警不起訴之理由重點，首揭指出葉警之攔檢盤查固然「於法無據」。但新聞稿內容揭示葉警之判斷係依據詹女出現在「治安熱點區域」，又「攜帶2件行李，面容清瘦等客觀情狀」，依葉警個人執法經驗，主觀上產生詹女有「犯罪嫌疑」或為「失蹤人口之疑慮」，從而上前盤查。應非出於妨害詹女士行動自由之犯罪故意，而係誤認有符合警職法之攔檢盤查情狀發生，此種對於阻卻違法事由之認知錯誤（學理上稱為容許構成要件錯誤），參酌司法實務見解及學說，由於不具犯罪故意。再者，以葉警於詹女口出「你真的很蠢」一語後，認為其構成「侮辱公務員罪嫌」之現行犯，而對其使用強制力及柔道技法逮捕及施以戒具即腳鐐拘禁在派出所，雖造成詹女人身自由受到限制，並使其受有傷害，但因葉警有上開阻卻違法事由之認知錯誤。地檢署進而因此論斷衍生對葉警之「強制」、「妨害自由」及「傷害」等罪，均不構成。[121]

---

120 臺灣桃園地方檢察署新聞稿，發稿日期：110年10月26日，發稿單位：台灣桃園地方檢察署，聯絡人：襄閱主任檢察官趙燕利。參見：https://www.tyc.moj.gov.tw/media/263482/1101026%E6%A1%83%E5%9C%92%E5%9C%B0%E6%AA%A2%E7%BD%B2%E5%81%B5%E8%BE%A6%E4%B8%AD%E5%A3%A2%E5%88%86%E5%B1%80%E8%91%89%E5%A7%93%E8%AD%A6%E5%93%A1%E7%9B%A4%E6%9F%A5%E8%A9%B9%E5%A7%93%E5%A5%B3%E5%A3%AB%E8%80%8C%E8%A1%8D%E7%94%9F%E4%B9%8B%E5%88%91%E4%BA%8B%E6%A1%88%E4%BB%B6%E5%81%B5%E6%9F%A5%E7%B5%82%E7%B5%90%E6%96%B0%E8%81%9E%E7%A8%BF.pdf?mediaDL=true，最後瀏覽日：2022年3月26日。

121 桃園地檢署對葉警不起訴理由之新聞稿內容為：「葉警員之攔檢盤查固然於法無據，但其依據詹女士出現在治安熱點區域，又攜帶2件行李，面容清瘦等客觀情狀，依其個人執法經驗，主觀上產生詹女士有犯罪嫌疑或為失蹤人口之疑慮，從而上前盤查，應非出於妨害詹女士行動自由之犯罪故意，而係誤認有符合警職法之攔檢盤查情狀發生，此種對於阻卻違法事由之認知錯誤（學理上稱為容許構成要件錯誤），參酌司法實務見解及學說，由於不具犯罪故意，故不構成刑法第304條第1項之強制罪，且該罪亦無處罰過失之規定。另葉警員於詹女士口出『你真的很蠢』一語後，認為其構成侮辱公務員罪嫌之現行犯，而對其使用強制力及柔道技法逮捕及拘禁在派出所之過程中，雖造成詹女士人身自由受到限制，並使其受有上揭傷害，但因葉警員有上開阻卻違法事由之認知錯誤，且在派出所施以戒具即腳鐐係依據『警察機關逮捕現行犯作業程序』之規定而為，故不具犯刑法第302條第1項妨害自由及刑法第277條第1項傷害等罪之故意，不構成上開二罪。且由於詹女士於逮捕過程中，有激烈抗拒

　　然而，監察院並由監委林國明、陳景峻、蔡崇義等三位委員隨之介入調查，並作成「桃園市政府警察局中壢分局」之糾正案文，案由指出：「桃園市政府警察局中壢分局爲求查緝績效，任由員警違反勤務紀律，在該分局自行劃定之『治安熱點（區）』隨機盤查民眾，又未落實教育訓練，導致少數員警僅憑個別主觀判斷，在欠缺合理懷疑之狀況下，任意攔查民眾；且留置及詢問現行犯期間，對其一律施用手銬及腳銬，不當侵害人民自由權利，確有違失，爰依法提案糾正。」[122]再者，監察委員新聞稿中更指出：「監察委員林國明、陳景峻、蔡崇義調查發現，本案中壢分局葉姓警員在欠缺合理懷疑之狀況下，任意攔查詹姓女教師，且未踐行告知程序、漠視受臨檢人之異議，在雙方爭執時，不顧其違法執行職務在先，以詹女脫口『你真的很蠢』爲由，依妨害公務罪之現行犯加以逮捕，違反警察職權行使法相關規定，不當侵害民眾自由權利。」[123]

　　因此，由上述介析可知，桃園地檢署雖以葉警無故意且對職權構成要件認知錯誤，而認其對詹女所執行之攔檢，於法無據；另一方面，監察院糾正文則直接以「桃園市政府警察局中壢分局爲求查緝績效，任由員警違反勤務紀律，在該分局自行劃定之「治安熱點（區）」隨機盤查民眾，又未落實教育訓練，導致少數員警僅憑個別主觀判斷，在欠缺合理懷疑之狀況下，任意攔查民眾」，違反警察職權行使法，不當侵害人民自由權利，認定確有違失，而對該分局提出糾正。綜合上述桃園地檢署與監察院之調查資料分析，兩者均認葉警對詹女之攔檢於法無據或違法作爲，但均未明確說明如何正確涵攝適用警職法有關「攔檢」以「查證身分」措施之構成要件。爰本文認爲本案與上述第二案有關京站攔檢李主委案情節與警察攔

及衝往馬路之危險舉動，故葉警員以柔道技法『大外割』將之壓制在地，避免產生更大之傷害，認未逾必要之程度，無過當之情事，且已盡注意義務，故此部分亦不構成刑法第284條前段之過失傷害罪。」

[122] 監察院111內調0013之調查報告，公告日期：111年3月16日；https://www.cy.gov.tw/CyBsBoxContent.aspx?n=133&s=17800，最後瀏覽日：2022年4月26日。

[123] 監察委員新聞稿，提案糾正中壢分局，要求議處相關失職人員，並促請內政部警政署檢討改善，發布日期：2022年3月15日；https://www.cy.gov.tw/News_Content.aspx?n=125&sms=8912&s=23396，最後瀏覽日：2022年4月26日。

檢作為幾乎一致，故本案之評析可參酌上述第二案所述意見。而且此二案均為治安目的之個別攔檢，應非如其主官（管）所稱警職法第6條第1項第6款之「指定」地點的全面或集體攔檢，而是屬於同條項第1款規定：「合理懷疑其有犯罪之嫌疑或有犯罪之虞者。」此款內涵有二：一則是「職權要件」之「合理懷疑」，另一為「違法構成要件」之「有犯罪之嫌疑或有犯罪之虞者」，然多數員警均已模糊且梗概之「合理懷疑」，而無法指出其有何「犯罪」或「危害」[124]之嫌疑或之虞，以致此二案不論是北市保大對李主委或中壢分局葉警對詹女之攔檢案，均因員警執法對案情判斷上欠缺「違法構成要件」，而致產生爭議，甚至構成違法而不自知，應引以為戒，更應如監察院糾正文所陳，應加強員警攔檢執法教育訓練，以確保執法公益與人民基本自由權利之衡平。

四、評析

針對上述三件案例之事實與相關爭點，茲分別提出評析如下：

（一）治安攔檢要件與程序應有法律明確規範

第一案關於臨檢李○君案經提起司法院釋字第535號解釋，解釋意旨雖未指摘本案臨檢違憲，解釋文內容則強調警察勤務條例第11條第3款規定之臨檢自屬警察執行勤務方式之一種。臨檢實施之手段：檢查、路檢、取締或盤查等不問其名稱為何，均屬對人或物之查驗、干預，影響人民行動自由、財產權及隱私權等甚鉅，應恪遵法治國家警察執勤之原則。實施臨檢之要件、程序及對違法臨檢行為之救濟，均應有法律之明確規範，方符憲法保障人民自由權利之意旨。並進一步強調上開條例有關臨檢之規

---

[124] 司法院釋字第535號解釋文指出：「有關臨檢之規定，並無授權警察人員得不顧時間、地點及對象任意臨檢、取締或隨機檢查、盤查之立法本意。除法律另有規定外，警察人員執行場所之臨檢勤務，應限於已發生危害或依客觀、合理判斷易生危害之處所、交通工具或公共場所為之，其中處所為私人居住之空間者，並應受住宅相同之保障；對人實施之臨檢則須以有相當理由足認其行為已構成或即將發生危害者為限，且均應遵守比例原則，不得逾越必要程度。臨檢進行前應對在場者告以實施之事由，並出示證件表明其為執行人員之身分。」按本號解釋之臨檢要件係指「已發生危害」合理懷疑有「危害之虞」，而非如警職法第6條係以「犯罪嫌疑」或「犯罪之虞」。其實，在警察執法上，「犯罪」與「危害」嫌疑或之虞者，二者應均屬警察職權得以介入實施攔停以查證身分之要件內涵才是。

定，並無授權警察人員得不顧時間、地點及對象任意臨檢、取締或隨機檢查、盤查之立法本意。除法律另有規定外，警察人員執行場所之臨檢勤務，應限於已發生危害或依客觀、合理判斷易生危害之處所、交通工具或公共場所為之，其中處所為私人居住之空間者，並應受住宅相同之保障；對人實施之臨檢則須以有相當理由足認其行為已構成或即將發生危害者為限，且均應遵守比例原則，不得逾越必要程度。臨檢進行前應對在場者告以實施之事由，並出示證件表明其為執行人員之身分。臨檢應於現場實施，非經受臨檢人同意或無從確定其身分或現場為之對該受臨檢人將有不利影響或妨礙交通、安寧者，不得要求其同行至警察局、所進行盤查。其因發現違法事實，應依法定程序處理者外，身分一經查明，即應任其離去，不得稽延。更指出現行警察執行職務法規有欠完備，有關機關應於本解釋公布之日起二年內依解釋意旨，且參酌社會實際狀況，賦予警察人員執行勤務時應付突發事故之權限，俾對人民自由與警察自身安全之維護兼籌並顧，通盤檢討訂定，併此指明。因此，乃對於完成「警職法」之立法具有推波助瀾之功效，而該法內容即有符合司法院釋字第535號意旨，特別是治安攔檢乃依據該法第6條之要件得實施第7條之措施，並應遵守第2條至第5條之程序，以及第29條至第31條之救濟規定。

（二）警察攔檢應有法定合理性與證據完備

警察攔檢常需藉由判斷與裁量完成，而是否採取攔檢執法作為？則需經法律與事實之涵攝過程，並應具法律合理性與證據，始得為之。第二案與第三案關於攔檢盤查所衍生出的警察實施治安攔檢之判斷問題，乃警察值勤上常會發生的情形，值得深究之。有關警察執法對於什麼樣的人、什麼樣的車才算可疑？依據在哪裡？依據司法院大法官釋字第535號於2001年12月14日該解釋案由司法院秘書長公布的記者會及司法院自製的「釋憲一甲子」影片內容首例均指出上述問題，司法院大法官並於釋字第535號解釋文內容明確要求：「……有關臨檢之規定，並無授權警察人員得不顧時間、地點及對象任意臨檢、取締或隨機檢查、盤查之立法本意。除法律另有規定外，警察人員執行場所之臨檢勤務，應限於已發生危害或依客

觀、合理判斷易生危害之處所、交通工具或公共場所為之，其中處所為私人居住之空間者，並應受住宅相同之保障；對人實施之臨檢則須以有相當理由足認其行為已構成或即將發生危害者為限，且均應遵守比例原則，不得逾越必要程度。臨檢進行前應對在場者告以實施之事由，並出示證件表明其為執行人員之身分。臨檢應於現場實施，非經受臨檢人同意或無從確定其身分或現場為之對該受臨檢人將有不利影響或妨礙交通、安寧者，不得要求其同行至警察局、所進行盤查。其因發現違法事實，應依法定程序處理者外，身分一經查明，即應任其離去，不得稽延。」並指出：主管機關應於解釋公布後二年內檢討制定明確的警察臨檢法制，因此，而有警職法及相關警察攔檢的標準作業程序的規定，以作為警察執法判斷與裁量之依據。因此，警察攔檢應有效落實警職法第6條至第7條所定之警察攔檢查證身分及相關程序規定，並於執法時遵照內政部警政署訂定「執行巡邏勤務中盤查盤檢人車作業程序修正規定」為之。

再者，警職法授權警察攔檢盤查之判斷確證程度與採取強制力的比例性，從單純徵兆（hunch）、合理懷疑、相當理由（probable cause）到毋庸置疑（beyond reasonable doubt）等違法與否之心證程度不同，所得採取之強制力執法措施即有不同。故本案員警在受檢人拒絕配合身分查證時，警察應有信心告知其攔檢盤查之正當合理性，亦即經判斷後之「違法要件」及「職權要件」為採取何種執法措施之依據，並於執行中即配合蒐集其違法「證據」。而且在執法程序上，應依法出示證件、表明身分及告知攔檢之法律事由，攔檢執法應盡量以法律要件與程序之專業用語回應，以攔檢執法之依法與專業。因此，如何在警察執法實務上落實警察攔檢盤查之法律規定之判斷裁量與正當程序及安全保障，以確保警察執法安全與威信，乃警察提升執法專業與能力之重要一環，允宜在其常訓或勤教時，落實案例式情境實務研析與檢討，藉以有效改進執法作為，將使警察執法更加專業與精進。

五、小結

警察治安攔檢應明確立法，貫徹執法。建立警察攔檢職權之實質與

程序正當程序，以及培育警察攔檢之判斷與裁量能力；執法情境實務上，警察攔檢應專業適法，加強訓練其實務上之判斷與應變能力，經常利用勤教或常年訓練時，以警察平常所攜帶的隨身攝錄器所記錄之攔檢案件為討論研析案例，以警察攔檢之法令與標準作業程序為基礎，將法令與實務個案有效涵攝探討，始能正確有效依法行使警察攔檢之執法職權。再者，警察應建立有效執法安全與威信。建立警察攔檢執法標準作業程序，以確保員警執法安全與威信。警察執法常需針對人或車加以攔檢執法調查，而有攔停以發現真實與蒐集資料之必要，亦在攔檢過程中防衛安全之必要而使用警械。因此，在警察攔檢執法有使用強制力之必要時，因主要考量一目的、二安全、三步驟之程序，首先使用強制力之目的，旨在使攔檢執法對象失能（incapable）不致反抗而可遵守執法程序，以確保執法安全；再者，達到警察執法人員之身體與法律安全（亦即身安與法安）。因此，警察實務機關應有效訓練與要求警察確實執行法令規定之執法程序，例如，警職法之攔檢措施、要件、程序與救濟，更在攔檢時貫徹「警械使用條例」第5條之攔檢盤查程序之基本安全條款，亦即必須依法實施三步驟（亦即警察攔檢安全應注意三個基本程序），亦即：1.安全掩護；2.安全距離；3.警察、不准動、高舉雙手三要項（police, freeze, raise your hands up）乃警械使用條例第1條及第5條所明定，並透過隨身微型攝錄器保全所有證據，以確保警察攔檢執法之安全，並減免警察執法之法律責任，藉由正當執法程序加上明確保全證據提供法庭舉證，則可確保警察執法安全與威信。此些有效提升警察執法安全與威信之要項，允宜於警察每日勤教或常訓時，以警察實務情境個案分析，共同探討攔檢職權之專業執法作為，以有效提升警察執法安全與威信，圓滿達成任務與維護人權。

　　因此，警察職權行使應基於「事出有因、師出有名」之法定正當合理之「因」與「名」，並以整體考量法則進行判斷，以形諸裁量是否採取攔停與檢查措施之基礎。警職法第6條及第7條所規範之治安攔檢，尚可進一步分為刑事攔停與行政攔停。攔停之後，可運用一目瞭然法則與開放空間（open field doctrine）法則，進行執法判斷，並確切瞭解法定攔停與檢查要件之抽象危害、具體危害或實害為授權基礎，將抽象且具有不確定之法

律概念予以正確地適用於實務執法上。至於警職法第7條規定之「檢查」授權，旨在維護人身安全，關於警察檢查，雖警職法在行政危害或犯罪預防之運用時，在案件性質上究屬行政或刑事攔檢常無法明確區分，故僅須依據其比例性考量執法強度並釐清行政與刑事作為應有之判斷基準與法律不同規範，若已達「相當理由」符合刑事訴訟法得以進行犯罪偵查時，即應轉而適用該法程序。司法院大法官釋字第535號解釋未禁止警察「臨檢」，而是禁止「任意、隨機臨檢」或無合理性基礎之全面臨檢。警職法之制定施行後，將使警察執行職務，行使職權，從不明確到明確安全，減少任意全面、隨機臨檢，提高自主判斷，並強化情報能力與巡邏動態攔檢、盤查。警察為執行法定職務，依法行使攔檢職權，除具有民主法治觀念外，更需在實務案件上依據警職法規定之攔檢措施、要件、程序與救濟為之，並落實攔檢相關標準作業程序，以營造警、檢、審、辯、民之共知共識。最後，徒法不足以自行，尚有賴全體警察同仁瞭解規範，並藉由教育訓練，以民主法治理念，明確執法規範，因勢專業利導，精緻執法判斷、貫徹實施法治，形成全民遵守警察執法措施，一體遵行，依法行政，以充分保障人權與維護良好社會治安之雙贏局面。

第四節　警察對交通酒駕攔檢之案例研析

警察任務之達成常有賴其勤務之順利遂行，而警察勤務常須藉由物理力之警察職權之強制作為，特別是警察對民眾違法酒駕攔檢措施即屬之[125]，尤其我國警察經常實施全面（或集體）方式之酒駕攔檢，影響人民權利較大，在警察與司法實務上，不乏發生爭議之案例。由於警察攔檢所發生的爭議案件，有因不服全面酒測攔檢而當場依法提出異議，並有進一

---

[125] 內政部警政署，警察機關分駐（派出）所常用勤務執行程序彙編，中央警察大學印行，2020年12月版。其中「五、交通類」編號「05取締酒後駕車作業程序」、「06取締酒駕拒測處理作業程序」及「07取締酒後駕車同車乘客作業程序」等均可作為執法時有關執行程序依循之規範。

步提起訴願或訴訟者，最後經判決撤銷原處分或以無罪論結均不乏其例。另一方面，亦有些直接訴諸媒體，經大幅報導而影響警察形象。按警察攔檢作爲係國家干預性措施的一種，爲警察於危害防止或刑事追訴之際，經常用以查證身分之手段。依警職法行使攔檢權之合法措施，原則上包括攔停、詢問、令當事人出示身分證件，甚且於必要時，警察得因相對人拒絕答詢或提示身分證件，而將當事人攜往警察勤務處所查察之職權。更有進一步依據警職法第7條之規定「有明顯事實足認其有攜帶足以自殺、自傷或傷害他人生命或身體之物者，得檢查其身體及所攜帶之物」，以維護執法主體與客體及第三人之安全。因此，警察於值勤中多藉由五官六覺判斷或其他情資而有「違法要件」之嫌疑或之虞者，或對行經警察機關主管長官指定之處所、路段或管制站，亦即符合「職權要件」行使時，得採取法定警察職權措施，遵守法治國原則，達成公益公序，亦保障人權。故茲分別以三則不同之法院判決作爲基礎，探討員警實施全面攔檢酒駕之法律規範及其適用所應遵守的法定程序。

一、案例事實

　　有關司法實務判決書之內容對於警察實施全面攔檢酒駕，雖未必有拘束力，實有其導引方向或作爲判準之功能，茲舉三件警察全面攔檢酒駕之代表案例之司法判決書重要內容摘要如下：

　　【案例一】台灣桃園地方法院102年度交字第293號判決書摘錄事實概要：原告G君於夜間11時20分許，駕駛其自用小客車，經某警察分局所屬之派出所員警於執法時，認G君「有汽車駕駛人駕駛汽車行經警察機關設有告示執行第35條第1項測試檢定之處所，拒絕第35條第1項各款測試之檢定」之違規，遂當場舉發並填製舉發違反道路交通管理事件通知單，記載應到案日期，並移送分局轉權責單位處理。再按本件係員警在路檢點架設停車受檢全面攔檢酒駕路檢點（如影片位置0分30秒檢點「停車受檢、違者受罰」警示燈），以手勢及哨音示意自小客車駕駛人G君停車受檢，惟該車駕駛人並未立即停車，將該車駛至○○路○○○號前始停妥，警員趨前盤查，請其配合實施吹氣酒測，惟G君表示無飲酒且無違法情事，拒

絕接受酒測（影片位置6分13秒我就是拒絕），經員警共2次告知拒絕酒測罰（影片位置8分9秒、10分），並於檢附舉發現場（長度24分6秒）錄影光碟以爲佐證，舉發程序應屬合法。汽車駕駛人，駕駛汽車行經警察機關設有告示執行第1項測試檢定之處所，經員警告知拒絕酒測罰則，汽車駕駛人「當場」明確表示拒絕接受第1項測試檢定之行爲，已構成道路交通管理處罰條例第35條第4項之處罰要件。原告G君遂依時到案並陳述不服舉發，經被告查證明確後，認原告前開之違規屬實，爰以壢監裁字第裁53-DB0000000號裁決書裁處原告罰鍰新臺幣9萬元，吊銷普通小型車駕駛執照，三年內不得考領駕駛執照。原告不服，遂提起本件行政訴訟。

　　【案例二】本案例係台灣台北地方法院108年度交字第251號判決，此案例事實概要略以：警察分局所屬派出所員警於在國三甲下匝道處設置酒測路檢點，對行經車輛集體攔停。員警逕行舉發原告C君駕駛自小客車，「行經設有告示執行酒精濃度測試檢定處所，不依指示停車接受稽查」，違反道路交通管理處罰條例第35條第4項規定，對原告處罰鍰新臺幣9萬元、吊銷駕駛執照及施以道路交通安全講習。原告不服原處分，於同年6月11日向本院提起行政訴訟。原告C君起訴主張：原告係佛教徒不飲酒，且系爭車輛係原告賴以維生之交通工具，原告無不接受酒測臨檢之理由。被告提供之影片完全未見違規車輛之車牌號碼，僅憑員警於車輛經過後喊出「○○○○-E○」，作爲原處分之依據，無法證明該車輛係原告所有之系爭車輛等語，並聲明：原處分撤銷。被告則以：本件經舉發機關檢視員警提供之錄影蒐證資料及舉發員警陳述內容，員警依規定於路檢站前擺設「酒測攔檢」告示牌，並以指揮棒明確示意系爭車輛停車受檢，惟系爭車輛通過酒測路檢站未減速停車受檢，且不顧員警於後方追喊仍往前駛離，本件全程錄音錄影存證，員警依法舉發尚無違誤，故原處分核無違誤，原告之訴爲無理由，應予駁回等語置辯，並聲明：原告之訴駁回。因此，本案係上列當事人間交通裁決事件，原告不服被告之裁決，提起之行政訴訟。

　　【案例三】按台灣台北地方法院108年度交字第261號判決事實概要略以：原告H君駕駛普通重型機車，在台北市某路口停等紅燈，經警察分

局所屬派出所員警騎乘機車在原告後方停等紅燈，並以小電腦查詢原告有酒駕前科後，於紅燈期間對原告隨機攔停，繼而持酒精檢知器請原告吐氣，因呈酒精反應，員警遂對原告實施酒精濃度檢測，測得原告呼氣酒精濃度爲每公升0.18毫克，員警遂以原告有「駕車五年內酒精濃度超過規定標準2次以上（第2次0.15以上未滿0.25mg/L）」之違規事實，當場舉發原告違反道路交通管理處罰條例第35條第3項規定對原告裁處罰鍰新臺幣9萬元、吊銷駕駛執照及施以道路交通安全講習。原告起訴主張：員警一開始機車停在我後面，我由後照鏡看見員警在玩手機，之後員警即至我身旁欲檢查我駕駛之系爭車輛，員警不得對等候紅燈之駕駛人全面逐一無區別以酒精檢知器測試民眾有無酒駕，爰請求撤銷原處分等語，並聲明：原處分撤銷。被告則以：本件舉發過程依規定錄音、錄影，符合取締酒後駕車作業程序規定，酒測器亦無故障或操作失誤之情，故原告本件違規行爲，堪以認定。原告確實五年內再度酒後駕車，原處分並無違法，原告之訴爲無理由，應予駁回等語置辯，並聲明：原告之訴駁回。因此，本件係上列當事人間交通裁決事件，原告不服被告之裁決，提起之行政訴訟。

二、相關爭點

按上述三案之爭點分別有：

案例一之爭點：警察於無合理懷疑之前提下即強令原告配合接受酒測是否合法？否。

案例二之爭點：非經警察機關主管長官指定合法設置「酒測路段或管制站」之全面攔檢酒測合法嗎？否。

案例三之爭點：對交通工具尚無已生危害或易生危害之情而進行攔檢酒測合法嗎？否。

因此，基於上述三案例之爭點與判決撤銷之結果，茲將相關爭點化約如下：

（一）何謂交通工具之攔檢？何謂酒駕攔檢？何謂全面酒駕攔檢？

（二）何謂個別攔檢？何謂集體或全面攔檢？兩者有何區別？

（三）可否全面攔停而再個別擇檢？欠缺警職法第8條之「已發生危

害或依客觀合理判斷易生危害」得否對交通工具之駕駛人全面或任意攔檢酒測？

（四）警職法或相關法規範與司法或警察實務上之問題何在？

三、實務判決

有關司法實務有關警察全面攔檢酒駕之前述三件案例之司法重要判決內容，茲分別摘要分析如下：

（一）無合理懷疑之強制酒測違法而撤銷原處分

案例一之判決理由：經摘錄台灣桃園地方法院102年度交字第293號行政訴訟判決之「理由」（七）略以：「系爭規定（指道交條例第35條）就警察機關攔停汽機車而實施酒測之實體與程序要件，未置一詞，參諸司法院釋字第535號及第570號等解釋，應可認定系爭條例第35條第1項並非實施酒測之授權依據。既無實施酒測之授權基礎，如何課予人民接受酒測之義務？從而系爭條例第35條第4項拒絕酒測應受處罰之規定，恐將失所附麗。因此，本件解釋找到警職法第8條第1項第3款規定作為依據，即警察對於已發生危害或依客觀合理判斷易生危害之交通工具，得予以攔停，要求駕駛人接受酒精濃度測試之檢定，並自行加上『疑似酒後駕車』要件，作為警察執行酒測的法律依據，從而認為駕駛人有依法配合酒測之義務。然此舉恐將滋生以下疑義，首先，系爭規定係針對『未肇事』之拒絕酒測者而處罰，並不會符合『已發生危害』之要件。其次，實務上酒測若非採取隨機而係集體攔停方式，受測者往往需排隊受檢，自非每部受檢車輛皆與『依客觀合理判斷易生危害之交通工具』之要件有直接關係，因為該條規定係以『交通工具』外顯之危險或危害狀態為判斷準據，自難據以精確判斷駕駛人是否『疑似酒駕』。最後，該條規定並未賦予警察實施全面交通攔檢之權，至於同法第6條與第7條則是為一般危害防止攔檢人車查證身分，亦非為維護交通安全與秩序而設。」「本院於釋字第535號解釋中已破除『既然沒有違法行為，何懼臨檢與盤查』官方說詞的魔咒，以致『目的正當不能證立手段的合法』、『實質正當法律程序包括實體內容及程序要件』、『公權力要先管好自己才能取得指導、取締人民的正當性』

等實質法治國的精靈，紛紛從行政威權主義的桎梏中解放出來，警察職權行使法亦適時順勢地堂堂問世。⋯⋯是以員警如僅係設置路檢站，即對過往車輛一律攔停臨檢，因尚無所謂『已發生危害或依客觀合理判斷易生危害』可言，只能請求駕駛人搖下車窗，配合臨檢。此時駕駛人如拒絕配合搖下車窗，警方既尚未有合理懷疑之『合法酒測』行為，自不能僅以拒絕配合臨檢即構成『拒絕酒測』。除非在臨檢後發現『已生危害』（例如有人車禍受傷）或『依客觀合理判斷易生危害』（如車內酒氣十足、駕駛人神智不清等），始得謂有合理懷疑程度，可懷疑駕駛人有酒駕情事，此時要求其接受酒測，即通過合理懷疑之門檻。切記絕不能單以行為人若無飲酒，何需拒絕酒測為由，強制其接受酒測，如此不僅違反『不自證己罪原則』，亦違反已具國內法效力的公民與政治權利國際公約第14條第3項第7款規定：『不得強迫被告自供或認罪』。於是該審法官乃綜上所述，本件舉發警察於無合理懷疑之前提下即強令原告配合接受酒測，不符警察職權行使法第8條規定『已發生危害或依客觀合理判斷易生危害』之合理懷疑為要件，原告自有拒絕的權利（也只有這樣微薄的權利），即使警察有完整且明確的踐行事前告知拒絕酒測之處罰效果，被告據此處以本條例第4項之處罰自有違法。原告訴請撤銷原處分為有理由，應將原處分予以撤銷，始為合法。」

（二）非依法指定酒測站之集體攔檢違法而撤銷原處分

案例二之判決理由：警察攔檢地點非屬經警察機關主管長官指定合法設置之酒測路段或酒測管制站，而經判決撤銷原處分。本件主要爭點有二：一則原告有無於事實概要欄所載時間，行經系爭地點？二則係是否係經警察機關主管長官指定合法設置之「酒測路段」或「酒測管制站」？最後判決以：本件尚難認定原告有於事實概要欄所載時間行經系爭地點。法院乃以本件現場夜間視線不佳，該車輛迅速行經酒測路檢點，除一名員警外，其餘員警均未目擊，則由目擊員警陳員再次與其他員警確認車牌號碼之舉，以及Toyota廠牌車輛於道路上十分常見以觀，實難單以系爭車輛廠牌與員警所見車輛為同廠牌，即率予推斷員警所見車輛即為系爭車輛。再

觀諸本院勘驗筆錄所附擷取照片（見本院卷第141頁至第149頁、第161頁至第175頁），完全無法清楚見及該行經酒測管制站未停車車輛之車牌號碼，員警事後復未調閱該車輛行經路徑之監視器，佐證該車輛即為系爭車輛，自難僅憑單一員警在夜間短暫片刻之記憶，認定系爭車輛有行經酒測路檢點，不依指示停車接受稽查之情事。再者，本件尚難認定系爭地點屬經警察機關主管長官指定合法設置之酒測路段或酒測管制站，員警不得對行經系爭地點之駕駛人集體攔停，原告亦無依指示停車接受稽查之義務。從而，原告訴請撤銷原處分，洵有理由，應予准許。

（三）違反正當程序攔停舉發而撤銷原處分

案例三之判決理由：無正當理由合理相信原告駕駛系爭車輛已發生具體危害或易生危害而經法院判決撤銷原處分。按判決書內容略以：「員警對駕駛人『實施酒測（包含以簡易酒精檢知器及酒測器酒測）』，無論駕駛人先前係經『集體攔停』或『隨機攔停』，依警察職權行使法第8條第1項第3款規定，警察均須『合理懷疑』交通工具已發生具體危害或依客觀合理判斷易生危害，始得對駕駛人實施酒測（關於『隨機攔停』交通工具及『實施酒測』所要求之『合理懷疑』心證程度，詳細請參本院於107年度交字第352號判決五之(一)之說明）。」該判決並進一步示明：「至關於『合理懷疑』（reasonable suspicion）之概念，參考美國聯邦最高法院在Terry v. Ohio案（392 U.S. 1 (1968)）、Alabama v. White案（496 U.S. 325 (1990)）之見解，係指高於直覺（hunch），低於相當理由（probable cause）之標準，只要員警考量整體情況（totality of the circumstances），依其個人經驗有正當理由合理相信行為人之行為已發生具體危害或易生危害，即屬之。又所謂『已發生具體危害』，係指已發生交通事故或肇致人員傷亡、財物毀損；『依客觀合理判斷易生危害』，則指危害尚未發生，但依具體個案情況，認有發生危害之危險者。」更進一步指出：「單以交通工具外觀而論，例如車輛有搖晃、蛇行、飆速、逆向、忽快忽慢、隨意變換車道、驟踩煞車等違反道路交通安全規則之危險駕駛行為。另因駕駛人之行為，依客觀合理判斷交通工具易生危害之情形，則因駕駛人所駕駛

之車輛爲汽車或機車而有所不同。於『機車』之情形，因機車在空間上並非密閉，本身所具有之合理隱私期待較低，員警如未隨機攔停機車，靠近機車即可嗅得駕駛人身上或嘴巴散發酒味，或駕駛人有眼睛充血、濕潤、滿臉通紅、步伐不穩，以及其他依員警個人經驗判斷，合理相信駕駛人有服用酒類之情形，自可合理懷疑駕駛人服用酒類而使駕駛之機車易生危害，員警因此對該機車駕駛人隨機攔停並實施酒測，自屬合法。」然而，本案判決指出：員警對原告H君隨機攔停酒測要屬違法。該判決書載明：員警當天騎乘機車至原告系爭車輛後方時，原告已在停等紅燈，無違反道路交通安全之危險駕駛行爲，有擷取照片可（見本院卷第175頁），是綜合上開各節，難認員警由系爭車輛外觀及原告之行爲，已有正當理由合理相信原告駕駛系爭車輛已發生具體危害或易生危害，員警僅憑其主觀上之直覺、臆測，遽認原告有酒駕之可能，進而對原告隨機攔停，揆諸首揭說明，員警對原告隨機攔停自未達「合理懷疑」程度，其攔停洵屬違法。本案例之最後判決係以：「員警無正當理由合理相信原告駕駛系爭車輛已發生具體危害或易生危害，故員警對原告隨機攔停，要屬違法又因攔停程序屬立法者所定之正當行政程序，員警違法攔停所爲之舉發，自違反正當行政程序，以舉發爲基礎之裁決亦應予以撤銷。」

四、評析

　　警察全面攔檢酒駕執法發生爭議屢經媒體披露而時有所聞，本章乃選擇曾經由媒體登載重要爭議及其相類似之上述三案件，並依司法判決情形分析之法學資料檢索系統，查閱法院裁判相關案件之內容，分析警察與司法實務上有關全面攔檢酒駕之認知或見解差異，並進一步探討在法規範與實務運作上之問題何在，著眼於其「法規範」之妥適性與警察實務運作上之研析，探討爲何警察全面攔檢酒駕卻遭致法院裁判原處分撤銷之相關事由。警察攔檢規範與執行常與民眾自由與權利密切相關，惟警察對交通工具之攔檢執法究竟是全面無差別或個別合理判斷始予以攔檢，常有爭議。茲針對上述例舉三個案之法官對警察全面攔檢酒駕之判決內容評析如下：

　　（一）明確要求攔檢酒駕之職權要件應符合「已發生危害或依客觀合

理判斷易生危害」之要件。判決嚴格要求警察實施攔檢酒測應符合警職法第8條第1項，如發生交通事故；抑或是依客觀合理判斷易生危害，如行車不穩、蛇行等。始具有進行攔停，並進而對駕駛人進行酒測，否則便屬於違法得撤銷之瑕疵。從上述法官對警察全面攔檢酒駕之判決內容可知，不論刑事或行政訴訟案件之判決，近年來大多數法官已經逐漸趨向採取如台灣桃園地方法院102年度交字第293號行政訴訟判決之「事實及理由」，亦即認定若警察於無合理懷疑之前提下即強令原告配合接受酒測，不符警職法第8條規定「已發生危害或依客觀合理判斷易生危害」之合理懷疑為要件，而認定原告自有拒絕的權利。更且，該判決結果與內容事後引起媒體與大眾的極大關注，亦導引了之後幾年來的判決之心證方式與程度漸趨一致，而採取攔檢（含全面攔檢）應有合理性為前提，而攔檢後之酒駕呼氣調查亦應另有合理懷疑之已發生危害或依據客觀合理判斷易生危害之可疑情形，始得為之。近來更多法官見解趨於一致而主張於非路檢點對於車輛之攔檢，不得以集體攔停，而屬個別判斷攔檢，而判斷之職權要件為是否有「已發生危害，或依客觀合理判斷易生危害之交通工具」。因此，許多法官認為無合理懷疑攔檢與酒測，認定警察之執法行為違反「正當行政程序」或「正當法律程序」，而予以撤銷原處分。

（二）相對地，尚有些判決內容仍同意警察對於行經指定「酒測路段」或「酒測管制站」之駕駛人，得以依據警職法第6條第1項、第2項由分局長以上長官來指定路段或設置管制站以全面攔檢。亦即此種判決趨向於無須合理懷疑即得依警職法第6條第1項第6款規定查證其身分，並對人及交通工具為「集體攔停」，惟該指定之酒測路段、酒測管制站形式上須經警察機關主管長官指定，實體上亦須符合「防止犯罪」或「處理重大公共安全或社會秩序事件」而有必要之情形。亦即以警職法第6條之全面集體攔停後，接續依據警職法第8條實施酒測措施，甚至並未依據警職法第7條查證其身分，而僅依據第8條酒測檢定而無飲酒現象時，即任令其離去。然仍應審酌該酒測路段、酒測管制站之設置是否違法？而有判決見解主張員警不得對行經違法設置酒測路段或酒測管制站之駕駛人集體攔停。

（三）再者，「全面攔檢」與「個別攔檢」應屬二個極大不同層次之

法定授權，應不可混用，因二者之授權合理性與心證程度及其程序均有差異，其影響人權程度亦不等同。又，亦不可全面攔停而個別擇檢，因「全面攔檢」係依據第6條第1項第6款及其第2項規定，其違法犯罪之要件保留密度極高，符合該職權要件，始得以依此長官保留授權其指定全面集體攔檢（即應全面不遺漏的攔檢，不可再選擇性執法）。例如，319槍擊案未能封街全面攔檢及做好現場保全[126]，以及如美國封鎖水城進行大規模搜索以逮捕波士頓馬拉松歹徒案[127]。否則，即應屬於由個別員警在執法現場以其五官六覺對人的行為、物的狀況或整體環境的事實現象考量（totality of circumstances）是否具有法定之違法要件，並依據執法者對確定符合違法要件之心證程度（亦即職權要件）來進行執法判斷與裁量。故警察執法判斷應具有二種要件：「違法要件」（該當違法三性：構成要件合致性、有責性與違法性）與「職權要件」（違法確證程度，以衡平警察採取干預強制力程度）。亦即先有違法構成要件作為判準，若有有合理懷疑以上之心證程度認定已經有犯罪或危害嫌疑，抑或有犯罪或危害之虞時，則可依法定授權採取調（偵）查措施。

五、全面攔檢酒駕實務問題研析

按「中華警政研究學會」2020年9月29日於某警察分局舉辦「警察攔檢盤查實務爭點」實務論壇，有鑑於類似於上述判決個案之情形經常發生而困擾實務執法，乃由分局針對警察實務上全面攔檢酒測執法之主要問題，其所提出之相關情境事實與爭點與上述三個法院判決案例有異曲同工或意圖藉由論壇研討以進一步瞭解抽象規範與實務適用之涵攝過程如何因應，茲乃一併提供研析，以求對警察實務執法有所助益。故由實務提出相關問題背景之情境敘述與爭點內容及研析分別如下：

---

[126] 台灣日報記者彭華幹整理，李昌鈺版319槍擊案調查報告摘要（上），http://www.taiwancenter.com/sdtca/articles/12-04/3.html，最後瀏覽日：2021年9月3日。

[127] Police and FBI Comb Watertown for Bombing Suspect, Heavily armed FBI and police SWAT teams combed through Watertown, Mass. in a massive manhunt for Boston Marathon bombing suspect Dzhokhar Tsarnaev, arivated at: https://www.youtube.com/watch?v=0A5vfyFyptQ, last visited: 2021/9/3.

（一）問題情境背景

員警依據「警察勤務條例」、「警察職權行使法」等相關規定，由警察機關主管長官指定，經客觀、合理判斷，對於行經指定公共場所、路段及管制站者，以減縮車道的方式，過濾、攔停車輛，並採初步查證受檢人身分及全般狀況裁量，倘發現可疑情事，再將車輛移至受檢區域，若無違法情事，就指揮迅速通過之情形。其目的在於確保道路交通安全、取締違法，以防止更大危害，而採最小侵害手段，保護大眾權益。惟釋字第535號解釋保障人民行動自由與隱私權利之意旨，要求警察人員「不得不顧時間、地點及對象任意臨檢、取締或隨機檢查、盤查」，因此闡釋關於警察臨檢之對象，必須對「已發生危害或依客觀合理判斷易生危害之交通工具」。是以，員警於執行攔檢盤查中值勤方式之適法性為何？

（二）相關問題爭點

爭點一：於盤查點前方，未停車前尚在駕駛系爭車輛之情形，到達盤查點時，員警示意駕駛搖下車窗，以肉眼檢視車內人員狀況，或以鼻聞、與駕駛對話以判斷有無酒氣，與警職法第8條規定（攔停交通工具採行措施）是否有違？爭點二：員警因設立盤查點，造成途經該處之車輛大排長龍，倘員警並無對全數車輛逐一盤查，僅依經驗判斷，則部分車輛示意駕駛搖下車窗，以肉眼檢視車內人員狀況，或以鼻聞、與駕駛對話，以判斷有無酒氣或其他違法，餘則示意快速通過，有否不當？爭點三：巡邏中或對停等紅燈人車（尚無交通違規、危險駕駛情形）隨機攔查與無差別攔查，是否相當？爭點四：員警於執行勤務中，因滋事者或被攔查人抗拒盤查而大聲喧鬧，員警遂以強制力執行公權力，其在旁觀看之民眾，出聲喝斥員警，質疑員警執法過當，甚或言語叫囂，有無違法？

（三）分析

首先，先釐清依警職法第8條是否授權「全面（或集體）攔檢酒測？再者，可否依同法第6條、第7條進行酒測攔檢？或可否併用第6條＋第8條進行全面酒測？茲析論如下：

1.爭點一之分析：警職法第8條是否授權「全面（或集體）攔檢酒

測？按僅依第8條應尙不得全面集體攔檢酒測，因該條明定有攔檢判斷要件「警察對於已發生危害或依客觀合理判斷易生危害之交通工具，得予以攔停並採行下列措施」。故仍應依第8條個別判斷是否該車已發生危害或依客觀合理判斷易生危害。因該條文並無全面攔檢授權；又查道交條例第35條第1項第1款「酒精濃度超過規定標準」係違法要件，非職權要件（大法官釋字第699號、台灣桃園地方法院102年度交字第293號判決內容參照（如附錄）；惟若經逮捕，則另按刑事訴訟法第205條之2：「檢察事務官、司法警察官或司法警察因調查犯罪情形及蒐集證據之必要，對於經拘提或逮捕到案之犯罪嫌疑人或被告，得違反犯罪嫌疑人或被告之意思，採取其指紋、掌紋、腳印，予以照相、測量身高或類似之行爲；有相當理由認爲採取毛髮、唾液、尿液、聲調或吐氣得作爲犯罪之證據時，並得採取之。」則可依法酒測之。再者，可否依同法第6條、第7條進行攔檢並酒測？因依第6條進行攔檢而得行第7條職權（攔停、詢問、令出示證件、檢查身體或物件、帶往勤務處所）而僅爲「查證身分」之目的（第6條＋第7條僅得查證身分），並無授權其他干預性措施，其中第7條授權之職權措施並無「酒測」之授權規定。而且，依據「明示其一，排除其他」之法律原則，既然警職法第8條已經明定酒測授權，應依據該條行使酒測職權。另一方面，可否併用警職法第6條＋第8條進行全面酒測？如前所述，第8條已經明定酒測職權措施及其判斷要件，即應依該規定爲之，應不宜併用第6條＋第8條。然警察應可依法攔停後爲任意性之五官六覺判斷，而有合致刑事訴訟法或其他相關法規之職權規定時，得依轉換依其規定爲之。例如，因警職法第6條基於治安而有全面攔檢時，於實施集體逐一檢查過程中，發現有犯罪情事，包括刑法第185條之3酒駕之嫌疑時，則得依前述之刑事訴訟法第205條之2逮捕處置之。

2. 爭點二之分析：按本爭點情境所述，若是「全部攔停」並無警職法第8條之授權，又若如上所述：「倘員警並無對全數車輛逐一盤查」則是全面攔停，卻未全面檢查。又若「員警因設立盤查點，……僅依經驗判斷，則部分車輛示意駕駛搖下車窗，以肉眼檢視車內人員狀況，或以鼻聞、與駕駛對話，以判斷有無酒氣或其他違法，餘則示意快速通過」則是

「全面攔停，個別擇檢」，然警職法或相關法律並無授權「全面攔停而個別擇檢」，已如前述。全面攔檢之正當合理性來自於法定之「長官保留」，而個別攔檢之合理性來自於員警在執法現場的「個別判斷」。因此，若執法對象對全面攔檢有不服，救濟時應檢視分局長以上長官「指定」攔檢之正當合理性是否合法，而個別攔檢而應檢視決定與實施攔檢之個別員警的「合理懷疑」或「有事實足認」（specific and articulable facts）等確證程度與所採干預措施及強制程度是否合法。因全面與個別攔檢影響人民自由或權利極為不同，應注意及之。

3. 爭點三之分析：是否得以「任意、隨機」攔檢？參照司法院釋字第535號解釋文第1段明定：「實施臨檢之要件、程序及對違法臨檢行為之救濟，均應有法律之明確規範，方符憲法保障人民自由權利之意旨。」以及同解釋文第2段略以：「有關臨檢之規定，並無授權警察人員得不顧時間、地點及對象任意臨檢、取締或隨機檢查、盤查之立法本意。」因此，依法應不得「任意、隨機」攔檢。

4. 爭點四之分析：對於路人甲之叫囂或暴力、脅迫行為，得依個案判斷依法執法之。員警仍得依現場狀況個案蒐證，若該民眾已經有違法行為，仍得依法執法而取締或逮捕之。不論攔檢或使用警械均屬判斷與裁量之過程，應有執法的正當性與證據為之。在執法過程中，更應確保警察執法「雙安」，亦即「身安」與「法安」，避免因懼怕「法安」而致不利於「身安」，亦不可因確保「身安」而過度「執法」導致影響「法安」，招致背負意外之法律責任。

六、小結

如前述之研析內容，警察執法之判斷與裁量應有正當合理性及證據為基礎。係明定之違法（違規或犯罪）要件；後者，乃執法現場五官六覺所見所聞違法事實之可能程度，而執法者判斷與裁量的過程乃是法律「涵攝」過程，以上為個別攔檢之思維。若是「全面攔檢」則僅得依據警職法第6條第1項第6款：「行經指定公共場所、路段及管制站者。」及同條第2項：「前項第六款之指定，以防止犯罪，或處理重大公共安全或社會秩

序事件而有必要者爲限。其指定應由警察機關主管長官爲之。」因此，本案情境仍依法爲個別攔檢，尚不宜以警職法第6條實施「全面攔停」而再以第8條來實施「個別擇檢」。因警職法第6條第1項第6款與第6條第2項係全面集體攔檢之規定，其規範密度及條件甚高，並應由分局長以上長官保留，是否得以變體方式採「全面攔停，個別擇檢」，恐有疑義！另有論者指出警職法第8條關於酒駕之檢測與警職法的法律性質不符合，應予以刪除，渠認爲酒駕之處罰要件規範在道路交通管理處罰條例，則法規明定處罰者，則其相關檢查程序與職權要件應規範在同一部法令之中[128]。然我國是否有此法制規範，仍不無疑義；倒是若能有一部「行政調查法」來將各相關行政共同（通）之調查職權做一通案性立法，類似於刑法之於刑事訴訟法是，則對於行政干預性執法調查職權與程序，將甚有助益。

再者，以警職法第6條第1項第6款規定可作爲必要時全面攔檢之依據，然而其攔停查證身分之合理性基礎，以非如前述要件，由值勤員警依據個案判斷之心證程度爲原則，而是將之提前至攔檢勤務出發或進行前，其地點（如公共場所、路段、及管制站）由「警察機關主管長官」指定之。然而，第6條第1項第6款之指定要件，於同條第2項明定以防止犯罪，或處理重大公共安全或社會秩序事件而有必要者爲限。故依此規定，警察機關主管長官指定公共場所、路段及管制站者，除必須有「防止犯罪，或處理重大公共安全或社會秩序事件」之要件合致外，尚須考慮比例原則之適用。因此，警察機關依據警職法固可實施全面攔停進行治安檢查，但必須其決定地點之程序與要件均需受到本款之拘束，否則，不問時間、地點、或對象之設置管制站作全面攔檢，或不加判斷其合理性要件之任意或隨機攔檢，均非合法，亦爲司法院大法官第535號解釋所無法肯認。因此，在設置管制站進行攔檢時，「合理懷疑」之檢視時點，應往前拉至「設置時」，如果設置時有其合法性，例如，有情報來源指出有大範圍之具體危害（如飆車、集體械鬥等）可能發生時，則得依據本款指定地點對

---

128 鄭羽軒，警察職權行使法諸問題之研究，中央警察大學警察政策研究所博士論文，2018年1月，頁112。

所有人車進行攔阻檢查，惟仍應注意必要性與比例原則之遵守。

　　現行警察相關法規並無授權警察全面攔檢酒駕執法，相關問題檢討，已如前述。相關改進之道應可修正警職法第8條內容，將原條文之「警察對於已發生危害或依客觀合理判斷易生危害之交通工具，得予以攔停並採行下列措施」修正為「警察依第六條、第七條查證身分後，必要時得採行下列措施」或「警察對於已發生危害或依客觀合理判斷易生危害，或是行經指定公共場所、路段及管制站之交通工具，得予以攔停並採行下列措施」；抑或修正警職法第7條第1項中增加第5款「要求駕駛人接受酒精濃度測試之檢定」。如此則可為如本研討議題所列情境為全面攔檢酒測，應屬適法。然而，在此民主、法治思潮下，是否能獲得代表民意之國會議員支持而立法通過，則仍須具備足夠的合理性與證據予以說服之。

　　法院之判決，係作為執法人員之重要參考，可用來填補司法與實務上之鴻溝，於法院之判決中，可發現法院在裁判警方執行攔檢是否合法或違法時，時常以「非指定路檢點」與「缺乏已發生危害或依客觀合理判斷易生危害要件」作為警方敗訴之理由，前者，係警方過度擴張警察機關主管長官指定合法設置之路檢點；後者則係警方所提出之攔檢事證並未達到法官所認定之心證程度。前者，明確事實證明警方確實有過失所在，惟後者所提及法官心證程度，則為警方無所適從之原因之一，應以具體、明確之方式，使警方執行攔檢能大膽且同時保障自身與民眾之權益。再者，設置管制站之要件應趨於嚴謹[129]，雖依警職法第6條第2項規定，其管制站之設置以防止犯罪或處理重大公共安全或社會秩序事件而有必要者為限，然而此種管制站之設置要件過於抽象，實務上常遭濫用或誤用，而對人民權益造成侵害。因此，應對此進行修法，將其具體化，並且使其設置範疇限縮。另一方面，針對警察全面攔檢酒駕之執法實務方面，建議：

　　（一）應檢討改進警察長久以來養成了全面進行集體攔檢之執法文化：如前所論述，我國相關警察法規並無授權全面進行集體攔檢酒駕，而全面攔檢執法效果有限，且影響人民自由與權利較大；若經由客觀合理判

---

129 邱珮菁，警察攔檢權限之比較研究，中央警察大學警察政策研究所，2015年6月。

斷有已發生危害或易生危害時，依法予以攔檢酒測，則執法效果佳，又影響人權較小。

（二）員警偏重績效考量，對於法令與正當程序認識或重視不足：基於理性選擇，員警自以容易取得績效考量，然對於「全面攔檢」或「個別攔檢」之認識不足或涵攝錯誤。

（三）員警喜好以酒精感知器對於路口停等紅燈之車輛逐一檢測：警察執法人員既為快速攔檢，又懼路口嚴重塞車，因而採取變體之執法方式，先以酒測感知器於路口採取無合理懷疑之無差別對停等紅燈之駕駛人，要求其配合吹氣測試酒精度，以確定其是否有酒駕違規或犯罪情形。

（四）警察全面攔檢酒駕實務方面：

1.應強化員警正確認識酒測法令之教育訓練：近年來，相關法院對於警察全面攔檢取締酒駕之案件之司法實務判決上許多已經逐漸採取如同上述之台灣桃園地方法院102年度交字第293號行政訴訟判決之見解，而採取無合理懷疑之全面或任意攔檢或酒測，均認為不符合法定要件，而遭判決撤銷原處分，應值得警察執法上注意與重視。

2.避免任意設置管制站進行攔檢酒測：除非符合警職法第6條之分局長以上長官因偵辦嚴重治安要件需求而「指定」之全面攔檢路段或管制站，始得全面性攔檢，若兼而發現有合理懷疑酒駕情事，即得依法取締。否以則宜有「合理懷疑」「已經發生危害或依客觀合理判斷易生危害之交通工具」，始得以攔檢酒測之。

3.警察主管機關應在研議攔檢酒駕之授權法令使之明確化之必要：警職法第8條警察對於已發生危害或依客觀合理判斷易生危害之交通工具，得予以攔檢酒測。然而，學者認本條充斥著過多不確定法律概念，而使執法標準趨於浮動[130]，而致執法者認定不易，時而衍生與民眾認知爭議，甚至於法庭上亦得不到法官之肯認。再者，現行有關警察攔檢酒駕之法令與標準作業程序對於得否全面攔檢酒測，仍為有一致性之明確依據，以致於警察執法實務及司法審判均有認知或法律見解不一致之情形。例如，台北

---

[130] 吳景欽，從Terry Stop到釋字第535號解釋，台灣法學雜誌，第327期，2017年9月，頁7-13。

高等行政法院109年度交上字第193號裁定以「原判決所持法律見解，雖與本院105年度交上字第131號裁定相同，惟與高雄高等行政法院105年度交上字第5號判決及本院108年度交上字第117號裁定之見解歧異，且有確保裁判見解統一之必要，自應依首揭規定，送請最高行政法院統一裁判見解」，乃裁定移送於最高行政法院。

4.「取締酒後駕車作業程序」在「計畫性勤務」上之判斷基準未明確：在警察實務上，有關警察「取締酒後駕車作業程序」之勤務規劃，區分為「計畫性勤務」與「非計畫性勤務」二種，在該程序修正規定[131]中明定，前者之「計畫性勤務」係明定「應由地區警察分局長或其相當職務以上長官，指定轄區內經分析研判易發生酒後駕車或酒後肇事之時間及地點為基礎；而後者之「非計畫性勤務」係執勤人員「對於已發生危害或依客觀合理判斷易生危害之交通工具予以攔停」為執法作業準備流程。特別是在警察實務運作中，因攔檢酒駕「績效」對員警值勤激勵工作力可以提高許多，由於取締酒後駕車績效列為重要項目，故許多執行警察人員執行攔檢之目的乃在於發現酒駕犯罪者。惟過於重視績效，而忽視法律規定者，恐有不宜。誠如判決書內容所述，警察實務上出現易「缺乏已發生危害或依客觀合理判斷易生危害要件」之執行瑕疵。亦有越來越多法官判決警察全面攔檢酒後駕車後經拒絕吹氣被處以行政罰而遭撤銷之情形，主要係因無合理懷疑攔停而要求酒測被拒絕，認因警察不符合法定要件攔停，已是違法在先，甚至以不符合程序規定而排除後來酒測之證據適用。另一方面，雖符合全面攔停，卻行使無差別均要求被攔停者酒測，亦屬於不符合警職法第8條之判斷基準而遭撤銷原處分。因為全面攔停及全面酒測並無法律規定授權為之，又若全面攔停不符合法定要件，則隨之而來的酒測亦不符合法定內涵，將遭致法官撤銷原處分。因此，有關主管長官指定合法設置之路檢點來進行全面攔檢酒駕，以我國現行法制，尚不無疑義，且為近來法官判決有趨於全面攔檢酒測違反法定程序之共識趨向，應注意及之。

---

[131] 參考內政部警政署函頒「取締酒後駕車作業程序修正規定」，2020年4月21日修正。

第五節　結論

　　法治國家警察之具體作爲應遵守法律規範，特別是對於人民自由權利有所干預影響之措施。警察執法旨在有效達成警察任務，亦即依法維護良好治安，雖法定授予相關職權，但其執法的權力，亦須受到法律授權與依法監督。

　　本章第一節乃針對警職法第12條及第13條有關警察遴選第三人蒐集特定之治安相關資料之職權加以研析，其係經警職法定爲警察具體職權之一。因此，警察遴選第三人蒐集資料之運行，除須依據法定要件爲之，亦須符合其目的性與必要性，並遵守一般法律原則。因此，警察執法應依法妥當適用前述第12條與第13條之規範，並配合主管機關的內部制約，且遇有爭議時，法院在具體的判決上闡明其司法審查見解，亦可建立重要且專業之「警察遴選第三人蒐集資料」的規範效果。

　　本章第二節有關行政違規取締與裁處之職權上觀察與析論，可知在警察執法取締與裁處實務上，主要係「判斷」與「裁量」之運用，判斷是違法事實與法定要件合致與否，常藉由五官六覺涵攝法律於事件之中，主要需做「取締調查」，執法時需先後分別考量「違法要件」與「職權要件」，而由執法員警製作初訊筆錄，依法移送相關單位或機關裁罰；而裁量乃法律效果之決定，係由前述受依法移送之相關單位或機關進行「裁處調查」之複訊程序後，認事用法依法審查裁定法效果，亦即處以罰則。通常係先適用警察個別法之分則規定，以其違反法律義務之構成要件判斷，其違反法律規定之義務內涵，常以不做該做的事（即作爲義務）與做了不該做的事（即不作爲義務）與法律效果裁量（裁罰範圍）。再者，屬大陸法系下的我國，在行政違規調查與裁處罰則多由行政機關自行爲之[132]，但在取締調查與裁處程序上由同一機關不同單位辦理，例如取締調查多由負

---

[132] 在海洋法系國家之美國，基本上，裁罰與救濟職權屬於司法，而員警僅負責調查、取締及偵查作爲，尚不成問題，然屬於大陸法系國家的我國，行政機關具有行政違規裁處權，若無明確法規範，將使實務執行產生一定困難，不可不慎。

責第一線之外勤警察人員負責[133]，而多數違規案件之裁處則隨個別行政法規定而由另一機關[134]或單位之內勤裁決人員負責辦理[135]。其在取締調查與裁處程序上規範是否明確與程序是否適當，因對於人民之權利影響極大。

　　本章第三節探討有關警察攔檢之法規範及其案例解析，分別針對警察治安與交通酒駕攔檢之相關案例分析，發現警察職權行使應基於「事出有因、師出有名」之法定正當合理之「因」與「名」，並以整體考量法則進行判斷，以形諸裁量是否採取攔停與檢查措施之基礎。警職法之制定施行後，將使警察執行職務，行使職權，從不明確到明確安全，減少任意全面、隨機臨檢，提高自主判斷，並強化情報能力與巡邏動態攔檢、盤查。警察為執行法定職務，依法行使攔檢職權，除具有民主法治觀念外，更需在實務案件上依據警職法規定之攔檢措施、要件、程序與救濟為之，並落實攔檢相關標準作業程序，以營造警、檢、審、辯、民之共知共識。最後，徒法不足以自行，尚有賴全體警察同仁瞭解規範，並藉由教育訓練，以民主法治理念，明確執法規範，因勢專業利導，精緻執法判斷、貫徹實施法治，形成全民遵守警察執法措施，一體遵行，依法行政，以充分保障人權與維護良好社會治安之雙贏局面。

　　法院之判決，係作為執法人員之重要參考，可用來填補司法與實務上之鴻溝，於法院之判決中，可發現法院在裁判警方執行攔檢是否合法或違法時，時常以「非指定路檢點」與「缺乏已發生危害或依客觀合理判斷易生危害要件」作為警方敗訴之理由，前者，係警方過度擴張警察機關主管長官指定合法設置之路檢點；後者則係警方所提出之攔檢事證並未達到法官所認定之心證程度。前者，明確事實證明警方確實有過失所在，惟後者所提及法官心證程度，則為警方無所適從之原因之一，應以具體、明確之方式，使警方執行攔檢能大膽且同時保障自身與民眾之權益。再者，設

---

[133] 道路交通管理處罰條例第7條第1項規定：「道路交通管理之稽查，違規紀錄，由交通勤務警察，或依法令執行交通稽查任務人員執行之。」
[134] 道路交通管理處罰條例第8條規定：「違反本條例之行為，由下列機關處罰之：一、第十二條至第六十八條由公路主管機關處罰。二、第六十九條至第八十四條由警察機關處罰。」
[135] 例如，桃園警察分局於其偵查隊設有違反社維法案件由警察處分之裁決巡官，又另外設有違反交通案件之裁罰人員，專責辦理相關案件。

置管制站之要件應趨於嚴謹[136]，雖依警職法第6條第2項規定，其管制站之設置以防止犯罪或處理重大公共安全或社會秩序事件而有必要者為限，然而此種管制站之設置要件過於抽象，實務上常遭濫用或誤用，而對人民權益造成侵害。因此，應對此進行修法，將其具體化，並且使其設置範疇限縮。

警職法之制定施行後，已使警察執行職務，行使職權，從不明確到明確安全，儘量減少全面或任意隨機攔檢，提高自主判斷，並強化情報能力與巡邏動態攔檢、盤查。最後，徒法不足以自行，尚有賴全體警察同仁瞭解規範，並藉由教育訓練，以民主法治理念，明確執法規範、達成共知共識，因勢專業利導，精緻執法判斷、貫徹實施法治，形成全民遵守警察執法措施之共知共識，一體遵行，依法行政，以充分保障人權與維護良好社會治安之雙贏局面。在執法上，更希望達到明確立法與貫徹執法，專業判斷裁量之職權行使，取得警民共知共識，以保障基本人權、維護良好治安。

---

[136] 邱珮菁，警察攔檢權限之比較研究，中央警察大學警察政策研究所，2015年6月。

第七章

英美警察職權法制介析

第一節 英美法系與大陸法系之比較

司法制度產生於希臘，傳至羅馬，在羅馬法裡，民法與刑法發達起來，並非即可任意執行，必須制定民事與刑事訴訟法規範其過程。羅馬法傳至中、北歐乃產生日耳曼法，後者演變成今日之「英美法系」（Common Law System），而羅馬法則成為「歐陸法系」（Civil Law System）的基礎[1]，兩者各有特色，但著重點有許多差異[2]。英美兩國屬於英美法系，法、德、日、中國大陸及我國屬於歐陸法系[3]。英美法系常注重判例（case），但這並不意謂其不注重法典，而是因英美法系之法官皆擁有司法審查權（judicial review power）[4]，當他認為某一法律違背自然法、普通法和衡平法時，就可以將此實定法宣告為無效。因此，對法典之重視不如對判例之重視。在英美法系之法律訓練是以閱讀判例、討論辯正、判斷和比較進行的。每一判例都依據憲法之某個理論，尋找數個解決的法理，再予以歸納，以形成一條原理原則，而為憲法判例。相反地，在大陸法系裡，審判是依據法典判決，它也不是不注重判例，然須在法律規定不明時，才參考判例[5]。因此，論者指出：法官之地位在兩種法系中迥然不同。英美法系之法官地位高高在上，國會議員所制定之法律必須法官引用，才算是真正之法律。至於行政官之依法行政（或行政命令），那就更等而下之了。因此，在英美法系之法的舞台上，法官最高，議員次之、行政官員更次之。但在大陸法系之情況不同，法官只能依法審判，法律雖

1 Peter J. Messitte, Common Law v. Civil Law Systems, https://web.ntpu.edu.tw/~markliu/common_v_civil.pdf, https://www.law.berkeley.edu/wp-content/uploads/2017/11/CommonLawCivilLawTraditions.pdf, last visited: 2021/12/6.

2 Julian Hermida, Convergence of Civil Law and Common Law in the Criminal Theory Realm, 13 U. Miami Int'l & Comp. L. Rev. 163-232.

3 Mark D. Kielsgard, A Comparative Analysis of the Criminal Exclusionary Rule in the People's Republic of China with the United Kindom, 23 Asian-Pac. L. & Pol'y J. 67 (2021).

4 James E. Pfander, Article I Tribulals, Article III Courts, and the Judicial Power of the United States, December, 2004, 118 Harv. L. Rev. 643-776.

5 Dat T. Bui, The Expansion and Fragmentation of Minor Offense Justice: A Convergence Between the Common Law and the Civil Law, 19 New Crim. L. Rev. 382 (2016).

是立法機關制定，但實際上都是由行政部門提出，所以行政官高高在上，國會議員居其次，法官地位最低[6]。

由於美國原係英國殖民地，其法律乃淵源自英國，亦屬於普通法體系，不同於歐洲大陸則為民法體系[7]。英國施政的法律規範肇始於1215年之英國大憲章（Magna Carta），其第39條明定保障任何自由人，除經其領地貴族之合法判決，或經國家法律之判決外，不得加以監禁或沒收其財產，或將其流放，或加以損害。到了14世紀，此規定被擴張為：「在任何人不論其身分或財產狀況如何，非經正當法定程序，不得……逮捕、拘禁……或被處死刑。」其後，有關刑事被告之法定權利，即隨英國清教徒之移民美國而傳到新大陸[8]。因此，條文中之「正當法律程序」之權利，並非用來賦予被告特權，乃是表示對社會之重大保證，使得警察、檢察官及法院之行為能依照其經由數世紀累積經驗所產生之法規以處理案件，而非全憑其個人之好惡為斷。這些權利大多規定於美國憲法增補條款（Amendment）第1條至第10條，即所謂「人權法案」（The Bill of Right）[9]。該法案原僅規範聯邦政府之施政，其後，乃經由同法第十四修正案之規定擴大適用於各州法院之訴訟，由於此種權利之明文宣示，故不論被告之州籍為何，其應享有之權利，均得在聯邦最高法院之最終保證下獲得實現，也因而對警察執法產生了規範，奠定了判例法（Case Law）亦為警察執法之基礎。

---

[6] 李鴻禧，李鴻禧憲法教室，月旦出版公司，1994年，頁115-116。

[7] Santiago Legarre & Christopher R. Handy, A Civil Law State in A Common Law Nation, A Civil Law Nation with A Common Law Touch: Judicial Review and Precedent in Louisiana and Argentina, 95 Tul. L. Rev. 445 (2021).

[8] 段重民、法治斌譯，美國法律論壇，幼獅文化事業公司，1991年12月，頁63。

[9] 美國刑事程序的主要來源是美國聯邦憲法增補條文前10條所構成的人權條款。經由逐步含括的過程，人權條款所列權利已可適用於美國各地的刑事程序。參考Rolando V. del Carmen著，李政峰等譯，美國刑事偵查法制與實務（*Criminal Procedure Law and Practices*），五南，2006年，頁41。

第二節　英美警察職權法制定位與立法方式

一、英國警察職權法制之定位與立法方式

（一）英國警察職權法制之定位

憲法之原始目的在於基本人權保障。從憲法史來看，最早之憲法為1215年英國發布之「大憲章」，其目的在限制英王對人民濫用權力。到了1628年，英王違背「大憲章」，英國人民乃提出「權利請願書」（Petition of Right），1649年又提出「人民協定」（Agreement of the People），1679年之「人身保護令」（Habeas Corpus），1689年提出「權利法案」[10]。英國自1215年英國大憲章之後，漸漸地建立了一種眾所周知的法律規範，此種法律規範，對於政府權限，予以重重之限制與束縛。英國大憲章第39條明定其保障人權之規範[11]。其後，有關刑事被告之法定權利，即隨英國清教徒之移民美國而傳到新大陸。因此，條文中之「正當法律程序」（Due Process of Law）之權利，並非用來賦予被告特權，乃是表示對社會之重大保證，使得警察（police）、檢察官（prosecutor）及法官（judge）之行為能依照其經由數世紀累積經驗所產生之法規以處理案件，而非全憑其個人之好惡為斷。在另一方面，英國行政法學者威德（Wade）指出，事實上，整個行政法是憲法的一支，因其直接來自於憲法之原則[12]。

英國警察職權法融合了制定法（Statutes）與判例法，亦未如大陸法系之德國立法方式將行政法獨立成為一個體系，並另設有行政法院為之。英國過去僅依判例法為警察職權之依據，始自1984年警察與刑事證據法（Police and Criminal Evidence Act, PACE 1984）[13]起，乃有制定法之運用。如英國有名之行政法學者威德即指出，雖然英國警察有許多制定法賦

---

[10] 李鴻禧，李鴻禧憲法教室，月旦出版公司，1994年，頁65-66。
[11] 段重民、法治斌譯，美國法律論壇，幼獅文化事業公司，1991年12月，頁63。
[12] William Wade, Administrative Law, Oxford U.K., Clarendon Press, 1994, at 6.
[13] 1984年警察與刑事證據法，https://www.legislation.gov.uk/ukpga/1984/60/contents，最後瀏覽日：2021年12月22日。

予之職權（statutory powers），執法者主要之職權與任務主要基於普通法（common law），而其無令狀之逮捕職權及其他權限已經長久依據制定法，如1984年之警察與刑事證據法[14]。該法主要為職權作用之規範內容。英國之警察制定法則比美國來得具體明確。

英國係現代警察之發軔地，自1829年由皮爾爵士（Sir Robert Peel）成立首批制服警察啟始，對於警察之服務與執法均有極高之評價。然在1970年至1980年中期以前，英國境內發生許多暴動，民眾感到社會治安日益惡化，1979年之大選，保守黨以「法律與秩序」（law and order）為主題，獲得執政機會，乃思重整治安，並明確執法人員之依據，遂於制定「警察與刑事證據法」，對於犯罪之偵查職權與程序法制規定，如詢問、錄音及相關告知程序，指紋及其他樣本之採集與銷毀等職權與程序，堪稱完備，頗值得吾國參考。

英國人民均得控訴犯罪。其係基於「人民均有為國王維持地方治安」之傳統觀念，法律賦予人人均有控訴犯罪之權利，不問是否與犯罪有無利害關係，均得以國王之名義控訴犯罪[15]。然而，基於多種原因，大部分之犯罪偵查事項均由警察擔任而非由私人提起[16]。再者，英國於1879年於各級法院設有公訴指揮官（Director of Public Prosecution），但大陸法系國家之檢察機關並不相同[17]。1985年皇家檢察法（The Crown Prosecution Service Act 1985）制頒，英國亦屬於由公訴指揮官來領導起訴機關之國家[18]。然在「警察與刑事證據法」及1985年之「犯罪追訴法」（Prosecution of Offences Act 1985）制頒之前，刑罰追訴及起訴大部分由警察為之；在上述法律頒布之後，起訴則由皇家檢察官為之。除此之外，仍存在有民眾訴追（自訴）。警察之偵查程序早期是由皇家法統法官所訂之法官規則（Judges Rule）所支配，但自「警察與刑事證據法」頒布後，

14　William Wade, supra. at 154.
15　黃東熊，刑事訴訟法研究，中央警察大學，1993年3月，頁501。
16　同上註，頁502。
17　林故廷，中英警察偵查法制之比較研究—以犯罪嫌疑人之偵查為中心，中央警察大學警政研究所碩士論文，1996年8月，頁21。
18　蔡震榮，英法刑事程序法，新知譯粹，第7卷第1期，1995年4月，頁27。

則以該法為主要依據。

英國刑事訴訟係以當事人進行主義為原則。因之，偵查人員自從事偵查活動時起，犯罪嫌疑人即成為與偵查人員對立之當事人，因而法律上即考量訴訟程序之均衡，在偵查法制上限制執法者謹慎程序，並給予犯罪嫌疑人應有之權利保障。

（二）英國警察職權法制之立法方式

英國警察執行職務，自「警察與刑事證據法」頒布後，則以該法為主要依據。該法乃授權國務大臣（Home Secretary）（相當於內政部長）訂頒該法之實務法典A～H（codes of practice）（類似我國之施行細則），由國會兩院備查後施行，以明犯罪嫌疑者之人權保障，並作為警察執法之指導綱領[19]。英國之「警察與刑事證據法」共十一章122條[20]，將英國警察權之種類及運作方式規定甚詳[21]。依據該法，英國警察執法之主要職權與程序極為明確，例如：為發現贓物或違禁物之人、車搜索手段與方式、路檢搜索、無令狀搜索、及令狀搜索之規定。該法之主要內容為：

第一章：攔停與搜索（stop and search）（§§1-7）。

第二章：進入、搜索及扣押（entry, search and seizure）（§§8-23）。

第三章：逮捕（arrest）（§§24-33）。

第四章：留置（detention）（§§34-52）。

第五章：偵訊及處遇（questioning and treatment）（§§53-65）。

第六章：實施細則（codes of practice）（§§66-68）。

第七章：刑事訴訟程序中之文書證據（documentary evidence）（§§68-72）。

第八章：一般刑事訴訟程序中有關證據之規定（evidence in criminal proceedings-general）（§§73-82）。

---

[19] Jack English and Richard Card, Butterworths Police Law, Butterworth & Co. Ltd 1994, at 29.

[20] https://www.legislation.gov.uk/ukpga/1984/60/contents, last visted: 2021/12/19.

[21] 江慶典，英國「警察與刑事證據法」簡介，新知譯粹，第6卷第2期，1994年6月，頁29-34。

第九章：對警察行為之控訴與紀律（police complaints and discipline）（§§83-105）。

第十章：警察之一般性規定（police-general）（§§106-112）。

第十一章：附則（miscellaneous and supplementary）（§§113-122）。

1994年之刑事司法與公共秩序法（Criminal Justice and Public Order Act 1994），將1993年之「刑事司法法」與1986年之「公共秩序法」合併，其中賦予警察廣大之蒐集犯罪嫌疑人證據之權力。英國執政之保守黨因受右派思想引導，對26項與刑事審判有關法案加以修改，乃係將1993年之「刑事審判法」及1986年之「公共秩序法」合併而成，對人民之人身自由、言論自由權多所限制。其中，尤以對警察權力之賦予（§§54-60）及公共秩序之維護（§§61-69）有諸多影響，茲舉述如下[22]：

1. 警察權力之擴大

(1)蒐證權力擴張：警察認為有必要之情形下，不論嫌犯是否在羈押中，均可對其進行生理樣本之採證（§§54-55）。

(2)為做比對之用，警方可通知所有犯罪前科之人到其指定處所，進行指紋採取或遺傳基因分析樣本之蒐集（§56）。

(3)警察單位有權保留指紋及遺傳基因分析結果，其目的在於建立全國犯罪資料庫（§57）。

(4)為預防暴力事件發生，警察在合理懷疑下，有權阻止行人或車輛，對其進行搜查（§60）。

2. 公共秩序之維護

(1)兩人以上聚眾，對土地或土地上財產造成損害，或對當地居民進行威脅、侮辱性之言行騷擾，警察有權對聚眾者下達驅逐命令。若群眾拒絕服從而離去，警察可對其逕行逮捕（§61）。

(2)狂歡會（rave）：由於新一代流浪族引發之社會問題，百人以上之非法露天聚會，喧嘩音樂及聚眾人群對附近居民造成騷擾。警方可事先阻

---

[22] 曾韻璇，英國「刑事審判與公共秩序法」簡介，月旦法學雜誌，第2期，1995年6月，頁111-112。

止狂歡會之進行，並沒收其音響設備與車輛。警方亦可在沿途勸阻前去參加狂歡會之群眾，勸阻無效者，可逕行逮捕（§§63-66）。

(3)嚴重侵犯罪（aggravated trespass）：由於近年來，反對狩獵以保護動物，及反對修築新路等環保團體，聚眾滋事頻繁，不僅妨害公共秩序，亦對許多合法活動造成拖延。因此這些群眾若入侵特定土地意圖阻止或妨害正在土地上進行之合法活動，經警察驅散命令後，仍拒絕離去者，即構成加重侵犯罪（§§68-69）。

二、美國警察職權法制之定位與立法方式

（一）美國警察職權法制之定位

美國憲法之目的在於保障基本人權。承襲1215年英國之「大憲章」精神，為避免政府對人民濫用權力。於1776年，美國脫離英國獨立時，乃採取孟德斯鳩的思想，將基本人權保障與國家機關組織訂入其憲法，而有美國維吉尼亞州憲法及美國聯邦憲法。1789年法國大革命之人權宣言亦如此。美國原係英國殖民地，其法律乃淵源自英國，屬於普通法體系。美國之法律案件在聯邦之地方法院、高等法院和最高法院審判時，若發現法律牴觸憲法，就可運用違憲審查權宣告法律無效[23]。憲法條文中雖臚列對基本自由的保障，此做法並非「列舉」，而是「例示」，絕不表示憲法中所沒有規定的人權就不加以保障。美國憲法增補條文亦規定，不得因為本憲法中未規定之自由和人權，就認為本憲法不加以保障。即如同我國憲法第22條所規定憲法非列舉或概括之基本權利，亦即除憲法列舉之基本權利外，人民之其他自由與權利，只要不妨礙社會秩序及公共利益，皆受本憲法之保障。美國制定憲法之初，只規定國家組織，但不久之後，有人認為基本人權未予規範有不妥適，乃將基本人權以增補「人權法案」入憲。因此，1791年，距美國憲法發生效力不到兩年，又重新制定增補條文10條，其內容就是保障基本人權之「人權法案」。此人權法案係累積央格魯

---

[23] 李鴻禧，李鴻禧憲法教室，月旦出版公司，1994年，頁32。

裔—美國人（Anglo-American）約六百年之傳統與經驗而成[24]，內容爲多數之創國元老認知這些特別例示的權利應爲憲法之一部分，以保障人民權利，並避免政府濫用權力。人民對自由之要求是從身體自由開始，亦即人之身體不隨便受到逮捕及拘禁。各國憲法都以相當之條文來規定人身體之自由。美國憲法增補條文第1條至第10條，全部都是關於身體自由。按我國憲法中只有第8條是有關人身自由，其相關項目則是以刑事訴訟法來規範。但外國則有不少是將它提高到憲法之層次，可見保障身體自由乃人民之基本權利[25]。

美國是一個實行雙軌制（dual system）之聯邦與州自治的國家，聯邦與各自治州均以孟德斯鳩權力分立原則（doctrine of separation of powers）之精神，架構其立法（legislature）、行政（executive）與司法（judiciary）三權制衡（checks and balancing）之政府。依據美國聯邦憲法第3條之規定，聯邦政府之司法權（judicial power）歸屬於單一之最高法院，以及其他得由國會隨時創設之下級法院[26]。由於美國法院體系分爲聯邦與各州，涇渭分明。美國現有50州、各州均遵循聯邦政府之型態，架構立法、行政與司法三權制衡之自治政府。聯邦政府除可擁有軍隊，代表國家與外國締結條約，以及依據聯邦憲法第6條至高條款（supremacy clause）制定國內最高法律（the supreme law of the land）外，其餘職權均與州政府無異。基於聯邦憲法第十增補條款之精神，聯邦政府不得任意干涉州政府之自治行爲。聯邦法院既屬實行聯邦司法權之部門，自不得冒然介入各州司法權之行使。州法院具有獨立性，各州之審判權由什麼樣之法院組織行使，係由各州自行決定之事項。致存在著因州而異之多樣法院組織。有採三審制、二審制者。各審級法院之名稱亦未統一。州法院之土地管轄權限於各州，州法院事務管轄則除了聯邦憲法與其授權之聯邦制定法

---

[24] Kenneth J. Peak, Policing America - Methods, Issues, Challenges, 2nd. ed., Prentice-Hall, Inc., US, 1997, at 264.

[25] 李鴻禧，李鴻禧憲法教室，月旦出版公司，1994年，頁50。

[26] 史慶璞，美國聯邦法院於三權政府中之角色，月旦法學雜誌，第11期，1996年3月，頁63-75。

外，對於一切事務具有管轄權（聯邦憲法第十增補條文）[27]。

美國憲法規定中央之權利僅有17項，此外，即歸地方。但是，他在憲法中卻留有彈性空間，如州際通商條款，州與州之間之通商事務涉及到聯邦，則由聯邦處理。但何者是屬州際通商，則牽涉很廣，聯邦最高法院之大法官有很大之空間來解釋，使美國能保持聯邦之優點，不致分裂，但又能維持各邦地方自治之長處。美國政治制度採總統制，在州之層次亦如聯邦之縮影。各州選出州長掌管行政，選出州參、眾議員主管立法，州長提名州法官，由參議院通過，組成州法院。但在縣、郡層次又不同了，縣郡通常採取內閣制，民眾選出縣議員，縣議長就是縣長；有的則由縣議會之議員兼縣政府之官員；也有些郡、縣是由人民選出議員，再由議會找行政專家爲市經理，市經理聽命於議長，議長則同時也是行政首長。所以，不同地方層級不一定採取相同之政治制度，反而是各個地方各行其是[28]。

司法審查（judicial review）制度係美國憲政發展史上，爲一最具開創性之發明。聯邦最高法院藉司法審查制度行使其釋憲權，並以通常訴訟程序及裁判之方式爲之，實與其行使傳統之審判權無異。此種將釋憲權與審判權合而爲一之制度，凸顯美國司法權實行「司法一元制」之特質。至於同屬司法權一部分之聯邦下級法院，雖於傳統命題上亦應同享完整之司法審查權，但因受限於審級救濟制度之設計，故唯有聯邦最高法院，才是行使司法審查權之最高權責機關。縱然如此，聯邦最高法院法官仍可以拒絕發布調卷令之態度，確認下級審法院或州終審法院行使司法審查權之效力。

英美法系國家之行政法均不甚發達。前已述明英國行政法不發達之原因，乃係爲避免政府之特權及政府與公民之事件分殊處理，乃有公、私法事件均由普通法院處理，亦因而行政法與刑事法案件並無明確區隔，以多由普通法院系統管轄，不似歐陸法系分由行政法院與普通法院管轄之。特別是美國早期並無所謂「行政法」之名詞。由於痛恨英國殖民地時期之行

---

27 望月禮二郎著、牛豫燕譯，英美法，五南，1997年初版，頁72。
28 李鴻禧，李鴻禧憲法教室，月旦出版公司，1994年，頁162、166。

政權迫害，致不信任政府行政權，加以受歐陸自由放任及個人主義影響，而認爲管理最少之政府才是好政府，致政府行政權並未太受重視，因而行政法理論亦不發達。直至1887年始設立了「州際商務委員會」（Interstate Commerce Commission, ICC），行政程序始漸受重視[29]。至1930年，美國政府爲因應危機而推行「新政」（New Deal），採行許多行政應急措施，進而激發了公法發展之動力，行政權之快速擴展，導致專斷與侵害人民權益，乃有1946年之「聯邦行政程序法」（Administrative Procedure Act）之制定，以導引及規範行政權之實施程序，其後並將之編入聯邦法典，並陸續加入相關行政制定法[30]，使政府施政具有可預見性及程序明確，民眾因而知所遵循。

美國憲法並未提及行政機關有司法權，然而後來於行政機關亦設置了所謂「行政法庭」（Admninstrative Tribunals）功能爲準司法與準立法任務之獨立管制委員會而言，如：州際商務委員會、聯邦貿易委員會（FTC）、聯邦通訊委員會（FCC）等[31]，乃將司法權力（power）與司法功能（function）加以區分，而謂：政府行政部門固然不得侵犯司法機構之權力，但並非不可行使一部分司法之功能[32]。然而，立法機關不可授權行政官員自由裁量決定是否構成犯罪與如何刑罰（如拘禁），因其屬於法院之司法權，但例外情形，如行政機關可暫予拘留（temporary confinement）附隨驅逐出境處分之外國人，或爲預防傳染病而對患者之隔離拘留則可，因此種拘禁並非處罰，乃徹底執行立法目的之必要手段。再者，美國在公法上並未有行政法院獨立於普通法院體系外之設計，因此，

---

[29] 羅傳賢，行政程序與民權保障—從美國行政法制經驗展望我國行政民主化，政大三研所博士論文，1989年7月，頁32。

[30] 「聯邦行政程序法」於1946年6月11日公布施行，1966年9月6日編入聯邦法典（United States Codes）第五篇（Title 5），同年資訊自由法（Freedom of Information Act）制定完成亦被編入第五篇第552條，以規範政府資料之公開，及人民獲得政府資料之途徑及其限制。1974年隱私法（Privacy Act）被編入爲第552a條，以規範政府保存個人紀錄之處理。1976年政府在陽光法（Government in the Sunshine Act）被編入爲第552b條，以規定機關會議之公開。

[31] 羅傳賢，行政程序與民權保障—從美國行政法制經驗展望我國行政民主化，政大三研所博士論文，1989年7月，頁57。

[32] 張劍寒，行政制裁制度，行政院研究發展考核委員會，1979年6月，頁179。

有關基於警察權之執法措施乃植基於普通法系統下，均由普通法院管轄之，不似以歐陸法系為主之我國，區分為普通法院與行政法院之二元體系，有關行政機關所處分之行政事件，則得循行政法院系統處理之，而刑事案件則歸由普通法院為之。例如，根據美國聯邦行政程序法第555條(b)項規定：「除經法律授權外，對於報告、檢查、或其他調查性質之行為或要求之程序或要件，不得簽發、制定、或強制之。」易言之，行政機關因調查資料或證據之必要，經法律授權後得檢查住居所、傳喚當事人、證人或要求提出文件紀錄。但美國法制為求對私人權利保障之周全，故原則上以強制方法獲得證據資料之行為，如逮捕、搜索及扣押等，行政機關皆不得行使[33]。基於一個人之家宅應該是其城堡之觀念，美國憲法增補案第4條，即禁止警察和其他執法官員未持搜索票擅入民宅，除非是合理搜捕之行為。由於警察職務執行之權力基礎常牽涉人民之自由、財產與其他權益，故多由普通法院依相關之普通法與制定法規範處分之。

美國可分為普通法與制定法兩部分，普通法指習慣與先例，都未編為法典，而散見於各地法院之裁判中，又稱為「判例法」；制定法是由立法機關依一定程序制定之成文法規範，依其行政層級之不同，分為：聯邦法規、州法規、郡及市之規章，其主要規範內容分述如下[34]：

1. 聯邦法規：美國憲法第1條第8項列舉賦予聯邦之權力，如對外貿易、州際商業、外交、國防建軍與宣戰、鑄幣、新州加入之核准、郵政管理、專利著作權授予、度量衡規定等事項，屬於國會制定聯邦法律（federal statutes）之權限。國會在一定範圍內得再授權聯邦行政機關制定聯邦規則（federal regulations）執行法律。

2. 州法規：美國憲法增修條文第10條規定：「憲法未授予聯邦，或未禁止各州行使之權力，皆保留給各州或人民。」亦即不屬於憲法列舉聯邦管轄案件之事項，即屬州之權限範圍。州與聯邦權限分立，各有其管轄權限。一般民刑事案件、教育、公安、衛生、營業、建築、福利等事項，

---

33 羅傳賢，行政程序與民權保障—從美國行政法制經驗展望我國行政民主化，政大三研所博士論文，1989年7月，頁93。
34 洪文玲，行政調查與法之制約，學知出版社，1998年3月，頁158-159。

均屬州之立法與執行範圍。依據州憲法，州議會有權制定州法律（state statutes），州法律再授權州政府訂定州規則（state regulations）。但州法規不可牴觸聯邦憲法及法律。

3.郡市規章：郡市（county or city）等地方政府是由州設立，其權力來自於州，故須對州負責。依據州憲法，州議會對郡市幾乎有完全控制權。州法規有時會授權郡或市政府（議會）（county or city council）制頒郡或市規章（city codes & rules），郡或市規章不可牴觸聯邦憲法、聯邦法規或州法規。

綜而言之，美國法制之主要特性在於美國法並無一套包羅萬象之法典化設計（comprehensive plan of codification），無法立即提供運用者據以得出分類之體系。因此，在法律之研究上，美國法之案例前導式研究法（case-oriented approach）較重實際（pramatic）及經驗實證（empirical），而輕理論（theoretical）與抽象觀念（abstract）。所以，美國法並不適於概括歸納。大陸法系之律師所察覺之一般廣泛分類，美國法學者就體會不出，係其來有自[35]。至於屬於社會治安之法規範與其相關案件，是由州之管轄。然而，由於各州之制定法及判例解釋之分歧，聯邦最高法院終於在1968年Terry v. Ohio一案中，對於盤查權之行使作成決議，並認為警察之攔阻、搜身必須受憲法第四修正案之規範，但不以正當理由作為判斷標準，而是以合理性（reasonableness）作為基礎驗證（fundamental test）。

由於美國在政治上採地方分權，各州有其憲法上所保留的權力，得自行制定法律行使其權限，因此警察盤查權，或因各州制定法之不同，或經由各州判例之決定，致範圍與內容常有差異。警察權之行使常因不具備正當理由（probable cause）以作為執法之基礎，是否違反憲法第四修正案之規範，而有證據排除法則之適用，常有質疑。聯邦最高法院曾於Herry v. United States一案認為「警察對被告之攔阻，當其行動受限制，不得自由

---

[35] E. Allan Farnsworth著，黃祥睿譯，美國法律制度序論（*An Introduction to the Legal System of the United States*），司法院秘書處，1989年12月，頁79-81。

離去時，則逮捕已經完成」。由於短暫的拘束亦被視為逮捕，從而可為除了正式逮捕以外，任何對人之拘束皆不認定為適法。然而，各州就盤查權之合憲性仍自行解釋，如紐約州最高法院在People v. Rivera一案中，認為警察對於被告之盤查，雖然無正當理由存在，但基於犯罪預防之社會立意及執法之安全，其行為是被容許的。一般而言，美國警察職權之法規範是屬於公法，然其管轄係由普通法院予以管轄，其並未在普通法院系統之外再設立特別法院，如我國之行政法院或商事法院等。行政機關本身亦無行政制裁權。而其警察職權之授予，則分別依制定法和判例法處理之。

（二）美國警察職權法制之立法方式

美國有關警察職權之規定分別以制定法和判例法為依據。然而，政府執法並非單以制定法為依據，而常常有判例法推翻制定法之規定之情形出現，如Katz之判決先例即否定了許多州對監聽之規範內容並推翻先前之判例規範。其主要內容為：上訴人因以電話自洛杉磯傳送賭博資料至邁阿密及波士頓，違反聯邦刑事法規。聯邦調查局幹員以安裝電子監聽及錄音設備在上訴人所使用之公共電話亭外，所竊聽而得之上訴人終端之電話談話，作為證據。儘管在Olmstead v. United States案，美國最高法院通過以「凡未涉及非法侵入且未扣押任何有形物品之監視行為，均不在憲法第四修正案條款規範範圍內之判決」。因此，憲法第四修正案不僅規範對有形物品之扣押，還規範對口頭陳述之錄音，竊聽而無任何依各州財產法構成之法律上非法侵入亦涉及之[36]。一旦認為憲法第四修正案保障「人」（而不僅僅保障「處所」），以對抗不合理之搜索扣押，則該修正條款規範之所及，即不在於有無物理之逾越某一特定境域。

最高法院在Katz案，認為Olmstead與Goldman二案之判決基礎（即其「非法侵入理論」）業經其後諸多判決所腐蝕，而不再具有判例效力。聯邦政府未經申請搜索票而以電子裝置竊聽並盜錄上訴人（Olmstead）談話之舉，侵犯上訴人在使用該電話亭時所合法依賴之隱私權，從而構成憲法第四修正案所指之「搜索與扣押」。政府為達成該目的所使用之電子裝置

---

[36] Silverman v. United States, 365 U.S. 505, 510 (1961).

並未穿透該電話亭壁一事，不具憲法上之意義。然而，聯邦政府極力主張，因其幹員們依Olmstead及Goldman二案之判決行事，且彼等所爲者，不過事先彼等如經法院核准時，可如此爲之。本案幹員們顯然行事自制。但該自制乃幹員們自我加諸，並非由司法所爲。在搜索前，其未依規定，提出彼等所評估之可據以搜索之相當理由，以供中立之治安法官做客觀之審核。在實施中，亦未受特定法院有關搜索命令來強制彼等遵守事先所明定之限制。在搜索完畢後，幹員們亦無從依指示，向授權搜索之治安法官詳細報告扣押所得之所有物品。由於缺乏這些保障措施，最高法院從未僅憑政府官員們合理之預期將發現某特定犯罪證據，並且自動約束彼等行動在侵害最少而又符合該目的之方式內，即認爲該搜索合法。因此，無搜索票下所爲之搜索業經判決爲非法，「儘管事實毫無疑問地顯示有可據以搜索之相當原因存在亦然」[37]，蓋憲法規定，「在人民與警方間……需有司法官員之審愼且公正之判斷介入……」[38]。由於最高法院一再強調憲法第四修正案之規定，而要求遵守司法程序[39]，又在司法程序外所爲之搜索，欠缺法官或治安法官之事先核准，依憲法第四修正案之規定，乃本質上不合理，除非合乎少數特定且嚴格之例外規定。而且，本案所涉及之搜索扣押如何適用例外規定，實難想像。既使電話監聽在實質上屬現代的對個人之逮捕，亦無從認定其係該逮捕之「附帶事項」。使用電話監聽而事先未經核准，亦無從依「緊急尾隨嫌犯」之理論，認其爲正當。又當然地，電話監聽之特殊性質排除其適用關於得嫌犯同意之理論依據。

綜而言之，本案之聯邦政府幹員，忽視了「事先之認可程序……乃憲法第四修正案之中心要旨」，最高法院認爲此程序係本案所涉這類電子監視行爲合於憲法規定之先決條件。由於本案之監聽爲符此條件，又由於該監聽導致上訴人之有罪判決，該判決應予撤銷。

---

[37] Agnello v. United States, 269 U.S. 20,23 (1925).
[38] Wong Sun v. Unites States, 471, 481-482 (1963).
[39] United States v. Jeffers, 342 U.S. 48,51 (1951).

第三節　英國警察職權法制之類型化介析

一、警察之一般職權

　　英國警察執行強制處分，如逮捕與搜索等，一般均需向治安法官聲請令狀，聲請應載明簽發令狀之依據且需以宣示為之（英國警察與刑事證據法第15條、第16條）。治安法官乃根據警察一方之陳述，審理應否簽發。然依普通法之規定，除制定法設有特別規定外，警察如合理認為某人犯了「得逮捕之罪」（arrestable offence）或屬現行犯，則得以無令狀逮捕之，可隨之具有甚為廣泛之無令狀搜索權。此外，亦賦予警察為發現贓物或違禁物之人車搜索及路檢搜索權，認為此類搜索對於人民隱私權之侵害較小，得由警察決定之，並製作紀錄，由國會監督之，以符合實際偵查需要（警察與刑事證據法第2條第2項、第4條第3項、第5項）。綜而言之，警察與刑事證據法之第一部分（Part I of PACE）賦予警察一般職權去為攔停與搜索，並不須限於大都會地區適用，且有權保留搜索紀錄[40]。

　　英國警察執行職務常須遵守由普通法衍生而來之「合理原則」，亦即是執法者不得以「惡意」、「不公平」、「未具理性」、「未考慮相關因素」、「考慮未相關因素」之方法侵擾國民之自由權利。具體而言，誠如英國法官Denning稱合理原則為「如此之錯誤，以致任何理性之人均不可能理性地採取同樣之觀點」。合理原則於英國，恰似「比例原則」於德國一般。下列之情形將屬違反合理原則：1.不適當之動機或目的；2.考慮不相關因素；3.未考慮相關因素；4.非理性；5.荒謬；6.惡意；7.不誠實；8.恣意；9.剛愎；10.反覆；11.過分；12.禁反言之違反；13.違反公共政策；14.法律期待之違反；15.違反比例原則；16.法律解釋錯誤等[41]。再者，英國警察與刑事證據法第117條第2項規定，凡警察依警職法之規定執行職務時，如有必要，得行使「合理強制力」（reasonable force）；或

---

[40] Michael T Molan, Constitutional Law, London: HLT Publications, 18th ed., 1996, at 264.

[41] 林惠瑜，英國行政法上之合理原則，收錄於：行政法之一般法律原則，三民書局，1994年8月，頁174、197。亦參考羅明通、林惠瑜合著，英國行政法上之合理原則之應用與裁量之控制，台英國際商務法律事務所，1995年9月，頁33-36。

進一步於偵查具體犯罪上，則可依刑法（The Criminal Act 1967）第3條規定：「任何人為防止犯罪或協助合法逮捕罪犯、犯罪嫌疑人、逃犯時，得行使合理之強制力。」

二、警察行使臨檢、盤查權得採取之措施

（一）攔阻與搜索（stop and search）

依據「警察與刑事證據法」[42]，警察得對人、車攔阻（stop）與搜索（search）之職權（powers）規定如下[43]：

1.警察得於：(1)公共場所或屬部分公眾得出入之場所，或有權使用之場所，或經由當事人允許或默許之場所；(2)執行當時，該地為民眾即將出入之非住宅場所，執行人、車之攔阻與搜索。

2.警察如有合理懷疑根據，將可發現贓物或違禁物，得為下列之搜索行為：(1)為發現贓物（stolen articles）或違禁物（prohibited articles）得搜索：①任何人或車輛；②於車上或車內之任何物品；且(2)為了此類搜索，得留置人或車輛。

3.對私人之住宅或其相關處所，以及停放於內之車輛，不得為任意搜索。如一個人在住宅用之花園、庭院或其他處所內及停放於內之車輛，警察不得依本條對其實施搜索，除非有合理根據，確信：(1)該人（或車輛駕駛人）非居住於該住宅內；且(2)該人（或該車輛）於該處所，並未徵得居住人之允許或默許。

4.若於搜索過程中，警察發現有合理懷疑根據係贓物或違禁物，得扣押（seizure）之。所稱之違禁物係指：(1)攻擊性武器；或(2)物品被製造或採用以實施「1984年警察與刑事證據法」第1條第8項有關各罪（如夜間竊盜、竊盜罪）或與各該罪有關之用途。

---

[42] Eric Waage, Protection of Witnesses and Sensitive Information in U.K. Criminal Prosecutions, 22 San Diego Int'l L.J. 277 (2021).

[43] s.1, PACE 1984.

5. 與上述搜索有關之其他規定[44]：

(1)上述及其他與搜索相關之規定，未經逮捕而留置人、車以搜索之情形，如：①已無搜索之必要；或②搜索已無實益，則警察不得實施搜索。

(2)警察實施人、車搜索，有義務採取合理的步驟，警告受搜索人留意：①若警察無穿著制服，應出示證件，證明自己是警察；且②不論警察穿著制服與否，應告以：A.應有警察姓名及所服務之警察局名稱；B.預備搜索之標的物；C.預備搜索之原因；且D.被搜索人並得要求搜索紀錄之副本。

(3)如完成搜索無人看管之車輛或車上、車內一切物品時，警察應留下一張通知書載明下述內容：①該車已為警察搜索過；②搜索人服務之警察局名稱；③若有因該搜索引起之任何損害，可向警察局申請賠償；且④被搜索人得要求搜索紀錄之副本。在不破壞車輛之情況下，警察必須將通知書留於車內。

(4)為了使被留置之人或車輛能夠在被留置之地方或附近完成搜索，得留置該人或車輛在一段適當時間。

(5)警察留置或搜索未經逮捕之人或車輛時，並不意謂：①准許警察公開要求脫下不屬於外套、夾克或手套之衣物；或②准許警察攔車時不穿制服。

6. 有製作搜索紀錄義務[45]，其相關規定如下

(1)警察必須製作搜索紀錄；但無法當場製作；必須於搜索完成後及時製作；若警察知道受搜索者姓名，應記載於搜索紀錄上，但不可為要查知其姓名而將其留置；如警察不知受搜索者姓名，應於搜索紀錄描述其特徵；車輛搜索紀錄應包括該車輛之描述記錄。

(2)搜索紀錄須能辨識係警察所製作，並應記載下列事項：①搜索標的物；②搜索理由；③搜索時間、日期；④搜索地點；⑤搜索發現之物品；⑥因搜索所生之人身傷害或財產損失。

---

[44] s.2, PACE 1984.
[45] s.3, PACE 1984.

(3)受搜索車輛之車主或管理人自搜索完成日期起12個月內，得要求搜索紀錄之副本。

（二）路檢（road checks）

依據「警察與刑事證據法」第4條之規定，警察為查明車輛是否載有：1.重大可逮捕之罪犯（非違反道路交通及汽車稅法）之犯罪人；2.該犯罪之目擊證人；3.意圖犯該罪者；或4.未被逮捕之嫌犯，得實施路檢[46]。實施路檢之注意事項如下：

1.為達上述路檢之目的，依1972年道路交通法（Road Traffic Act 1972）第159條規定實施區域性之攔阻，範圍得延伸到實施期間於該地區之所有車輛或依某種標準選定之車輛。

2.路檢應由督察以上之警官以書面核准，但顯然有急迫需要，督察以下警官得核准之。核准路檢，須符上述之目的，並有合理根據：①確信所犯之罪係嚴重得逮捕之罪；且②懷疑若核准路檢，嫌犯之車輛於該區域會或將會被攔阻。再者，被授權者應盡可能作成授權之時間紀錄，並使督察或以上之長官知悉，然後該長官可決定是否持續進行路檢[47]。

3.路檢應指定攔阻車輛之區域。

4.路檢必須指定特定時段，但該時段不得超過7天，在7天內可以持續路檢；得指示路檢係連續性；或係於該時段內之特定時間實施。

(1)若督察或督察以上警官於路檢核准日期屆滿，認為仍應持續實施路檢，得以書面再指定一段期間，該期間不得超過7天。

(2)每1張核准票，必須載明：①核准警官姓名；②路檢目的；且③阻車輛之地區。

(3)凡是車輛被攔阻，該車輛管理人於受攔阻日起12個月以內申請路檢目的說明書，該管理人及有權取得該說明書。

(4)路檢及搜索均應製作紀錄報告[48]，記明路檢與搜索之區域、時段，核准之理由、實施數目與結果。

---

[46] s.4, PACE 1984., and Michael T Molan, Constitutinal Law, London: HLT Publications, UK, 18th ed., 1996, at 269.

[47] Kenneth Sloan, Police Law Primer, 3rd. ed. London: Butterworths & Co., U.K., 1987, at 47-48.

[48] s.5, PACE 1984.

再者，根據「1984年警察與刑事證據法」第6條之規定，受法定運輸業者（statutory undertaker）雇用之警察人員，對於該運輸業者事業區內之貨物區開出之車輛，得行使攔阻、留置和搜索權。

然而，英國警察人員執行攔停與搜索時，並非僅依「1984年警察與刑事證據法」，尚有其他個別法令之規定[49]，例如：

(1)1968年武器法（The Firearms Act 1968）：給予警察人員基於合理懷疑嫌犯擁有或其車內有武器時，加以攔停及搜索該人或其車內。

(2)1987年十字弓法（The Crossbows Act 1987）：警察人員依該法有權去搜索17歲以下之人或其車輛，以確定是否違反該法規定。

(3)1971年藥物濫用法（The Mismuse of Drugs Act 1971）：警察如有合理理由去懷疑該人、車存有違禁藥物（如大麻、海洛因等），即有權攔停及搜索該人、車於公共場所或私人區域。

(4)1985年運動事件（如酒精控制等）法（Sporting Events Act 1985）：警察有權於運動場或其他相關場所攔阻及搜索人員、教練或訓練員等，以確定酒精程度。

(5)另有五種法令賦予警察人員去攔停與搜索，以找尋違犯休閒運動（game）和野生動物（wildlife）之規範者：①非法捕魚防制法（The Poaching Prevention Act 1862）；②麋鹿法（The Deer Acts 1863, 1980）；③野生動物及鄉村法（The Wildlife and Countryside Act 1981）；④海豹保存法（The Conservation of Seals Act 1973）；⑤獾（穴熊）法（The Badgers Act 1973）。

(6)1875年公共存貨法（The Public Stores Act 1875）：警察可攔停及搜索人員、車輛、或船艦於領土或領海內之任何地區，以查察贓物或違禁物。

(7)1982年航空安全法（The Aviation Security Act 1982）：授權警察可攔停及搜索機場雇用人員，車輛載運人員、飛機及在貨運區之車輛以搜尋贓物及違禁物。

---

[49] Hill, J.B. & Karen E. Fletcheer-Rogers, Police Powers and the Rights of the Individual, Waterlow Publishers, London, 1988, at 6-7. Also see Michael T Molan, Constitutinal Law, London: HLT Publications, UK, 18th ed., 1996, at 268.

(8)1979年海關及貨物稅管理法（The Customs and Excise Management Act 1979）：授權警察攔停與搜索人、車及船艦等，以取締走私貨物。

(9)1984年恐怖主義防制法（The Prevention of Terrorism Act 1984）：授權警察於必要時得檢查人、車以蒐集恐怖主義之證據。

（三）進入與搜索處所之權力

1.要件

依據「1984年警察與刑事證據法」第8條之規定，治安法官有簽發進入和搜索處所之權力[50]。若治安法官於警察製作之搜索聲請書上，確信有合理懷疑而相信某人：(1)犯了嚴重得逮捕之罪；(2)聲請書所指之物件位於處所內，該物品可能係對犯罪偵查有重大價值（不論本身或和其他物件並置時）；(3)該物件可能係關連性證據；(4)該物件係非或不包括法定特許項目，專有物件或特別程序物件；(5)符合下述之任何條件，則可簽發搜索票授權警察進入和搜索處所，且依本規定授權之搜索時，警察得扣押和留置所要搜索之任何物件：①無法聯絡到有權允許進入處所之人；②可聯絡到有權允許進入處所者，但無法聯絡到有權允許接觸該證物之人；③除非簽發搜索票，否則不得進入該處所；④除非警察到達後確保能立刻進入，否則將使搜索落空或嚴重受損。

2.搜索之安全措施[51]

(1)凡是警察聲請此類搜索票，應：①載明聲請理由及簽發搜索票依據之法令；②預備進入和搜索之處所；且③預備搜索之人或物品。

(2)此類搜索票之聲請係片面的，應以書面資料佐證之。

(3)警察必須宣誓回答治安法官審理聲請書時所問之任何問題。

(4)搜索票僅准許一次進入處所。

(5)搜索票必須記載聲請人姓名、簽發日期、簽發依據之法令、搜索之處所；以及可能搜索之人或物品範圍。

---

[50] s.8, PACE 1984.
[51] s.15, PACE 1984.

(6)應製作2份搜索票副本，並須清楚證明其係副本。

3. 搜索之執行[52]

(1)任何警察得執行進入和搜索住處所之搜索票。

(2)此類搜索票得許可他人伴同警察進行。

(3)憑搜索票進入和搜索必須於簽發搜索票1個月內。

(4)憑搜索票進入和搜索應於合理時間，除非於合理時間進入顯然無法達到執行搜索目的。

(5)凡是警察執行進入和搜索處所之搜索，所有權人或管理人在場時，警察：①應向所有權人或管理人證明自己身分，若非穿著制服應出示證件；②應向所有權人或管理人出示搜索票；且③應給予所有權人或管理人1份搜索票副本；④若在場無人向警察表明係該處所管理人，則警察應留1份搜索票副本，置於該處所明顯地方。

(6)憑搜索票之搜索僅可搜索簽發該搜索票之目的之範圍。

(7)警察執行搜索票，應在搜索票上背書，載明：①是否有發現所要搜索之人或物件；且②是否有任何所要搜索之物漸被扣押。

(8)搜索票：①已被執行；或②在核准期間內未執行，必須繳回。自繳回日起，應保留12個月。若於搜索票保留期間，與該搜索票有關之所有權人請求檢閱搜索票，將被准許。

4. 對受留置人之搜索[53]

1984年以前，在英格蘭及威爾斯的警察，除了反恐怖主義之法規範之外，並無明確之職權以留置嫌犯做進一步偵查，亦無一般權力來留置人民以詢問是否為嫌犯或可為相關證人[54]。經由皇家委員會（The Royal Commission）於1984年力爭，始於英國「1984年警察與刑事證據法」第1條第2項之規定，警察為發現贓物或違禁物得搜索人、車，並因此得留置

---

[52] s.16, PACE 1984.

[53] s.54, PACE 1984.

[54] E.C.S. Wade and A. W. Bradley, Constitutional and Administrative Law, 11th. ed. by A.W. Bradley and K.D.Ewing, Longman Group UK Limited, 1993, at 487.

該人、車。而不能提供詳細資料則將導致警察有權爲無令狀逮捕[55]。同法第2條第8項亦規定：「依據本條規定，因搜索之需要而對人或車輛留置所允許之時間，以從人或車輛受攔阻起計，包含對人或車輛第一次留置之地方及附近搜索完畢爲止之合理所需之時間爲限。」因此，因盤查而留置之時間必須依搜索之對象及搜索之標的而定[56]。一般對人體之搜索以不逾10分鐘爲限，如其攜帶其他物品或搜索車輛，則所需時間亦相對提高，因此，所謂「合理」須以客觀事實及狀況作決定，惟若逾其合理之時限，則爲違法之行爲，將負擔民事責任，並可能導致證據受到排除。至於留置之處理應注意下列事項：

(1)留置官於警察局應查明並記錄或請人記錄該人之隨身攜帶物品，當他：①被逮捕後或因法院命令或判決處拘留被帶往警察局時；或②自願前往警察局或未經逮捕與警察同行至警察局後被逮捕時。

(2)人身逮捕案件之紀錄應作爲留置紀錄之一部分。

(3)留置官得扣押或留置此類任何物品或使其被扣押或留置。

(4)衣服和個人財物得被扣押，若留置官：①確信受扣押衣物之人可能使用該扣押物，如傷害自己或他人、損壞財物、干擾證據、協助自己脫逃等；②或有合理根據確信該扣押物係有關犯罪之證據。

(5)凡物品被扣押，受扣押物品之人應被告知扣押理由。

(6)本條之搜索由警察執行之；警察實施人身搜索時，應由同性別人員執行之。

關於留置之情形，依據警察與刑事證據法規定，警察應保持書面紀錄（written records），並將下列資料陳列於年度治安報告中[57]：

(1)曾經警察留置超過24小時，而後未經審判即釋放之人數。

(2)經申請令狀進一步留置之次數，及其申請之結果。

(3)每一進一步留置之令狀之授予時間及實地使用之時間。

---

[55] s.25, PACE 1984.

[56] Michael T Molan, Constitutinal Law, London: HLT Publications, UK, 18th ed., 1996, at 267.

[57] Charles Wegg-Prosser, The Police and the Law, London: Longman Group Limited, UK, 1986, at 121.

(4)進一步留置之嫌犯是被起訴或被釋放。

5.身分確認[58]——以盤查為例

(1)詢問（questioning）

詢問係指警察為了偵防犯罪、蒐集證據，而實施簡單不拘形式之發問。身為執法人員，常常基於發現線索、確定案情之需要，而對相關人員加以問話以瞭解原委。然而詢問雖有助於瞭解違法真相，但不當之詢問，不僅侵害人權，亦可能造成與事實相反之效果。故各國均對詢問條件加以嚴格規定，如以不當方法取得之犯罪嫌疑人之供述，常不可作為證據，而加以排除。

英國在維多利亞時代，有些法院認為警察詢問犯罪嫌疑人是一種脅迫手段。後來，法院訂定法官規則，始認為警察有詢問犯罪嫌疑人需要，並授予犯罪嫌疑人保持緘默之權利。在1984年之警察與刑事證據法即作此規定。

①詢問之時限

英國警察之留置詢問權限極大，最長可達96小時。依據「警察與刑事證據法」規定，一般警察與督察長以上長官有不同詢問時限。一般警察有權留置嫌犯24小時，然經由督察長以上長官授權，可延長留置達36小時（PACE §43-1）。如延長留置達36小時期滿，則須有法院之延長留置令狀，得再延長留置時間36小時（PACE §43-12）。若延長留置至72小時期滿，警察於必要時，得再向法院聲請令狀再延長24小時（PACE §44-3），期滿後，必須將嫌犯控告或釋放。留置詢問期間，設有覆審制度。若留置官授權留置嫌犯6小時後，覆審官（非偵查該案之偵查員以上長官）為覆審嫌犯之留置是否有持續必要（PACE §40-1），留置至第15小時，覆審官再覆審之（PACE §40-3b），並應給予當事人或其法律顧問陳述機會（PACE §42）。而且，詢問嫌犯應給予適當休息，尤其是每24小時，必須給予至少8小時之休息時間[59]。原則上，警察不得在非警察局或

---

[58] Andy Griffiths, How Interrogation Became Interviewing in the UK: can It Happen in the US? 44-JUN Champion 36 (2020).

[59] Howard Levenson & Fiona Fairweather, Police Power: A Practitioner's Guide, London; Legal

非法定留置場所實施詢問；實施詢問時，應告知嫌犯具有諮詢法律意見之權利。

②諮詢法律意見[60]

A.受警察留置人，若要求即有權於任何時間諮詢私人律師。

B.要求諮詢私人律師和製作時間必須紀錄於留置記錄中。

C.當某人被起訴犯罪後在法院所作之此類要求，毋需記錄於其留置紀錄中。

D.若某人作此要求，他必須被允許即時諮詢律師，除非延緩程度為本條所允許。

E.於任何情況下，必須允許受留置人自第42條第2項之「相關時間」起36小時內諮詢律師。

F.延緩順從要求僅被允許：a.因犯嚴重得逮捕之罪而留置之案件；且b.經督察以上長官之授權。

G.警官依第2項得以口頭或書面授權，但若以口頭授權，必須即時以書面確認。

H.警官得核准延緩，若有合理懷疑根據確信告知指定人有關逮捕事項：a.將導致干擾或損害有關嚴重得逮捕犯罪之證據，或對他人之干擾或身體傷害；或b.將警覺他人，而該人係被疑為犯嚴重得逮捕之罪，而尚未因此被逮捕者；或c.將阻礙發現因此犯罪所得之財物。

I.若延緩係被授權：a.受留置人應被告知理由；且b.該理由應記載於其留置紀錄上。

J.一旦授權延緩之理由不存在，不得再允許延緩執行賦予之權利。

K.若適當官階之警官有合理根據確信，除非依第15項給予指示，否則依恐怖條例逮捕或留置人行使第1項權利，將會有第8項規定之任一後果（當經由第13項使其生效時），得依該項給予指示。

L.本項規定之指示，係指某人欲行使第1項權利，諮詢律師僅得於制

Action Group, 1992, at 156.

[60] s.58, PACE 1984.

服警察分隊中，具有資格警察之視聽範圍內為之。

M.警局內之法律協助[61]。1982年法律協助法第1條（義務律師）規定，由該委員會依委託法所排定之法律諮詢及協助。

③詢問錄音[62]

A.為配合警察機關對涉及刑事條件之嫌犯詢問錄音，需製作警察實務手冊。

B.訂定法令要求涉及刑事案件之嫌犯詢問，或法令明定之犯罪行為描述，於該手冊有效期間，需依其規定程序錄音，且該法令應以正式文件作成之。

④自白[63]

A.根據本條，在任何訴訟程序中，被告所作之自白，與訴訟有關之爭點，未受法院排除，得作為不利被告之證據。

B.若在訴訟程序中，原告有意將被告自白當作證據，而該自白遭抗辯是或可能是由下列手段得自：a.壓迫被告；或b.因當時語言或行為之影響，而可能存有不可靠自白之情況下，則法院不得允許自白當作不利於被告之證據，除非原告能證明該自白非以上述手段取得，且需證明其超越合理懷疑之程度。

C.在任何訴訟程序中，原告有意將被告自白當作證據，法院在情況許可下，得自動要求原告證明被告自白非以第2項方法取得。

D.自白事項不管全部或一部被排除，根據本條不影響下列證據之容許性：a.因該自白而發現之事實；或b.凡與證明被告所說、寫或特殊表示相關之自白，其重要性等同於證明被告犯行所必要之自白時。

E.因被告陳述而發現之證據不具容許性，除非發現該證據之方法是由被告或代表被告者所提供。

F.第5項適用於：a.根據本條所排除之自白，而發現之任何事實；或b.若是部分被排除之自白，根據被排除之部分自白而發現之任何事實。

---

[61] s.59, PACE 1984.

[62] s.60, PACE 1984.

[63] s.76, PACE 1984.

G.警職法第七部分不適用被告自白容許性。

H.本條「壓迫」包括刑求、不人道或污辱之手段或以強暴、脅迫手段（不管是否達到刑求）。

(2)法律效果

①不公正證據之排除[64]

A.在任何訴訟程序，法院考慮所有情況，因容許檢察官所提出之違法取得證據，會對訴訟程序之公正性產生非常有害之影響，法院不應承認該項證據時，得拒絕使用該項證據。

B.本條規定不影響法院之任何證據排除法則。

②警察有使用合理強制力之權力[65]

凡經警職法賦予警察之權力，於警察行使權力時，若有必要，得行使強制力。

(3)鑑識措施（identification）

英國警察對於被逮捕人，並非因其受留置，而當然有權對犯罪嫌疑人施以照相、按捺指紋等其他強制處分。例如警察欲對犯罪嫌疑人照相，原則上須取得其書面同意。除非係基於識別需要，而犯罪嫌疑人所犯係「可記錄之罪」（recordable offences），不在此限。英國「警察與刑事證據法」中對於判刑確定者、現行犯、及非現行犯得否捺取其指紋均有明確之規範、至犯罪嫌疑人判決無罪或不起訴處分確定後，其指紋資料應即銷毀[66]，其分別規定如下：

①人身照相

英國警察對於嫌犯之人身照相，限於被逮捕之人，且原則尚須經其同意，除非：A.作為確認身分之用；B.被控告「可記錄之罪」，或被定有此類之罪，則為例外。照相應事先告知其理由及受無罪宣告或不起訴處分之日起5日內，得要求銷毀，並有權親眼目睹，確定其以銷毀之[67]。

---

[64] s.78, PACE 1984.

[65] s.117, PACE 1984.

[66] 楊台興，我國與英國警察有關捺取指紋規定之比較，警光雜誌，第476期，1996年3月，頁36-39。

[67] 林故廷，中英警察偵查法制之比較研究—以犯罪嫌疑人之偵查為中心，中央警察大學警政研

②指紋捺印

A.特定犯罪人之指紋捺印[68]

若一個人因受可記錄罪行之刑之宣告,且未曾被警察捺印指紋,則警察於其審判罪名成立日起不超過1個月內之任何時間,為捺取其指紋之目的,得要求其至司法警察機關。惟:a.應給予該人至少7天之期限,於該期限內該人應至司法警察機關;且b.得指定該人於特定日期之時間或時段至司法警察機關。如不遵守上述規定之人,警察得加以逮捕之。

B.指紋捺印規定[69]

指紋捺印依「警察與刑事證據法」第61條之規定外,任何人之指紋未徵得其適當同意,不得捺取。其同意,若是在司法警察機關時所為者,應以書面為之。然而,受留置在警察機關嫌犯之指紋,得不徵得其適當同意而按捺之,其要件為:

a.若經督察以上階級之司法警察官之授權按捺,其授權須有合理根據而懷疑該被捺取者仍涉犯罪;且相信其指紋有助於其所涉行為之確認或證實為誤。

b.若被留置人被控可記錄之罪行,或已知悉該人將會被正式定該罪行;且在警察犯罪偵查過程中未曾被捺取指紋。若可記錄之罪行判決確定,得不徵其適當同意捺取指紋,惟應告知理由;且在捺取指紋後,應即時記載理由。

c.若捺取指紋時,被捺指紋之人係受警察機關留置,則捺取指紋之理由應記載在留置紀錄上。

d.其他法律有特別規定者,本條不適用之。如:(a)1971年入境法第2表第18(2)段所規定之任何權利;(b)依恐怖條例規定所逮捕或留置之人。

e.依據「1994年刑事司法與公共秩序法」第56條之有關樣品之採取規定,適用之(相關規定參閱後述之「其他樣品」之部分)。

究所碩士論文,1995年7月,頁74。

[68] s.27 & s.61, PACE 1984.

[69] s.61, PACE 1984.

第四節　美國警察職權法制之類型化介析

一、警察之一般職權

美國憲法第四增修條款（Fourth Amendment to the United States Constitution）[70]，不只是有關身體搜索之保障，亦包括私人住宅、營業處、個人及公司文件，甚至對車庫和車輛之搜索扣押也在內；然僅在無理之搜索及扣押始受到禁止。合理之搜索與扣押是被允許的；首先，需有檢察官開出之「搜索狀」（warrant），其中須記載所要搜索和扣押之人與物，除非取得搜索狀，否則無論是多麼可信之意見，或有文件支持有犯人藏匿於某一屋內，警方亦無權進行搜索。然而警方基於逮捕現行犯，可實施無令狀搜索，亦即在沒有搜索狀之情形下得搜索某人；另外為「附帶搜索」（incident search）亦即可在逮捕行為完成後，立刻搜索該區域。另法院曾允許警方，在有法人機構（artificial persons）涉案時（如公司、托拉斯）於搜索上有更大之活動區域。又對現代運輸工具，如飛機、船舶、汽車和扣押走私品等，加以搜索。

由於竊聽（wire-taps）電子監聽設備之發明，致常侵犯個人談話之隱私。1928年，聯邦最高法院在Olmstead案[71]之判決，竊聽並不違憲；但在1967年，該院於Katz案[72]決議推翻前判，於宣布此類竊聽通話行為是違反第四增補條款。1968年，國會通過「犯罪管制法」（Crime Control Act），允許州及聯邦警察在司法當局適當授權後，可進行電話監聽。然而在1972年，一件由聯邦警官進行竊聽，但係處理國內事件，且未有適當之司法授權，致上訴到最高法院時，被判為非法；此種由於總統之

---

[70] 美國憲法第四增修條款之譯文為：「人民的人身、住宅、文件和財產不受無理搜查和扣押的權利，不得侵犯。除依照合理根據，以宣誓或代誓宣言保證，並具體說明搜查地點和扣押的人或物，不得發出搜查和扣押狀。」（The right of the people to be secure in their persons, houses, papers, and effects, against unreasonable searches and seizures, shall not be violated, and no Warrants shall issue, but upon probable cause, supported by Oath or affirmation, and particularly describing the place to be searched, and the persons or things to be seized.）

[71] Olmstead v. United States 277 U.S. 438, 48 S. Ct. 564 (1928).

[72] Katz v. United States, 389 U.S. 347, 88 S. Ct. 507, 19 L. Ed. 2d 576, 1967.

固有權力（inherent powers）而下令執行之行動，如竊聽、潛入、及破門而入等，在其他情況皆會被視為犯罪者，此正是水門案調查之重點。此條款所保護者，與第五增補條款[73]之「不得自證其罪」（against self-incrimination）有相當程度之關連性。政府在處理犯罪案件時，不得使用非法扣押之證據，無論此證據力有多強，所作成之判決亦不合法[74]。

二、警察傳統典型措施之職權

警察傳統典型措施之職權應可包括一般所指之攔停與檢查（frisk）（二者合稱「攔檢」）之措施，猶如我國警職法第2條所稱之「警察職權」，因而產生：

（一）對人之自由與對物之強制（即盤查與臨檢措施）：可類型化為攔停與拍搜、詢問、令交付文件、同行、傳喚、留置、逮捕、鑑識措施、搜索與扣押、武器使用等。

（二）資料蒐集措施（攝（錄）影、音、臥底、線民等）。

（三）警察資料之處理（如儲存、變更、傳遞、利用與銷毀等）警察職權行使之類型。

（一）盤查

1.意義

盤查係為警察職權之概括性名稱，包括多種警察職權之類型。凡警察基於犯罪預防或偵查之必要，對於可疑之人、車、物之盤詰或檢查措施，如攔停與檢查、詢問、令交付證明文件（identification）、攜往警所（同行）（taken to police station）、留置（temporary detention）等，進而亦可能造成搜索、扣押（seizure）或進行相關鑑識措施（指紋、掌紋之按捺、

---

[73] 憲法第五增修條款：「非經大陪審團提起公訴，人民不應受判處死罪或會因重罪而被剝奪部分公權之審判；惟於戰爭或社會動亂時期中，正在服役的陸海軍或民兵中發生的案件，不在此例；人民不得為同一罪行而兩次被置於危及生命或肢體之處境；不得被強迫在任何刑事案件中自證其罪，不得不經過適當法律程序而被剝奪生命、自由或財產；人民私有產業，如無合理賠償，不得被徵為公用。」

[74] 傅崑成等編譯，美國憲法逐條釋義（*A Detailed Analysis of the US Constitution*），三民書局，1991年，頁114-115。

照相、身體外觀度量、筆跡鑑定、聲紋比對、抽血、基因分析、X光照射等，亦配合有相關的證據法則[75]。有稱「警察盤查」係犯罪預防之行政權作用與犯罪偵查之司法權作用之灰色地帶[76]。而上述各項因實施盤查權所生之職權措施，究須否由司法權介入或以刑事法律規範，在非屬普通法系之我國，則更有釐清之必要。

2.要件

警察盤查權之要件規定，其目的主要是權限行使之判斷基準，另則是為了避免盤查權受到警察恣意、歧視濫用之危險，而形成權限行使之控制方式。警察在行使盤查權時，必須以公益受到侵害之具體事實存在可能為前提。盤查權之發動，執法者須依事實判斷，不得恣意；至於是否濫用，司法得加以審查。為使人民權益免於非法侵犯，對於盤查權，各國有不同之規範。我國則僅有「宣示性」用語，仍欠缺其要件與程序規定，雖非不得行之，但對於此項權限之發動，其判斷標準如何？實無明確之規定可以依循。由於，盤查權是警察偵查和預防犯罪之必備手段，其適用得宜，除可提升治安功能，人民權益亦同獲保障。因此，明確之要件規範，乃有非常之必要。

美國聯邦政府州際犯罪委員會（Interstate Commission of Crime）制定「統一逮捕法」（The Uniform Arrest Act 1942）授予其相關執法人員之職權，於其第2條、第3條規定得對嫌犯之攔阻與拍搜、詢問、留置、逮捕等職權如下：

(1)詢問及留置嫌犯（第2條）之規定：

①警察若有合理的理由懷疑在戶外之嫌犯已經、正在或即將犯罪時，可加以攔阻，並可詢問他的姓名、地址、在外逗留的原因，和去哪裡。

②任何可疑人無法證明自己的身分，或解釋自己行為令警察滿意

---

[75] Jeffrey Bellin, The Evidence Rules That Convict the Innocent, 106 Cornell L. Rev. 305 (2021).
[76] 陳瑞仁，警察盤查之權源與界限，台灣台北地方法院士林分院檢察署84年度研究發展報告，1995年6月，頁1。

時，警察可加以拘留，並進一步偵訊。

③本條所述之拘留期限不得逾2小時，拘留不是逮捕；也不可留下任何官方紀錄。拘留後，嫌犯不是釋放，就是被逮捕及起訴。

(2)搜索武器（第3條）：當一位警察有合理的理由認為盤問或拘留之人攜有武器，使該警察陷於危險時，可搜查該危險武器，如果搜到了武器可將之保留到偵訊完畢。訊問結束後，若非逮捕，即應退還武器；若逮補，其罪名可定為非法攜帶武器。

（二）臨檢

我國憲法第10條明文規定以保障人民之居住自由，刑法第306條及第307條更分別對無故侵入及不依法令搜索者，規定其罪責，使侵害人民之身體或居住自由者，獲得應有之懲罰。然為達成警察治安與秩序維持之目的，進入乃警察發現真實與執行取締之手段，然其在居住自由之人權保障與警察職務執行之需求上，則有必要有法律之規範，以兼顧保障人權之程序公正，與抑制犯罪或防止危害之實體真實兩大目的。因此，美國憲法增修案第4條規定：「人民有保護其身體、住所、文件與財產之權，不受無理拘捕、搜索與扣押，並不得非法侵犯。除有正當理由，經宣誓或代誓宣言，並詳載搜索之地點，拘捕之人或收押之物外，不得頒發搜索票、拘票或扣押狀。」

基於對憲法精神之落實，美國最高法院常在深思熟慮之後，做出判例原則，因而，形成英美法中特有效力之判例規範。例如，1961年之Mapp. v. Ohio一案，最後，聯邦最高法院法官確認俄亥俄州克立夫蘭市之警察於未具搜索票之情形下，強行進入上訴人之住宅，所取得之違法證據（色情書刊與圖片），不足以為證據。亦即所謂之「毒樹果實」（fruit of poisonous tree）之排除法則（exclusionary rule）。然在憲法第四修正案之指導下，執法之警察人員亦非必然無例外，例如，「必然發現」之例外，即非法所得之衍生證據，遲早亦必然會為執法單位所發現。更且，「善意」（good faith）理論之出現，使排除法則與執法權限有一折衝。「善意」係為若干違法行為之發生，實不可歸責於執法人員，因如其自信行為

應爲法律所許，且此一自信亦屬合理，則法院不應「強人所難」。Brown v. Illinois一案，亦認爲執法人員之「心素」（state of mind）應予注意。其區分違反第四修正案之態樣有二：一爲明顯之侵害，另一爲技術之侵害，排除法則應僅對前者適用[77]。

（三）警察行使臨檢、盤查權得採取之措施

1.攔阻與拍搜

依據統一逮捕法第2條之規定，經攔阻與拍搜之後，並可詢問他的姓名、地址、在外逗留的原因，和去哪裡。如有必要，並可令其交付證明文件，而任何可疑人無法證明自己的身分，或解釋自己行爲令警察滿意時，警察可加以留置，並進一步偵訊。留置（detention）期限不得逾2小時，留置不是逮捕；也不可留下任何官方紀錄。留置後，嫌犯不是釋放，就是被逮捕及起訴。另依據同法第3條賦予執法人員爲確保安全而拍搜當事人以搜查武器之職權，當一位警察有合理的理由認爲盤問或拘留之人攜有武器，使該警察陷於危險時，可搜查該危險武器，如果搜到了武器可將之保留到偵訊完畢。訊問結束後，若非逮捕，即應退還武器；若逮捕，其罪名可定爲非法攜帶武器。

攔停與檢查係對嫌疑人予以攔阻、詢問和身體外部輕拍（pat down）以發現是否攜帶危險武器之執法活動。於Terry案中，Ohio州法院認爲攔阻係不同於逮捕，僅係一種應調查上之需要而爲之攔停，並不形成憲法第4條上所稱之扣押（seizure）之問題；而拍搜則是由衣服外部輕拍觸摸找尋當事人是否攜有危險武器，其目的在避免危害執法者之安全，其與爲獲取犯罪證據之完全搜索並不相同。因此，拍搜檢查有別於搜索，只要有合理懷疑即可，不受憲法第四增補條款之規範[78]。

美國聯邦最高法院在1968年Terry v. Ohio一案[79]就警察盤查權行使之合

---

[77] 法治斌，論違法搜索扣押證據之排除，收錄於：人權保障與釋憲法制，月旦出版公司，1993年再版，頁175-226。

[78] Terry v. Ohio, 392 U.S. 30 (1968).

[79] Terry v. Ohio, 392 U.S. 1 (1968).

憲性作成之決議，形成美國警察執法時常須遵循的「Terry原則」，法院主要係基於警察依法執行職務之過程中，當其觀察到一不尋常活動時，經本身之執法經驗作合理的判斷，認為有犯罪正在進行，且嫌犯可能持有武器，並將引發立即的危險，而當警察對異常活動進行調查時，其已表明身分，並作合理的詢問，然而卻得不到適當的回應，在如是情況下，該警察對本身和周遭之人的安全可能受到不當攻擊之合理畏懼依然存在，因此，他有權利採取保護措施，作有限度的搜索身體外部衣服，以便確定是否藏匿武器，這種搜索行為是合理的搜索，並合於憲法第四修正案之規範。再者，有關合理懷疑之考量因素，學者LaFave依據判例結果整理出五大類，可供參考[80]。其類分為：(1)警察本人之觀察。巡邏警察所見之可疑事物；(2)剛發生之犯罪現場附近；(3)線民（informant）提供之情報；(4)警方之通報；(5)計畫性掃蕩犯罪，經過上級之監督之計畫性盤查。

因此，從上述之合理性驗證標準中，法院將盤查之範圍予以界定，其決議得歸納出下列四項原則：

(1)警察之盤查行為是合法，則必須在盤查當時，有特殊且明顯之事實足以使理性慎重之人經合理的推論認為被盤查之人犯了罪，或正在犯罪，或即將犯罪方可，但是其懷疑之程度不必達到足以構成逮捕原因之正當理由。

(2)拍搜檢查行為是合法，則必須在盤查時合理地感覺到受盤查之人身上帶有武器，會使警察本身或其他人感受危害之虞方可。

(3)拍搜檢查之目的在於保護執法者及周遭之人的安全，因此僅限於搜索有無兇器，故其方法是從衣服外部摸索，除非有合理的理由感覺到衣服內部藏匿武器，方得伸入取出，但不得作全面之搜索。

(4)除非是逮捕，否則對於受盤查人之拘束，不能導致將人帶回警所，並作有罪之控訴。

在Terry案法院承認警察之盤查已構成了對人之搜索和拘禁，但是其

---

[80] Wayne R. LaFave, Search and Seizure, V. III, 1987, at 422-497. 轉引自陳瑞仁，警察盤查之權源與界限，台灣台北地方法院士林分院檢察署84年度研究發展報告，1995年6月，頁6-7。

對人身自由侵犯之程度有別於傳統之逮捕，因此不以正當理由作為判斷之標準，而是必須考量社會秩序和執法者安全，以及侵害之合理性作為權衡，並以憲法之一般禁止（a general prohibition）；即人民不受不合理之搜索、拘禁（unreasonable search and seizure）中所蘊含之合理性理念作為基礎驗證。警察在行使盤查權時，若違反上述原則，將視為侵犯憲法第四修正案所保障之人民權益，是屬於憲法程序保障之違反，所收得證據無容許性。

有關「合理性之標準」（the standard of reasonableness）必須以「利益權衡」（compelling interests）以為斷。警察在行使盤查權時必須權衡兩方面之利益以判斷其執法是否合理，其一是個人之隱私權及免於非法搜索拘禁之權利，聯邦最高法院認為：「即使是有限度的、短暫的搜索衣服外部以便發見是否攜帶武器之行為，卻已對個人自我安全防衛造成嚴重的侵犯，且所帶來的必然是一種騷擾、驚嚇及屈辱之經驗。」因此，個人所受到保障之利益是第一個應被考量利益。另一項利益是政府是以有效預防犯罪和偵查犯罪之利益，以及執法者之安全利益，即執法者必須採取有效的步驟，以確認受盤查之人是否攜帶武器，避免在執法時遭受到突然的襲擊。聯邦最高法院認為：「要求警察作不必要的冒險來完成其職務，確實是不合理，美國之犯罪者有其武裝暴力型態之傳統，且每年有許多執法人員在執勤時遭到殺害。」因此，執法安全之考量是必要的。警察在行使盤查權時，必須隨時衡量上述兩者之利益，以決定是否實施盤查及盤查所允許的範圍，而這些都必須參酌客觀環境所存在之要素來作評估。

聯邦最高法院承認警察得基於政府之利益——有效的預防及偵查犯罪，於必要時得攔阻可疑之人，以便對可能存在之犯罪活動作調查。然而所謂「必要時」係指在一個適當的情況（appropriate circumstances）下，以適當的方法（appropriate manner）行之。適當的情況，係指具體的事實和狀況，顯示犯罪活動存在之可能性，足以使警察決定採取必要的作為。惟其所指犯罪存在之可能性，只要有「合理懷疑」即可，不必達到足以構成逮捕之「正當理由」之程度。在Terry中，聯邦最高法院決議：「欲證明盤查之合法，警察必須指出特定且明確之事實（specific and articulable facts），並就其事實作理性之推論（rational inferences），使其所爲之侵犯得到合理的授權」，而且上述的推論和作爲，必須足以使一個謹慎小心之人相信警察所採取的行動是適當的。因此，警察所爲之推論不能單以個人主觀的誠信（subjective good faith）作依據，否則憲法對人民的保護，必將因警察無法獲得明確證實之個人臆測所形成之任意裁量（discretion）而失其意義。基於整體狀況（the totality of circumstances），具有合理懷疑該嫌疑犯曾是毒販（drug courier profile）正從事非法運送毒品，因此，無令狀而加以偵查性之攔停（investigative stop）是合法的[81]。

由於搜身是基於維護執法者之安全，在Terry案中所允許的範圍僅限於衣服外表輕拍，除非合理的感覺到衣服內部藏有武器始得以伸入衣服內部將其取出，但若盤查時事先已知道武器藏匿之詳細位置則可直接取出，未必需要先作衣服外部搜身。另外須注意的是搜身有別於一般爲取得犯罪證據或基於證據保全目的之傳統搜索，亦非逮捕後之附帶搜索（the search as incident to arrest），因此不得擴大其所允許之目的範圍，而爲證物之搜尋。而如何的客觀事實始足以讓一個理性謹慎之人相信執法者之推論是合理的，則須有許多判例已形成一些原則，以供美國警察人員於執法判斷之基準。例如：盤查時未必允許搜身，除非有合理的理由相信受盤查人攜帶武器，且能夠使一個理性謹慎之人相信執法者已處於危險狀態，方得爲之。由於檢查時所面臨之客觀環境互爲差異，唯有由執法者遵守上述之原則，根據事實作判斷，以決定是否行使搜身之職權，而不可假程序之便，恣意濫權，侵犯人民之權益，損及整體利益之均衡性。而判例之態度，乃法律詮釋之容許標準，執法者唯能確切掌握其精神，才能適當的行使其職權，提高效率並維護憲法所保護之權利。

正當理由與合理性之間有所區別。根據美國憲法第四修正案規定「人民有保護其身體、住所、文件與財產之權，不受無理搜索、拘禁，並不得侵犯，除非有正當理由」，惟必須「有使人相信基於欲搜捕之客體，法律業已遭受破壞之事實存在；……同時，此項事實得使一理性、謹慎小

---

[81] United States v. Sokolow, 490 U.S. 1 (1989).

心的人相信，確有該被控罪名之犯罪行爲發生」。前述乃指逮捕而言，其就搜索係指：「有客觀之事實和狀況存在，或從確實可靠之情報中得知前述之情事，足以使一理性的，謹慎小心之人相信在特定人身上或特定處所，能夠發現得扣押之物。」因此美國著名之警察法學者Del Carmen即以其數十年研究刑事法學之經驗與心得，將對事實之認知確定力與證據力及司法得採取之措施分析如表7-1[82]，使運用者易於理解、使用。

表7-1　證據力的程度及偵查權起始之階段比較表

證據確定力之程度	確定力之百分比	司法程序的起始階段
絕對的確定（absolute certainty）	100%	沒有任何司法程序必備或要求此條件
沒有理性疑惑的有罪確認（guilty beyond reasonable doubt）	95%	有罪的判定；證明犯罪行爲
確切的證據（clear and convincing evidence）	80%	某些州的保釋拒卻，及被告主張智慮不足的必備條件
可信的原因（probable cause）	超過50%	各種令狀之簽發，無令狀之逮捕，搜索及扣押，起訴的依據，及民眾的自力逮捕
優勢的證據（preponderance of the evidence）	超過50%	可在民事訴訟中獲勝，或在某些刑事訴訟中主張爲有力之證據
理性的懷疑（reasonable suspicion）	20%	警察可進行攔阻或盤查
懷疑（suspicion）	10%	警察可開始偵查，或大陪審團可開始調查
理性的疑慮（reasonable doubt）	5%	必須無條件將嫌犯斥回
徵兆（hunch）	0%	不可進行任何法律程序
無證據（no information）	0%	不可進行任何法律程序

---

[82] Rolando V. del Carmen, Criminal Procedure Law and Practice, 7th. ed. Wadsworth Publishing Company, US, 2007, at 91.

因此，從定義上可指出「正當理由」所要求之程度，是能夠使一理性的、謹慎小心的人「相信」確有犯罪行為發生，而盤查時之合理性要求，則只需有「合理懷疑」即可。所謂「合理懷疑」必須有客觀之事實作判斷基礎，而非「單純的臆測」（mere suspicion），同樣的在「正當理由」亦必須有客觀事實指出確有犯罪存在，因此，兩者只是程度之差異，在本質上並無不同。

　　在上述說明已對Terry原則及其法裡基礎，分別詳細分析之後，相關判例適用及其形成原則亦有析述之必要。美國聯邦與地方有關攔停與拍搜判例（precedents）非常多，而以最高法院所做之違憲性審判之案件，最具有規範價值，其甚至有時可推翻（overrule）制定法之規範內，在法制研究與法律實務，均居於非常重要之地位。因此，茲將美國最高法院之主要相關判例簡要摘列如表7-2[83]：

表7-2　美國最高法院Terry原則之重要判例

判例名稱	主要內容
Terry v. Ohio (1968)	基於合理懷疑而非正當理由，即可為攔停與拍搜。所形成之Terry原則已如前述。
Sibron v. New York, 392 U.S. 40 (1968)	法院認為在Terry案中，並未授權警察對每一個人，當他在街上行走時，或和警察相遇之際，必須接受例行搜身（routine frisk），因此，本案警察僅就被告之舉止，推論有毒品互遞交易之犯罪存在，然而並無任何其他事實指出被告身上攜帶武器，將危害其執法安全，故所為之搜身是
	不合法的。再則，警察之推論僅止於合理懷疑程度，尚不足以構成正當理由，不得行無令狀逮捕，搜身並非逮捕後之附帶搜索（the search as incident to arrest），故其搜索不合法，所搜得之海洛英不得作控告被告有罪之證據。
Adams v. Williams (1972)	依據他人所提供之線索可為攔停與拍搜。另有US v. Hensley (1985)依據他轄之協尋通報（wanted flyer）亦可為攔停與拍搜之合理理由。

（接下頁）

---

[83] 本節各表列之主要案例（Cases）係摘譯自 Rolando V. del Carmen, and Jeffery T. Walker, Briefs of Leading Cases in Law Enforcement, 3rd. ed., Anderson Publishing Co. US, 1997。

判例名稱	主要內容
United States v. Cortez, 449 U.S. 4 (1981)	法院肯定該案中之警察依據人蛇集團作案模式，推算出人口走私之線索特徵，因而據以攔檢盤查被告車輛，致破獲一批偷渡客。最高法院認為一般人並無此推算能力，仍認此案已具「合理懷疑」，而判定該盤查為合法。本案之重要意義在於執法之警察在法庭作證時，應明確說出其合理懷疑之依據，否則僅憑直覺，將被判為非法盤查。
US v. Sharpe (1985)	攔停後之暫予留置無嚴格時限，應以特別狀況而定。其特別狀況應考量之點為： (1)攔停目的。 (2)執法人員偵查應有之合理時間。 (3)偵查之合理方法（手段）。
Alabama v. White (1990)	合理懷疑比正當理由之要求標準為低。
Minnesota v. Dickerson (1993)	超出Terry之拍搜是不合法的，但可基於轉變而來之正當理由而為搜索，如經驗或狀況等為基礎。
Michgan Department of State Police v. Sitz 496 U.S. 444 (1990)	酒精測全面攔檢（sobriety checkpoints）是合法的（constitutional），並不違反美國憲法增補之第4及14條。
Delaware v. Prouse (1979) US v. Cortez (1981)	法院以警察未有被告違法之合理懷疑理由而攔車盤查，雖依目光所及（plain view）在車內發現一包大麻，但卻因違法盤查而不具證據力。 於本案，攔阻、詢問之概念亦被適用在車輛盤查。在Delaware v. Prouse一案，法院允許警察基於合理的理由懷疑駕駛人無照駕駛，或車輛未接受登記，或觸犯交通法規時得攔車盤查。為避免形成歧視，專制性執法之潛在危險，警察不得恣意攔車檢查，但此項決議並非排除各州政府自行規範定點檢查（spot checks）方式，對於以輕微侵犯（less intrusion），非恣意性之選擇，而以客觀標準對於所有來車攔阻、詢問之路檢（road block-type）方式是允許的。任意攔車及暫留駕駛人以檢視駕、行照是違反第四修正案，除非有正當理由相信其為無照或車輛裝備有瑕疵或其可疑行為。

有關Terry原則除適用於對可疑人之攔檢，亦適用於對有合理理由之可疑車輛涉有犯罪者之攔停盤查。至於進入邊界之車輛，則有邊界檢查（border checks），為了國家主權與安全，美國聯邦與各州均允許對進

入國境內之車輛、人員、及行李為無令狀之檢查。按美國移民及歸化法（The Immigration an Naturalization Act (INA), 8 U.S.C.）§1357(a)(1)規定，授權移民官員及其雇用人員，得詢問外國人或信其為外國人者，是否具有合法之居、停留身分。在§1357(a)(4)規定，執法人員得於距邊界之合理距離（指100英哩）內，對任何車輛、火車、運輸工具或領海內之船隻攔檢，此項職權可實施於邊界區或與邊界相同功能之地點[84]。然而，如非在距邊界之合理距離外之境內攔檢則須遵守Terry原則，而非移民歸化法之相關特殊規範，亦禁止以檢查站（check point）之設置而為全面攔檢。至於因交通案件之定點檢查（spot check），最高法院認為執法者必須有合理懷疑駕駛人無照駕駛、無車輛登記證或違反交通規則，始得加以攔檢之外，不得任意性攔檢車輛[85]。然而，如有特殊情形，並不禁止各州自行決定其定點檢查之方法，即各州政府被允許依特定需要設置檢查站對於所有來車或以某一標準選擇攔檢特定車輛[86]，如在「有計畫地」且「受上級監督地」實施路檢[87]。

2.詢問

詢問之主要目的不外是確認身分及有關可疑行為之必要詢問。警察人員執行法律時，詢問措施經常伴隨攔停而來，甚且，常配合拍搜措施而行，幾不可分。如統一逮捕法第2條規定有關嫌疑犯之詢問，警察若有合理的理由懷疑在戶外之嫌犯已經、正在或即將犯罪時，可加以攔阻，並可詢問他的姓名、地址、在外逗留的原因，和去哪裡。再者，紐約刑事訴訟法第180條a（N. Y. Code Criminal Procedure §180.a）亦規定[88]，在公共場所，警察若合理的懷疑有人正在、已經或即將犯重罪或犯本章第550條之罪，則可加以攔阻、詢問他的姓名，住址並對自己的行為提出解釋。當警

---

[84] United States v. Brignoni-Ponce, 422 U.S. 844 (1975).

[85] Delaware v. Prouse 440 U.S. 648 (1979).

[86] John N. Feridico, Criminal Procedure for the Criminal Justice Professional, NY: West Publishing Co. Press, 1985, at 297.

[87] LaFave, supra. at 552-553.

[88] 章光明譯，美國警察盤查相關法令，新知譯粹，第3卷第6期，1988年2月，頁25。

察依據本條攔阻某人加以詢問，並合理的懷疑其將危害該警察之身體或生命安全時，可對嫌犯拍搜衣服外部。若發現武器得先保存，待詢問完畢後若係合法持有，必須歸還，否則即予逮捕，以維護執法人員之安全。而且，美國有些州法規定，受盤查人不表明真實身分時，構成犯罪；有些則否。至於聯邦最高法院並未直接對這個問題形成判例原則[89]。然而，依據Terry原則，攔停並非逮捕、詢問並非偵訊，故不可對之使用強制力（因拍搜僅係為執法安全需要，而非為確定身分為之）。茲提供相關參考判例如表7-3：

表7-3　美國最高法院對警察詢問或訊問之重要判例

判例名稱	主要內容
Brown v. Mississippi 297 U.S. 278 (1936)	因強暴或脅迫所得到之證據於法院將不獲承認。
Miranda v. Arizona 384 U.S. 436 (1966)	於拘禁中之訊問嫌犯所得之證據將不被承認以定罪，除非嫌犯曾被給予米蘭達警告（Miranda Warning），而且其放棄應有之權利。其權利為： (1)有權保持緘默。 (2)所做之任何陳述均將被用於法庭。 (3)於詢問中可聘有一位辯護人。 (4)如其無法聘辯護人，可請求指定一位辯護人。
Berkemer v. McCarty 468 U.S. 420 (1984)	警察所為之詢問，因非在拘禁狀態下（in custody）為之，如依據例行性之交通攔停而被暫留之路旁詢問駕駛者；否則，米蘭達規則適用於各種型態之違法。

3.令交付證明文件

　　統一逮捕法第2條規定，警察若有合理的理由懷疑在戶外之嫌犯已經、正在或即將犯罪時，可加以攔阻，並可詢問他的姓名、地址、在外逗留的原因，和去哪裡。如該可疑人無法證明自己的身分，或解釋自己行為

89　陳瑞仁，警察盤查之權源與界限，台灣台北地方法院士林分院檢察署84年度研究發展報告，1995年6月，頁43。但Wisconsin州之最高法院則在State v. Flynn, 285 N.W. 2d 710 (1979)案中肯認警察對無正當理由而拒絕說明身分者，可為拍搜，以達確認身分之目的。

令警察滿意時，警察可加以拘留，並進一步偵訊。因此，警察有依此職權可令該嫌疑犯交付與自己身分有關之證明文件。

在另一方面，有關判例之運用上，Terry原則已成為美國警察在執法時，盤查權行使之合憲性之基礎，其原則被適用在各不同之具體個案，亦使得盤查權之行使和概念的形成更加趨於明確。Davis v. Mississippi一案，法院認為憲法第四修正案並末授權執法者，於盤查時將人攜回警所作留置調查，除非是為取得指紋，並在合於各項條件之規範下，其執法方為允許。另外，加州刑事法（California Penal Code Ann. 1 West 1970）§647(e)規定，警察於必要時得對街頭遊蕩而無確切目的之人，基於公共安全之理由要求對方提出身分證明，若拒絕證實其身分及解釋所在之理由，得以判處輕罪（misdemeanor）。聯邦最高法院於Kolendr v. Lawson案認為，警察依據上述規定所為要求提出可靠及可信之身分證明（credible and reliable identification），無法指出明確之標準，其將造成警察自由裁量，並鼓勵專制執法（arbitrary enforcement），此不明確之法律規定，已違反憲法第十四修正案之規定。

4. 攜往警所（同行）

警察對嫌疑人實施盤查時，認為有繼續質問查證之必要，或認為當場質問，將不利於本人或妨害交通時，得要求嫌疑人隨同前往警所。雖然，美國統一逮捕法規定，任何可疑人無法證明自己之身分，或解釋自己之行為以令警察滿意時，警察可加以拘留，並進一步偵訊。然而，根據Terry原則，除非逮捕，否則對於受檢查人之拘束，不能導致將人帶回警所，並作有罪之控訴[90]。因此，如可攜往警所即以達逮捕之程度。例如，聯邦最高法院曾以判例作成非逮捕之攜往警所乃違反憲法第十四修正案之決議[91]。為避免上述統一逮捕法之規定，因無客觀之認定標準而致執法濫權，其規定乃不為美國最高法院判例所肯認。因此，除非是逮捕，否則基於盤查而為之同行，必須得到相對人之同意且所為之意思表示，不得有任

---

[90] Terry v. Ohio, 392 U.S. 1 (1968).
[91] Kolender v. Lawson, 461 U.S. 356 (1983).

何瑕疵。對於同行後之詢問並非犯罪偵訊，相對人有選擇自由離去之權利，警察必須予以告知，否則可能被視為逮捕而受違憲之宣告[92]。其主要相關判例列述如表7-4：

表7-4　美國最高法院有關帶往勤務處所之重要判例

判例名稱	主要內容
Terry v. Ohio , 392 U.S. 1 (1968)	除非是逮捕，否則對於受檢查人之拘束，不能導致將人帶回警所，並作有罪之控訴。
Dunaway v. New York 442 U.S. 200 (1979)	警察在缺乏正當理由下，將被告帶回警所留置偵訊（interrogation），法院認為警察發現被告時並未做任何詢問，即立刻將其帶回警局並置於偵訊室，亦未告知被告得隨時離去。因此，本案已逾越Terry原則所允准之攔阻、暫留、與簡短詢問之限度，是屬警察在無正當理由之狀況下拘禁（seizure）被告，且將其帶回警局做偵訊，已觸犯憲法第四及第十四修正案之規定
Florida v. Royer, 460 U.S. 491 (1983)	被告在受同行之要求時以處於非任意狀態執法者在檢視被告之機票與駕照後並未即歸還，並將被告帶往偵訊室，在為取得其同意下，行李以從飛機上帶下準備檢查，期間被告並未受告知得自由離去。因此，同行之後所為之調查為逮捕後之偵訊。此情況已逾越Terry原則所允許之範圍。
Hayes v. Florida, 470 U.S. 811 (1985)	警察為取得被告之指紋而在無令狀下要求被告同行至警所，否則將予逮捕，被告因而同意同行。法院認為，警察不具有正當理由逮捕被告，且未得到其同意而要求前往警所，而先前判例亦為授權執法者為取得指紋而拘束被告之自由。因此，警察之行為已侵犯憲法第四修正案所保護之權利。

92　林漢禎，警察盤查權之研究，中央警察大學警政研究所碩士論文，1990年6月，頁99。

第五節　結論

　　英美兩國屬於普通法系國家，和歐洲大陸國家之民法體系不同。「普通法」或「習慣法」[93]之特點是公法與私法沒有嚴格區別，公民與政府之間的關係以及公民相互之間的關係，原則上受同一法律支配，同一法院管轄。其主要強調保障一切公民在法律面前一律平等，官吏在執行公務上不享有特權。因此，英美兩國傳統法學中行政法不是一個單獨之部門，亦無明確之行政法概念[94]。然而，英美普通法中公法私法不分影響行政法之獨立研究。英美兩國之行政法發展甚晚，缺乏較完整之系統，各學者間之著作體系也不一致。英美行政法之重要原則產生於判例，在有些原則上，判例之間並非完全一致，學者間之理解也常有分歧，只能比較各家學說之後得出自己之結論。其與歐陸法系重制定法之方式，頗有差異，我國之法系統與歐陸較為相近，對於理解英美普通法之觀點與概念，更須加倍努力。

　　英國警察法制主要源起於1215年之英國大憲章第39條明定其保障人權之規範。自1829年由皮爾爵士成立首批制服警察啟始，對於警察之服務與執法均有極高之評價。然在1970年起，由於感到治安惡化，乃強調「法律與秩序」（law and order），並為明確執法人員之依據，遂於1984年制定「警察與刑事證據法」，對於犯罪之偵查職權與程序作了明確規定，如詢問、錄音及相關告知程序，指紋及其他樣本之採集與銷毀等職權與程序，堪稱完備。英國過去僅依判例法為警察職權之依據，自1984年警察與刑事證據法起，乃有制定法之運用。隨之乃有1994年之刑事司法與公共秩序法，將1993年之刑事司審判法與1986年之公共秩序法合併，其中賦予警察廣大之蒐集犯罪嫌疑人證據之權力。又英國刑事訴訟係以當事人進行主

93　潘維大氏指出：若將Common Law稱為普通法，非但與其歷史形成原因及意義不符，亦有產生其另有「特別法」之誤會，故將其譯為習慣法較佳。見氏著，英美法導讀講義，瑞興圖書，1998年9月，頁5。

94　王名揚，英國行政法，中國政法大學出版社，1997年5月，頁1。王名揚，美國行政法，中國法制出版社，1997年8月，頁1。

義為原則。因之，偵查人員自從事偵查活動時起，犯罪嫌疑人即成為與偵查人員對立之當事人，因而法律上即考量訴訟程序之均衡，在偵查法制上限制執法者謹慎程序，並給予犯罪嫌疑人應有之權利保障，其職權規範頗值得我國參考。

　　美國警察職權法制亦係承襲1215年英國大憲章第39條所揭櫫之內容為基礎，強調人權保障與正當法律程序，後來伴隨殖民新大陸而傳入美國。「正當法律程序」乃美國警察公平正義執法之基石與指針，在1791年正式納入憲法，於第五增補條款第5條明定：「任何人非經正當法律程序，其生命、自由或財產不得不被剝奪。」論者指出[95]：「正當法律程序乃係正義概念之所在，以及人性尊嚴之所繫，是一個嘗試將人類抽象的共通善理念予以成文化，並納入憲法位階加以保障之立法例。惟其意涵仍嫌廣泛，為期具體落實並切合時代正義，尚需憲法之解釋與相關判例之補充，法院在此乃扮演舉足輕重與中流砥柱之角色。」尤其，正當法律程序之精神予以具體呈現於美國憲法增補條款第1條至第10條，其與人民生命、自由或財產之保障息息相關者，主要為第4條、第5條、第6條。例如：第4條對警察人員之偵查犯罪有重大之程序規範作用，亦對人民之權益保障有重大之維護效果。其內容為：「人民身體、住所、文件和財產有不受政府不合理搜索、拘禁與扣押（unreasonable searches and seizures）之權利；非有相當理由，政府不得簽發行使上述行為之令狀。」再者，美國在1930年代肯定了毒樹腐果理論後，即奠下了正當法律程序之基礎，加以1966年之米蘭達（Miranda）案建立了米蘭達警告之制度，即要求執法人員於逮捕犯罪嫌疑人時，必須告之其享有保持緘默與請求律師協助之基本權利。更使正當法律程序之正義得以落實，亦使非依正當法律程序所蒐集之證據，不得成為呈堂證據，而為證據排除法則（exclusionary rule）之主要基礎。

　　就美國警察職權法制而言，執法須兼顧人權保障與治安功能之發揮。執法手段之攔阻、拍搜所形成之盤查概念，在合憲性之規範下，所呈

現之範疇，未必和制定法之規定相符。基本上，攔阻、拍搜是屬於憲法第四修正案所指拘禁和搜索範圍，須受合理性之規範，得視爲無令狀之控制型態。而這種控制方式有別於令狀主義之於逮捕、搜索之要求。

　　就權限之行使目的而言，並未將警察危害防止及刑事追訴之職權加以劃分，亦未對盤查及鑑識措施加以區別。盤查所爲之詢問，並非犯罪偵訊，因此並無「米蘭達警告」之適用。惟盤查和傳統之逮捕、拘禁有密切相關連，必須嚴格遵守「米蘭達警告」之精神，否則將有違反憲法第五修正案「不得強迫刑事犯自證其罪」之虞。盤查所爲對於身體自由短暫拘束，其方式和時間都必須合乎比例原則之規範。統一逮捕法有關要求可疑人提出身分證明和行爲解釋並得爲拘留偵訊之規定，已違反憲法第十四修正案，非盤查權概念所指範疇。對於車輛檢查、路檢實爲盤查權適用之延伸，得視爲廣義之盤查概念。

　　英美兩國之警察職權法制之特色在於強調事實正義與程序公平，以個案判例彰顯實質之公平正義，對警察執行職務，行使職權之類型或程序剖析，極爲細膩，例如對攔停、拍搜檢查、搜索、扣押、逮捕及其他涉及人身自由之職權，均有詳細明確之類型化規定，又其他刑事司法職權之運作亦有明確規定。在英國，除原有之判例與法制外，主要受1984年之「警察與刑事證據法」及1994年之「刑事司法與公共秩序法」之規範。在美國，則以憲法第一至十修正案之所謂的「人權法案」及後來之第十四修正案之「正當法律程序」爲基礎，直接落實憲法保障人權之原則與理念於立法與執法上，並以司法審查（judicial review）之判例創設來落實法律正義及類型化執法判斷與裁量準則。雖然我國承襲大陸法系之法律體系，與英美法方式不同，然英美警察法制強調程序及個案之實質正義與人權保障之精神，頗值參考。

第八章
移民執法查證身分職權之探討

第一節 前言

政府行政機關依據法律均明定有其任務，常依各該機關之法定任務而藉由其組織法之職掌而分配其業務機關或單位，並規劃各項業務之執行，而經由勤務執法人員依法執行時，常需施予相關職權措施來達成任務，此些職權措施多藉由勤務執行之中「物理力作為」來加以完成，且常源起於「查證身分」，甚至有必要「暫時留置」來完成身分查證與蒐集執法所需之資料。依據我國入出國及移民法（以下簡稱「入移法」）[1]之規定，其有明定授權相關公權力之職權措施[2]。例如，入移法第十章面談與查察之規定，主要授權移民執法人員之職權行使（第63條）之概括授權，其餘列舉的職權規定上包括暫時留置（第64條）、實施面談（第65條）、通知至指定場所接受詢問（第66條）、查證身分之要件與措施（第67條至第68條）、帶往勤務處所查證（第69條）、對於婚姻或收養關係之實地訪查（第70條）、查察登記（第71條）及戒具武器之使用規定（第72條），除此之外，尚有入移法第17條第2項及第28條第2項分別授權對無戶籍國民及外國人準用警職法第二章之職權規定。基於研析之聚焦與研究心力限制，本章旨在探討內政部移民署執法之攔檢查證身分之職權外，並進而分析入移法第64條授權得暫時留置於勤務處所進行調查之規定，並進而分析法理及實務問題，希冀將研究成果，提供實務與繼續相關學術研究之參考。

因此，有關移民執法暫時留置與查證身分之職權，乃有了法定授予之規定，亦符合了法律保留原則。而且依據移民署之組織架構與業務職掌分配可知[3]，暫時留置職權乃適用於國境事務大隊之入出國境之查驗時，

1　入移法凡十二章，計97條文，主要內容在明定入出境與無戶籍國民及外國人之停、居留管理，其法律性質上主要有相關境管行為規範、違反之罰則、查察職權行使之措施、要件與程序之授權，係屬於入出國及移民署之重要法令之一。

2　按入移法於1999年5月21日初次立法公布施行，當時入移法有十章凡70條文，並不含有屬於移民執法「職權」規定。然在2007年12月26日大幅修正公布入移法，從而增加至十二章97條文，並於2008年8月1日正式施行，其中增加了現行法第十章「面談與查察」之職權行使專章，而亦規定對無戶籍國民與外國人之移民執法得準用本法第二章之規定。

3　內政部移民署組織架構與業務職掌，中華民國內政部移民署全球資訊網，https://www.immigration.gov.tw/5382/5385/5388/7166/，最後瀏覽日：2021年12月2日。

而查證身分職權則主要是由北、中、南區事務大隊適用於進入國境後之違反入移法第67條所定各款情形之一者之情形爲多，因其規定係得「進入相關之營業處所、交通工具或公共場所」爲適用之場域範圍可證。按移民執法人員在執法職權行使上多係經由「判斷」與「裁量」，且需有行爲責任人或狀況責任人之「違法要件」與「職權要件」之合致，始得加以進行取締調查，若第一線執法人員認有違法嫌疑，再進一步移送由裁處機關或單位進行「裁處調查」，其中對於確認相對人之身分應是執法的基礎作爲之一。

綜上，再按入移法之罰則規定中，違反第75條至第87條係處以行政秩序罰，而違反第73條至第74條之處罰屬行政刑罰之性質，依據入移法第89條授予之有條件司法警察權[4]，可知移民執法人員兼有移民行政違規調查與刑事司法警察的角色[5]。再者，基於他山之石，可以攻錯之借鏡功能，本文除主要探討我國之移民執法查察所需之「暫時留置」及「查證身分」職權外，亦引介日本與美國移民執法查察職權法制規範，乃先針對上述我國與日、美等三國之移民執法職權法制概說並介紹查察職權規範，進而對查證身分與暫時留置之二執法職權措施加以探討，亦對此二種實施物理力執法作爲之相關法理及其法律問題加以論析，最後提出本文之結論與建議，以提供學術研究與執法實務參考。

---

[4] 按入移法第89條規定：「入出國及移民署所屬辦理入出國及移民業務之薦任職或相當薦任職以上人員，於執行非法入出國及移民犯罪調查職務時，分別視同刑事訴訟法第二百二十九條、第二百三十條之司法警察官。其委任職或相當委任職人員，視同刑事訴訟法第二百三十一條之司法警察。」由上規定可知，移民署之移民執法人員並非具有一般司法警察權，而是依法限於「於執行非法入出國及移民犯罪調查職務時」之條件下，始具有司法警察權，應予辨明。

[5] 入移法性質上，除了其罰則專章之第73及第74條屬於「行政刑罰」之外，其他罰則條款均爲「行政秩序罰」，加上其行爲規範內涵及相關面談與查察之職權及強制執行等規定，可知其具有「作用法」之性質。又基於移民執法人員雙重任務之宿命，不論是犯行追緝之刑事司法作用，或違規取締之行政作爲，均有賴完備移民執法體系之建立與運用。

第二節　我國移民執法查察職權規範

　　移民執法常需考量「違法要件」與「職權要件」，前者乃違法之判準，常為法定之「分則」，但徒法不足以自行，仍須由專業執法者進行涵攝，而從查證身分到進一步違法查證，尚須有「職權要件」作為物理力作為之查證措施。因此，在執法實務上，通常先適用個別法之分則或罰則之規定，以其違反法律義務之構成要件判斷，其違反法律規定之義務內涵，常以不做該做的事（即作為義務）與做了不該做的事（即不作為義務）與法律效果裁量（裁罰範圍），亦即行政制裁處罰法之範疇。再者，屬大陸法系下的台灣公權力執法，在行政違規調查與裁處多由行政機關自行為之[6]，但在取締調查與裁處程序上可能由同一機關不同單位辦理，例如取締調查多由負責第一線之外勤執法人員負責，而多數違規案件之裁處則隨個別行政法規定而由另一機關[7]或單位之內勤裁決人員負責辦理。在移民行政法上有組織、作用中之程序、職權、制裁、執行、及救濟規定。移民法體系上執法之運用考量順序，常以移民機關之任務—業務—勤務—職權—處分（或制裁）—救濟—執行[8]。再者，行政機關為達到正確的行政行為，常需有充分的事實與證據，特別是行政違規案件之處理，在發現事實與蒐集證據之調查進程與裁處程序中，應遵守正當程序及合理明確之權限分配，始可圓滿達成維護公益與保障人權之任務。

　　按入移法之規範方式具有刑事與行政法規範同在[9]，處罰與職權規範兼備[10]，行為規範要件與罰則併列，甚且授權驅逐出國之強制執行規

6　在海洋法系國家之美國，基本上，裁罰與救濟職權屬於司法，而外勤第一線執法人員僅負責調查、取締及偵查作為，尚不成問題，然大陸法系國家行政機關具有行政違規裁處權，若無明確法規範，將使實務執行產生一定困難，不可不慎。

7　道路交通管理處罰條例第8條規定：「違反本條例之行為，由下列機關處罰之：一、第十二條至第68條由公路主管機關處罰。二、第六十九條至第八十四條由警察機關處罰。」

8　蔡庭榕，論行政罰法在警察法制之地位與執法之影響，中央警察大學法學論集，第11期，2006年，頁59。

9　違反入移法處罰專章中第73條及第74條係處以行政刑罰，而第75條至第87條則處以行政秩序罰。

10　入移法第十章是「面談及查察」為章名之職權規範，而第十一章則是「罰則」規定。

定[11]，甚至不配合執法要求，尚有罰鍰作爲後盾。有關移民執法人員之干預性職權規定，進行行政調查蒐集違規資料，以作爲處分或處置之基礎[12]。現行入移法除在第17條及第28條分別明定對於無戶籍人民及外國人之查察[13]時準用警職法第二章[14]外，更爲明確的是以第十章「面談與查察」爲章名，該章以第63條至第72條明定面談與查察職權措施規範，作爲移民執法人員進行違反入移法行爲取締的職權依據，並隨後有入移法第85條拒絕配合查察之罰則規定[15]。此項授權係以行政秩序罰性質之罰鍰，促使受執行查察之人遵守依法執行之公權力措施，爲有關警察法規所欠缺的授權[16]，故應對移民執法之遂行具有一定之正面效用。再者入移法施行細則僅在第六章附則中有4條訂定相關移民執法人員之相關調查職權[17]。更

---

[11] 入移法第一章至第九章多爲入出國及移民行爲應遵守之規範要件，而有違反該等要件者，於本法第十一章則有相關「罰則」之規定。例如，本法第4條第1項規定：「入出國者，應經內政部入出國及移民署查驗；未經查驗者，不得入出國。」又於同法第84條明定：「違反第四條第一項規定，入出國未經查驗者，處新臺幣一萬元以上五萬元以下罰鍰。」甚至進一步加上「強制執行」性質之規定，如本法第36條規定：外國人違反第4條第1項規定，未經查驗入國。入出國及移民署應強制驅逐出國。

[12] 洪家殷，論行政調查之救濟，指出「行政機關爲求作成最終正確之決定，必須蒐集各種資料，以釐清事實俾形成心證」。https://www-ws.gov.taipei/Download.ashx?u=LzAwMS9VcGxvYWQvMzc1L3JlbGGZpbGUvNTE2NjMvODEzMDQxMC83MjI1MGI5Ny1mOWUxLTRhNDMtYmVlMS0wODZjMjczY2U4NDUuucGRm&n=6KuW6KGM5pS%2F6Kq%2F5p%2Bl5LmL5-pWR5r%2BfLnBkZg%3D%3D&icon=.pdf，最後瀏覽日：2021年10月15日。

[13] 我國國民入出境除特殊身分外，原則上已經不需申請許可，仍應持相關證件接受境管檢查。

[14] 入出國及移民署或其他依法令賦予權責之公務員，得於執行公務時，要求出示前項證件。其相關要件與程序，準用警察職權行使法第二章之規定。

[15] 入移法第85條規定：「有下列情形之一者，處新臺幣二千元以上一萬元以下罰鍰：一、經合法檢查，拒絕出示護照、台灣地區居留證、外僑居留證、外僑永久居留證、入國許可證件或其他身分證明文件。……五、違反第六十六條第二項規定，拒絕到場接受詢問。六、違反第六十七條第三項規定，規避、妨礙或拒絕查察。七、違反第七十一條第二項規定，規避、妨礙或拒絕查察登記。」

[16] 例如，本法及其他相關警察法規多無此以罰鍰方式，以致於無法有效發揮如入移法促進受執法者遵守依法行政之相關義務。

[17] 其內容有：「移民署基於調查事實及證據之必要，得以通知書通知關係人陳述意見（第34條）」、「移民署基於調查事實及證據之必要，得要求當事人或第三人提供必要之文書、資料或物品（第35條）」、「移民署得選定適當之人、機關或機構爲鑑定（第36條）」及「移民署爲瞭解事實眞相，得實施勘驗（第37條）」。

有進者，入移法其他條文中亦有相關「法規命令」之授權規定[18]，亦均對外具有規範效力。

移民行政執法勤務之進行，執法活動常需物理力作為配合，在裁量是否採行具體措施之初，特別是執法干預性活動，涉及人民自由或權利之干預或剝奪，應先有正當性、合理性之基礎，最常見者為法律規定之內涵要件。因此，警察執法係以事件發生或現場事實狀況為判斷，例如，人之行為、物之狀況，或現場之其他事實現象等，均可以作為形成是否造成危害之心證基準，將抽象或不確定之法律概念，甚且，概括之法律規定，透過解釋將之涵攝之。因此，執法首應判斷其是否具有法律規範要件義務之違反，其係為執法一種判斷過程。若在判斷過程中，對於事件之事實或其事實關係之心證確信程度已經符合法律規定，都可裁量決定採取進一步之職權作為。例如警職法第6條規定之要件，則可進而決定是否採行同法第7條之查證身分之職權措施。此決定是否採行，或依法有多種職權作為可供採行，而選擇如何作為，則屬於裁量程序。

移民執法人員採行干預人民自由權利之措施，應符合「法律保留」原則及「明確性」原則，而且須合比例的授權基礎。只要執法人員的行為，會妨礙到人民自由與權利的行使，或是予以限制或剝奪時，不論是事實上或法律上行為，且不論是否具有強制性，均係屬於自由或相關權利的干預，應有憲法第23條之適用[19]。移民執法人員對人、對物、對處所及對其他之干預性職權措施之執法授權，必須符合「明確性」之法制原則[20]，配合執法之面談與查察，應對各項執法人員職權措施之一般要件或特別要件予以詳細明確規定之，以避免違反司法院釋字第535號解釋意旨所指明

---

[18] 例如，依入移法第64條第3項規定訂定之「內政部入出國及移民署實施暫時留置辦法」、入移法第71條第3項規定訂定之「內政部入出國及移民署實施查察及查察登記辦法」及入移法第72條第5項規定訂定之「內政部入出國及移民署戒具武器之種類規格及使用辦法」。

[19] 憲法第23條規定：「以上各條列舉之自由權利，除為防止妨礙他人自由、避免緊急危難、維持社會秩序或增進公共利益所必要者外，不得以法律限制之。」因此，本條揭櫫了政府公權力要介入干預人民之自由或權利，立法者應在符合「四大公益原則」及「比例原則」前提下，制定明確性之法律規定，以符合「法律保留」原則，乃民主與法治社會，憲法保障人權之衡平機制。

[20] 林明鏘，行政法講義，新學林，2019年9月修訂5版1刷，頁188-190。

須有執法查察之干預性措施所需之職權要件、程序與救濟的法律明確授權[21]。

移民執法之職權規範係為達成移民行政規範任務之重要基礎，屬於行政調查之性質[22]。另有警職法第6條至第18條亦規定有「查證身分及蒐集資料」亦有規範，亦為入移法第17條及第28條所規定為移民執法時得以準用。再者，入移法第十章之「面談與查察」亦有移民官執法之職權規定。再者，基於移民執法之取締調查與裁處程序，首先適用入移法自行規定之查察職權，再進一步適用其他普通行政法規補充之。按入移法係移民行政違規取締調查職權授予之特別法規定，作為移民執法人員進行干預行政調查之主要法律依據。按入移法第63條規定移民執法人員得依據入移法之面談與查察專章進行面談與查察，以及其對象除外國人、無戶籍國民、有戶籍國民、無國籍人外，並兼及大陸地區人民、香港或澳門居民。並且，移民署執行職務人員得行使該專章所定之職權辦理入出國查驗，調查受理之申請案件，並查察非法入出國、逾期停留、居留，從事與許可原因不符之活動或工作及強制驅逐出國案件。本條立法理由乃為利於各項業、勤務之執行，爰訂定該職權專章所定之相關職權。

另一方面，因大陸地區人民及港澳居民進入台灣地區等事宜，係兩岸關係條例、香港澳門關係條例及相關許可辦法，而入移法適用上尚不及於大陸地區人民及港澳居民；惟有關為辦理入出國查驗，調查受理之申請案件，並查察非法入出國、逾期停留、居留，從事與許可原因不符之活動或工作及強制驅逐出國等職權行使事項，於大陸地區人民及港澳居民亦有為相同管制措施之必要性，爰增訂職權行使之對象範圍，包含大陸地區人民、香港或澳門居民[23]。因此，入移法對於執法取締調查權力之依據主要

---

21 司法院釋字第535號解釋文首段：「臨檢實施之手段：檢查、路檢、取締或盤查等不問其名稱為何，均屬對人或物之查驗、干預，影響人民行動自由、財產權及隱私權等甚鉅，應恪遵法治國家警察執勤之原則。實施臨檢之要件、程序及對違法臨檢行為之救濟，均應有法律之明確規範，方符憲法保障人民自由權利之意旨。」

22 許義寶，移民行政調查職權之研究，涉外執法與政策學報，第7期，2017年，頁85-111。

23 本條規定在司法實務上有如台灣台中地方法院100年度訴字第761號刑事判決，裁判日期：2011年5月13日，判決書指明其對於大陸地區人民來台之適用。按臺灣地區與大陸地區人民

係依據入移法第十章「面談與查察」各條文內涵要件之職權授予，其中主要職權可類分二部分，主要與「查察」職權相關，含括第63條至第64條及第66條至第72條，而「面談」職權係基於國家任務在於維護國家安全與利益，對於非本國人之入出國境管理與移民執法常有面談之必要[24]，以蒐集資料來作成正確處分。入移法在此面談與查察專章中，有關面談之授權僅在第65條規定[25]，其他本章各條次內容均屬於查察職權之規定。按入移法第十章（第63條至第72條）除第65條之「面談」規定外，其他條文均為「查察」職權之授予，含括職權類型有：暫時留置（第64條）、通知詢問（第66條）、進入營業或公共處所之授權與查證身分之要件（第67條）與措施（第68條）、帶往勤務處所（第69條）、住（居）所查察（第70條）、查察登記（第71條）、配帶戒具或武器（第72條）及入出國之查驗及紀錄（第4條、第91條）等各項移民執法所需之法定職權。本文旨在將上述法定「查察」職權中之「暫時留置」（第64條）與「查證身分」（第67條至第69條）之規定，進行相關法規範與實務問題之探討。

　　一般行政執法採「職權調查主義」舉凡與行政行為之決定有關，而有調查之必要與可能者，均應調查之[26]，行政機關負有「概括的調查義務」。現行法中並未對「行政調查」加以定義，亦無專法，有稱之為「行政檢查」或「行政蒐集資料」。在移民執法調查上優先適用入移法之規

關係條例第10條之1明定，大陸地區人民申請進入台灣地區團聚、居留或定居者，應接受面談、按捺指紋並建檔管理之；未接受面談、按捺指紋者，不予許可其團聚、居留或定居之申請。又按本條之上述規定，是移民署專勤隊之職責係國境內面談之執行、外來人口訪查與查察之執行、國境內違法之調查、國境監護、臨時收容、移送、強制出境、驅逐出國，為依法令關於特定事項，得行司法警察之職權者，依刑事訴訟法第231條第1項第3款之規定，為司法警察人員，其所製作之筆錄為警詢筆錄。

24　蔡庭榕，移民面談制度，收錄於：陳明傳等合著，移民的理論與實務（第十二章），五南，2018年，頁423-452。

25　本條明定移民署受理外國人申請在台灣地區申請停留、居留或永久居留案件時，得於受理申請當時或擇期與申請人面談。必要時，得委由有關機關（構）辦理。另一方面，亦授權對台灣地區無戶籍國民、大陸地區人民、香港或澳門居民申請在台灣地區停留、居留或定居時，亦同。以上接受面談之申請人未滿14歲者，應與其法定代理人同時面談。至於移民執法人員進行上述所定面談之實施方式、作業程序、應備文件及其他應遵行事項之辦法，由主管機關訂定「內政部入出國及移民署實施面談辦法」，以資適用。

26　洪文玲，行政調查與法之制約，學知，1998年，頁30。

定，亦可依法準用警職法第二章之規定，若仍有不足可再依序適用屬普通法性質之行政罰法及行程法[27]。按移民行政違規之取締與裁處必須考慮其「構成要件該當」、「有責性」及「違法性」，其取締違規首需透過調查進行相關資料蒐集，特別是執法相對人之身分查證加上違規資料之蒐證，才能有行政制裁處分之作成。

按我國移民執法準用警職法之第二章規定，係指警職法第6條至第18條規定，以「查證身分」及「蒐集治安資料」為重心。其主要適用於執法人員外勤調查之職權授予。其主要內容有：一、查證身分之措施、要件與程序：警職法第6條至第8條規定有關「查證身分」措施。可區分為「治安攔檢」及「交通攔檢」。有關對人之查證身分，依據該法第6條規定「查證身分之要件」合致後，始得以進行第7條「查證身分之措施」。若有特別要件要求，仍須該當其條件，始得進行其職權作為。至於對於交通工具之攔查則需依據警職法第8條之規定為之；二、蒐集資料之措施、要件與程序：警職法第9條至第15條規定有關治安「蒐集資料」措施，其可列分為：（一）蒐集集會遊行資料（第9條）；（二）設置監視器蒐集治安資料（第10條）；（三）跟監蒐集資料（第11條）；（四）遴選第三人協助蒐集資料（第12條至第13條）；（五）通知到場蒐集資料（第14條）；（六）治安顧慮人口查訪（第15條）；三、資料之傳遞、利用與處理（第16條至第18條）。警職法第6條至第18條則多係以執法人員外勤之查證身分或蒐集資料所需之職權規範為內容。而入移法之面談與查察，即屬於移民官在依法調查及蒐集資料之外勤取締適用為主。

由於許多有關行政調查或裁處程序之規定，並未明確釐清在行政違規案件中之「取締調查」與「裁處調查」之進程，甚至在調查與裁處權責上亦未明確規定，以致實務適用上，亦可能發生適用問題[28]。例如，移民

---

27 李震山，論行政罰法「具裁罰性之不利處分」及「特別法優先適用原則」，法學叢刊，第207期，2007年，頁1。另可參考洪文玲，行政罰裁處程序之研究──以警察法領域為例，收錄於：義薄雲天誠貫金石──論權利保護之理論與實踐：曾華松大法官古稀祝壽論文集，2006年，頁69。
28 劉嘉發，論警察行政罰法對交通執法之影響，「行政罰法對警察工作之影響」學術研討會論文集，中央警察大學，2005年，頁105-117。

執法人員依據相關法令規定，於執法現場基於自行調查、民眾舉報、行為人自首或其他方式而知有違反移民法規之行為者，得開啟調查程序。論者指出：「有關行政機關從事調查事實或證據之程序及階段，行程法並未有明確之規定，仍係依據行程法第36條之職權調查主義，由其裁量定之。在從事證據調查時，行政機關並不需要作成特別的『證據裁決』，亦可向其他機關請求提供職務上之協助，此時可適用行程法第19條規定。因此，行政機關得藉由職務協助，取得其他機關之確認、調查結果或證據方法，以有利於事實之澄清。」[29]因此，移民執法人員依據與入出國及移民等相關規範之違規調查時，常是由移民執法人員擔任違法調查，而移由主管機關（勞動主管機關）裁處，以致衍生出先「違法取締調查」後，再移由負責之主管機關辦理「違法處分」決定之執法作為。例如，雲林縣政府以某甲違反就業服務法第44條（任何人不得非法容留外國人從事工作）規定，依同法第63條第1項規定對原告裁處15萬元罰鍰[30]。本案係某甲（店家）非法容留越南籍學生HO THI GIAO（下稱：H君，護照號碼：M0000000），至其所經營位於雲林縣○○鎮○○路○○○號之水果攤內，從事整理水果及紙箱等工作，經內政部移民署南區事務大隊雲林縣專勤隊（以下簡稱雲林專勤隊）於民國108年9月12日查獲，嗣經被告即原處分機關雲林縣政府審查屬實。因此，由上述取締及裁處過程可知，取締調查係由移民署雲林專勤隊進行，而處分則係由雲林縣政府作成，曾有對之不服，而提起109年4月7日勞動法訴二字第1080026985號訴願決定，維持原處分，而再提起行政訴訟，而由台灣雲林地方法院以109年度簡字第14號判決[31]略以：「原告之訴駁回。」因此，取締調查機關（移民署雲林

---

29 洪家殷，論行政調查之證據及調查方法—以行政程序法相關規定為中心，東海大學法學研究，第35期，2011年，頁17。

30 違反入移法第44條或第57條第1款、第2款規定者，處新臺幣15萬元以上75萬元以下罰鍰。法人之代表人、法人或自然人之代理人、受僱人或其他從業人員，因執行業務違反第44條或第57條第1款、第2款規定者，除依前項規定處罰其行為人外，對該法人或自然人亦科處前項之罰鍰或罰金。

31 裁判日期：2020年10月22日。本案尚且經由台灣雲林地方法院109年度簡字第14號辯論終結，以蒐集足夠之資訊，期能作成正確之行政處分。

專勤隊）蒐集備齊相關資料，移送處分決定機關（雲林縣政府）依法作成「處分書」，後來受處分人對此處分不服，亦提起訴願救濟，經訴願駁回後，再提經此台灣雲林地方法院109年度簡字第14號判決，判決前為有效蒐集事實資料，乃由台灣雲林地方法院台灣雲林地方法院109年度簡字第14號裁定「本件應再開言詞辯論」（以達確證資料及查明事實之目的）。因此，有關移民執法人員辦理違反移民法規之案件的調查與裁處，若屬不同單位或機關做最後處分時，則應注意其取締調查與裁處調查之區分與配合為之。

綜上，入移法所規定之查察職權，在移民執法實務上常有適用之機會，而且執行一件未經許可入國違反入移法第74條前段之案件之查察，即可能適用上述多項職權措施。例如，2020年9月14日台灣新北地方法院109年度簡字第3500號刑事判決書附件之「台灣新北地方檢察署檢察官109年度偵緝字第1303號聲請簡易判決處刑書」敘明內容略以：「移民署國境事務大隊證照查驗之法令依據為入出國查驗及資料蒐集利用辦法，該辦法係由入移法第4條第3項規定授權而訂定。且入出國及移民署執行職務人員於入出國查驗時，有事實足認當事人所持護照或其他入出國證件顯係無效、偽造或變造等情形，得暫時將其留置於勤務處所進行調查；有相當理由認係非法入出國者，入出國及移民署執行職務人員於執行查察職務時，尚得進入相關之營業處所、交通工具或公共場所，並得查證其身分；若外國人持用偽造之護照者，入出國及移民署得禁止其入國，入移法第64條第1項第1款、第67條第1項第4款及第18條第1項第2款分別定有明文。再依入出國查驗及資料蒐集利用辦法第10條第1款規定，外國人入國，應備有效護照或旅行證件，申請免簽證入國者，其護照所餘效期須為6個月以上，經入出國及移民署查驗相符，且無入移法第18條第1項、第2項禁止入國情形者，於其護照或旅行證件內加蓋入國查驗章戳後，始可許可入國。……準此，可見移民署查驗人員對於外國人入出境時之證照查驗，有權審查外國人所持用之護照真偽、查證其身分以查察有無冒名情事，並得拒絕其入境（包括暫時留置處理或逮捕送辦等），因此移民署查驗人員對於外國人持用護照入出境之證照查驗具有實質審查權限，且審查事項，除所持用之護

照是否眞僞外，尙包含查證身分之有無冒名情事。再者，相當職等之查驗人員，並視同司法警察官或司法警察具有犯罪調查職務，自得爲相當方式之調查，並非僅只於一經外國人提出護照要求入出境而從形式上觀察無誤即須准許入出境並鍵入電腦檔案之形式上審查而已（台灣高等法院102年度上訴字第342號、101年度上訴字第2157號判決同此見解）。」因此，本案涉及上述相關查察職權之適用，如入出國時之證照查驗、進入相關之營業處所、交通工具或公共場所、查證身分、暫時留置及資料紀錄等相關職權措施。因此，移民執法人員於取締調查與裁處相關職權規定，除了從入移法所規定之各項職權外，尙可運用警職法、行程法、行政罰法或其他關涉到之個別法規所授予之職權程序規定。

我國對於國境與移民調查管理職權於「入移法」明定專章，並得準用警職法，得以作爲「暫時留置」與「查證身分」等職權之依據，若有不足，尙可適用「行政程序法」與「行政罰法」之行政調查或處分程序等相關規定。而日本對可疑非法外國人之查察，主要依據爲依「出入國管理及難民認定法」第五章之違規調查與驅逐程序之規定。例如，外國人有違反該法之嫌疑而可能依該法第24條驅逐出國，則得依該法第27條、第28條規定進行調查程序。再者，美國國境與移民管理之執法查察則主要依據「移民與國籍法」（INA）第287條規定移民官及其職員的執法職權。另有依據1996年「非法移民改革與移民責任」（IIRIRA, 1996）作爲政府執法之職權依據。例如，非法外國人入境後之查察，包括可能雇用外國人之工廠或相關場所，除依法進行移民身分查證外，ICE對於非法者之處罰與遣返，亦積極結合州及地方警察或相關執法人員依法執行各項查察措施，以取締非法移民，而依據IIRIRA亦包括處罰雇用非法移民之雇主。

第三節 移民執法暫時留置與查證身分之規範及法理

一、移民執法「暫時留置」之規範與法理

（一）入移法關於暫時留置之規定

入移法第64條規定「暫時留置」之職權，其主要內涵可分析如下：

1.暫時留置之意義：於取締現場無法於辦案過程中查明之情形，而有繼續查證之必要者，依法得得暫時將其留置於勤務處所，進行調查之限制其自由之執法行為。

2.暫時留置之目的：暫時留置係因移民署執行職務人員於入出國查驗時，無法立即於入出國境之現場查明之事項者，而有入移法第64條第1項所列情形之一者，加以進一步暫時將其留置於勤務處所進行調查，以釐清事實。

3.暫時留置之要件：第1項規定：「入出國及移民署執行職務人員於入出國查驗時，有事實足認當事人有下列情形之一者，得暫時將其留置於勤務處所，進行調查：一、所持護照或其他入出國證件顯係無效、偽造或變造。二、拒絕接受查驗或嚴重妨礙查驗秩序。三、有第七十三條或第七十四條所定行為之虞。四、符合入移法所定得禁止入出國之情形。五、因案經司法或軍法機關通知留置。六、其他依法得暫時留置。」

4.暫時留置之時地：依前項規定對當事人實施之暫時留置，應於目的達成或已無必要時，立即停止。實施暫時留置時間，對國民不得逾2小時，對外國人、大陸地區人民、香港或澳門居民不得逾6小時。而留置地點：入移法明定得暫時將其留置於勤務處所

5.其他事項：(1)執法主體：出國及移民署執行職務人員；(2)執法客體之範圍：僅限於於入出國查驗時，有事實足認當事人有入移法第64條所規定情形之一者；(3)留置處所：得暫時將其留置於勤務處所；(4)授權訂定「法規命令」：基於上述入移法第63條第3項規定授權乃由內政部訂頒「暫時留置之實施程序及其他應遵行事項之辦法」，由主管機關定之。因此，「內政部入出國及移民署實施暫時留置辦法」（以下簡稱「留置

辦法」）據以執行之；(5)符合比例原則：依規定對當事人實施之暫時留置，應於目的達成或已無必要時，立即停止。

再者，依據本條第3項授權訂定之「留置辦法」規定，有關上述移民執法人員實施留置時，應注意事項如下：

(1)告知事由與法律依據：留置辦法第3條規定，入出國及移民署實施暫時留置時，除有不宜告知者外，應先告知被暫時留置人實施暫時留置之事由及法令依據。

(2)留存記錄以備查考與證明：留置辦法第4條規定，移民署實施暫時留置之勤務處所，應備置暫時留置工作紀錄簿，並應告知被暫時留置人前項紀錄內容，並請其簽名。被暫時留置人拒絕簽名時，應載明原因，以備後續查考及證明。被暫時留置人得請求發給第1項紀錄內容影本；移民署除有正當理由外，不得拒絕。

(3)應注意被暫時留置人之情狀與其身體及名譽，以及其傷病醫護處理等：依留置辦法第5條至第6條處理。

(4)對於刑事嫌疑人為被暫時留置人時，得使用戒具或武器加以強制：依留置辦法第7條規定，對入移法第72條第2項或第3項各款情形之一者，移民署執行職務人員得依法使用戒具或武器。

(5)留置係為辦案需求：依據留置辦法第8條規定，移民署對被暫時留置人，應儘速詢問及進行調查後，依第9條至第13條規定辦理。無暫時留置之必要者，應即放行。又同辦法第9條規定，移民署調查後，應將其移送司法機關，或為其他必要之處置。以及同辦法第10條之規定有：「當事人依本法第六十四條第一項第二款規定被暫時留置者，經移民署調查後，除發現違反其他法令，依其他法令規定處理外，應依本法第四條第一項規定禁止入出國，或為其他必要之處置。當事人嚴重妨礙查驗秩序之行為經制止後，已無妨礙查驗秩序者，入出國及移民署應停止暫時留置，並將妨礙查驗秩序之情形紀錄於暫時留置工作紀錄簿。」以及依據同辦法第11條至第13條之規定，移民署調查後，應即通知相關機關或依相關法令規定處理。因此，可知依入移法所為之留置目的，乃係辦案所需，性質上屬於「辦案時間」的延續。

（二）入移法有關暫時留置之法理

按入移法第64條於2007年初次明定時之立法理由有：「一、按國境線上之查驗工作，係以國家安全爲主要考量；惟現行實務上並未賦予第一線執行查驗工作人員，於發現可疑之情事時，具有『暫時留置』之權限，恐影響查驗品質及損害國家主權。爰定明辦理查驗工作之人員，於修正條文第1項各款所定之特定要件下，得暫時留置當事人，以進行調查。二、爲保障人身自由，避免不當侵害人權，另於修正條文第2項規定所實施之暫時留置，應於目的達成或已無必要時，立即停止；另依實務運作而言，若需留置國民進行調查，因其相關資料之取得及查證較外國人、大陸地區人民、香港或澳門居民容易，故對國民實施暫時留置之時間，亦應較對外國人等實施留置之時間爲短，爰參照入移法第7條第2項規定，對國民實施留置不得逾2小時，對外國人、大陸地區人民、香港或澳門居民實施暫時留置不得逾6小時，以兼顧實務運作及人權保障。」因此可知當時修法增訂本條係授權國境線上移民執法人員在正常執法或查驗辦案時，認有更加可疑與複雜情事而有必要進一步調查時，授予執法者得「暫時留置」相對人於「勤務處所」之權限，並明定其得以「暫時留置」之時限，於規範法理上應有其必要性，亦符合法律保留與明確性原則。

依據留置辦法第2條規定，移民執法人員於「入出國查驗」時，有事實足認當事人有入移法第64條第1項6款情形之一者，得將其暫時留置於勤務處所，進行調查，可知「暫時留置」之適用時機係在國境線上之入出國查驗時，而非入境後一般停留或居留而依法實施查驗時適用。而且，暫時留置應於「勤務處所」爲之，並非執法現場，亦即並非入出境線上，一方面避免影響國境線上之例行工作，亦可進一步適用相關設備輔助，並因明定規範機制，得使共知共識，以確保人權。再者，此機制係爲續行調查之目的而設之機制，是有其必要性。按我國憲法第8條之意旨與精神，對人身自由限制仍應合乎該條之「正當法律程序」，其重點含括：1.理由告知之通知義務；2.時間限制；3.法官介入。然我國現行法令對非刑事被告者，大都欠缺「法官介入」之正當程序。例如，入移法第69條及警職法第7條之規定依法「將受查證人帶往勤務處所時，非遇抗拒不得使用強

制力，且其時間自攔停起，不得逾3小時，並應即通知其指定之親友或律師[32]」。查留置辦法第3條即明定：「入出國及移民署實施暫時留置時，除有不宜告知者外，應先告知被暫時留置人實施暫時留置之事由及法令依據。」此適用與準用之二法之留置或帶往勤務處所之規定，均尚有踐履告知與通知義務，並責向特定上級機關報告，惟並未引進法官介入之做法。

二、移民執法「查證身分」之規範與法理

（一）入移法關於查證身分之規定

外國人有隨身攜帶其身分證明文件及出示之義務。按入移法第28條第1項規定：「十四歲以上之外國人，入國停留、居留或永久居留，應隨身攜帶護照、外僑居留證或外僑永久居留證。」同條第2項又規定：「入出國及移民署或其他依法令賦予權責之公務員，得於執行公務時，要求出示前項證件。其相關要件與程序，準用警職法第二章之規定。」因此，移民執法人員依法進行「查證身分」之要件與措施進一步分別規定於第67條及第68條。其構成要件，可析論如下：

1.查證身分之意義：移民執法係依據法定要件進行相關查察勤務時，首重身分之確認，避免打擊錯誤，而致違法執法。按警職法第7條第1項第2款規定查證身分得「詢問姓名、出生年月日、出生地、國籍、住居所及身分證統一編號等」內容資料，以正確達到依法執行之目的所進行之職權作為。

2.查證身分之要件：依據入移法第67條規定可剖析移民執法人員得執法現場進行查證身分之相關要件及其他重要內涵有：(1)須於依法執行查察職務時；(2)得「進入」相關之營業處所、交通工具或公共場所，此明示授權進入營業場所，顯然比較警職法第6條之「警察於公共場所或合法進入之場所，得對於下列各款之人查證其身分」之「合法進入之場所」要來得寬鬆，主要理由可能是下述得查察均以「相當

---

32 李震山，檢肅流氓條例與留置處分─「不具刑事被告身分者」之人身自由保障，台灣本土法學雜誌，第52期，2003年11月，頁185-187。

理由」始得「進入」。又進入之處所不含括「住宅」或與其相同性質者[33]，得進行查證身分之相對人的要件，共明定授權有五種情形：(1)法定逾期或得強制情形：有事實足認其係逾期停留、居留或得強制出國；(2)屬於刑事犯罪之虞：有相當理由足認有第73條或第74條所定行為，或有該行為之虞；(3)期確認是否與簽證許可目的相符合：有事實足認從事與許可原因不符之活動或工作；(4)確認是否偷渡：有相當理由足認係非法入出國；(5)有相當理由足認使他人非法入出國。再者，依前述規定「進入營業處所」實施查證，應於其營業時間內為之，營業處所屬公眾得出入之場所，必須在營業時間內始的進入查證，避免任意干擾。營業處所之負責人或管理人有配合查證之義務，前述之營業處所之負責人或管理人，對於依前述規定實施之查證，無正當理由，不得規避、妨礙或拒絕。第1項所定營業處所之範圍，由主管機關定之，並刊登政府公報。

3. 查證身分之措施：此仿警職法第6條及第7條之查證身分要件與措施配合規定，而有依第入移法第67條的要件，而於同法第68條授權得進行查證身分之必要措施如下：(1)攔停人、車、船或其他交通工具；(2)詢問姓名、出生年月日、國籍、入出國資料、住（居）所、在台灣地區停留或居留期限及相關身分證件編號；(3)令出示身分證明文件；(4)有事實足認受查證人攜帶足以傷害執行職務人員或受查證人生命、身體之物者，得檢查其身體及攜帶之物；必要時，並得將所攜帶之物扣留之。以上四種執法措施係於執法「現場」所得以執行者，而需注意者是「詢問」範圍僅止於身分查證所需，尚不含括可疑犯行之查證。另外得「檢查」身體或所攜之物，此係僅得為衣服外部之拍觸（frisk），係屬於安全保護性檢查，而非違法之取證型檢查，應予辨明。再者，依據同法第69條之規定，以上之查證身分應於執法現場若仍進行為原則，但有該條所定情形之一者，即授權

---

[33] 司法院釋字第535號解釋文指出：「臨檢之規定，並無授權警察人員得不顧時間、地點及對象任意臨檢、取締或隨機檢查、盤查之立法本意。除法律另有規定外，警察人員執行場所之臨檢勤務，應限於已發生危害或依客觀、合理判斷易生危害之處所、交通工具或公共場所為之，其中處所為私人居住之空間者，並應受住宅相同之保障。」

得將其帶往勤務處所查證。

　　4.得將受查證身分之人帶往勤務處所之情形：(1)經受查證人同意；
(2)於現場為之有下列情形之一者，得將其帶往勤務處所：①無從確定身
分；②對受查證人將有不利影響；③妨礙交通、安寧；④所持護照或其他
入出國證件顯係無效、偽造或變造；⑤拒絕接受查驗；⑥有第73條或第
74條所定之行為；⑦符合入移法所定得禁止入出國之情形；⑧因案經司法
或軍法機關通知留置。再者，依前述規定將受查證人帶往勤務處所時，非
遇抗拒不得使用強制力，且其時間自攔停起，不得逾3小時，並應即通知
其指定之親友或律師。此處之「帶往勤務處所」之時間授權為3小時，與
同法第64條之「暫時留置」顯不相同，前者係於境內之查驗，時限為3小
時；而後者係在國境線上，其時限則區分對非本國人得暫時留置6小時，
而對本國人則為2小時，得進一步實施查驗。

（二）入移法有關查證身分之法理

　　司法院大法官釋字第535號解釋文略以：「有關臨檢之規定，並無授
權警察人員得不顧時間、地點及對象任意臨檢、取締或隨機檢查、盤查之
立法本意。除法律另有規定外，警察人員執行場所之臨檢勤務，應限於已
發生危害或依客觀、合理判斷易生危害之處所、交通工具或公共場所為
之，其中處所為私人居住之空間者，並應受住宅相同之保障；對人實施之
臨檢則須以有相當理由足認其行為已構成或即將發生危害者為限，且均應
遵守比例原則，不得逾越必要程度。」而且，於上述該號解釋文亦明確指
出執法之「臨檢」措施係「臨檢實施之手段：檢查、路檢、取締或盤查等
不問其名稱為何，均屬對人或物之查驗、干預，影響人民行動自由、財產
權及隱私權等甚鉅，應恪遵法治國家警察執勤之原則。實施臨檢之要件、
程序及對違法臨檢行為之救濟，均應有法律之明確規範，方符憲法保障人
民自由權利之意旨」。因此，縱然是對非本國人實施查證身分之措施，亦
應符合上述意旨，而需遵守「實質」與「程序」的「正當法律程序」，亦
即前者是法律保留與明確性原則之遵行；而後者係應符合比例原則、出示
證件表明身分與告知事由等程序原則，甚至受查驗之外國人語言不通的

話，亦應有通譯之設，以遵行程序上之正當法律程序。論者指出「從主權出發所為之差別待遇，僅是反映人權保障之現實而已，尚屬正當或合憲法」，並進一步引德國基本法區分「每個人的基本權利及德國人之基本權利」二種，並進一步歸納出憲法人權保障之規範三層次：1.作為人即應享有之權利，如生命、身體與自由權；2.有強烈國家主權亦是關連性者，應屬於本國人之基本權利，如入境、參政或政治活動權利是；3.中間型態之權利，多屬於受益權，如我國憲法第15條保障之工作、財產及生存權之享有，需視各國開發程度而定[34]。因此，入移法於2007年修法時即新增第十章，除第64條授權暫時留置外，並於該章第67條至第69條明定查證身分之措施與要件及相關程序，然此二項職權均與自由之限制或剝奪有所關連，於法理上有其以法律明確授權之必要性，亦符合法律保留與明確性原則，並遵循正當法律程序。

然而，從「合理懷疑」到「相當理由」係形成不等之心證程度[35]，此區分要件判斷程度，在美國警察執法與司法界已形成相當共識。「合理懷疑」（reasonable suspicion）與「相當理由」（probable cause）在隱私權侵犯程度、搜索（或檢查）方式與強制力之行使、犯罪（或危害）嚴重性、事實證據之確定性、急迫性等有不同程度的考量。執法人員對於事實情況產生「合理懷疑」，常基於自己之觀察、民眾舉報、其他單位之提供訊息、或行為人自首等情形，而得以為初步之偵查或調查，常因合理懷疑有危害情事，而加以攔停、詢問、拍搜（參考Terry v. Ohio一案），而發現有更具體之違法犯罪之情事，乃轉而具有「相當理由」得以逮捕、搜索、扣押之。「合理懷疑」與「相當理由」只是程度之差異，在本質上並無不同。然而，從入移法有關查證身分係以「相當理由」為職權要件，亦與警職法之「合理懷疑」有差異，其要求幾乎與刑事犯行追緝之無令狀逮捕與搜索相同之心證程度，是否合宜，實有探討空間。

---

[34] 李震山，人性尊嚴與人權保障，元照，2020年增訂5版，頁416-418。

[35] 李震山等，警察職務執行法革案之研究，內政部警政署委託研究，1999年，頁191。蔡庭榕，論警察攔檢之法規範，警大法學論集，第6期，2001年8月，頁148。蔡庭榕，論警察臨檢之發動門檻—「合理懷疑」與「相當理由」，警察法學，創刊號，2003年，頁33-48。

在司法實務上，常藉由入移法及其授權訂定之相關法規命令或行政規則，作為移民執法之基礎。例如，國境事務大隊證照查驗之法令依據為「入出國查驗及資料蒐集利用辦法」，其係依據入移法第4條第3項規定授權而訂定。且移民署執法人員於入出國查驗時，有事實足認當事人所持護照或其他入出國證件顯係無效、偽造或變造等情形，即得依法暫時將其留置於勤務處所進行調查；若進一步有「相當理由」認其係非法入出國者，則移民署執行職務人員於執行查察職務時，尚得「進入」相關之營業處所、交通工具或公共場所，並得「查證其身分」；若外國人持用偽造之護照者，入出國及移民署得禁止其入國，入移法第64條第1項第1款、第67條第1項第4款及第18條第1項第2款分別定有明文。再依「入出國查驗及資料蒐集利用辦法」第10條第1款規定，外國人入國，應備有效護照或旅行證件，申請免簽證入國者，其護照所餘效期須為6個月以上，經入出國及移民署查驗相符，且無入移法第18條第1項、第2項禁止入國情形者，於其護照或旅行證件內加蓋入國查驗章戳後，始可許可入國。復依入移法第89條規定，入出國及移民署所屬辦理入出國及移民業務之薦任職或相當薦任職以上人員，於執行非法入出國及移民犯罪調查職務時，分別視同刑事訴訟法第229條、第230條之司法警察官。其委任職或相當委任職人員，視同刑事訴訟法第231條之司法警察。準此，可見移民署查驗人員對於外國人入出境時之證照查驗，有權審查外國人所持用之護照真偽、查證其身分以查察有無冒名情事，並得拒絕其入境（包括暫時留置處理或逮捕送辦等）。因此，移民署查驗人員對於外國人持用護照入出境之證照查驗具有實質審查權限，且審查事項，除所持用之護照是否真偽外，尚包含查證身分之有無冒名情事。再者，相當職等之查驗人員，並視同司法警察官或司法警察具有犯罪調查職務，自得為相當方式之調查，並非僅只於一經外國人提出護照要求入出境而從形式上觀察無誤即須准許入出境並鍵入電腦檔案之形式上審查而已[36]。

---

36 台灣新北地方法院109年度簡字第3500號刑事判決。經查台灣高等法院102年度上訴字第342號、101年度上訴字第2157號刑事判決同此見解。

　　移民行政執法係「判斷」與「裁量」的連結過程。經由移民執法人員之五官六覺的判斷事實是否違反法律規定之義務（構成要件該當否），再據以進行「決定裁量」（ob或if；即是否採取執法作爲）與「選擇裁量」（wie或how；即採取何種執法措施）[37]。從「判斷」事實上是否已發生危害或犯罪、即將發生危害或犯罪，到「決定」是否採取執法作爲及採取何種執法措施（含採取正當措施及適當處分），乃是一連串之判斷與裁量過程。而移民執法任務常兼有行政危害防止及移民相關之刑事犯罪偵查之雙重特性[38]；移民執法人員之任務在於達到保障人權與維護入出國與移民秩序行政之雙重目的，而維護移民行政安全與秩序任務又可分爲犯行追緝之刑事作爲及危害防止之行政措施。再者，移民執法任務之達成除須賴移民行政業務之縝密規劃，更重要的是有效的移民執法勤務作爲，亦常難以避免有使用干預性職權作爲之需要。然而，移民執法規範之構成要件（執法判準）常有「不確定法律概念」或「概括條款」，加上違規與犯罪事實亦常非客觀確定之情況。是以，移民行政執法過程中，常須將抽象法律條文內容涵攝於個案事實上，遵守法律及一般法律原則。不論是事實判斷上之正當合理性（justification）考量，以使強制力得合宜地適用於執法客體，抑或經證據（evidence）蒐集後之法律效果裁量，均無不植基於「比例原則」之適用。然而，「比例原則並非一範圍廣泛之『裁量權』，而是執法者『法益衡量』應遵循之『義務』，而行政裁量權之行使又必須『合義務性』，比例原則因而產生拘束，如行政裁量權中之選擇裁量，若違反比例原則，則屬裁量濫權，其裁量行爲自屬違法[39]」。因此，移民執法仍應遵守行程法第4條：「行政行爲應受法律及一般法律原則之拘束。」以維護公益與保障私權有效衡平。

---

[37] 林明鏘，行政法講義，新學林，2019年9月修訂5版1刷，頁114-116。

[38] 參考入移法第89條之規定：「移民署所屬辦理入出國及移民業務之薦任職或相當薦任職以上人員，於執行非法入出國及移民犯罪調查職務時，分別視同刑事訴訟法第二百二十九條、第二百三十條之司法警察官。其委任職或相當委任職人員，視同刑事訴訟法第二百三十一條之司法警察。」可知入移法之執法人員係具有相關於對移民刑事犯罪偵查之司法警察官或司法警察身分與職權。

[39] 李震山，行政法導論，三民，2019年2月修訂11版1刷，頁291-292。

第四節　美日移民執法查察職權之立法例

按基於國家安全與利益，世界各相關國家均有其入出國管制及移民規定，屬於大陸法系的我國與日本均有明確的入出國及移民相關制定法可資依循，而屬於海洋法系之美國，則以判例法爲主，茲分別舉美、日二國之立法例，將其移民執法之查察職權析論如下：

一、美國移民執法查察職權規範

美國在911事件之後，聯邦與各州和地方政府更加重視非法移民問題，且將此問題提升到國家安全的高度。在組織法上，對移民執法組織進行了大規模改組，使得原來移民歸化局（Immigration and Naturalization Service, INS）的原有功能獲得強化。美國政府增置國土安全部（Department of Homeland Security, DHS）。2003年3月1日將INS正式編入新成立的DHS，其原有的業務與功能分別交由三個部門執行，即美國公民權暨移民局（U.S. Citizenship and Immigration Services, CIS）、美國移民暨海關執法局（U.S. Immigration and Customs Enforcement, ICE）和美國海關暨邊境保護局（U.S. Customs and Border Protection, CBP）[40]分別掌理。

另一方面，在作用法上，延續美國1952年頒布了「移民和國籍法」（The Immigration and Nationality Act, INA），該法包括整合許多移民相關規定，並重組了移民法的結構。多年來，美國政府對INA進行了多次修訂，其中包含許多重要的移民法規定[41]。INA係包含於美國法典（USC）中，是美國法典蒐羅各類型之法規共有五十篇，而INA係在該法典之第八篇（Title 8），含括外國人和國籍（alien and nationality）。在INA第

---

[40] Richard M. Stana, Homeland Security and Justice Issues, "Department of Homeland Security: Addressing Management Challenges That Face Immigration Enforcement Agencies," GAO-05-664T, 2005, http://www.gao.gov/new.items/d05664t.pdf, last visited: 2021/12/20.

[41] Immigration and Nationality Act, https://www.uscis.gov/laws-and-policy/legislation/immigration-and-nationality-act, last visited: 2021/12/20.

287條規定移民官及其職員的執法職權（powers of immigration officers and employees），該授權規定亦收錄於美國聯邦法典第八篇第1357條[42]。該款授權聯邦政府可以與州和地方政府在移民執法過程中展開合作，並且負責培訓州和地方執法人員，以配合聯邦移民執法人員的執法活動，從而使得地方執法部門擔負起部分移民執法的功能[43]。這些職能主要包括審查地方和州監獄案犯的移民身分、逮捕和拘禁移民違法者、調查移民案件，以及同ICE[44]組成特別行動組，處理與移民有關的刑事案件等。由ICE[44]給予上述州或地方執法官員授權以確認及處理，並於必要時得留置（或收容）他們在日常例行執法活動中遇到的移民違法犯罪者[45]。另一方面，CBP於機場、港口之國境線上進行執法查驗，現行於海關以全部指紋掃描取代原有之兩指指紋掃描。而且CBP官員有權拒絕外國人入境，並可能留置、拘禁外國人，亦可能取消外國人所持美簽；此外，CBP官員如無法立即判斷是否允許該名旅客入境，可將當事人移往他處進行進一步審查[46]。再者，由於移民與國境管理屬於聯邦事務，因美國聯邦政府逐漸意識到州和地方政府不僅可以在保衛國土安全方面發揮重要作用，而且也能夠在移民執法上提供必要的協助與支援。另一方面，爲強化聯邦政府在移民執法方面的功能，1996年「非法移民改革與移民責任」（The Illegal Immigration Reform and Immigrant Responsibility Act of 1996, IIRIRA or IIRAIRA）作爲政府執法之職權依據。

美國在911事件之後，一方面由CBP強化國土邊境執法防堵非法入境外國人，另非法外國人入境後之查察，包括可能雇用外國人之工廠或相關

---

[42] 8 U.S. Code § 1357 - Powers of immigration officers and employees.

[43] Harlan York, Immigration Law Enforcement: Collaboration and Authority, 2014 WL 3810661, pp.1-7.

[44] ICE是美國國土安全部下屬的一個執法部門，2003年因應反恐而成立。主要負責是鑑別、調查和處置非法移民、海關有關之違法犯罪活動，例如處理和遣返非法移民、走私、販賣等案件，總部位於華盛頓特區。

[45] 8 U.S. Code § 1357 - Powers of immigration officers and employees, https://www.law.cornell.edu/uscode/text/8/1357#g, last visited: 2021/12/28.

[46] 外交部領事事務局，https://www.boca.gov.tw/sp-foof-countrycp-03-102-4dd30-02-1.html，最後瀏覽日：2021年12月20日。

場所，除依法進行移民身分查證外，ICE對於非法者之處罰與遣返，亦積極結合州及地方警察或相關執法人員依法執行各項查察措施，以取締非法移民[47]，而依據IIRIRA亦包括處罰雇用非法移民之雇主[48]。例如，美國聯邦政府從1997年開始推行「雇傭資格查核計畫」，並在2007年將其更名為「雇工身分查核計畫」，即E-Verify，以便雇主利用此計畫審核新雇員工的身分及工作資格。移民執法機關會對工作場所實施突擊檢查，發現違法雇主將予以罰款等經濟處罰，對屢犯不改者施以拘禁。

另一方面，美國「移民及國籍法」[49]關於留置職權之規定於第1222條。留置外國人以進行身體和精神檢查[50]。例如，INA第1222a條規定，授權移民執法人員對到達美國國境線上之外國人，檢查其是否屬於本章所述的任何疾病或者可疑為依法不許可入國者，以確認其是否得以合法入境。再者，同法第1225條[51]規定，移民執法人員得依法進行必要之檢查以取締非法外國人，並得迅速驅逐不允許入境的非法外國人，其中包括對於外國偷渡或走私者。例如，偷渡到達國境之非法外國人顯無資格申請入境，除申請庇護應依相關法律處理外[52]，其他則由移民官員調查後依法予以驅逐出境。例如，對於申請入境的外國人之查察而言，如果審查移民執法人員無法明確入國者之合法身分時或有可疑其違法時，則該外國人應依法被留置進行進一步之相關調查[53]，其得依總檢察長之命令為之，而無需移民法官進一步調查或聽取。再者，依據INA第1225a條[54]之規定，亦依法得由移

[47] Lisa Marquardt, Immigration Law –This Land is My Land, or is It?: Statutes of Limitation within the Context of the Immigration and Nationality Act, 2018, 40 W. New Eng. L. Rev. 29-41.

[48] Illegal Immigration Reform and Immigrant Responsibility Act of 1996, Title IV—Enforcement of Restrictions Against Employment, Subtitle B - Other Provisions Relating to Employer Sanctions, Sec. 411-416.

[49] 8 U.S. Code Chapter 12, Subchapter II, Part IV: Inspection, Apprehension, Examination, Exclusion, and Removal.

[50] 8 U.S. Code § 1222: Detention of aliens for physical and mental examination.

[51] 8 U.S. Code § 1225: Inspection by immigration officers; expedited removal of inadmissible arriving aliens; referral for hearing.

[52] 8 U.S. Code § 1158: Asylum.

[53] 8 U.S. Code § 1225 & § 1229a: Inspection by immigration officers; expedited removal of inadmissible arriving aliens; referral for hearing.

[54] 8 U.S. Code § 1225a: Preinspection at foreign airports.

民官在國外機場進行預先檢查。再者，INA第1226條[55]規定，得依法逮捕和拘留或釋放外國人。該法更進一步於INA第1226a條[56]規定得強制拘留嫌疑恐怖分子，以及其關於人身保護令及司法審查程序[57]。

因此，美國國境執法係由DHS之CBP特別頒行移民執法措施相關規定[58]，並與其他相關移民執法機關之ICE及CIS共同簽定一個查察非法移民執法之逮捕、留置（收容）及遣返措施之備忘錄[59]，以求取各相關機關適用相關法律之共識性執法認識與作為。再者，海關暨邊境保護局亦以行政指導說明其「機場執法」程序及受檢者之權利。例如，在國境線上，入境外國人很可能會遇到海關暨邊境保護局的人員，也可能遇到國土安全調查局（HSI）的人員，國土安全調查局隸屬美國移民暨海關執法局。其指引內容指出：一般而言，國境執法人員可以在邊境攔停入境者以決定是否容許其入境，也可以搜查入境人士所帶物品是否有違禁品。外國人入境原則上應按捺指紋，且國境執法人員依法有權攔查及詢問你相關入境的各項問題。政府認為這種非因對個別人士有懷疑而進行的搜查應該涵蓋電子用品，比如手提電腦和手機，不過這是一個極具爭議性的法律問題。但執法人員不能因為你的宗教、種族、原國籍、性別、族群或政治信念而對你作個別的搜查或第二次調查。再者，國境執法人員有權問你的移民身分以決定你是否有權入境。若你拒絕回答你入境的性質和目的可能會造成時間拖

---

[55] 8 U.S. Code §1226: Apprehension and detention of aliens. Immigration and Nationality Act—Mandatory Detention—Chevron Deference - NIELSEN v. PREAP, 2019, 133 Harv. L. Rev. 392-398.

[56] 8 U.S. Code §1226a: Mandatory detention of suspected terrorists; habeas corpus; judicial review.

[57] Katherine F. Riordan, Immigration Law - Enforcing Administrative Exhaustion Requirements for Pattern - and - Practice Claims concerning Due Process Violations During Immigration Raids - Aguilar v. United States Immigration and Customs Enforcement, 510 F.3D 1 (1ST CIR. 2007) (NO PET. FOR CERT.), 2009, 42 Suffolk U. L. Rev. 377-387.

[58] U.S. Customs and Border Protection, https://www.cbp.gov/border-security/immigration-action, last visited: 2021/12/20.

[59] DHS, Policies for the Apprehension, Detention and Removal of Undocumented Immigrants, Policies for the Apprehension, Detention and Removal of Undocumented Immigrants, https://www.dhs.gov/sites/default/files/publications/14_1120_memo_prosecutorial_discretion.pdf?utm_source=(direct)&utm_medium=(none)&utm_term=undefined&utm_content=undefined&utm_campaign=(not%20set)&gclid=undefined&dclid=undefined&GAID=1007271639.1610151941, last visited: 2021/12/20.

延和／或對你進一步的調查，若你持有的是非公民簽證或是遊客，拒絕回答問題可能會造成你被拒入境。一般而言，原則上，執法人員不能因為你的宗教、種族、原國籍、性別、族群或政治信念而選擇查問你，但必要時，亦有例外加以詢問，仍須配合答覆，或要求與其上級人員說明，然拒絕回答可能會造成時間拖延和／或對你進一步的調查，甚至被拒入境。如果你被拒入境，但害怕回到出發地國家會遭受迫害或酷刑，你應該告訴海關人員你的恐懼，要求庇護。另一方面，CBP官員在首次及第二次調查時你無權要求律師，但你最好有律師或法律事務所的聯絡電話，在覺得自己的權利被侵犯或被拘留超過正常時間的時候，提出要求聯絡律師。對於所有嘗試進入美國的人士，如果海關或邊境執法人員告訴你已經被拘捕，或者情況表明他們懷疑你犯了罪，你應該在回答任何問題前要求先跟律師交談一並且如果你想行使保持緘默的權利，你要大聲宣告。執法人員可要求手提電腦密碼和將手機解鎖，以依法進行相關入境查證，若執法人員沒收你的手提電腦或手機，你應該要他們提供收條。若在有「合理懷疑」的情況下和在隱密之場所始可依法進行裸搜

　　原則上，國境檢查之法律正當性授權遠比境內檢查寬鬆，乃係基於國家安全與利益考量。在美國聯邦最高法院Carroll v. United States 267 U.S. 132 (1925)之判例中，聯邦最高法院認國境執法人員得基於國家自我防衛（national self-protection）權，對入出國境者進行攔阻及身分查證[60]措施。該案被逮捕控訴之Carroll控告國境執法人員違反美國憲法第四修正案，指出執法者違法對其進行無法院所核發令狀之國境搜索。此案最後上訴至美國聯邦最高法院認其搜索行為，並未違反美國憲法第四修正案。認為政府可以基於國家自我防衛權之理由，在合理之情境下，對於入出美國國境之旅客進行攔阻，同時，並對其身分進行查證，以確認其被賦予入國之許可合法。再者，論者亦有主張國境線上之隱私權比境內之隱私權受到較低程度之保障。從憲法位階之人權保障機制而言，國境安全檢查之攔停、暫

60　蔡庭榕，論國境搜索，跨境犯罪偵查與刑事司法互助學術研討會，中央警察大學國境警察學系主辦，2001年。另請參閱蔡庭榕，論國境檢查，警察法學，第2期，2003年，頁189-229。

留、詢問、出示證件、檢查物件、搜身等干預性的檢查措施，與國家安全維護之平衡考量，於入出國時之例行性檢查，所涉及隱私權較少[61]，尚不會造成個人之侮辱與尷尬[62]。例如，在2004年美國聯邦最高法院U.S v. Flores-Montano[63]判例中，美國聯邦第九巡迴區上訴法院亦認國境線上執法時，針對攜帶型電腦，或其他電子設備進行檢查或搜索之前，得為一般例行性檢查，並無須具備合理懷疑始的為之。有關此些有別於一般檢查或搜索之國境執法措施之授權規定，顯有別於境內之檢查或搜索之法律保留密度要求，旨在防止恐怖分子入侵及保障國土安全。此顯示人民於國境線上之隱私權之保障程度，事實上，是不同於美國境內，人民於國境線上之隱私權保障，係合理且必要地使隱私權受到較低之保障。

美國法院根據憲法第四修正案之標準，於審查及檢視CBP執法人員於國境線上所發動之搜索行為的「合理性」時，有些法院之審查標準係區別上開之國境搜索行為係「例行性」或「非例行性」而有差異。一般而論，CBP國境執法人員於執行「例行性」搜索時，不需任何程度之懷疑；但在執行「非例行性」搜索時，則需要合理懷疑之基礎。因此，CBP國境執法人員對於旅客之財產，包括：行李、手提包、皮夾及其他器皿之搜索或檢查行為，係屬於「例行性」搜索。然對於旅客之身體搜索，此包括：脫衣檢查、私密體穴及非自志願性之X光檢查，均被認為是「非例行性」檢查。因此，美國聯邦CBP執法人員對於入出國旅客人身之搜索或檢查行為，其法律性質，則不同於對於旅客財產或物件之搜索或檢查行為，則CBP國境執法人員必須有合理之懷疑，相信執行上開檢查之結果，將可查獲違禁物品[64]。由於對於入出國旅客進行脫衣檢查、人體私密體穴檢查及

---

[61] C. Allie Segrest, Immigration Law - The Current Split on an Undocumented Immigrant's Consitutional Right to be Informed of Discretionary Relief - United States v. Estrada, 876 F.3D 885 (6TH CIR. 2017), 2018, 41 Am. J. Trial Advoc. 673-685.

[62] Wayne R. Lafave, Search and Seizure – A Treatise on the Fourth Amendment, 3rd Ed. at 535-537. 轉引自：蔡庭榕，論國境搜索，跨境犯罪偵查與刑事司法互助學術研討會，中央警察大學國境警察學系主辦，2001年。另請參閱蔡庭榕，論國境檢查，警察法學，第2期，2003年，頁189-229。

[63] 541 U.S. 149, 124 S. Ct. 1582, 158 L. Ed. 2d 311, 2004 U.S. LEXIS 2548.

[64] Border search exception, http://en.wikipedia.org/wiki/Border_search_exception, last visited: 2021/12/28.

進行非志願性之X光照射檢查等行為，均屬為干預性的檢查行為，故需要CBP國境執法人員「合理懷疑」作為發動國境行政搜索權的基礎。則國境執法人員基於其所受之訓練及執法經驗，根據當時整體之情境判斷來形成「合理懷疑」。

因此，基於國家自我防衛權、國境線上隱私權比境內之隱私權受到較低程度之保障理論及國境安全保護之目的，乃形成有別於一般搜索之「國境搜索」的例外原則（border search exception doctrine）[65]。亦即在符合法定要件下，國境執法人員於國境線上之執法查察並無須搜索令狀。例如，美國聯邦最高法院於U.S v. Flores-Montano[66]之判決認國境執法人員於國境線上之搜索，無須合理懷疑，即可對於汽車的油箱，進行拆解，主要之法理基石在於國境線上隱私權比境內之隱私權受到較低程度之保障理論。

二、日本移民執法查察職權規範

日本對於入出國及移民管理主要係依據「出入國管理及難民認定法」（以下簡稱「入管法」）之規定。該法有關要求違法外國人接受調查之職權的主要規定有：1.調查違法之職權（第27條）：入國警備官，認為外國人有該當於第24條各款之一時，對於該當外國人，得調查其違法情形；2.有關調查違法必要的檢查及要求報告（第28條）：入國警備官為達到調查違法的目的，得為檢查。但是，有關實施強制處分，未依本章及第8章的特別規定，不得為之（第1項）。入國警備官有關調查違法，得請求公務機關或公私團體照會，或為告知必要的事項（第2項）；3.要求嫌疑人到場及調查（第29條）：入國警備官，為實施調查違法的必要時，得要求嫌疑人到場，對該當嫌疑人施予調查（第1項）。前項的情形，入國警備官必須記錄嫌疑人的供述筆錄（第2項）。作成前項的調查書證時，入國警備官須交由嫌疑人閱覽或朗讀，並使其簽名，且本身必須署名（第3項）。前項情形，嫌疑人不能簽名或拒絕簽名時，入國警備官必須將該意

---

[65] 柯雨瑞，論國境執法面臨之問題及未來可行之發展方向以國際機場執法為中心，中央警察大學國境警察學報，第12期，2009年，頁228。

[66] 541 U.S. 149, 124 S. Ct. 1582, 158 L. Ed. 2d 311, 2004 U.S. LEXIS 2548.

思，附記在調查筆錄上（第4項）；4.要求證人到場（第30條）：入國警備官為調查違法於有必要時，得要求證人到場，並對該證人加以調查（第1項）。前項情形，入國警備官對有關證人的供述，必須記載於筆錄（第2項）。前條第3項及第4項的規定，準用前項的情形（第3項）。於此情形，前條第3項及第4項之中的「嫌疑人」，在本項視為「證人」。

另一方面，有關臨檢及搜索措施，入國警備官為執行搜索，須請求法院發給令狀以執行之，其申請應向該管官署所在地之管轄地方裁判所，或簡易裁判所裁判官提出。但有緊急及必要情形，得向搜索所在地之管轄地方裁判所或簡易裁判所裁判官提出[67]。「入管法」第31條為規定臨檢、搜索及扣押程序，條文內容為：「入國警備官為進行調查違法嫌疑，得經其官署所在地之地方法院或簡易法院法官許可，進行臨檢、搜索或扣押。前項如屬緊急情形，入國警備官得於受到臨檢、搜索或扣押處所所在地之地方法院或簡易庭法院或法官許可，得進行該措施」。亦即不論是否緊急搜索，均需符合法院令狀主義，所不同者在於請求令狀之管轄法院有所不同而已。

按日本入國警備官對可疑為非法外國人之查察，主要係依入管法第27條規定之程序為之[68]。亦即執法人員認為可疑為違法外國人有符合入移法第24條驅逐出國規定各款情形之一時，得對該外國人進行可疑之違法調查。並且得依同法第28條為規定，對可疑違法之外國人進行必要之詢問及相關配合之要求等程序。亦即入國警備官為達到調查之目的，得對該外國人進行必要之訊問。但除本章及第八章有特別規定外，不得為強制

---

67 出入國管理法令研究會，注解判例出入國管理、外國人登錄實務六法，加除，2009年，頁75。

68 日文相關文獻，請參考覺正豊和、村木保久等，出入国管理及び難民認定法改正と千葉県における外国人犯罪，敬愛大学総合地域研究所紀要，第10期，2020年，頁113-129。中西恭祐，「出入国管理及び難民認定法及び法務省設置法の一部を改正する法律」の概要，捜査研究，第68巻第10號，2019年，頁92-102。和泉徹彦，日本における外国人労砼者に関する研究の動向と展開，嘉悦大学研究論集，第62巻第1號，2019年，頁23-37。菅原靖晃，東京入国管理局にみる出国命令制度の手続，The Immigration news magazine，第21巻第6號，2008年，頁7-10。鈴木秀治，不法滞在者半減に取り組む—東京入国管理局調査第一部門統括入国警備官，The Immigration news magazine，第18巻第6號，2005年，頁7-9。

處分[69]。

　　然而，若入國警備官之執行調查違法嫌疑，必要時，依法所實施之強制措施，如臨檢、搜索、扣押等，依其憲法第35條法理，則須經裁判官許可[70]。執行後，嫌疑人如符合法定事由之一，即符合「入管法」第24條各款事由，有足夠理由，認爲該外國人之違法已構成，依入出國管理局主任審查官核發之收容書，入國警備官對該人，得採行收容措施[71]。依上述規定，入國警備官執行調查、搜索非法外國人時，除法律有明文規定，尚不得以強制力實施之。如此，外國人之自由等人權，受憲法之保障。對外國人住所之搜索、扣押物品，須經法官許可。但對非法外國人之收容，規定依法之收容，除應符合法定之條件外，並須報由入國審查官審查，並發給收容書後執行。在法理上對外國人搜索、扣押物品之前，須受法院之許可，採嚴格之刑事程序，及依法定程序之令狀主義，保護外國人不任意受到搜索、扣押。但是在入國警備官搜索後，如認定該外國人有違法嫌疑，後由入出國管理局之審查官，核發收容書，得對該外國人予以收容。此爲拘束其人身自由之處分，此點在保障人身自由上，無法院之介入似有問題[72]。

　　再者，執行程序上並不告知當事人有請求辯護人到場權利。有關此要求令狀主義與辯護人到場權利，爲被告在刑事訴訟上，保護其權利之重要程序規定。日本憲法第34條亦規定，任何人受到人身自由被拘束之調查，有請求辯護人到場權利，以防止其人身自由，受到任意侵害或拘禁。此人身自由保障規定之權利要求，是否可適用於入出境管理處分之程序，學說上認爲：行政手續之持續拘禁人身自由，如不能準用本條規定，應無理由。因人身自由，持續受到拘束，對其個人權利之損害，以及自由、利

69　刁仁國節譯，日本出入國管理及難民認定法，新知譯粹，第8卷第4期，1996年10月，頁253。

70　居住自由、物品不任意受扣押權利，在法定搜索、扣押部分之程序，外國人似同於本國人，受到同等之法律上保障。

71　阪村幸男，入國警備官，收錄於：衫村敏正等編，警察法入門，有斐閣，1975年，頁42。

72　許義寶，論日本對非法外國人之收容與遣返，警學叢刊，第30卷第5期，2000年3月，頁157-158。

益之被侵害等，應可以預見。因此，任何之行政手續措施，對此不能不加考慮。以此措施不同於刑事逮捕之意見，其目的在於確保行政之迅速、效率，以遣返該非法外國人。日本法院判決認為，此屬依入管法所為之收容處分，尚不能解釋為應比照刑事程序有請求辯護人到場權利。

　　然而，此種涉有侵害人權之措施，卻不適用憲法保障人身自由規定，亦被日本學者批評其認定依據，只侷限於形式之判斷，並一昧認定屬行政措施範疇，如此可避開憲法對人身自由保障之規定。茲就此問題分二點加以析論：1.外國人不能要求準用，如同本國人之地位。即外國人有關入出境程序，不能要求比照本國人同受憲法人身自由之程序保障；2.以行政措施之名，可不必適用嚴格之刑事上，正當法律程序規定。以行政之名[73]，而不採實質認定說。因強調國家主權色彩，以致於有規避憲法之保障人身自由程序規定，認為收容遣返是國家主權之表示，並非國家之刑事措施。此時如有將非法外國人案件，依刑事程序辦理者，應認為其尚違反其他法律之規定者，而必須實施刑罰追訴權[74]。

第五節　移民執法暫時留置與查證身分問題之檢討

一、移民執法暫時留置職權之相關問題檢討

　　按現行我國法律規定，有依法對人或物留置[75]之規定，有於民法[76]、

---

[73] 以行政程序或刑事程序之拘束人身自由，程序上是否同受憲法保障人身自由之規定限制，對此，我國大法官釋字第392號有詳細說明。

[74] 許義寶，論日本對非法外國人之收容與遣返，警學叢刊，第30卷第5期，2000年3月，頁160。

[75] 例如，319槍擊事件真相調查特別委員會條例第8條之1第1項規定：「本會調查人員必要時得臨時封存有關證件資料，或攜去、留置其全部或一部。」公務人員保障法第56條第1項規定：「保訓會必要時，得依職權或依復審人之申請，命文書或其他物件之持有人提出該物件，並得留置之。」

[76] 例如，民法第109條規定：「代理權消滅或撤回時，代理人須將授權書交還於授權者，不得留置。」土地法第118條規定：「出租人對於承租人耕作上必需之農具牲畜肥料及農產物，不得行使民法第四百四十五條規定之留置權。」

刑事法[77]或行政法[78]規範之者，得對人予以「暫時留置」者，其法律性質亦有多種[79]，且時間長短不一；有無法官保留需要，亦不一而足。執法措施稱之為「留置」者，例如，過去檢肅流氓條例（已廢止）之「留置」[80]得1個月，延長一次，另行執法之留置僅有24小時，卻仍應有法官保留。社維法之留置則因可能違反二公約而予以廢止。另一方面，入移法第64條規定之暫時留置則以本國人與非本國人區分得留置2小時或6小時，從法規範與執行實務上，仍有值得研析之處，茲列述如下：

（一）按入移法第64條暫時留置措施係以「入出國查驗」時，有其明定的六種情形之一，其中先列舉五種具體情形，最後則以「其他依法得暫時留置」的概括規定，有此六種情形之一者，始得將其暫時留置於勤務處所，目的在於繼續進行調查。則此處之暫時留置措施，與同法第17條及第28條分別規範台灣地區無戶籍國民或外國人之規定不同，應予辨明。前者係於「入國查驗」時適用，而暫時留置時限分別因本國與非本國人而分別為2小時與6小時；而後者係指「入國停留、居留或永久居留」，應隨身攜帶護照、外僑居留證或外僑永久居留證等身分證件外，移民人員執行公務時，得準用警職法第二章之規定，要求出示前述證件，必要時，亦得準用警職法第7條第2項規定將之「帶往勤務處所」查證身分，時限不得逾3小時。再者，為何須區分外國人留置6小時，而本國人留置2小時？二者之性質均屬有繼續調查必要之舉措，是否有區分不同規定之必要，實有進一

---

77 刑事訴訟法第203條之3規定：「鑑定留置之預定期間，法院得於審判中依職權或偵查中依檢察官之聲請裁定縮短或延長之。但延長之期間不得逾二月。」按鑑定留置期間，法院得於審判中依職權或偵查中依檢察官之聲請裁定縮短或延長之，但延長之期間不得逾二月。鑑定留置之決定，必須要有鑑定留置票，鑑定留置票須由法官簽名，立法上採取法官保留原則的設計，鑑定留置期間視為羈押之日數，並用依照刑法第46條折抵刑期。

78 例如，行政執行法第17條第6項規定：「義務人經通知或自行到場，經行政執行官訊問後，認有前項各款情形之一，而有聲請管收必要者，行政執行處得將義務人暫予留置；其訊問及暫予留置時間合計不得逾二十四小時。」

79 例如，刑事訴訟法第203條之1及203條之2有關「鑑定留置」之規定。亦參考林鈺雄，論鑑定留置制度，月旦法學雜誌，第113期，2004年10月，頁51-65。

80 李震山，檢肅流氓條例與留置處分—「不具刑事報告身分者」之人身自由保障，台灣本土法學雜誌，第52期，2003年11月，頁179-187。黃朝義，留置裁定要件之相關問題—評大法官會議解釋第523號解釋等，月旦法學雜誌，第78期，2001年11月，頁184-193。

步斟酌之必要。又且，此與一般之辦案時間之差異何在及如何區分？仍非明確，仍有探討空間。雖立法理由僅簡單地以「若需留置國民進行調查，因其相關資料之取得及查證較外國人、大陸地區人民、香港或澳門居民容易」而作爲區分不同時限之事由。雖然，國際法上對待外國人有採平等互惠原則，並要求外國人入出國境依法查驗並錄存捺印指紋及照相等資料蒐集，乃是基於國家主權國家而有立法許可，以及非我國籍而無法與本國人受相同之待遇[81]上而有差別對待，以管理配合管理需求。再者，科技進步運用以執法的現代，對非本國人入出境所取得的個人生物特徵又比國人更寬鬆授權規定，故是否有區分時限必要，乃值得斟酌。

另一方面，在美國相關執法之時限上，較常禁止「非必要之遲延」（unnecessary delay）作爲執法之留置時限。然而，依據我國入移法第64條第2項之規定：「依前項規定對當事人實施之暫時留置，應於目的達成或已無必要時，立即停止。實施暫時留置時間，對國民不得逾二小時，對外國人、大陸地區人民、香港或澳門居民不得逾六小時。」本條係於前段規定：「暫時留置，應於目的達成或已無必要時，立即停止」，再進一步明定暫行留置本國人或非本國人之調查時限分別爲2小時及6小時，係明定不得逾越之界限，此在原則與例外上已有人權保障明確規範，然是否在實務上合宜適用，則有待實務運作上之分析確定。至於暫時留置是否需踐行憲法第8條第2項所定程序包括告知義務、留置時限及提審等作爲加以考量？首先，針對告知義務，入移法第64條及其授權訂定之「內政部入出國及移民署實施暫時留置辦法」均未明定應告知其指定之親友，僅有對於本人之告知，似有不足。

（二）是否得將行政與刑事之調查職權方法、要件與程序統一規定與適用，仍值得探討：按入移法第64條之暫時留置之要件有六款規定，其中第1款之「所持護照或其他入出國證件顯係無效、僞造或變造」與第3款之「有第七十三條或第七十四條所定行爲之虞」以及第5款「因案經司法或軍法機關通知留置」均屬於刑事犯罪追緝性質，以「暫時留置」之行政拘

---

[81] 許義寶，入出國法制與人權保障，五南，2019年3版，頁293。

束措施作為授權基礎，是否合宜，亦有疑義。再者，第5款如何配合司法或軍法通知進一步作為，亦未明確規定，亦待斟酌。

（三）有無需要「法官保留」及「提審」之適用：此暫時留置拘束人身自由之規定，雖僅有2小時或6小時，但仍屬於人身自由之限制，是否應有「法官保留」及「提審」之適用，或如入移法第69條或警職法第7條之程序規定，值得研議。然參考德國基本法第104條第2項規定：「自由之剝奪許可性及其繼續僅得由法官裁判之。任何非基於法官之命令之自由之剝奪應立即由法官裁判之。警察不得基於其自己之權力完整拘禁任何人超過逮捕之次日結束之時。」因此，外國人局或警察依法逮捕外國人後，若無法官之決定，僅得將該外國人暫時留置至干預之次日結束，否則應將被逮捕者釋放。最後，是否在規定時限下是否有適用提審之必要，若能藉由現今之科技發展配合資訊傳輸精確快速之環境下，藉由中立、公正第三者之法官介入，使關係人能獲得合法之聽審，以確保其權益，應值得肯定。

（四）屬於留置性質之規範內涵、用語、要件與相關程序均有統一規範之必要。例如，僅此「留置」一詞，即有對人與對物、有行政與刑事之用法。例如，有關入移法第64條之「留置」與第69條之帶往勤務處所的規定，均屬於執法調查之勤務措施，性質上屬於物理力作為，影響當事人之自由與權利甚鉅，例如，執行留置需遵守相關法律規定與一般法律原則（如比例原則），並兼顧受留置人之人性尊嚴及人身安全。若能有一部「行政調查法」作為調查之規範依據，尤其在屬於大陸法系的我國，對相關執法人員在規範與實務之涵攝上應有其重要性與必要性。

（五）是否有需要設置「留置室」及明確規範相關授權留置後之措施：因入移法第64條僅有規定「得暫時將其留置於勤務處所，進行調查」。雖據瞭解現行實務上係有「留置室」之設置，然並無相關規範，則其是何所指及如何執行，並無法規命令或行政規則加以進一步說明其作業性或細節性內涵為何。

二、移民執法查證身分職權之相關問題檢討

按現行入移法關於查證身分之規定，除在該法第17條及第28條明定

執法時得準用警職法第二章有關「查證身分與蒐集資料」之規定外，更進一步在入移法第67條至第69條明定移民執法查證身分之職權措施、要件及程序的規定。其規定方式係仿效警職法第6條至第7條規定，先於第67條明定得查證身分之職權要件，次則於第68條規定得據以查證身分之措施，唯一與警職法規定不同的是入移法將「帶往勤務處所」之措施與要件另以條文明確規定於第69條。入移法對於查證身分之授權可謂比較警察職權行使規範來得寬鬆但明確，然仍有相關問題值得進一步研議，茲分別說明如下：

（一）依入移法第67條第1項規定「移民署執行職務人員於執行查察職務時，得進入相關之營業處所、交通工具或公共場所，並得對下列各款之人查證其身分」之內涵，可知法定授權有「進入」相關之營業處所、交通工具或公共場所及對該向所定各款之人為「查證身分」等二項重要職權措施。尤其前項之「進入營業處所」係警職法所未獲得授權者，警職法第6條僅規定需「警察於公共場所或合法進入之場所，得對於下列各款之人查證其身分」，所稱「合法進入之場所」需另有其他法律授權進入」。然此進入營業場所係屬於概括授權，並無得進入之「要件」與「程序」之規定，是否符合司法院大法官釋字第535號規定之意旨，仍值得商榷。

（二）入移法第69條之帶往勤務處所3小時是否亦屬於「暫時留置」之性質，二者似均屬於一般辦案時間之延續。因此，如何於移民調查上區分「辦案時間」、「暫時留置」或「帶往勤務處所」之時機、要件、程序及相關注意事項，似均有研究明確規定之必要，或是如前述制定「行政調查法」作為行政執法調查之統合性準據。

（三）入移法第67條至第69條有關「查證身分」之規定，似已經含括行政違規或犯罪調查，因從相關規定內涵要件可知，相關規定已經不只是查證身分之目的而已，已經進而有行政違規與刑事調查目的之執法作為，是否合宜，應有探討必要。例如，對於入移法第67條第1項第2款規定：「有相當理由足認有第七十三條或第七十四條所定行為，或有該行為之虞。」以及同條項第4款及第5款均屬於刑事犯罪之情形，於此授權查證身分，就屬於「行政調查」或「刑事調查」之執法行為，恐難以區分，是

否得宜，亦值得深究。因本條規定，除查證身分之授權外（雖逾期停留或居留從查證身分即可得知，因外國人有攜帶護照之義務），並未授權得進一步得據以查察有違規或犯罪嫌疑或犯罪之虞者。因入移法第68條第2款規定得為之查證身分之詢問措施規定：「詢問姓名、出生年月日、國籍、入出國資料、住（居）所、在臺灣地區停留或居留期限及相關身分證件編號。」猶如警職法第7條第1項第2款之規定，並無授權進一步查證相關違規或犯罪嫌疑或之虞的情形，值得移民執法人員注意。

（四）入移法有關查證身分係以「相當理由」為職權要件，其心證程度顯然高於警職法之「合理懷疑」是否合宜？而該法或大法官釋字第535號解釋意旨可知，相關執法心證程度之要求，尚無須達到刑訴法之無令狀搜索、扣押、拘提或逮捕之「相當理由」的心證程度，而是執法人原對違法要件有「合理懷疑」或「有事實足認」有犯罪危害嫌疑或犯罪或危害之虞為要件即可。因此，移民執法人員之查證身分要件，須達「相當理由」之程度，顯與警職法之規定有差異，其要求幾乎與刑事犯行追緝之無令狀逮捕與搜索相同之心證程度，是否合宜，實有探討空間。

（五）入移法未如警職法明定有對不服查證身分措施而得提起相關救濟之規定。警職法第28條明定有對上述職權行使措施不服時，得依法提起異議，若仍繼續執行，則可依法要求開給臨檢紀錄書，若因該職權行使而致權利受有損害，尚可依法提起訴願及行政訴訟。由此可知，上述調查之法律性質應為「行政處分」[82]，故明定對之不服者，尚可依法提起訴願。然而，入移法並未有如上列警職法所定之救濟規定，雖是對非本國人之執法調查，在此救濟權利上應予相當之保障才是。

（六）外國人身分查證之隱私權保障：對所蒐集之指紋、照相及其他因查證身分而取得或使用之個人資料，應依法給予適當保護。

（七）對外國人依法查證身分應無緘默權之適用：緘默權主要用以保障被告或犯罪嫌疑人，禁止其被強迫為不利益自己之供述，又稱不

---

[82] 林明鏘，行政法講義，新學林，2019年9月修訂5版1刷，頁198-203。

自證己罪之權利，乃是被告訴訟防禦權之一種[83]。英美法上所謂緘默權（privilege against self-incrimination）任何人均不應被強迫控告自己之法諺[84]。不自證己罪在我國刑事訴訟法第95條第2款[85]、第156條第4項[86]、第158條之2第2項[87]等均有規定，然在行政法上基於公益目的而規定人民有協力義務來提供資料及配合調查，故在行程法或其他相關行政法規，均未如刑訴法明定得依法保持緘默或不自證己罪[88]。又論者認行政調查因對人民自由權益影響相對較小，且為公益目的，原則上應無緘默權之保障[89]。再者，我國屬於大陸法系而不似海洋法系國家僅有普通法院體系，而許多案件係由行政機關調查與裁處，與屬於刑事犯罪案件似應有所區別。再者，依我國警職法之規定，亦無在攔檢盤查時必須告知緘默權之規定，只有行政調查轉換至刑事犯罪調查時，而將執法調查之相對人視為犯罪嫌疑人時，始負有緘默權的告知義務[90]。因此，入移法第67條至第69條明定查證身分之措施、要件與程序，若拒絕配合執法時，尚有同法第85條之罰鍰規定，由此可認為此執法調查應無緘默權之適用。然而，因上述授權得查證身分之要件有數款係屬於刑事犯罪調查之情形[91]，如何區隔行政與刑事執法之界限，應有釐清必要。

---

[83] 邱珮菁，警察盤查權限之比較研究，中央警察大學警察政策研究所碩士論文，2015年，頁71。

[84] 洪文玲，行政調查與法之制約，學知，1998年，頁268。

[85] 刑事訴訟法第95條：「訊問被告應先告知下列事項：一、犯罪嫌疑及所犯所有罪名。罪名經告知後，認為應變更者，應再告知。二、得保持緘默，無須違背自己之意思而為陳述。三、得選任辯護人。如為低收入戶、中低收入戶、原住民或其他依法令得請求法律扶助者，得請求之。四、得請求調查有利之證據。」

[86] 刑事訴訟法第156條第2項：「被告未經自白，又無證據，不得僅因其拒絕陳述或保持緘默，而推斷其罪行。」

[87] 刑事訴訟法第158條之2第2項：「檢察事務官、司法警察官或司法警察詢問受拘提、逮捕之被告或犯罪嫌疑人時，違反第九十五條第二款、第三款之規定者，準用前項規定。」

[88] 廖秀雄，論行政調查—以營造業之重大職業災害調查為中心，世新大學法律學研究所碩士論文，2014年，頁77-78。

[89] 洪家殷，行政調查與刑事偵查之界限，東吳法律學報，第25卷第1期，2013年7月，頁41。

[90] 邱珮菁，警察盤查權限之比較研究，中央警察大學警察政策研究所碩士論文，2015年，頁80。

[91] 例如，入移法第67條第1項第2款及同法第69條第1項第6款之「有相當理由足認有第七十三條或第七十四條所定行為者」，查同法第73至74條係規範行政刑罰條款，其調查程序應適用刑訴法之規定。

（八）在移民執法實務上對於非本國人之「查證身分」，應可建置及使用類似警察現行使用之M-Police之科技辨識身分載具，以結合現有之攜帶型之查驗外國人指紋之隨身機具，作為立即查驗身分時用來比對身分，因非本國人入出我國國境依入移法及相關規定，可於查驗時依據「入出國查驗及資料蒐集利用辦法」或「個人生物特徵識別資料蒐集管理及運用辦法」辦理錄存，以供日後執法時查驗比對之。

（九）從入移法授予移民執法職權尚可配合其他相關法令執行調查[92]：除入移法所明定之面談與查察職權外，亦可準用警職法第二章之查證身分與蒐集資料之規定，若有不足則有普通行政法之行政程序法、行政罰法及行政執行法等可資適用，若係刑事犯罪調查則可轉而適用刑事訴訟法。而且入移法明定外國人有依法攜帶證件與接受查察之義務與責任，而本國人則無。又入移法有第4條明定入境查驗及受登記資料之規定，而入境時即加以蒐集人臉照片及指紋資料，故對於外國人之身分查證應較我國人民來得容易查證。外國人入境即已經有按捺指紋及人臉辨識照片等蒐集與儲存，以供日後外國人身分查證之必要。特別是在非常時期所需快速查驗與辨識功能時，即可發揮應有之查證身分的比對辨識功效。例如，新冠狀病毒檢疫之查察時，即可有效利用人臉照相功能辨識或以指紋機具來查察身分。另一方面，又如就業服務法第62條規定：「主管機關、入出國管理機關、警察機關、海岸巡防機關或其他司法警察機關得指派人員攜帶證明文件，至外國人工作之場所或可疑有外國人違法工作之場所，實施檢查（第1項）。對前項之檢查，雇主、雇主代理人、外國人及其他有關人員不得規避、妨礙或拒絕（第2項）。」甚至同法第67條更明定違反前述第2項規定者，處新臺幣6萬元以上30萬元以下罰鍰。此項授權甚至比起入移法之授權更加寬鬆，在實務上仍應遵守一般法律原則與正當程序規定。

---

92 例如，就業服務法第62條規定：「主管機關、入出國管理機關、警察機關、海岸巡防機關或其他司法警察機關得指派人員攜帶證明文件，至外國人工作之場所或可疑有外國人違法工作之場所，實施檢查（第1項）。對前項之檢查，雇主、雇主代理人、外國人及其他有關人員不得規避、妨礙或拒絕（第2項）。」甚至同法第67條更明定違反前述第2項規定者，處新臺幣6萬元以上30萬元以下罰鍰。此項授權甚至比起入移法之授權更加寬鬆，在實務上仍應遵守一般法律原則與正當程序規定。

移民執法暫時留置與查證身分職權相關問題經上述檢討論析，二者均有許多值得進一步研析之處，不論是在法規範層面，抑或是移民執法或司法實務層面，均仍有許多值得探討之問題存在。透過本文之研析檢討可知，入移法對於移民執法所需之相關查察職權措施之法律規範許多參採警職法之規定而來，其另以入移法第十章特別明定「面談與查察」之相關職權，顯比警察執法措施來得明確且授權較廣，並有罰則做後盾，以資強化相對人遵守之義務與責任。然入移法既然規定針對無戶籍國民及外國人得分別準用警職法第17條及第28條，卻又自行於入移法以專章明定「查證身分」之措施、要件與程序，而且授權寬嚴程度與範圍又不完全一致，是否有此必要，實有待斟酌。再者，有關「辦案時間」、「暫時留置」及為查證身分而將相對人「帶往勤務處所」三者之關係與其異同及如何適用，均有再探討空間。至於其他相關於「查證身分」與「暫時留置」所衍生之相關問題，已分別析論如前述，均尚有研議改善之必要。

第六節　結論

基於國家安全與利益考量，世界各國對於入出國及移民執法均有專法規定，並各有其特色可資參考，綜合前述引介日本與美國移民執法查察職權之特色如下：

一、日本特色有：（一）對外國人臨檢、搜索和扣押一般應向所在地之管轄法院或簡易法院申請核發令狀，緊急及必要情形時，則得向執法所在地法院申請核發令狀；（二）收容由入管局之主任審查官核發收容書，無須法官保留；（三）一般移民行政執法，無需告知當事人有請律師到場之權利，僅為刑事被告始有令狀主義及請求律師到場之權利。雖學者對次有所批判，但法院判決仍以國家主權，且非刑事措施，而有不同於本國人之人身自由的程序規定。

二、美國特色有：（一）移民事務原屬於聯邦事務與權限，但911事件之後，美國聯邦移民部門與州和地方政府執法單位簽定契約以密切合

作；（二）依據上述INA及IIRIRA二法對非法移民及其雇主均加以處罰鍰，嚴重違反之情形，亦得處以拘禁；（三）INA第1222條授權得對國境線上查察時，無法立即確認當事人之身分者，得對之加以暫時留置，以進一步調查。

除以上日本與美國移民執法查察規範，可提供我國法制之參考外，按我國移民執法含括行政違規與刑事犯罪調查，故移民署執法人員除移民行政調查外，依據入移法第89條規定移民執法人員於執行移民有關之犯罪調查時，亦具有司法警察官或司法警察身分，而得以行使相關職權。另一方面，移民行政執法應據予規劃業務與執行勤務，來完成移民執法之相關任務，必然有經常需使用物理力作為之職權作為，例如入移法所規定之「暫時留置」與「查證身分」措施屬之，其執行應遵守法律及一般法律原則。按現行入移法已經將上述二種職權措施分別於入移法第64條及第67條至第69條明定。再者，如同司法院大法官釋字第535號解釋文意旨，不可任意或隨機執法，應遵守比例原則，不得逾越必要程度。因此，本文乃探討上述二項職權措施之規範要件與程序及法理，並進而分析相關移民執法實務運作上之問題如前述，以提供移民執法規範與實務上之改進參考。

移民執法之職權行使應基於「事出有因、師出有名」之入移法所定之正當合理之違法事實規範要件內涵，並以整體情狀考量法則進行判斷，以形諸判斷與事實涵攝，並進一步裁量是否採取攔停與檢查等查證身分措施。按符合入移法第67條之查證身分之職權要件，得實施第68條所定之移民執法措施及第69條規定於必要時尚得將之帶往勤務處所3小時以進一步查證，然必須遵守法定各相關規定。另一方面，當移民執法人員對於入移法之相關法律規範均有深入瞭解後，仍應持續在教育與訓練上強化其正確執法之能力，特別是其取締與裁處調查或必要之刑事調查程序的瞭解與能力的培養。再者，若能制定一部「行政調查法」，則一般共通性執法的職權措施之要件與程序，將可比較有明確之依據，而於必要時再進一步以入移法之專法來規定達成任務之相關職權需求，特別是釐清入移法所規定之「暫時留置」與「查證身分」如何在行政違規或刑事犯罪調查上界分與有效適用，以達成相關人權保障與職權行使之有效衡平。

國家圖書館出版品預行編目資料

警察攔檢法制及案例研析／蔡庭榕著. ——初
　版. ——臺北市：五南圖書出版股份有限公
　司, 2022.07
　面；　公分
　ISBN 978-986-522-673-2（平裝）

1.警政法規　2.論述分析

575.81　　　　　　　　　　110005034

1RB8

警察攔檢法制及案例研析

作　　者 ─ 蔡庭榕（377.2）

發 行 人 ─ 楊榮川

總 經 理 ─ 楊士清

總 編 輯 ─ 楊秀麗

副總編輯 ─ 劉靜芬

責任編輯 ─ 林佳瑩、李孝怡

封面設計 ─ 姚孝慈

出 版 者 ─ 五南圖書出版股份有限公司

地　　址：106台北市大安區和平東路二段339號4樓

電　　話：(02)2705-5066　　傳　　真：(02)2706-6100

網　　址：https://www.wunan.com.tw

電子郵件：wunan@wunan.com.tw

劃撥帳號：01068953

戶　　名：五南圖書出版股份有限公司

法律顧問　林勝安律師事務所　林勝安律師

出版日期　2022年7月初版一刷

定　　價　新臺幣480元

經典永恆・名著常在

五十週年的獻禮──經典名著文庫

　　五南，五十年了，半個世紀，人生旅程的一大半，走過來了。
　　思索著，邁向百年的未來歷程，能為知識界、文化學術界作些什麼？
　　在速食文化的生態下，有什麼值得讓人雋永品味的？

歷代經典・當今名著，經過時間的洗禮，千錘百鍊，流傳至今，光芒耀人；
　　不僅使我們能領悟前人的智慧，同時也增深加廣我們思考的深度與視野。
　　我們決心投入巨資，有計畫的系統梳選，成立「經典名著文庫」，
　　　希望收入古今中外思想性的、充滿睿智與獨見的經典、名著。
　　　　這是一項理想性的、永續性的巨大出版工程。
不在意讀者的眾寡，只考慮它的學術價值，力求完整展現先哲思想的軌跡；
　　為知識界開啟一片智慧之窗，營造一座百花綻放的世界文明公園，
　　　　　　任君遨遊、取菁吸蜜、嘉惠學子！